二十一世纪"双一流"建设系列精品规划教材

货币金融学（第二版）

[《货币银行学》（第五版）]

萧松华　朱芳○主编

西南财经大学出版社
Southwestern University of Finance & Economics Press
中国·成都

图书在版编目(CIP)数据

货币金融学/萧松华等主编．—2 版.—成都：西南财经大学出版社，2017.8
(2020.7 重印)
ISBN 978-7-5504-3209-3

Ⅰ.①货…　Ⅱ.①萧…　Ⅲ.①货币和银行经济学—高等学校—教材
Ⅳ.①F820

中国版本图书馆 CIP 数据核字(2017)第 218484 号

货币金融学(第二版)

萧松华　朱　芳　主编

责任编辑：李晓嵩
封面设计：何东琳设计工作室
责任印制：朱曼丽

出版发行	西南财经大学出版社(四川省成都市光华村街55号)
网　　址	http://www.bookcj.com
电子邮件	bookcj@foxmail.com
邮政编码	610074
电　　话	028-87353785
照　　排	四川胜翔数码印务设计有限公司
印　　刷	郫县犀浦印刷厂
成品尺寸	185mm×260mm
印　　张	22
字　　数	515 千字
版　　次	2017 年 8 月第 2 版
印　　次	2020 年 7 月第 2 次印刷
印　　数	2001—3000 册
书　　号	ISBN 978-7-5504-3209-3
定　　价	45.00 元

1. 版权所有，翻印必究。
2. 如有印刷、装订等差错，可向本社营销部调换。
3. 本书封底无本社数码防伪标识，不得销售。

第二版前言

本书是在暨南大学省级精品课程"货币银行学"（现已升级为资源共享课程）主干教材的基础上，根据课程体系改革要求进一步修改与完善而成的。在2001年构思和编写《货币银行学》第一版时，我们确定的目标有三：一是给学生一个系统的、清晰的、成熟的、规范的金融学基础理论和专业基础知识框架；二是反映学科的最新发展成果，并引导学生密切关注当代货币金融理论与实践的最新动态；三是启发学生运用所学理论去分析和探讨实践中的货币金融问题。我们的目标始终没变。经济金融领域的发展日新月异，教材要跟上该领域变化的步伐，才能达到以上目的。

我们课程组结合这些年的教学经验，对教材进行了反复的讨论，最后达成共识，决定在本书中继续遵循上述理念，把最新的金融现象及其理论研究成果纳入其中。为此，在保持《货币银行学》第一版、第二版、第三版和《货币金融学》第一版的主要构思和框架的基础上，我们重点参考弗雷德里克·S.米什金的《货币金融学》做了比较大幅度的修订，增减其中一些内容，整合了一些章节，仍按比较严谨的逻辑关系将上一版的十章编排为现在的十二章内容。

一、修订的内容

本次修订对《货币金融学》（《货币银行学》第四版）章节的主要增删与调整如下：

在原第一章基础上增加对货币定义的介绍，对货币职能采用新的表述；删去了原第三节。

对原第二章做了较大幅度的修订。在介绍利率决定理论方面，引入债券供求理论，通过债券价格的决定，理解金融市场上利率的变化；介绍了三种信用市场工具的到期收益率的计算方法；在学习复利时，进一步介绍连续复利的计算方法；与各节知识点相对应的中国金融市场数据都实时更新到2017年上半年；更新了我国利率市场化进程的相关内容；删去了利率的作用和四种西方利率决定理论的内容。

在第三章原有内容基础上，更加详细地讲解了金融期货和金融期权交易双方的损益；在拓展阅读方面，解读了2016年9月中国银行间市场交易商协会发布的《银行间市场信用风险缓释工具试点业务规则》；介绍了信用违约互换衍生工具；删除了原第五节的内容。

在原第四章基础上更为详尽地分析了金融机构如何降低交易成本和信息成本、如何解决逆向选择和道德风险；补充阐述了近年来创新的新型金融机构。

在原第五章基础上补充阐述了银行资本金对银行破产倒闭的缓冲作用、商业银行的创新型业务以及商业银行的风险管理。

将原第六章有关金融风险和金融监管的内容调至本书第十二章。

原第七章被拆分为货币需求与货币供给两个部分，并分别作为本书第七章与第八章。在货币供给中增加了中央银行在货币供给中的行为和作用，删去了关于货币供给曲线和货币供求均衡的内容。

在原第八章基础上增加了对通货膨胀与通货紧缩的实证考察，重点更新和阐述了通货膨胀产生的原因，充实了通货紧缩理论知识，并作为本书的第九章。

原第九章货币政策被拆分为目标与工具、实施与效应两个部分，并分别作为本书的第十章与第十一章。在目标与工具中，添加了最终目标选择的一般做法；将货币政策工具区分为常规性货币政策工具与非常规性货币政策工具，并对后者进行了更详尽的阐述。在实施与效应中，重点更新并较详细地讲解了货币政策规则操作范式；补充了货币政策传导机制与政策效应的内容。

对原第十章进行了较大幅度的整合并作为本书的第十二章。该章把上一版第六章中的金融监管内容纳入，并进一步介绍金融危机演化路径和国际传导机制；介绍了衡量金融市场压力相关指数的构建；在介绍金融压制转向金融深化的过程中，介绍了普惠金融和互联网金融的发展情况。

由于实践证明了书中插入的拓展阅读等专栏及相关数据材料与解读有助于激发学生的学习兴趣，加深其对该章的基本原理和专业知识的理解，同时也使学生的知识面得到拓展与延伸，提高其观察、思考与分析相关问题的能力，故本书一如既往地对拓展阅读等内容进行了更新与添加，使其能尽量反映最新的金融现象、金融问题及相关问题研究的发展趋势。

二、修订的具体分工

本次修订工作具体分工如下：

胡晓阳：第一章、第七章、第六章的中央银行部分。

陈旺：第二章、第三章、第六章的金融监管部分、第十章。

陈鹭：第四章、第五章。

萧松华：第八章、第九章。

全书最后由萧松华统稿。

在本书出版之际，我们要感谢西南财经大学出版社原社长冯建教授和李特军主任、李晓嵩责任编辑给予我们的大力支持；感谢参考文献及其作者给予我们的莫大启迪；感谢选用本教材的师生们给予我们的支持和宝贵意见；感谢曾清同学为第八章收集数据并作图；感谢暨南大学金融系领导和精品课程组老师们的鼎力支持！

由于编者水平有限，本书的缺点和错误在所难免，恳请读者不吝赐教。

编 者

2017 年 8 月

目录

第一章 货币与货币制度 (1)

第一节 货币的定义与职能 (2)

第二节 货币的形式 (5)

第三节 货币制度 (11)

第四节 货币的度量 (18)

第二章 信用与利息率 (23)

第一节 信用的含义及形式 (24)

第二节 利率及其种类 (28)

第三节 利息的计算 (31)

第四节 利率的决定 (35)

第五节 利率的风险结构和期限结构 (44)

第三章 金融市场 (53)

第一节 金融市场的结构与功能 (54)

第二节 金融工具 (59)

第三节 货币市场 (70)

第四节 资本市场 (79)

第四章 金融机构体系 (89)

第一节 金融机构体系概述 (90)

第二节 银行金融中介 (99)

第三节 非银行金融中介 (104)

第五章 商业银行 (119)

第一节 商业银行概述 (120)

第二节 商业银行业务 (124)

第三节 商业银行的经营原则与管理 (143)

第六章 中央银行 (151)

第一节 中央银行的形成与发展 (152)

第二节 中央银行的性质与职能 (155)

第三节 中央银行的组织形式与独立性 (157)

第四节 中央银行的主要业务 (161)

第七章 货币需求 (169)

第一节 货币需求的基本概念 (170)

第二节 马克思的货币需求理论 (171)

第三节 货币数量论 (172)

第四节 凯恩斯学派的货币需求理论 (174)

第五节 弗里德曼的货币需求理论 (185)

第六节 货币需求的实证研究 (186)

第八章　货币供给机制 ·· (189)

第一节　货币供给的基本概念 ·································· (190)

第二节　中央银行与货币供给 ·································· (192)

第三节　商业银行与存款货币创造 ······························ (196)

第四节　货币供给模型 ·· (202)

第五节　货币供给的外生性与内生性 ···························· (206)

第九章　通货膨胀与通货紧缩 ······································ (211)

第一节　通货膨胀的实证考察与定义 ···························· (212)

第二节　通货膨胀的原因 ······································ (220)

第三节　通货膨胀的效应 ······································ (230)

第四节　通货膨胀的治理对策 ·································· (234)

第五节　通货紧缩 ·· (239)

第十章　货币政策（一）目标与工具 ································ (249)

第一节　货币政策及其目标 ···································· (250)

第二节　常规货币政策工具 ···································· (260)

第三节　非常规货币政策工具 ·································· (271)

第十一章　货币政策（二）实施与效应 ······························ (283)

第一节　货币政策操作规范 ···································· (284)

第二节　货币政策传导机制 ···································· (292)

第三节　货币政策效应 ·· (301)

第十二章　金融危机与金融监管 ……………………………………………（311）

第一节　金融风险与金融危机 ……………………………………………（312）

第二节　金融监管的内容 …………………………………………………（315）

第三节　国际银行业监管及其趋势 ………………………………………（329）

第四节　金融发展与经济发展 ……………………………………………（334）

参考文献 ………………………………………………………………………（341）

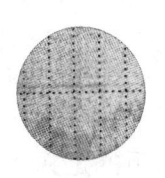

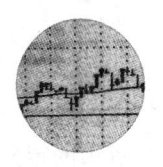

第一章　货币与货币制度

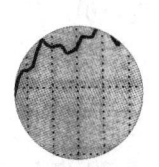

在我们的日常生活中，到处都有货币的身影。在现代市场经济体系中，货币成为推动市场交易正常进行的最基本的设施，货币始终贯穿于社会再生产的各个环节。货币不仅对经济发展产生重大影响，甚至可以改变经济运行的过程，同时货币还与经济发展中的其他变量紧密相关，互相影响，从而对经济发展发挥重要作用。在现实经济生活中，个体和社会的经济活动成果都是通过货币形式表现的，因此现代经济实质上是货币经济。了解货币的概念和职能，是我们了解金融体系乃至整个社会经济体系的起点。

第一节 货币的定义与职能

一、货币的定义

考古发现，人类最早在两河流域使用货币，距今已有5 000多年的历史。随着社会分工的深化、商品交换规模的扩大，货币在人类社会发展中的作用越来越大，人们对货币的认识也越来越丰富。在不同时期，从不同角度，人们提出了很多关于货币的观点，在货币的定义上，也出现了很多说法。

在中国古代，"货币"一词最早出现在《后汉书·光武帝纪下》："王莽乱后，货币杂用布、帛、金、粟。"在此之前，和现代货币相对应的词是"钱"。最早对"货币"进行解释的是清代魏源《圣武记·卷十四》："货币者，圣人之所以权衡万物之轻重，而时为之制。"

在现实生活中，人们往往可以指出哪些是货币，但对于货币的确切定义却并不清晰。的确，历史上出现过众多类型、样式各异的货币，生活中也有很多和货币有紧密联系的事物和概念。

经济学家把货币定义为任何一种可以用于在社会范围内支付购买商品和服务、偿还债务的物品。最常见的货币是由国家货币当局发行的通货，即纸币和硬币。这也是人们在日常生活中进行交易活动经常遇到的。但是，可以用于购买支付的物品远不止通货，在特定场合，其他一些物品也可以完成该功能，如作为商家促销手段的代金券、购物卡，甚至一些网络平台里用于购买游戏装备的网络币、赌场里面的筹码，等等。货币和这些支付手段最关键的差异在于其背后的信用水平差异，货币是在一个国家内得到最广泛的认可和使用的支付工具。

由于传统和习俗的原因，平常人们很容易把货币和钱等同起来，人们说一个人很有钱往往等同于说他有很多货币，但在金融领域，一个有钱人并不是仅仅指他有很多货币，更重要的是他拥有很多资产、拥有很多财富。和货币能够进行广泛的支付相比，经济学家认为财富是指各种可以储藏价值的财产形式，除了货币，还包括各种金融工具、不动产；而资产则是能够给持有者在未来带来价值的各种物品。

二、货币的职能

货币之所以重要，是因为它在现代经济运行中发挥了不可或缺的作用。一般认为，货币具有四种主要的职能：交换媒介、记账单位、价值贮藏、支付手段。

（一）交换媒介（Medium of Exchange）

货币最基本的职能是在商品交换中充当交易媒介，发挥交换媒介职能。

货币是商品交换长期发展的必然产物。在人类历史上，商品交换有 5 000~7 000 年的历史，经过了直接物物交换与通过媒介间接交换两个阶段。

初始的交换是直接物物交换。直接物物交换要求交换双方都要同时需要对方的商品，并在交换数量或比例上达成协议，交换才能成功，这就是所谓的"需求的双重巧合"和"时间的双重巧合"。否则双方都需要经过一系列复杂的交换才能换到双方所需要的商品，如果换不到，交换就不能成功。直接物物交换会耗费巨大的人力和物力，延长交易的时间，从而增大交易成本，阻碍商品经济的发展。

商品交换的发展要求从商品界分离出来一种特殊的商品，它是表现、衡量其他商品价值的材料，是可以与任何其他商品交换的手段。这种特殊商品称为一般等价物。当交换自发发展为从商品界分离出起一般等价物作用的特殊商品时，交换过程就由直接物物交换阶段过渡到间接交换阶段。

当一般等价物的作用固定在某一种商品上时，出现了货币形式，而固定充当一般等价物的特殊商品则成了货币。以货币为媒介的间接交换，交换成本低、效率高，促进了商品经济的发展。由于货币是在产品或要素的交易中被普遍接受的交易媒介，因此货币作为市场交换的工具，就能克服物物交换条件下交换的缺陷，从而使要素供给者、消费者以及生产者之间的交易活动得以顺利进行。这就大大降低了市场交易成本，提高了市场交易活动的效率，促进了经济的发展。

货币执行交换媒介的职能，是在物物交换的低效率与高成本的基础上发展起来的。货币作为交换媒介，使商品交易与流通能够以高效率、低成本的方式进行，其重要原因在于货币能普遍地被人们接受。同时，货币作为交换媒介，又将买卖行为分隔为两个环节，即 W-G 和 G-W，这就将物物交换的种种阻碍冲破，因此促进了商品交换与商品流通的发展。

货币在执行交换媒介职能时有两个特点：第一，必须是现实的货币；第二，可以是没有十足价值的货币符号。因为在这里，货币不是交换的目的，而只是交换的手段，是转瞬即逝的媒介，所以作为交换媒介的货币，其本身有无十足价值并不重要。

（二）记账单位（Unit of Account）

英国经济学家约翰·梅纳德·凯恩斯在1933年出版的《货币论》上卷开篇第一句话就指出："记账货币是表示债务、物价与一般购买力的货币。这种货币是货币理论中的原始概念。"凯恩斯认为，"货币本身是交割后可清付债务契约和价目契约的东西，而且也是储存一般购买力的形式。它的性质是从它与记账货币的关系中得来的，因为债务和价目首先必须用计算货币表示"。这里说的是货币的第二个职能：记账单位。记账单位职能和货币的交换媒介职能紧密相关，如果货币不能作为商品记账单位，不能用一定的数量来标明商品的报价，交易双方都面临巨大的协商困难。随着商品种类的增多，如果只能用商品两两之间的比较来组织交易，假设市场上有 N 种商品，将会存在 $N(N-1)/2$ 个价格，交易面临的信息成本将使交易效率大大降低。当我们采用货币承担计价单位职能时，我们给每个商品标明价格，我们面临的价格信息将减少到 N。

商品的报价到底会是多少？这主要取决于商品的价值。价值是价格的基础，要正确反映商品的价值，就要求单位货币的价值量保持稳定。因此，商品价值与货币价值共同决定价格。它们之间的关系是商品的价格与商品的价值量成正比例变化，与货币的价值成反比例变化。

强调价格是价值的货币表现，并不意味着价格总能一丝不苟地表现价值；恰恰相反，价格通常不是高于价值，就是低于价值，完全符合价值的情况却是偶然的，其中对价格起最大作用的因素是供求对比，因此，价格表现价值并受供求关系影响。

价格的倒数是货币购买力（Purchasing-power of Money），又称货币价值（Value of Money），即单位货币在一定价格水平下的购买商品或劳务的能力，是货币自身价值与其购买商品价值对比的结果。在现代信用货币流通的条件下，价格水平随商品供求变动而涨落时，货币购买力与商品价格水平呈负相关关系。也就是说，当货币升值或商品价格下降时，货币的购买力提高；反之，当货币贬值或商品价格上涨时，货币的购买力下降。现实经济中，通常用货币购买力指数反映货币购买力变动的动态。其用公式表示，即 $L=1/P$（货币购买力指数 ＝ 1／物价指数）。

由于各种商品的价值大小不同，表现为货币的数量也不同。要比较货币的不同数量，需要有个单位，包含或代表一定价值量的货币单位被称为价格标准（Price Standard）。这个价格标准即是记账单位。

与此同时，货币作为记账单位，对于个人、家庭、企业、政府来统计所面对的交易行为和交易结果是非常有帮助的，尤其是可以进行不同商品组合的价值加总和比较。一定时期的净产值或新增加的价值，都是以货币来表示和计量的。如果货币的记账单位职能不存在，宏观经济分析和决策将面临计算困境。

（三）价值贮藏（Store of Value）

货币在退出流通领域，被人们当成社会财富的一般替代品和独立的价值形态保存与收藏的时候，便是发挥价值贮藏职能。

货币在执行价值贮藏职能时有一个特点，即必须是现实的、足值的货币。贮藏金银是货币贮藏的典型形态。因为金银本身有价值，这种贮藏不论对贮藏者个人来说，还是对社会来说，都是价值在货币形态上的实际积累。

随着现代货币流通的发展，人们除了以金银积累的方式储存价值外，更为普遍地还是采取银行存款和储蓄的方式，当然，也有直接储存纸币的。从本质上讲，纸币没有价值贮藏的功能，因为其本身无内在价值。但是，纸币有国家信誉作为保证，因此在币值稳定的前提下，对于个人和单位来说，纸币具有推迟购买力的价值贮藏的意义；对于国家和社会来讲，纸币的贮存和储备，仅仅是通过银行信用动员社会闲置资金用于社会扩大再生产的一种方式，没有价值贮藏的实际意义。因此，纸币贮藏与金属货币贮藏在本质上是完全不同的。

货币发挥价值贮藏职能，具有自发调节货币流通的作用。在足值的金属货币流通的情况下，当流通中的货币量大于商品流通所需要的货币量时，多余的货币会自动退出流通转而贮藏起来；反之，当流通中所需要的货币量不足时，贮藏的货币又会自动重新进入流通领域。这就是在足值的金属货币流通条件下，不会出现流通中货币量过多或不足的原因。

（四）支付手段（Means of Payment）

货币在作为交换媒介而用于清偿债务、缴纳赋税、支付工资和租金时，发挥支付手段的职能。

货币执行支付手段的职能，起初只在流通领域内出现，主要用于商品生产者之间清偿债务，后来随着延期支付方式等商业信用的出现，商品的让渡与货币支付在时间上分离，使货币作为支付手段的职能扩展到商品流通领域之外，用来支付工资、租金、缴纳赋税等。货币执行支付手段职能由商品流通领域之内向商品流通领域以外的扩展，使一定时间内流通所需要的货币量也相应地发生变化，因为流通中所需要的货币量不能只包括作为流通手段的货币量，还应包括作为支付手段所需要的货币量。

货币在执行支付手段职能时有两个特点：第一，必须是现实的货币；第二，是价值的单方面转移。货币在执行支付手段职能时的特点同执行交换媒介职能时的特点一样，即必须是现实的货币。货币作为支付手段与作为交换媒介不同。货币作为支付手段时，经济行为的发生与货币支付在时间和空间上都是分离的，这时价值是单方面的转移。若两者同时发生，这时价值是对等的转移，货币便是作为交换媒介。因此，价值转移形式的不同，是货币充当交换媒介和支付手段之间的主要区别。

在当代发达的市场经济国家，延期支付日益成为普遍的交易方式，在经济中形成了错综复杂的债权债务关系。因此，各种清算机构相应建立。债务到期时互相抵销和划转账款，债务人员只需清偿到期的债务余额，这样就大大减少了流通中的现金需要量。

货币执行支付手段的职能是一切信用关系顺利建立的基础。信用关系的建立对经济的作用是双重的：一方面，克服了现货交易对商品生产的限制，使企业可以突破自身积累的范围进行扩大再生产，大大地促进了商品生产的发展；另一方面，在以信用方式买卖商品的条件下，造成了买卖进一步脱节，债权债务交错在一起，构成一条支付的锁链。当一个环节发生问题，不能按期支付时，就会引起连锁反应，使许多人不能支付债务，这就进一步增加了发生经济危机的可能性。

第二节 货币的形式

在商品经济中，货币作为交易媒介的功能一直发挥着作用，货币的形式随着生产和交换的发展、技术的进步而不断地演变。货币形式的演变集中在货币材料的变化上。所谓货币材料，即币材，是指充当货币的材料。货币形式的演变主要出于节省交易成本的目的，即利用信息技术寻求成本最低廉的载体以节省资源，通过货币自身的标准化提高交易中货币的可转让性以及使货币供应能适应经济发展的需要。从货币发展的历史来看，货币从商品货币逐渐演变为信用货币，这个过程也是货币逐渐去物质化的过程。

从整体上看，货币形式的演变可以分成两个阶段：商品货币和信用货币。

一、商品货币

(一) 实物货币 (Material Currency)

任何货币，如果作为非货币用途的价值与作为货币用途的价值相等，则统称为实物货币。实物货币是人类最早的货币形态。在人类经济发展史上，各种商品，如米、布、木材、贝壳、家畜等，都曾在不同时期扮演过货币的角色。我国古代最早的货币是海贝。实物货币有明显的缺点，如许多实物体积笨重，不能分割为较小单位，携带运输均极为不便，无法充当理想的交换媒介；实物材质不一，有些容易腐烂磨损，不适合作为价值标准和价值贮藏；实物数量受到自然条件的限制，不能满足日益扩大的交易的需要。实物货币是与原始的、落后的生产方式相适应的。随着商品生产和商品流通规模的扩大以及商品交换的发展，货币材料逐渐转到那些适合充当一般等价物的金属身上，出现了金属货币。

拓展阅读

中国早期的贝币

中国最早的货币是海贝。"贝者，水虫，古人取其甲以为货，如今之用钱然。"（《尚书·盘庚》）海贝在史前的仰韶文化、龙山文化、大汶口文化遗址中以及在夏代纪年范围内的二里头文化遗址和商周墓葬中，屡有发现。《盐铁论·错币》中有"夏后以玄贝"的记载。海贝是产自南方暖海的远方外来交换品，在商和西周时已成为流通中的主要货币。在商代晚期和西周，出现了无文字的铜仿贝。贝币以"朋"为计算单位，五贝为一串，两串为一朋。

随着商品经济的发展，天然的贝壳作为货币渐渐供不应求了，于是出现了人工贝币，如石贝币、骨贝币、蚌贝币等。到了春秋战国时期，贝币则完全退出了历史舞台。

(二) 金属货币 (Metallic Currency)

一般而言，担任货币的物体，必须具备以下条件或特征：一是被普遍接受；二是价值稳定；三是轻便；四是具有耐久性；五是价值统一和可分。与实物货币相比，由于金属货币能够人为制造，可以更容易控制和评估质量，更便于实现货币单位的分割。大致而论，金、银、铜等主要金属都具备了这些条件和特征，或更准确地说，和其他任何商品比较，它们都能更有效地发挥货币的性能。金属货币随着商品经济的发展和方便流通的需要，在形态上，有一个从称量货币到铸币的过程；在质地上，有一个从贱金属到贵金属的转变过程。铸币的产生是人类货币史上一次重大的变革，不仅显著地扩大了金属作为货币的用途，而且朝着把货币同其构成材料区分开的方向迈进了一大步。不是一般金属，而是铸成铸币，打上官方烙印的金属才能成为货币。当货币固定在贵金属身上时，贵金属垄断了货币的地位，使货币史上发生了一次新的、本质的变化。只有黄金、白银这样的贵金属才能充当货币，体现商品的价值，而其他金属则和普通商品一样，代表商品的使用价值。

贵金属货币具有质地均匀、便于分割、便于携带等优点，但随着商品流通的进一步扩大金属货币日益暴露出许多缺点，主要有两个方面：一方面，由于流通造成的磨损和人为削刮使铸币的名义价值与实际价值经常背离；另一方面，人类拥有的作为货币用途的贵金属数量有限，供应缺乏弹性，不能满足商品流通对货币量的需要。

二、信用货币（Credit Currency）

信用货币是指流通领域充当流通手段和支付手段的信用凭证。信用货币本身的价值低于货币面值，并且不代表任何金属货币，其作为一种信用凭证，完全依靠政府信用和银行信用而流通。信用货币是目前世界上几乎所有国家采用的货币形态。

从历史观点来看，信用货币是金属货币制崩溃的直接后果。在金、银铸币流通的后期，金、银的开采量难以满足商品流通的需要，同时由于信用制度的不断发展，导致对货币作为支付手段的要求不断提高，这就使得各种形式的信用货币得以出现并获得发展机会。第一次世界大战期间各主要交战国为了筹集军费、20世纪20年代末30年代初的经济危机使资本主义各国相继放弃金本位和银本位制度，纸币不再能兑换金属货币，信用货币由此得到长足发展；20世纪60~70年代，美元与黄金脱钩，信用货币确立了在全球货币体系的绝对优势地位。

除了上述直接的历史因素外，信用货币的演进也有其经济发展内在的根源。根据经验所得，政府和货币当局发现，只要纸币发行量控制适宜，则社会公众对纸币就能保持信心。因此，法定纸币并不需要十足的金银准备。但这并不意味着信用货币全无准备可言。事实上，目前采用信用货币制度的大多数国家，均具有相当数量的黄金、外汇、有价证券等资产，作为发行钞票的准备。不过，政府和货币当局不再受十足准备的束缚，而是将部分准备转作投资。与此同时，在银行业方面，无论是中央银行还是商业银行，也从经验中发现，只要社会公众对银行信誉保持信心，则在一定时间内，存款人较少可能要求将存款全部兑现。因此，银行体系只需保留部分现金准备即可，其余存款可用于放款和投资等盈利业务上。这便是近代"部分准备制"的由来。

信用货币的存在形式多种多样，主要分为通货和存款货币两大类。通货是由国家货币当局发行的信用货币，是一国金融体系中流通现金的来源，具有最高的流动性，其基本形态为不兑现纸币。存款货币是商业银行体系以部分准备金为基础进行资产扩张形成的货币，这部分货币由商业银行存款账户进行管理，体现为银行向货币拥有者发放的支票和存折。

具体而言，现实中的信用货币包括有实际形式的纸币和支票、基于电子载体的电子货币。

（一）纸币（Paper Currency）

作为通货的纸币是由银行券发展而来。银行券（Bank Note）是商业银行发行的可以与金属货币兑换的货币。银行券可以代表金属货币在流通中发挥作用，通过与金属货币的兑现维持其价值，同时受金属货币流通规律的制约。早期的银行券形成于17世纪，银行券起初是分散由商业银行发行的，到了19世纪中期，西方各国银行券的发行权相继为各中央银行所垄断。金属货币制度崩溃后，银行券停止兑换黄金，银行券成为不兑现的纸制信用货币。目前各国中央银行发行的纸币作为一种法律安排由政府确定为法定货币（Fiat Money），具有偿还债务的能力（Legal Tender）。不兑现纸币的出现是货币演变中划时代的事件，其在带来方便、促进经济发展的同时，也由于自身购买力水平的波动引发了大量的批评。纸币遇到的问题主要是防伪和保管问题以及不利于大额交易。随着现代银行体系的发展和信息技术的进步，支票和电子货币的广泛应用逐渐弥补了纸币的不足。

拓展阅读

英格兰迎来塑料钞票时代

2016年9月13日，英格兰银行发行了新版5英镑钞票并正式流通，意味着英国300多年的纸币流通历史正式发生改变，塑料钞票将逐渐取代传统纸币。

"英格兰银行首批发行4.4亿枚新版5英镑塑料钞票，这是英格兰首次使用聚合物印制钞票。"英格兰银行行长马克·卡尼（Mark Carney）表示："此前，苏格兰、澳大利亚、加拿大等都已经使用这种塑料薄膜印制钞票。使用聚合物意味着这种塑料钞票对于被反复折叠放入钱包或塞进衣服口袋的承受能力更强，而且经得住洗衣机的搓洗。"

新版5英镑塑料钞票由英国德纳罗（DelaRue）钞票公司负责印制，尺寸比流通中的5英镑纸币缩小了15%，更加方便携带。其表层使用塑料薄膜覆盖，环保、抗污、防水、不易损毁，使用寿命相当于纸币的2~3倍，其耐用性将弥补昂贵的造价，塑料钞票的使用将为英格兰银行在未来10年内节省1亿英镑的支出。

资料来源：英格兰迎来塑料钞票时代［EB/OL］．（2017-02-21）［2017-07-24］．http://www.pbc.gov.cn/huobijinyinju/147948/147974/214191/3256995/index.html.

（二）支票（Check）

支票是银行的活期存款客户向银行签发的，要求从其账户上无条件支付确定的金额给收款人或者持票人的书面凭证。支票，当它被存款人用来从银行提取现金时，它只是作为一种普通的信用凭证发挥作用；但当它被存款人用来向第三者履行支付义务（支付货款，偿还债务等）的时候，其性质发生了变化，从一般的信用凭证变成了信用流通工具发挥作用，代替货币发挥流通手段和支付手段职能。当然，支票本身只是一种票据，活期存款才是真正的交换媒介或支付手段，因此这种可签发支票的存款通常又被称为支票货币或存款货币。由于支票是在银行信用的基础上产生的，它的付款人是银行，比商业票据有更大的信用保证，因而它的流通范围比较广泛。支票的使用有以下几个优点：第一，它使人们无须携带大量通货便可从事交易，支票的使用是提高支付制度效率的一项重大创新；第二，支付经常是有来有往的，彼此可以抵消，有了支票，相互抵消的支付可通过冲销支票来清算，不会造成大量通货的运动；第三，在支票流通的基础上产生的非现金结算，即转账结算，不但可以减少因使用现金而遭受损失的风险，而且由于传输便利，也减少了支付制度的交易成本，促进了经济的效率。但纸质支票也遇到运输和支付时效的难题。

信息技术和信息产业的发展，信息技术在金融业务中的应用和推广，极大地提高了金融业的交易效率。金融业务在很大程度上就是收集、加工各种市场信息。电子数据交换的发展，不仅加快了交易信息的处理速度，也大大降低了交易费用，这在处理大额交易方面尤其突出。

（三）电子货币（Electronic Currency）

不同国家和经济组织对电子货币各有定义。巴塞尔银行监管委员会认为，电子货币是指"贮值"或"预付"类电子支付工具，其中存放着消费者可使用的资金或币值，通过销售终端、电子设备以及在公开网络上执行支付功能的储值和预付支付机制。电子货币主要有四种类型：

第一，储值卡型电子货币。储值卡型电子货币简称储值卡，一般以磁卡或IC卡（集成电路卡或智能卡，下同）形式出现，其发行主体除了商业银行之外，还有电信部门（普通电话卡、IC电话卡）、IC企业（上网卡）、商业零售企业（各类消费卡）、政府机关（内部消费IC卡）和学校（校园IC卡）等。发行主体在预收客户资金后，发行等值储值卡，使储值卡成为独立于银行存款之外新的"存款账户"。同时，储值卡在客户消费时以扣减方式支付费用，也就相当于存款账户支付货币。储值卡中的存款目前尚未在中央银行征存准备金之列，因此储值卡可使现金和活期储蓄需求减少。

第二，信用卡应用型电子货币。信用卡应用型电子货币简称信用卡，指商业银行、信用卡公司等发行主体发行的贷记卡或准贷记卡。其可以在发行主体规定的信用额度内贷款消费，之后于规定时间还款。信用卡的普及使用可扩大消费信贷，影响货币供给量。

第三，存款利用型电子货币。存款利用型电子货币主要有借记卡、电子支票等，用于对银行存款以电子化方式支取现金、转账结算、划拨资金。该类电子化支付方法的普及使用能减少消费者往返于银行的费用，致使现金需求余额减少，并可加快货币的流通速度。

第四，现金模拟型电子货币。现金模拟型电子货币主要有两种：一种是基于互联网网络环境使用的且将代表货币价值的二进制数据保存在微机终端硬盘内的电子现金；另一种是将货币价值保存在IC卡内并可脱离银行支付系统流通的电子钱包。该类电子货币具备现金的匿名性、可用于个人间支付、可多次转手等特性，是以代替实体现金为目的而开发的。该类电子货币的扩大使用，能影响通货的发行机制，减少中央银行的铸币税收入，缩减中央银行的资产负债规模等。

电子货币与传统的货币相比，具有以下特征：第一，发行主体多元化。商业银行、信用卡公司、电信公司、大型商户和各类俱乐部等均可成为发行主体，同时电子货币的总量不受中央银行控制，其数量规模基本由市场决定。第二，形式多样性。电子货币是一种电子符号或电子指令，不再以实物、贵金属或纸币的形式出现，其存在形式随处理的媒体（磁盘、电磁波或光波、电脉冲）而不断变化。现阶段电子货币的使用通常以借记卡、贷记卡、磁卡和智能卡等为媒体。第三，技术先进性。电子货币采用先进的密码技术、生物统计识别装置、智能卡技术等，并且进行多层加密，提供支付过程的全部安全保障，克服了纸币易伪造、在运输和保存过程中会面临安全问题的缺陷。第四，结算方式特殊性。电子货币以电子计算机技术为依托，将现金或货币无纸化、电子化和数字化后进行储存、支付和流通，不仅安全、快捷，而且避免了使用传统货币时缴款等待、找零等麻烦以及需要面对面交易等缺点。

阅读与思考

比特币与数字货币

数字货币那些事

数字货币简称为"DIGICCY",英文全称为"Digital Currency",是电子货币形式的替代货币。数字金币和密码货币都属于数字货币(DIGICCY)。它不能完全等同于虚拟世界中的虚拟货币,因为它经常被用于真实的商品和服务交易,而不仅仅局限在网络游戏等虚拟空间中。目前,全世界发行有数千种数字货币。

据媒体报道,2017年年初,中国人民银行在发行数字货币方面取得了新进展,中国人民银行推动的基于区块链的数字票据交易平台已测试成功,由中国人民银行发行的法定数字货币已在该平台试运行。

比特币坐了一回"过山车"

在周一触及3 000美元附近的历史新高之后,其价格的波动率也出现攀升。周四,比特币一度暴跌19%,盘中最低回落至2 076.16美元,使其迈向2015年1月以来表现最糟糕的一周。高盛技术分析师希巴·贾法里(Sheba Jafari)早些时候撰写报告称,比特币走势即将逆转。摩根士丹利分析师在一份报告中写道,比特币需要政府认可和监管才能继续攀升。

伊朗政府将通过数字货币监管新规

近日,伊朗国家网络中心(NCC)草拟了一份提案用于数字货币监管,预计该草案将于未来4个月由网络高级委员会进行审批。

近年来对数字货币,特别是比特币的广泛使用促使官方部署监管措施。在伊朗,已经有两个不同的委员会对数字货币的两个方面进行了评估。伊朗国家网络中心监管代表(Saeid Mahdavioon)说,这两个委员会将会在未来两个月内举行一场会议,并为这项草案敲定最终的定稿。

德国央行计划研发"对抗比特币的数字货币"

德国央行行长延斯·魏德曼(Jens Weidmann)日前表示,德国计划研发一种可以对抗比特币的数字货币。

魏德曼说:"让大众更相信央行是因为央行不会破产,在经济危机的时候尤为关键。对于资金持有者而言,当市场有强刺激信号放出的时候,他们可以通过简单地按一个按钮把银行存款转换成数字货币。对于这些资金持有者的利好消息对于银行本身来说可能是个坏消息,因为这么做会降低开银行的门槛。"

资料来源:数字货币那些事[N].中国经济导报,2017-06-17(B01).

比特币并非货币 称为"资产"更合适

以比特币、以太币为代表的数字货币,正在得到市场和监管机构越来越多的关注。中国金融40人论坛(CF40)在微信公众号发文指出,现在的主权货币是用法律来强制使用,凝聚国家信用这个共识的,这一点私营机构是无法做到的。比特币作为数字货币,与其说是货币,不如称为"资产"更加合适。

2017年6月13日,比特币价格突然狂泻,大跌14.5%,至2 526.4美元,创下2015年1月以来最大盘中跌幅。而仅在一周之前,其价格还创纪录地突破3 000美元这一关键心理价位。即便如此，包括比特币、以太币在内的数字货币仍然可以用价格暴涨来形容。2017年以来，比特币价格涨幅超过300%。而截至目前，以太币的价格已经暴涨了5 001%。

CF40认为，是时候冷静思考炙手可热的数字货币了。

近期，在上海新金融研究院举办的关于"数字货币的理论基础与中国创新"内部课题评审会上，与会专家认为，数字货币包含非主权数字货币和主权相关数字货币两类，和人工智能技术相结合的数字货币技术，是一种发展趋势，但从必要性来看，数字货币并不一定要取代法定货币。

专家指出，法定货币被取代一定是因为其在实际使用产生了问题，而现实是并没有面临这样的问题。从技术角度看，法定货币并不影响支付。从可接受性上来说，虽然数字货币比法定货币更具可接受性，但同样更具可接受性的特别提款权货币（SDR）并未在几十年来表现出取代其他法定货币的趋势。

CF40指出，现在的主权货币是用法律来强制使用，凝聚国家信用这个共识的。数字货币起码要具备全部的货币职能，才能称为数字货币。

比特币、以太币等利用区块链技术，解决了数字化支付的技术信任问题，比如说以太币的智能合约技术可以开启新的商业应用模式。这样的前景被投资者普遍看好，但先进技术并不能解决背后的资产价值信任问题。国际清算银行（BIS）、国际货币基金组织（IMF）都指出，比特币背后缺乏强大的资产支撑，导致比特币价值不稳、公信力不强。

"货币是资产，但资产不一定是货币。以比特币为代表的数字资产，因为流动性水平较低、流动性风险较高，无法有效履行货币的交易媒介、计价单位和价值储藏三项基本职能，自身尚未具备成为真正货币的条件，更别说取代有国家信用背书、具有最高价值信任的法定货币，所以把它定义为'准'数字货币更为准确。"CF40表示。

但CF40同时指出，数字货币所依赖的分布式账本等新技术有望在未来成为一种重要的金融基础设施。分布式账本弱化了中介机构的作用，相比集中式记账方案更加安全，同时又提供了链式数据结构，可以易于审计，可以追踪溯源，因而能节省大量审计成本。因此，分布式账本将对证券清算结算、证券登记流转和监管等产生积极意义。

与此同时，分布式账本和区块链技术仍需很多创新。首先，分布式账本需要解决效率、数据共享与保密及账本的监控管理体系。其次，分布式账本的社会化应用也是一个循序渐进的过程。对于区块链技术，CF40认为，其需着力解决效率、交易成本和安全等问题。

资料来源：专家：比特币并非货币 称为"资产"更合适 [EB/OL]. (2017-06-15) [2017-07-24]. http://www.jiemian.com/article/1397544.html.

第三节　货币制度

货币制度（Monetary System）简称币制，是一个国家以法律形式确定的该国货币流通的结构和组织形式。

货币制度是历史的产物，是伴随着商品经济的发展逐步形成和完善的。前资本主义的货币制度，其形成的主要标志是铸币的出现。所谓铸币（Coined Money）是指经国家证明,具有一定重量和成色,并铸成一定形状的金属铸块。铸币的出现是货币史上一次重大的创新,既解决了称量货币流通的缺陷,也意味着货币流通由无制度向有制度过渡。

纵观世界各国货币制度的演变过程,根据货币发行和金属的关联,大体上经历了金属本位货币制度和不兑现的信用货币制度两大类型。根据所联系的金属类型,金属本位货币制度分为银本位制、金银复本位制、金本位制类型。其中,金银复本位制又先后经历了平行本位制、双本位制和跛行本位制;金本位制也先后经历了金币本位制、金块本位制和金汇兑本位制三种类型,可用图1-1表示。

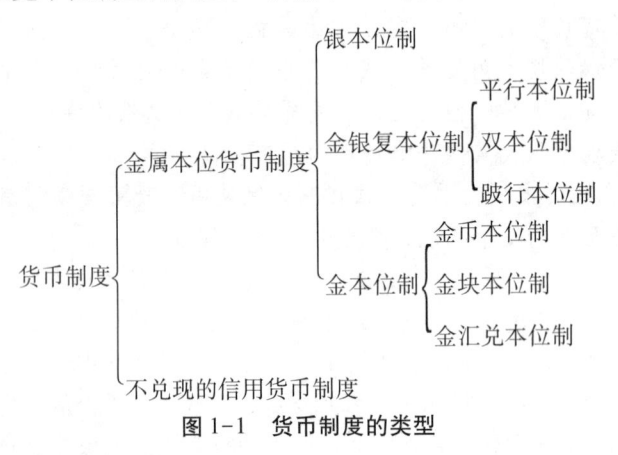

```
                        ┌─ 银本位制
                        │
          ┌─ 金属本位货币制度 ─┼─ 金银复本位制 ┬─ 平行本位制
          │              │              ├─ 双本位制
货币制度 ──┤              │              └─ 跛行本位制
          │              │
          │              └─ 金本位制 ┬─ 金币本位制
          │                         ├─ 金块本位制
          │                         └─ 金汇兑本位制
          └─ 不兑现的信用货币制度
```

图 1-1　货币制度的类型

一、金属本位货币制度

(一) 金属货币制度的主要内容

1. 确定货币金属

在金属货币流通条件下,国家用法律形式规定以何种金属作为货币材料,这是一国货币制度的基础。各国规定的不同的货币金属充当币材,就构成了不同的货币本位制度。例如,确定以白银作为币材,就是银本位制;确定以黄金作为币材,就是金本位制。选择和确定货币材料虽然是由国家决定的,但它主要取决于该国经济发展水平以及币材的生产情况等客观因素。欧洲最初白银广泛流通,而在其发展到一定阶段,黄金逐渐在流通中占统治地位,黄金即确定为货币金属。

2. 确定货币单位

货币币材确定以后,就需要确定货币单位。货币单位的确定包括两个方面的内容:一方面,确定货币单位的名称;另一方面,确定每一个货币单位所包含的货币金属重量。例如,英国的货币单位名称为英镑(Pound Sterling,缩写为£),1816年5月的金币本位法案规定1英镑合纯金113.001 6格令(Grain,1格令约等于0.065克,下同)。美国的货币单位名称为美元(United States Dollar,缩写为US $),根据1900年金本位法案的规定,1美元合纯金23.22格令。中国1914年的《国币条例》规定,货币单位名称为"圆",每"圆"含纯银库平6钱4分8厘(约合23.977克)。

3. 金属本位币和辅币的铸造、发行、流通程序

(1) 本位币(Standard Money)。本位币又称主币,是一国的基本通货,是一国计价、结算的唯一合法的货币。

金属本位币具有以下几个特点：

第一，金属本位币可以自由铸造、自由熔化。由于金属本位币是足值货币，即本位币的名义价值与实际价值相等，铸造者不会因用货币材料铸造铸币而获得利益；同时，自由铸造可以灵活地满足流通界对货币的需要。因此，国家规定，公民可以将任何数量的货币金属块送到国家造币厂请求铸造成本位币，造币厂只收少量铸造费或完全免费。同样，公民也可以将金属铸币熔化成金属块。

金属本位币的名义价值与实际价值相等是金属本位币自由铸造和自由熔化的法律前提，而其自由铸造和自由熔化具有重要的经济意义，即可以使铸币量自发地调节流通对铸币的客观需要，从而使货币流通与商品流通之间保持平衡和稳定。

第二，金属本位币具有无限法偿能力。所谓无限法偿（Unlimited Legal Tender）是指法律规定在货币收付中无论每次支付的金额如何巨大，用本位币支付时，任何人不得拒绝接受的一种无限的法定支付能力。

第三，金属本位币的磨损公差（Limits of Tolerance）。在金属铸币流通制度下，铸币流通会有自然磨损。为了保证本位币的名义价值与实际价值相一致，从而保证本位币的无限法偿能力，各国货币制度中通常都规定有每枚铸币的实际重量低于法定重量的最大限度，即铸币的磨损公差。

（2）辅币（Fractional Currency）。辅币的全称为辅助货币，是指主币以下小面额的通货，用于日常找零及供零星交易。

金属辅币具有以下几个特点：

第一，辅币是一种不足值的货币，即辅币的名义价值大于实际价值，并且通常是贱金属铸造的。辅币的实际价值虽然低于名义价值，但辅币可以按法定的固定比例与本位币兑换，这样就保证了辅币可以按名义价值正常流通。

第二，辅币的限制铸造。由于辅币的实际价值低于名义价值，从而为其铸造者带来收入。因此，国家规定限制辅币的铸造，这样就可以使铸造辅币的收入归国家垄断。同时，限制铸造还可以防止辅币排挤本位币。如果辅币可以自由铸造，人人都将请求政府代铸。那么，不足值的辅币必将充斥流通领域，而足值的本位币就会被排挤于流通领域之外。

第三，辅币的有限法偿能力。所谓有限法偿（Limited Legal Tender），是指国家对辅币规定的一种有限的法定支付能力，即在一次支付行为中，不超过法定最高限额可以用辅币支付，如果超过最高限额，任何人都可以拒绝接受。

4. 确定金准备制度

金准备制度是指作为金准备的黄金必须集中于中央银行或国库。金准备制度是货币制度的重要内容之一，也是一国货币稳定的必要条件。在金本位制度的条件下，金准备的主要作用表现为：第一，作为国际支付的准备金；第二，作为国内金属货币流通的准备金；第三，作为支付存款和兑换银行券的准备金。在当代纸币流通的条件下，金准备制度的后两项作用已失去存在的意义，只有第一项作用得以保留下来，但金准备对稳定国内货币流通的意义仍然是重要的。

（二）金属本位货币制度的类型

1. 银本位制（Silver Standard System）

银本位制是指以白银作为本位币币材的一种货币制度。银本位制的基本特征是：白银作为本位币的价值与其所含的白银的实际价值相等；银币可以自由铸造、自由熔化；银行券可自由兑现银币；银币具有无限法偿能力；白银和银币可以自由输出与输入。

白银在前资本主义社会是主要币材。这与前资本主义社会经济发展的水平是相适应的。因为当时经济不发达，商品交易主要是小额交易，因此对货币的需求量也不大，白银价值较低，适合这种交易的需要。银本位制在历史上出现很早，在货币制度萌芽的中世纪，许多国家就已实行银本位制。在贵金属货币流通中，银本位制作为一种独立的货币制度在一些国家存在的时间并不长，而且实行银本位制的范围也不广，主要是墨西哥、日本、印度等国。这主要是因为在经济发展过程中，银本位制逐渐暴露出很多弱点。因此，各国纷纷放弃银本位制，转为金银复本位制及金本位制。

各国相继放弃银本位制的原因主要如下：第一，白银价格不稳定。这是银本位制最大的缺点。由于白银储藏量相对丰富，白银的开采技术提高较快，尤其是在美洲、非洲、大洋洲各地先后发现储量丰富的银矿后，白银产量逐年增加，导致白银价值不断下降。而作为一种货币金属，只有当其价值能保持相对稳定，才适合于作为货币材料，才能保证货币价值的稳定性。第二，不便于大宗交易。随着经济的不断发展，商品交易规模日益扩大，大宗商品交易日益增多，体积大、价值小的白银给计量及运输带来诸多不便，无法满足商品交换的需要。

2. 复本位制（Bimetallic Standard System）

复本位制又称金银复本位制，是指以金、银两种金属同时作为本位货币的一种货币制度。复本位制的基本特征是金、银作为本位币的价值与其所含的金、银实际价值相等；金币、银币都可以自由铸造、自由熔化、自由兑换，并且都具有无限法偿能力；金、银可以自由输出与输入。

复本位制是资本主义发展初期（16~18世纪）最典型的货币制度，这种情况是与当时经济发展的状况相适应的。我们知道，封建社会中的币材主要是白银。随着向资本主义的过渡，白银的需求增加了。因为白银是小额零售交易所必需的，而小额零售交易随着城乡商品货币关系的发展而日益扩展。但与此同时，由于资本主义大工业与批发商业的成长，大宗交易增加了，而大宗交易则需要具有更大价值的货币金属——黄金。因此，随着资本主义的发展，对于金、银两种贵金属的需求同时增长了。

在16世纪上半期以前，贵金属总产量相对说来不是很多。而后在墨西哥和秘鲁发现了丰富的银矿，白银产量才大增。17世纪，在巴西发现了丰富的金沙，黄金的开采量才随之增加起来。大量金、银从美洲流入欧洲促成了金银复本位制的实行。

金银复本位制先后经历了平行本位制、双本位制和跛行本位制三种类型。

（1）平行本位制（Parallel Standard System）。平行本位制是指金、银两种货币各按自己的实际价值流通的本位制度。这种制度的缺点在于商品具有金币和银币表示的双重价格，商品双重价格比例随金、银市场价格的波动而经常变动，不利于商品交换和经济发展。

(2) 双本位制（Double Standard System）。双本位制是指金、银两种货币按国家法定比价流通的本位制度。在双本位制下，国家以法律形式规定金、银铸币之间的法定比价，两者的交换比率不再受市场上金银价格波动的影响，从而克服了平行本位制下"双重价格"表现的弊病。然而，当金、银铸币的法定比价与其市场比价背离时，市场上又产生"劣币驱逐良币规律"（Bad money drives good money out of circulation），即在复本位制下，当两种名义价值相同而实际价值不同的金、银铸币同时流通时，其中实际价值较高的货币（称良币）必然会被熔化、收藏或输出，因而退出流通领域；实际价值较低的货币（称劣币）必然独占市场，充斥于流通领域。这就造成在同一时期的市场上只有一种铸币在流通，而且是银贱则银币充斥流通市场、金贱则金币充斥流通市场。这种规律又被称为"格雷欣法则"（Gresham's Law）①。

(3) 跛行本位制（Limping Standard）。跛行本位制是指国家法律承认金、银两种货币都是本位币，同时承认两种货币都具有无限法偿能力，但规定金币能自由铸造，而银币不能自由铸造，并限制每次支付银币的最高额度，金币和银币按法定比价交换。这种货币制度中的银币实际上已成了辅币，确切地说，这是一种不完整的金银复本位制度，因此被形象地称为跛行本位制，是复本位制向金本位制的过渡形式。

复本位制是一种不稳定的货币制度。其原因在于货币按其本性来说具有独占性和排他性，法律承认金银同时作为货币金属是与货币的这一本性相矛盾的。一方面，两种货币同时作为本位货币，必然导致一种商品形成两种价格，这两种价格又要随金、银市场比价的变动而变动；另一方面，国家用法律规定金、银比价，使金、银比价不受市场影响，但是这一规定又与价值规律的自发作用发生矛盾，从而出现劣币驱逐良币规律。由于复本位制自身的这种矛盾，使之无法适应迅速发展着的资本主义经济，因为资本主义的发展要求有相对稳定的货币制度。随着黄金产量的增加，19世纪初英国首先过渡到金本位制。

3. 金本位制（Gold Standard System）

金本位制是指以黄金作为本位货币的一种货币制度。金本位制包括金币本位制、金块本位制和金汇兑本位制三种类型。

(1) 金币本位制（Gold Coin Standard System）。金币本位制是指以黄金作为货币制度的基础，并实行金币流通的一种货币制度。金币本位制是典型的金本位制，其具有以下三个特点：

第一，金币直接参加流通，可以自由铸造、自由熔化。

第二，流通中的价值符号（辅币和银行券）可以自由无限地兑换金币。

第三，黄金可以自由输出和输入国境。

金币本位制是一种相对稳定的货币制度，这是由金币本位制具有的特点决定的。首先，金币可以自由铸造、自由熔化，使金币数量能自发地满足流通中的货币需求，

---

① "劣币驱逐良币"这一规律性现象，由英国16世纪财政大臣汤姆斯·格雷欣（Thomas Gresham）发现，并在致英国女王的货币改铸建议中做了具体的说明。在19世纪，英国经济学家麦克劳德（Henry Dunning Macleod）又对劣币驱逐良币规律加以阐述，同时将其命名为"格雷欣法则"。

也使金币的币值与其所含的黄金的实际价值保持一致。其次，由于价值符号能随时兑换金币，因此它们能稳定地代表一定数量的黄金进行流通，从而不致使流通中出现通货贬值现象，保证了货币价值和价格的相对稳定。最后，在金币本位制下，各国货币单位之间按其所含黄金重量而有一定的比价，同时黄金又可在各国之间自由转移，这就保证了世界市场的统一和外汇行市的相对稳定。

正是由于金币本位制具有相对稳定性，因此它对于资本主义的发展起了很大的促进作用。

首先，金币本位制促进了资本主义生产的发展。资本主义是高度发展的商品经济，商品经济的发展需要稳定的货币流通。金本位制下，货币流通量有自发的调节机制，币值和物价相对稳定。这就便于企业能较精确地核算成本、价格和利润，从而为促进生产发展创造了有利条件。

其次，金币本位制促进了信用制度的发展。金币币值稳定，使债权、债务不会受到通货贬值的影响，从而保证了信用制度的发展。

最后，金币本位制促进了国际贸易的发展。顺畅的国际贸易必须要以稳定的汇率为条件。金币本位制下汇率是以各国货币的含金量为基础的，当然市场价格会随市场供求而上下波动，由于黄金可以自由输出和输入，这又起到了自发调节外汇汇率的作用，其结果必然促进国际贸易的顺利发展。

1816年，英国首先实行金币本位制，随后欧洲各国（19世纪70年代）以及美国（1900年）、日本（1900年）纷纷仿效，直到1914年第一次世界大战爆发。

1914—1918年第一次世界大战期间，各参战国先后停止了银行券的兑现。德、法首先停止兑现，随后禁止黄金出口。这样金币本位制的第二个特点和第三个特点没有了。美国于1917年参战后也禁止黄金出口，但并未停止金币本位制，银行券仍可自由兑换。日本于1917年参战后也禁止黄金出口。各参战国在银行券停止兑现时，也不再铸造金币，而大量发行纸币，发生了通货膨胀。欧洲各国由于购买军需品，大量黄金流向美国，使各国黄金存量锐减，金币本位制的基础不断削弱，许多国家开始放弃金币本位制。美国在1919年6月解除禁止黄金出口禁令，恢复了金币本位制。另外，还有未参战的极少数国家，如瑞典、瑞士国内仍实行金币本位制。

战争结束后，随着各资本主义国家的经济恢复和发展，一些国家想恢复金币本位制，但已力不从心。各国根据本国的经济状况和黄金储备数量，分别实行了没有金币流通的金块本位制和金汇兑本位制。

（2）金块本位制（Gold Bullion Standard System）。金块本位制又称生金本位制，是指银行券只能兑换金块的一种金本位制。金块本位制的基本特点是国内不铸造，也不流通金币，只发行银行券；银行券仍规定一定的含金量，代表一定重量的黄金，居民可以有限地兑换金块。

1924—1928年是第一次世界大战后的相对稳定时期，英国、法国、比利时、荷兰等国家先后实行了金块本位制。

（3）金汇兑本位制（Gold Exchange Standard System）。金汇兑本位制又称虚金本位制，是指银行券在国内不能直接兑换金块，只能兑换外汇的一种金本位制。金汇兑本位制的基本特点是国内不铸造，也不流通金币；本国银行券仍规定一定的含金量，但在国内不能兑换黄金。实行这种本位制的国家，规定国内货币与另一实行金币本位制国家的货币保持固定比价，并在该国存放黄金外汇储备作为发行准备，居民可按法定汇价购买外汇，然后用外汇向联系国兑换黄金。

金汇兑本位制实质上是一种附庸的货币制度，使一国货币依附于与之相连的宗主国的货币。第一次世界大战前，只有殖民地或附属国，如印度、菲律宾等国采用金汇兑本位制。第一次世界大战后，战败国德国、奥地利、意大利等国也曾实行过金汇兑本位制。

金块本位制和金汇兑本位制是一种残缺不全的金本位制。在这两种本位制下，都没有金币流通，黄金失去流通手段和支付手段的职能，在货币流通中的自发调节作用不存在了，币制缺乏稳定基础。

金块本位制和金汇兑本位制实行以后不久，就暴露出其不稳定性。1929—1933年的资本主义世界经济危机爆发后，各国纷纷放弃金本位制，实行不兑现的信用货币制度。

二、不兑现的信用货币制度

不兑现的信用货币制度，又称管理纸币本位制，是以不兑现的纸币为本位货币的货币制度。不兑现的信用货币制度是目前世界各国普遍实行的一种货币制度。

不兑现的信用货币制度的特点如下：

第一，它以纸币为本位货币，一般是由国家授权中央银行发行的、依靠国家法律强制流通的无限法偿货币。

第二，它不与任何金属保持等价关系，也不能兑换黄金。

第三，在这种制度下，广泛实行非现金的转账结算，流通中大量使用的是存款货币。

第四，纸币靠国家管理来调节和控制货币量，以保持货币流通稳定。

第五，纸币进入流通，有着自身特殊的规律。

纸币作为货币符号无实际的内在价值，不论纸币发行数量有多少，纸币代表的价值量只能是流通中货币需要量所代表的价值量。当纸币的发行量超过流通对货币需要的数量时，导致物价上涨，纸币贬值，出现通货膨胀。

拓展阅读
中华人民共和国货币概况

中华人民共和国自成立以来，已发行五套人民币，形成纸币与金属币、普通纪念币与贵金属纪念币等多品种、多系列的货币体系。

第一套人民币

第一套人民币自1948年12月1日开始发行，共12种面额62种版别。

1948年12月1日，中国人民银行在河北省石家庄市成立，同日开始发行统一的人民币。

人民币发行后，逐步扩大流通区域，原各解放区的地方货币陆续停止发行和流通，并按规定比价逐步收回,至1951年年底,人民币成为中国唯一合法货币,在除台湾、西藏以外的全国范围流通(西藏自1957年7月15日起正式流通使用人民币)。

第二套人民币

中国人民银行自1955年3月1日起发行第二套人民币,收回第一套人民币。第二套人民币和第一套人民币折合比率为:第二套人民币1元等于第一套人民币1万元。

实践证明,第二套人民币成为我国第一套完整、精致的货币,对健全我国货币制度和促进社会主义经济建设发挥了重要作用。

第三套人民币

中国人民银行于1962年4月20日开始发行第三套人民币,陆续发行第三套人民币13种,到2000年7月1日停止流通,历时38年。第三套人民币券别结构合理,纸、硬币品种丰富、设计思想鲜明、印制工艺也比较先进。发行第三套人民币,增强了人民币的反假能力,为健全我国货币制度和促进经济发展发挥了重要作用。

第四套人民币

中国人民银行自1987年4月27日起,陆续发行第四套人民币。第四套人民币主币有1元、2元、5元、10元、50元和100元6种,辅币有1角、2角和5角3种,主辅币共9种。

第五套人民币

1999年10月1日,中国人民银行陆续发行第五套人民币。第五套人民币采取"一次公布,分次发行"的方式。为提高第五套人民币的印刷工艺和防伪技术水平,中国人民银行于2005年8月31日发行了第五套人民币2005年版100元、50元、20元、10元、5元纸币和不锈钢材质1角硬币。为适应人民币流通的需要,中国人民银行于2015年11月12日发行了第五套人民币2015年版100元纸币,提升了100元纸币的印制工艺与防伪技术水平。

纪念币

纪念币是具有特定主题、限量发行的人民币。纪念币分为普通纪念币和贵金属纪念币。中国人民银行从1984年发行第一套普通纪念币至2017年1月4日,共发行了49套111枚(张)普通纪念币,总发行量约39.1亿枚(张)。这些纪念币是我国人民币系列的重要组成部分,丰富和完善了我国的货币制度,弘扬了我国的货币文化,并不断探索和创新,为促进商品流通和经济发展、扩大对外交流发挥了积极作用。

资料来源:中国人民银行货币金银局。

第四节 货币的度量

一、货币层次及其划分依据

货币层次(The Structure of Moneytary)是指根据不同的货币定义和各种信用工具与流动资产不同程度的货币性对货币所做的层次分析。

经济学家一般都认为,货币应包括那些在商品和劳务买卖及债务支付中被作为交易媒介和支付手段而被普遍接受之物。他们把货币定义为通货和活期存款。这便是狭义的货币 M1。有些经济学家不满足于上述狭义的货币概念。他们认为货币是一种资产，强调货币的价值贮藏手段职能，认为各种金融机构的定期存款、储蓄存款以及其他一些流动资产，是潜在的购买力，而且也很容易变为现金，具有不同程度的流动性，因而主张以流动性为标准，划分为更为广义的货币概念或层次，从而形成了广义的货币 M2、M3。

根据各种金融工具的流动性来划分不同层次的货币供应量指标，已为各国政府和大多数经济学家所接受。国际货币基金组织采用的货币供应量口径是货币和准货币。其中，货币包括银行以外的通货和私人部门的活期存款；准货币包括定期存款、储蓄存款和外币存款之和。

二、主要中央银行的货币供给层次

各国中央银行现在都是用多层次的办法来计算和定期公布货币供应量，并根据本国经济和金融发展变化的实际情况不断加以修正。下面是主要国家经多次调整后的货币层次划分。

（一）美联储货币层次的划分

美联储货币层次的划分如下：

M1 ＝通货+活期存款+其他支票存款

M2 ＝M1＋小额定期存款+储蓄存款+货币市场存款账户+货币市场基金份额（非机构所有）＋隔日回购协议+隔日欧洲美元+合并调整

M3 ＝M2＋大面额定期存款+货币市场基金份额（机构所有）＋定期回购协议+定期欧洲美元+合并调整

L ＝M3＋短期财政部证券+商业票据+储蓄债券+银行承兑票据

货币层次划分中的合并调整是为了防止双重计算所做的调整。

具体来看，美国的口径是：M1、M2、M3、L 和 Debt。

M1 包括财政部、联邦储备银行和各存款机构金库之外的通货、非银行发行的旅行支票、各种活期存款、可转让支付命令账户（NOW）、自动转账服务账户（ATS）等近似活期存款账户的存款。

M2 包括 M1、商业银行发行的隔夜回购协议存款、美国银行海外分支机构对美国居民开办的隔夜欧洲美元存款、储蓄存款和小额定期存款、货币市场存款账户、货币市场互助储蓄金额等。

M3 包括 M2、大额定期存款、商业银行和储蓄机构发行的定期回购协议负债、由美国居民持有的美国银行海外机构的欧洲美元定期存款等。

L 包括 M3、非银行的社会公众持有的美国储蓄债券、短期国库券、商业票据和银行承兑票据、货币市场互助基金中上述资产的净额。

Debt 包括国内非金融机构持有的美国联邦政府及州和地方政府债务、私人机构在信贷市场上的债务（私人债务包括法人债券、抵押债券、消费信用、其他银行票据、银行承兑票据和其他债务工具）。

（二）欧洲中央银行货币层次的划分

欧洲中央银行将货币分为狭义货币、中间货币和广义货币三个层次，具体划分如下：

狭义货币 M1=流通中现金+隔夜存款

中间货币 M2=M1+期限为两年以下的定期存款+通知期限3个月以内的通知存款

广义货币 M3=M2+回购协议+货币市场基金(MMF)+货币市场票据+期限为两年以内的债券

在这些货币层次中，M3是欧洲中央银行重点监测的货币指标。构成M3的回购协议、货币市场基金份额等具有较高的流动性，价格较为稳定，是存款的良好的替代品。由于M3中包括了这些金融工具，即便各类流动性资产之间相互转换，也不会使M3的总量发生太大的波动。广义货币比狭义货币的稳定性要高很多，便利了欧洲中央银行对货币供应总量的控制。

（三）日本银行货币层次的划分

日本银行货币层次的划分如下：

M1=现金+活期存款（现金指银行券发行额和辅币之和减去金融机构库存现金后的余额；活期存款包括企业支票活期存款、活期储蓄存款、通知即付存款、特别存款和纳税准备金存款）。

M1′=M1+企业定期存款

M1+CD=M1+企业可转让存单

M2+CD=M1+准货币+可转让存单（准货币指活期存款以外的一切公私存款）

M3+CD=M2+CD+邮政、农协、渔协、信用合作和劳动金库的存款以及货币信托和贷方信托存款。此外还有广义流动性等于"M3+CD"加回购协议债券、金融债券、国家债券、投资信托和外国债券

（四）英格兰银行货币层次的划分

英格兰银行货币层次的划分如下：

M1=流通中的钞票和硬币+英国私人部门的英镑活期存款

M2=M1+英国私人部门持有的在银行的10万英镑以下的活期存款和其他存款（一个月内通知银行提取的零售性存款）

英镑 M3=M1+英国私人部门的英镑定期存款、英国公有部门的英镑存款

M3=英镑 M3+英国居民持有的其他通货存款

PSL1=私人部门所持有的英镑 M3+私人持有的国库券+私人在地方机关及金融机构的存款+纳税存款证+银行承兑汇票

PSL2=PSL1+其他各种流动性资产如国民储蓄证券及在住房协会+信托储蓄银行和国民储蓄银行的存款等

（五）中国人民银行货币层次的划分

中国人民银行货币层次的划分如下：

M0=流通中现金

M1= M0+企业活期存款+机关团体及部队存款+农村存款+个人持有的信用卡类存款

M2= M1+城乡居民储蓄存款+企业存款中具有定期性质的存款+外币存款+信托类存款+证券公司客户保证金

M3 = M2+金融债券+商业票据+大额可转让定期存单等

从1994年第三季度起，中国人民银行正式推出货币供应量统计监测指标，并按季向社会公布。M1即通常所说的狭义货币，M2是广义货币，M2与M1之差是准货币（Quasi-Money），M3是考虑到金融不断创新的现状而增设的，目前不公布。中国在2001年第二季度调整M2统计口径，把证券公司客户保证金计入广义货币。2011年10月，中国人民银行又对M2进行了调整，将住房公积金中心存款和非存款类金融机构在存款类金融机构的存款计入其中。

中国的货币层次划分与西方国家主要存在以下两方面的差别：一方面，在货币层次的划分上，单独设置了流通中现金M0这个指标，西方国家是没有的。英国编制过M0，但表示的是基础货币。这种划分的原因是中国的金融业处在发展中，信用制度还不发达，现金在M1中所占的比重近30%，远远高于西方国家，对消费品市场和零售物价的作用很大。另一方面，在各层次货币供应量的统计上，虽然原理一样，但统计的内容不完全一样。

中国2017年1~4月货币供应量如表1-1所示。

表1-1　　　　　　　　中国2017年1~4月货币供应量　　　　　　单位：亿元人民币

项目	2017年1月	2017年2月	2017年3月	2017年4月
货币和准货币（M2）	1 575 945.59	1 582 913.07	1 599 609.57	1 596 331.87
货币（M1）	472 526.45	476 527.60	488 770.09	490 180.42
流通中货币（M0）	86 598.61	71 727.69	68 605.05	68 392.60

注：自2011年10月起，货币供应量已包括住房公积金中心存款和非存款类金融机构在存款类金融机构的存款。

资料来源：中国人民银行（http://www.pbc.gov.cn/diaochatongjisi/resource/cms/2017/06/20170616173322200051.htm）。

本章小结

1. 货币是商品交换长期发展的必然产物。货币具有交换媒介、记账单位、贮藏价值和支付手段四种职能。其中交换媒介是货币的基本职能。

2. 货币形式的演变集中在货币材料的变化上。货币形式的演变是社会商品经济向前发展的必然结果。

3. 货币制度是历史的产物，是伴随着商品经济的发展逐步形成和完善的。世界各国货币制度的演变大体上经历了银本位制、金银复本位制、金本位制和不兑现的信用货币制度等类型。

4. 货币的本质是一般等价物。何种信用工具或金融资产才可以称作货币，才可以计入货币供应量的指标范围，只有建立在一定层次的分析上才能解决。

5. 货币供应量按照流动性的标准通常可分为M0、M1、M2等多个层次。M1为狭义货币，M2为广义货币。一国的货币分为几个层次，每个层次包括哪些内容通常是不同的。

重要概念

货币　货币购买力　货币制度　铸币　本位币　金本位制　复本位制
劣币驱逐良币规律　信用货币　商业票据　电子货币　货币层次

复习思考题

1. 货币的基本职能有哪些？这些职能在经济社会发展的不同时期分别发挥着怎样的作用？
2. 金属货币作为储藏手段是如何自发调节货币流通的？信用货币是否有这种功能？
3. 金属货币制度的主要内容是什么？
4. 未来经济社会是"无纸化货币"时代吗？
5. 你认为人民币是否具有储藏手段的职能？为什么？
6. 划分货币层次的意义是什么？
7. 若社会公众在资本市场上出售股票，并将所得以储蓄存款的方式存入银行，对 M1、M2 将产生怎样的影响？
8. 将相同金额的钱分别存入活期账户和储蓄存款账户，对 M1、M2 将会产生什么影响？

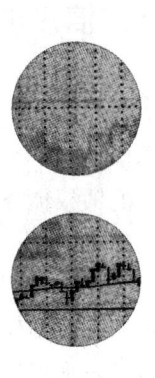

第二章　信用与利息率

经济学中所指的信用等同于信贷，它是一种以偿还本金和支付利息为条件的借贷行为。因此，利息可以认为是信用的产物。在现代经济中，利率比利息有着更重要的意义。现实生活中的利率都是以某种具体形式存在的，随着金融市场的发展，利率种类也层出不穷。到期收益率被认为是衡量利率的最精确指标，为了更好地理解利率，本章介绍3种信用工具的到期收益率的计算方法，以加深我们对利率的理解。

第一节 信用的含义及形式

一、信用的含义

信用作为一个经济学范畴，特指一种以偿还本金和支付利息为条件的借贷行为，体现一定的债权债务关系。其基本特征是偿还和付息，即以收回为条件的付出，或以归还为义务的取得；贷者之所以贷出，是因为有权取得利息，借者之所以可能借入，是因为承担了支付利息的义务。不同于等价的商品交换，在信用关系中，债权人只是出让有价物的使用权，没有改变所有权性质，所以信用是价值单方面的转移。在现代市场经济中，债权债务是广泛存在的经济现象。对于经营单位，借债与放债必不可少。不论在国内，还是在国际上都是如此。各国政府对外国政府往往是既借债又放债，个人同样是如此。货币收入用于消费后，余下的部分想增值就得贷出去。在消费信用发达的国家，很多个人靠分期付款购买耐用消费品乃至房屋。在经济不发达的过去，负债是不光彩的事情；现在则相反，若能获取信用，正说明有较高的信誉。即使是经济强国，也会拥有巨额债务。可见，当代市场经济完全可以称为"信用经济"。

二、信用的主要表现形式

市场经济中之所以有如此普遍的债权债务现象，主要原因在于经济中的任何行为主体——不仅行为主体之间，而且同一主体在不同时期——都存在盈余与赤字的矛盾。根据借贷主体的不同，信用的主要表现形式有商业信用、银行信用、国家信用、消费信用和股份公司信用等。

（一）商业信用

商业信用（Commercial Credit）是指工商企业间相互提供与商品交易相关的信用。商业信用的形式主要有赊购商品、预收货款和商业汇票。现代商业信用中赊销主要表现为卖方给买方提供信用。

商业信用具有如下特点：

第一，从形式上看，商业信用主要以商品形态提供信用，但它的活动同时包含着两种性质不同的经济行为——买卖和借贷。提供信用的过程就是买卖的过程。

第二，商业信用的债权人和债务人都是工商企业。商业信用由于是以商品形式提供的信用，因此不仅债务人即信用的接受者是从事生产或流通活动的企业，而且债权人即信用的授予者也必然是企业，因为只有企业才有商品赊销给别人而成为债权人。

第三，商业信用的供求与经济周期的波动基本一致。例如，在经济繁荣时期，生产扩大，商品增加，商业信用的供应和需求都随之增加。在经济危机时期，生产缩减，商品滞销，商业信用供求随之减少，使整个商业信用规模缩减。

商业信用的以上特点，决定了其存在和发展有一定局限性，主要表现为以下三个方面：

第一，信用的规模和数量有一定限制。由于商业信用是在工商企业之间进行的，因此商业信用的规模受限于提供信用的厂商的信贷能力及实际经营情况。从个别企业看，商业信用能以延期付款方式出售的商品，只能是其当时暂不用于再生产过程的那部分资本。同时，商业信用一般只发生在经常来往、相互了解的企业之间。

第二，商业信用有严格的方向性。由于商业信用的需求者也是该商品的直接需要者，因此决定了这种信用具有方向性，即这种信用只能由产品的生产者提供给产品的需要者，而不能相反。例如，矿山机械制造厂只能把生产的矿山机械以商业信用的方式出售给矿山开采企业，而不可能卖给纺织行业。这样致使有些企业很难通过这种形式取得必要的信用支持。

第三，商业信用在期限上受限。由于商业信用是以商品形式提供的，这些商品仍属于再生产过程中的商品资本，因此只能解决短期资金的融通问题，长期资金需求则不能从此得到解决。

（二）银行信用

银行信用（Bank Credit）是银行及其他金融机构以货币形式提供的信用。银行信用是在商业信用发展到一定程度时产生的。银行信用与商业信用一起构成现代经济社会信用关系的主体。

银行信用具有以下特点：

第一，银行信用的规模巨大，其规模不受金融机构自有资本的限制。银行聚集的资金不仅有从产业资本循环过程中分离出来的暂时闲置的货币资本，而且还有社会各阶层的货币储蓄。不同于商业信用，银行信用是一种间接信用，它们在信用活动中仅仅充当信用中介人的角色。

第二，银行信用的借贷双方，一方是金融机构，另一方是从事经营活动的工商企业，而且是以货币形式提供的信用，因此银行等金融机构可以把货币资本提供给任何一个需要的部门和企业，这就克服了商业信用在方向上的限制。

第三，银行信用同样具有顺周期性特征，这种顺周期性必然导致宏观经济的波动传导到银行业。缓解顺周期性和建立适当的逆周期调整机制，被认为是金融市场宏观审慎监管框架的重要组成部分。

银行信用克服了商业信用的局限性，但不能完全取代商业信用。由于商业信用与商品的交易直接联系在一起，其及时和方便的优点使工商企业可以利用其解决资金短期不足的问题。在实际经济生活中，这两者往往相辅相成，共同发展，银行信用通过对商业信用工具——商业票据的承兑、贴现、抵押以克服商业信用在信用能力上的困难；同时，银行信用自身也因此得到发展和壮大。

（三）国家信用

国家信用（National Credit）是国家以债务人的身份，从社会上筹集资金以满足财政需要的一种信用形式，其包括国家内债和国家外债。国家内债是国家以债务人身份向国内居民、企业、团体筹措资金。国家外债是国家以债务人身份向国外居民、企业、团体和政府筹措资金。国家信用的典型形式主要是发行国家债券，由于国家债券的发行主体是国家，因此具有最高的信用度，一般风险较小，被认为是安全的投资工具。国家债券包括短期国库券和中长期公债券。短期国库券一般用来调剂财政年度内暂时性的收支不平衡，也是中央银行操作公开市场业务买卖的主要对象。中长期公债券一般用于弥补财政预算赤字，供基础设施、公用事业建设等非生产性支出，军费支出，福利支出等。国家通过发行国债的方式可以向国内及国际社会筹集资金用于基础设施建设，从而拉动内需，以促进经济的发展。然而过度发行国债，有可能引发主权债务危机。2009年12月全球三大评级公司下调希腊主权债务评级，随后希腊债务危机愈演愈烈，成为欧洲债务危机的导火线。《马斯特里赫特条约》（*Maastricht Treaty*，也称《欧盟条约》）规定，加入欧元体系的国家必须将政府财政赤字占国内生产总值的比重控制在3%以下，政府债务占国内生产总值的比重控制在60%以内。从图2-1可以发现，2008年后欧盟各国国债占国内生产总值的比值平均水平超过60%的警戒线。

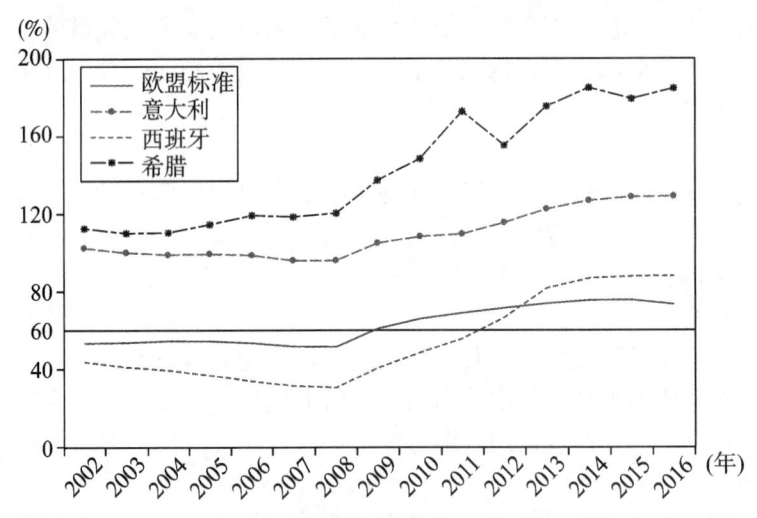

图2-1 2002—2016年欧盟国家债务占国内生产总值的比值

资料来源：Wind金融资讯终端。

（四）消费信用

消费信用（Consumer Credit）是工商企业和金融机构对消费者提供的，用以满足其生活消费方面的信用。现代消费信用的方式多种多样，其中主要有如下几种：

1. 分期付款

这是零售企业向顾客提供的以分期付款方式购买所需消费品的一种消费信用形式，主要用于购买高档耐用消费品。例如，汽车销售商提供的汽车分期付款；近年来我国各大电商推出的先消费、后付款的全新支付方式，在网上购物时可延后或分期付款购买手机、空调等大额家用电器等。个人在购买耐用消费品时，双方必须签订相关合同，只要按规定支付一部分货款（第一次付现额），然后按合同分期等额支付其余贷款和利息。在货款付清之前，消费品的所有权仍归卖方，消费者仅有使用权；若不能按期还本付息，卖方有权没收其商品，已付货款也归卖方所有。这种信用形式期限视消费品金额而定。例如，汽车消费贷款期限一般为1~3年；网上购物一般可以享有最长

30天的延后付款期或最长24期的分期付款。

2. 消费贷款

这是银行和其他金融机构以信用贷款或抵押放款的方式，向消费者提供贷款，主要用于购买住宅、汽车等昂贵消费品，其中住宅抵押贷款是主要的品种，贷款额一般占抵押品的70%~80%。消费者按规定期限偿还本息，期限有的可达20~30年，属长期信用。

3. 信用卡

信用卡是由银行或信用卡公司依照用户的信用度与经济收入状况发给持卡人的一种特制载体卡片，持卡人持信用卡消费时无须支付现金，待结账日时再进行还款的一种消费信用形式。用信用卡进行非现金交易，从银行记账日起至到期还款日之间的日期为免息还款期，各商业银行的免息期一般为20~50天。在此期间，只要全额还清当期对账单上的本期应还金额（总欠款金额），便不用支付任何非现金交易由银行代垫给商家资金的利息。因此，信用卡实际上就是商业银行提供给持卡人的一种短期免息的小额信贷支付工具。若逾期付款，则要收取利息，利率水平高于商业银行的优惠放款利率。在现代经济生活中，信用卡使用非常普遍。信用卡也已形成国际联网，其中维萨集团和万事达集团分别发行的维萨卡（Visa Card）和万事达卡（Master Card）的使用范围已遍及全球。图2-2显示了由世界银行统计的15岁以上人群信用卡持有率情况，与发达国家相比，我国信用卡持有率较低，还存在很大的市场发展空间。

消费信用的积极作用主要如下：

（1）对消费者个人来说，消费信用解决了消费愿望和购买力特别是大额消费品购买力不足的矛盾，消费者可提前享受到想消费的商品和服务。

（2）对整个社会来说，第一，消费信用促进耐用消费品的销售，发挥消费的市场导向作用。第二，消费信用扩大了一定时期内商品劳务的总需求规模，因而在一定条件下可以促进经济的增长。

消费信用的消极作用主要是消费信用的过度发展会增加社会经济的不稳定性，有可能造成通货膨胀和债务危机。

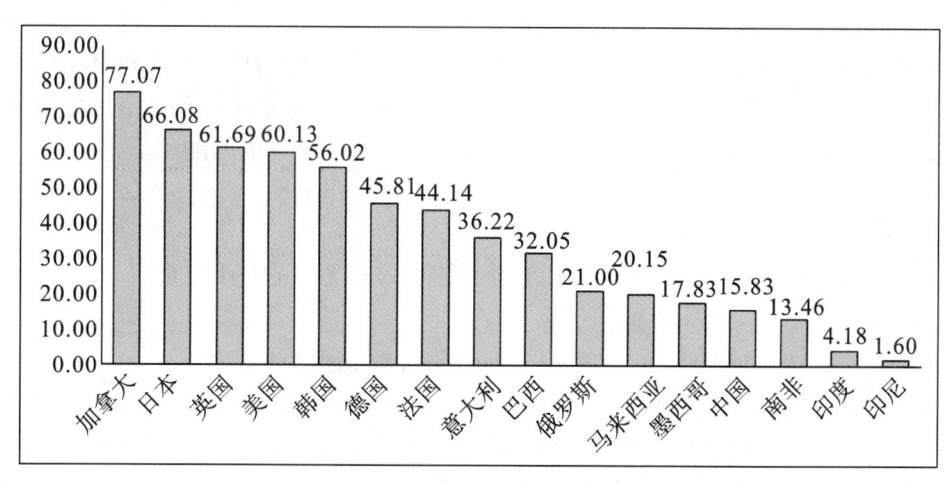

国家	持有率
加拿大	77.07
日本	66.08
英国	61.69
美国	60.13
韩国	56.02
德国	45.81
法国	44.14
意大利	36.22
巴西	32.05
俄罗斯	21.00
马来西亚	20.15
墨西哥	17.83
中国	15.83
南非	13.46
印度	4.18
印尼	1.60

图2-2　2014年世界主要国家信用卡持有率情况（单位：%）

资料来源：世界银行（Global Financial Inclusion Database）。

(五) 股份公司信用

股份公司信用是指股份公司以发行股票和债券的方式，直接从金融市场筹集资金的一种信用形式。发行股票和债券是企业筹集长期资金的重要途径，股份公司依靠发行股票筹集和扩大自有资本，购置固定资产，依靠发行债券筹集流动资金等。这种信用形式加速了资本积累，促进了经济的发展。然而，对于工商企业而言，股票和债券并不是最主要的外部融资来源。新闻媒体对于股票市场的过分关注，导致很多人认为股票是企业最为主要的融资来源，在绝大多数国家，工商企业的外部融资来源主要是金融中介机构贷款。

第二节 利率及其种类

一、利率及其体系中的基准利率

利率可能是得到最广泛应用的金融变量。利率是指借贷期间形成的利息额与所贷本金的比率。利率用公式表示为：

$$r（利率）= \frac{\Delta g（利息额）}{g（所贷本金额）} \tag{2-1}$$

例 2-1：甲从乙手中借得 100 万元，投入再生产过程，一年获得利润 20 万元，甲把 5 万元作为利息付给乙，那么这笔贷款的利率为：

$$r = \frac{\Delta g}{g} = \frac{50\,000}{1\,000\,000} = 5\%$$

现实生活中的利率都是以某种具体形式存在的，如 6 个月期的国库券利率、3 个月期的储蓄存款利率、拆借利率等。在一个经济运行体中，随着融资活动的日益发展及融资活动方式的多样化，利率的种类日益繁多。各种不同的利率由各种内在因素联结组成的有机体就是利率体系。

在利率体系中，通常有一个起决定性作用的利率，这个利率被称为基准利率。所谓起决定作用，是指这种利率变动，会带动其他利率进行相应变动。因此，了解这种关键性利率水平的变化趋势，也就可以了解利率体系的变化趋势。基准利率在西方国家通常是中央银行的再贴现利率或银行间同业拆借利率。随着我国利率市场化改革基本完成后，上海银行间同业拆放利率将逐步成为我国利率体系的基准利率。

二、利率的种类

在利率体系中，从不同的角度可以划分出多种多样不同的利率类别。

（一）固定利率和浮动利率

根据在借贷期内是否调整，利率可分为固定利率与浮动利率。

固定利率是指在借贷期内不做调整的利率。其最大特点是利率不随市场利率的变化而变化，因而对于借贷双方准确计算成本与收益十分简便，是传统采用的方式，在借款期限较短或市场利率变化不大的条件下可以采用。但是，由于近几十年来通货膨胀日益普遍并且越来越严重，市场利率变化趋势难以预测，债权人或债务人都可能要承担利率变化的风险,尤其是对进行长期放款的债权人会带来更大的损失。因此,越来越多的借贷开始采用浮动利率。浮动利率是一种在借贷期内可以定期调整的利率。在借款时,由借贷双方协定,由一方在规定的时间依据某种市场利率进行调整,一般调整期为半年。浮动利率尽管可以为债权人减少损失,但也因手续繁杂、计算依据多样而增加费用开支,因此浮动利率多用于3年以上的中长期借贷及国际金融市场。

(二) 长期利率和短期利率

根据信用行为期限的长短,利率可分为长期利率与短期利率。

一般来说,1年期及其以下的信用行为称为短期信用,相应的利率就是短期利率;1年期以上的融资行为称为长期信用,相应的利率就是长期利率。短期利率与长期利率之中又各有长短不同的期限之分。总体来说,较长期的利率一般高于较短期的利率,原因有二:第一,长期融资比短期融资风险大,期限越长,市场变化的可能性越大,借款者经营风险越大,因而贷款者遭受损失的风险越大;第二,在现代纸币流通条件下,通货膨胀是一个普遍现象,因而融资时间越长,通货膨胀率上升的可能性越大,只有较高的利率才能使贷款者减少通货膨胀带来的损失。但在不同种类的信用行为之间,由于有种种不同的信用条件,也不能简单对比。而在同一种类信用行为之间,较短期的利率总是低于较长期的利率。

(三) 市场利率和官定利率

根据是否按市场规律自由变动,利率可分为市场利率和官定利率。

市场利率是随市场规律而自由变动的利率,是在金融市场上由借贷双方通过竞争而形成的,如借贷双方直接融通资金时商定的利率和在金融市场上买卖各种有价证券时的利率。市场利率是借贷资金供求状况变化的指示器。当资金供给超过需求时,利率呈下跌趋势;反之,当资金需求超过供给时,利率呈上升趋势。由于影响资金供求状况的因素十分复杂,因而市场利率变动非常频繁、灵敏。官定利率也叫法定利率,是由政府金融管理部门或者中央银行确定的利率,是国家为了实现宏观调节目标的一种政策手段。利率水平不完全随资金供求状况自由波动,国家通过中央银行确定的利率调节资金供求状况,进而调节市场利率水平。因此,官定利率在整个利率体系中处于主导地位。官定利率与市场利率有密切关系。前者的变化代表了政府货币政策的意向,对后者有重要影响;后者随前者的变化而变化。但是,后者又要受借贷货币资金供求状况等一系列复杂因素的影响,并不一定与前者的变化相一致。市场利率的变化非常灵敏地反映借贷货币资金的供求状况,是国家制定官定利率的重要依据。国家根据货币政策的需要和市场利率的变化趋势,调整官定利率,调节资金供求,以实现调节经济的目标。

(四) 一般利率和优惠利率

以是否带有优惠性质为标准,利率可分为一般利率与优惠利率。

银行优惠利率是指略低于一般贷款利率的利率。实际上,优惠利率是差别利率的一种。差别利率是针对不同的贷款种类和借款对象实行的不同利率,通常可按期限、行业、项目、地区设置不同的利率。一般地,优惠利率只提供给信誉好、经营状况良好且有良好发展前景的借款人。在中国,优惠利率的授予对象同国家的产业政策相联系，一般提供给国家认为有必要重点扶植的行业、部门及企业，本质上是一种政策性补贴利率。在经济发展过程中，优惠利率对于国家产业政策的实现有一定的推动作用。

（五）名义利率和实际利率

名义利率是中央银行或其他提供资金借贷的机构公布的没有剔除通货膨胀因素的利率，即利息的货币额与本金的货币额的比率。一般没有特别说明的，生活中见到的利率都属于名义利率。实际利率是指从名义利率中剔除通货膨胀因素的修正后的利率。实际上，实际利率也可以理解为是用实物衡量的利率。区分名义利率和实际利率是非常重要的，因为贷款者更看重实际的利息收益，借款者在乎的也是实际的利息成本。

根据费雪方程式，名义利率、实际利率和预期通货膨胀率存在如下关系[①]：

$$i = r + \pi^e \tag{2-2}$$

式中，i 为名义利率，r 为实际利率，π^e 为预期通货膨胀率。为了更好地理解费雪方程式，如图 2-3 所示，假定 1 单位商品在今年（t 期）的价格为 P_t。用名义利率来计算，P_t 元一年后将增加为 $(1+i_t)P_t$ 元；用实际利率来计算，1 单位商品一年后将增加为 $(1+r_t)$ 单位，如果预期明年（$t+1$ 期）的价格为 P_{t+1}，则一年后 $(1+i_t)P_t$ 元可以买到 $(1+i_t)P_t/P_{t+1}$ 单位的商品。因此，可得如下关系式：

$$(1+i_t)P_t/P_{t+1} = (1+r_t)$$

$$\frac{1+i_t}{1+r_t} = \frac{P_{t+1}}{P_t} = 1 + \frac{P_{t+1}-P_t}{P_t} = 1+\pi^e$$

对上式两边取自然对数可得：

$$\ln(1+i_t) - \ln(1+r_t) = \ln(1+\pi^e)$$

根据泰勒级数展开式可约等于[②]：

$$i_t - r_t \approx \pi^e \Rightarrow i_t \approx r_t + \pi^e$$

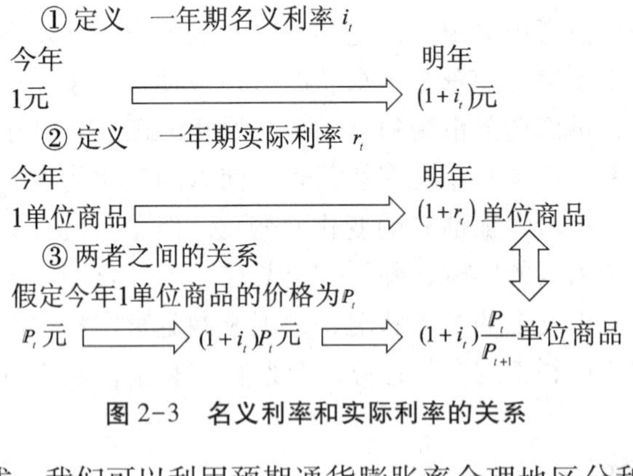

① 定义　一年期名义利率 i_t
今年　　　　　　　　　　　明年
1元 ━━━━━━━━━▶ $(1+i_t)$元

② 定义　一年期实际利率 r_t
今年　　　　　　　　　　　明年
1单位商品 ━━━━━━━▶ $(1+r_t)$单位商品

③ 两者之间的关系
假定今年1单位商品的价格为 P_t

P_t元 ━━▶ $(1+i_t)P_t$元 ━━▶ $(1+i_t)\frac{P_t}{P_{t+1}}$ 单位商品

图 2-3　名义利率和实际利率的关系

根据费雪方程式，我们可以利用预期通货膨胀率合理地区分和计算名义利率与实际利率。例如，一年期的贴现债券的到期收益率为 5%，如果预期当年的通货膨胀率为 7%，则该公司债券的实际投资收益率为 -2%，很明显没有人愿意购买该公司债券。

---

① 费雪方程式更加确切的关系应该是：$i \approx r + \pi^e$。
② 根据泰勒级数展开式，可以简单地认为，当 $x \to 0$ 时，$\ln(1+x) \approx x$。

拓展阅读

中国利率市场化改革

利率市场化是指将利率的决策权交给金融机构，由金融机构根据自身资金状况和对金融市场动向的判断来自主调节利率水平。这是完善我国市场经济体制、发挥市场配置资源作用的重要环节，是加强货币调控效率的关键，也是完善金融机构自主经营机制、提高竞争力的必要条件。20世纪80年代以来，国际金融市场上利率市场化已成趋势，许多国家先后实现了利率市场化。2004年10月，中国人民银行放开贷款利率上限和存款利率下限，标志着我国利率市场化进程迈出重要一步。2012年，中国人民银行先后将贷款利率浮动区间的下限调整为基准利率的0.8倍和0.7倍。2013年7月，中国人民银行决定全面放开金融机构贷款利率管制，由金融机构根据商业原则自主确定贷款利率水平，从此中国金融机构的贷款利率完全市场化。在存款利率方面，2012年6月，中国人民银行允许金融机构将存款利率的上限提高到基准利率的1.1倍；2014年11月，中国人民银行允许金融机构将存款利率的上限调整为基准利率的1.2倍；2015年上半年，中国人民银行又先后将存款利率浮动区间的上限调整为基准利率的1.3倍和1.5倍，并于2015年10月宣布不再设置存款利率浮动上限的限制。至此，中国金融机构的存款利率已经全面放开。

尽管中国的利率市场化已经基本完成，但是还需要完善商业银行的定价能力和货币政策的传导机制，其后续对我国金融市场的影响有待进一步的考察和论证（Tan等，2016）。弗伊齐奥格鲁等（Feyzioglu等，2009）通过对中国利率市场化问题的研究，指出存款市场化将导致利率的上升，提高货币政策的有效性，增强对金融服务不足部门的支持，在利率市场化的过程中，风险控制能力强、管理绩效高的银行将获得较大利益。然而，相关国际经验也表明，在利率市场化的过程中，利率形成机制的变化不可避免地会对金融机构的运行产生冲击，可能在短期内加剧银行间的同业竞争，进而提高银行风险承担水平（刘胜会，2013）。在过去的20年，我国金融自由化进程加剧了商业银行间的竞争（Xu等，2016）。作为刚刚全面放开利率管制的国家，我国银行业竞争格局逐步确立，银行间的竞争程度的提高和竞争手段市场导向的增强逐渐明晰了银行间竞争对银行风险承担的传导机制。在此背景下，理清银行间同业竞争与风险承担的关系，有助于维护金融系统的稳定和国民经济的平稳运行。国际证据表明（Beck等，2000），利率市场化后，制度环境质量良好的国家金融体系较为稳定，不易发生银行危机。我国监管当局应该根据我国实际情况，采取合理的制度安排有效引导商业银行进行市场定位，提高市场定价能力和风险管理能力。

第三节 利息的计算

一、货币的时间价值

在日常生活中，常遇到这样一个问题：今年的100元和明年的100元是否具有相同的经济价值呢？多数人的回答无疑是否定的。一个直接的原因是通货膨胀使货币贬值了。但事实上，即使不存在通货膨胀，不同时点等额货币的经济价值也不相等。可以设想：某人用100元钱投资于股票、国库券或银行存单，一年后必然会产生一部分投资收益，比如10元。这样，今年的100元在效用上应等于明年的110元，其中增加的10元，就是100元的时间价值。由此可见，货币的时间价值（Time Value of Money，TVM）是指当前所持有的一定量货币比未来获得的等量货币具有更高的价值。货币之所以具有时间价值，至少两个方面的原因：一方面，货币可用于投资，获得利息，从而在将来拥有更多的货币量；另一方面，货币的购买力会因通货膨胀的影响而随时间改变。

与货币时间价值相联系的两个重要概念是现值（Present Value）和终值（Future Value）。现值是指将来得到或支付的某笔资金的现在的价值；终值是指当前得到或支付的某笔资金在将来某时刻的价值。终值的计算方法分为单利计算和复利计算，其中复利计算又可以分为分期复利和连续复利。

（一）单利

如果用单利计息，那么存贷款的支付利息等于最初本金总额乘以年利率，再乘以到期期限年数。

例2-2：如果有一笔100元的6个月存款，年利率为6%，单利情况下的利息所得为：

利息 = 100×(0.06×0.5) = 3（元）

存款的终值为：100×(1+0.06×0.5) = 103（元）

单利情况下，计算货币终值的一般公式为：

$$FV = P[1+(r\times n)] \quad (2-3)$$

式中，FV 代表货币终值，P 代表最初本金总额，n 代表存款年限，r 代表年利率。

（二）复利

复利计息是指在计算利息时，把得到的利息加到本金，因此这部分利息作为扩大的本金按相同的利率获取利息收入。中国对此俗称为"利上加利"或"利滚利"。

例2-3：一笔1 000元的2年期存款，每年计一次复利，年利率为5%。依题意，第一年年末，可以得到利息50元（1 000×5% = 50），将其增加到本金中，在第二年开始，以本金1 050元来获取利息。因此，2年期存款的终值可以表示为：

终值 = 1 000×(1+0.05)² = 1 102.5（元）

利息为：

利息 = 1 000×(1+0.05)² − 1 000 = 102.5（元）

每年计息一次复利情况下，计算货币终值的一般公式为：

$$FV = P(1+r)^n \quad (2-4)$$

现实生活中，复利计算的频率可能比每年一次要多，如按月支付利息的情况，这个时候每月所得到的月利息可以更快地纳入下一个月的计息本金中，因此其最终所得到的利息会更多。

例2-4：一笔1 000元的2年期存款，每月计一次复利，年利率为5%，则这笔资金的终值和利息分别为：

$$终值 = 1\,000\times\left(1+\frac{0.05}{12}\right)^{12\times 2} = 1\,000\times(1+0.004\,2)^{24} = 1\,105.8（元）$$

$$\text{利息} = 1\,000 \times \left(1+\frac{0.05}{12}\right)^{12\times 2} - 10\,000 = 105.8 \text{（元）}$$

当复利计算的频率多于一年一次的时候，计算货币终值的公式可以修改为：

$$FV = P\left(1+\frac{r}{m}\right)^{m\times n} \quad (2-5)$$

式中，m 表示每年的计息频数，我们发现，当计息频数变得越大的时候，其最终得到的利息也相应增加。例如，每年计息 12 次得到的利息比每年计息一次得到的利息多 3.3 元。那么，当计息频数趋向无穷大的时候，我们得到的利息收入是否会趋向无穷大呢？实际上是不可能的。简单的数学转换可以很好地说明这个问题。

$$FV = P\left(1+\frac{r}{m}\right)^{m\times n} = P\times e^{\ln\left(1+\frac{r}{m}\right)^{m\times n}} = P\times e^{mn\times \ln\left(1+\frac{r}{m}\right)} = P\times e^{mn\times \frac{r}{m}} = Pe^{rn} \quad (2-6)$$

当 m 趋向无穷大的时候，$\ln(1+\frac{r}{m}) \approx \frac{r}{m}$；$e$ 表示自然对数，约等于 2.718 28。很多金融理论中需要用到连续复利假设。另外，把不同计息频率的金融工具的利率统一转化为相应的连续复利也便于利率之间的比较。

现在我们知道计算某笔资金的将来某时刻的价值就是用单利或者复利计算该笔资金所能得到的利息收入，进而再加上其最初本金。计算现值则刚好相反。货币的时间价值使得不同时期的不同现金流的价值无法进行比较。为此，我们需要计算这些现金流的现值。现值和终值的关系应该是如果按照现时可得利率进行投资，到到期日会得到和承诺价值相同的终值。我们也可以把现值理解为贴现值，即将来某时刻的货币金额根据现时可得利率计算出的相当于现在的价值。复利计算中的本金就是现值，复利中用到的利率就是贴现率。

按年计息的现值公式为：

$$PV = \frac{FV}{(1+r)^n} \quad (2-7)$$

例 2-5：假设 3 年后可取得一笔 1 000 元的投资收入，金融市场上的现时利率为 5%，则现值为：

$$PV = \frac{FV}{(1+r)^n} = \frac{1\,000}{(1+0.05)^3} = 863.856 \text{（元）}$$

如果每年计息频率为 m，则现值公式：

$$PV = \frac{FV}{(1+r/m)^{n\times m}} \quad (2-8)$$

如果把上面例子改为每年计息 4 次（按季度计息），那么：

$$PV = \frac{FV}{(1+r/m)^{n\times m}} = \frac{1\,000}{(1+0.05/4)^{12}} = 861.485 \text{（元）}$$

二、到期收益率

在衡量利率的几种常用方法中，到期收益率是一个非常重要的利率概念，它甚至被称为衡量利率的最精确的指标。为了理解到期收益率，我们要具体学习 3 种信用市场工具的到期收益率的计算。

（一）息票债券的到期收益率

息票债券指定期支付定额利息、到期偿还本金的债券。之所以称之为息票债券，是因为过去债券持有人通常从债券上撕下所附的息票，送交债券发行人，后者见票后向持有人支付利息。息票债券到期前每期都有现金流产生。根据概念，息票债券的到期收益率公式表示为：

$$P=\frac{C}{1+r}+\frac{C}{(1+r)^2}+\frac{C}{(1+r)^3}+\cdots+\frac{C+F}{(1+r)^n} \tag{2-9}$$

式中，C代表每一期所得到的定额利息，F代表最后一期所得到的票面金额，r代表到期收益率，n代表该息票债券的期限。事实上，任何一张息票债券，其票面金额、期限和息票率（即定额利息）都是事先给定的，只有到期收益率和现期价格是未知数值。

例2-6：一张3年期的票面金额为1 000元的息票债券，其息票率为10%。表2-1列出了几种息票债券现期价格条件下的到期收益率的计算结果，从中可以发现它们之间的关系。

表2-1　　　　　　息票债券现期价格条件下的到期收益率

息票债券的现期价格(元)	到期收益率(%)	息票债券的现期价格(元)	到期收益率(%)
700	25.48	800	19.41
900	14.33	1 000	10.00
1 100	6.24	1 200	2.94

（1）如果债券的现期价格和面值相等，则到期收益率就等于息票利率。

（2）债券的现期价格与到期收益率之间存在负相关关系。从表2-1可以发现到期收益率越大，债券的现期价格将会越低。这个关系如果用曲线表示，则更加明显（如图2-4所示）。

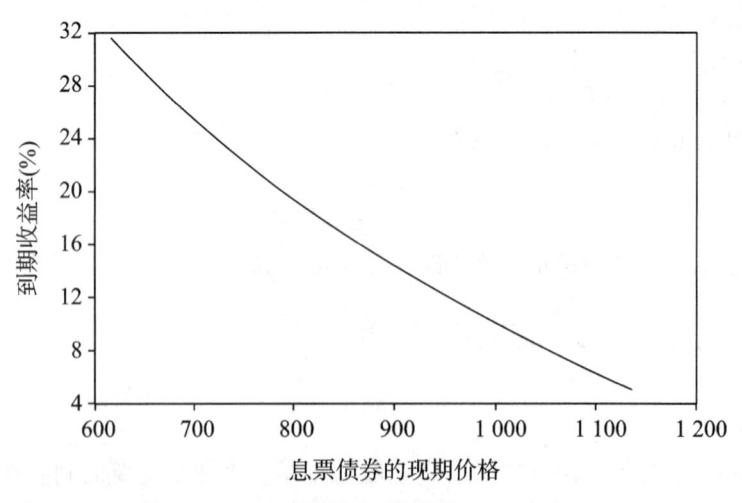

图2-4　债券的现期价格与预期收益率的关系

（3）当债券的现期价格低于其票面价格，到期收益率要高于其息票率；当债券的现期价格高于其票面价格，到期收益率要低于其息票率。

以上 3 项发现对于任何息票债券都成立。

（二）贴现债券的到期收益率

贴现债券是期限比较短的折现债券，又称贴息债券，投资者购买的以贴现方式发行的债券，到期按债券面额兑付而期间不另付定额利息。因此，其到期收益率的计算公式为：

$$P=\frac{F}{(1+r)^n} \tag{2-10}$$

例 2-7：票面金额为 1 000 元的 2 年期贴现债券，如果该债券的现期价格为 800 元，则其到期收益率为：

$$r=800=\frac{1\,000}{(1+r)^2} \Rightarrow r=11.8\%$$

当该债券的现期价格为 900 元，则其到期收益率为：

$$r=900=\frac{1\,000}{(1+r)^2} \Rightarrow r=5.41\%$$

这说明贴现债券的到期收益率和债券的现期价格之间也存在负相关关系，这与息票债券的结论是相同的。

（三）永续债券的到期收益率

永续债券又称永久债券，该类债券不规定到期期限，持有人也不能要求债券发行人清偿本金，但可以按期取得利息。永续债券在金融市场中非常少见，一般仅限于政府债券。永续债券的到期收益率的计算公式为：

$$P=\frac{C}{1+r}+\frac{C}{(1+r)^2}+\frac{C}{(1+r)^3}+\cdots \tag{2-11}$$

事实上，可以把永续债券每期产生的现金流现值看成一组等比数列，其公比等于 $\frac{1}{1+r}$。根据无穷等比数列的求和公式[①]，永续债券的到期收益率的计算公式可简化为：

$$P=\frac{C}{r} \tag{2-12}$$

根据公式，可以发现永续债券的到期收益率和现期价格之间也存在负相关关系，作为分母的到期收益率越大的时候，债券的现期价格则越低。举个例子：每年可以得到固定利息收入 10 元，现期价格为 100 元的永续债券，其到期收益率为 10%。

第四节　利率的决定

由于利率是连接货币因素与实际经济因素的中间变量，是调节经济活动的重要杠杆，因此利率水平怎样决定和受到哪些因素的影响，就成为货币金融理论中一个极其

---

① 等比数列求和公式为：$S_n=\frac{a_1(1-q^n)}{1-q}$。

重要的课题。本节引入两个重要的利率决定理论——债券供求理论和货币供求理论（即流动性偏好理论）。虽然两个理论关注点有所不同，但是两种利率决定理论实质上是统一的。

一、债券供求理论

分析利率决定的第一种方法是通过研究债券市场的债券价格的决定机制。在前面一节中，我们发现债券的现期价格都对应着一个特定的利率（即到期收益率），到期收益率和债券的现期价格之间存在负相关关系。由此给我们提供了一个研究市场利率决定的视角，因为当债券现期价格上升的时候，我们知道利率将下降，当债券现期价格下降的时候，我们知道利率将上升。

（一）债券市场的供给和需求

1. 债券的需求曲线

在分析债券的需求决定因素时，我们重点关注债券的收益率和债券需求量之间的关系，而把其他影响因素假定为不变的。债券的收益率越高，债券的需求量也就越大。而债券的收益率越高，则相应的债券价格就越低。由此我们可以推导出：债券价格越低的时候，债券的需求量越大。我们把反映债券价格和债券需求量负相关关系的曲线定义为债券的需求曲线，因此债券需求曲线的斜率为负，呈向下倾斜。债券需求曲线包含一个重要假定：除了债券的价格、利率（债券的价格决定了其相应的利率）和需求量之外，其他的所有经济变量都保持不变。

2. 债券的供给曲线

在分析债券的供给决定因素时，我们也重点关注债券的收益率和债券供给量之间的关系，而把其他影响因素假定为不变的。应该注意，债券的收益率是相对于投资者（债券的购买人）而言的，而对于融资者（债券的发行人）而言，可以理解为融资成本。当利率越高时，相对应的融资成本也越高，则公司更不愿意以发行债券方式进行融资，导致债券的供给量减少。债券价格越低意味着对应的债券利率越高。因此，债券价格越低，债券的供给量越少。我们把反映债券价格和债券供给量正相关关系的曲线定义为债券的供给曲线。显然，债券供给曲线的斜率为正，呈向上倾斜。

和其他商品一样，当债券需求和供给相等时，债券市场达到均衡，如图 2-5 所示，

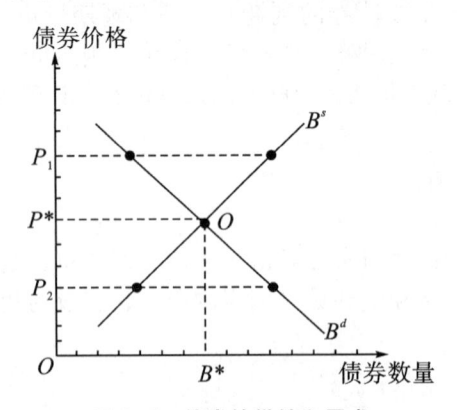

图 2-5 债券的供给和需求

债券价格为P^*时，债券市场的供给等于需求。当价格高于P^*时（如P_1），债券供给大于债券需求，意味着市场存在超额供给，这时候债券价格将下降；反之，当价格低于P^*时（如P_2），债券供给小于债券需求，意味着市场存在超额需求，这时候债券价格将上升；均衡点O决定的债券价格被称为均衡价格，这一均衡价格对应的债券利率便是市场均衡利率。显然，价格P_1对应的债券利率低于市场均衡利率，而价格P_2对应的债券利率高于市场均衡利率。

（二）债券需求（供给）曲线位移的外生因素

传统的供求分析法一般只关注于商品价格和商品供求量之间的关系。在债券的供求分析法中，模型决定的变量有债券价格（及由债券价格而决定的利率）和债券数量。这些由模型本身决定的变量被称为内生变量。外生变量是指由模型以外的因素决定的已知变量，是模型据以建立的外部条件。内生变量可以在模型体系中得到说明，外生变量本身不能在模型体系中得到说明。为了区分内生变量和外生变量对债券供求的影响，我们必须明确需求量（供给量）变动和需求（供给）变动是两个完全不同的概念。需求量（供给量）变动是由模型中内生变量——债券价格变化引起的数量变化，其变化活动沿着需求（供给）曲线进行。需求（供给）变动是由模型中外生变量引起的数量变化，它将导致整条需求（供给）曲线发生位移。

1. 债券需求曲线的位移

影响债券需求的外部因素很多，简单地可以归纳为四种：第一，财富。当我们持有的财富增加的时候，我们便拥有更多的资源和能力去购买包括债券在内的各种资产。因此，在其他因素都保持不变的条件下，财富的增加会导致资产需求的增加。通常，经济处于扩张期、储蓄的增加、经常项目盈余都会使财富增加。第二，预期的作用。理性的投资者都在控制一定投资风险的基础上，追求投资收益的最大化。在其他因素都保持不变的条件下，如果债券的预期回报率上升，则债券的需求将提高。然而预期通货膨胀率的提高，将导致投资的实际回报率的下降，使得债券的需求减少。第三，风险。绝大多数投资者都是风险规避者，相对于其他可替代性资产，债券的风险水平上升将会导致其需求的减少。第四，流动性。流动性是指某种资产以较低成本变现的能力。相对于其他可替代性资产，如果债券的流动性高（如国库券），则其需求就会增加。

值得说明的是，这里我们讲的预期回报率指债券持有者获得的票面利息再加上债券价格的变化金额，表示为债券购入价格的一定比率。其公式表示如下：

$$R = \frac{C + P_{t+1} - P_t}{P_t} = \frac{C}{P_t} + \frac{P_{t+1} - P_t}{P_t} \tag{2-13}$$

式中，R表示从t到$t+1$时刻之间持有债券获得的回报率，P表示债券价格，C表示债券的固定利息。上式也可以简单概括为：

回报率＝当期收益率+资本利得率

其中：资本利得率＝（现期价格-初始购入价格）/初始购入价格

例2-8：面值1 000元的息票债券，其息票率为5%，而购入价格为900元。在持有一年后，该息票债券以1 100元的价格被出售，其回报率应该是多少？

债券持有人息票利息收入为50元，债券价格变化为1 100-900=200元，将这两项相加并表示为购入价格 900 元的百分数,即可得到回报率约为 27.78%。当预期市场利率下降则债券的下一期价格将提高,投资者获得的资本利得率也将提高,因此投资的预期回报率也将提高。

2. 债券供给曲线的位移

影响债券供给的外部因素很多,简单地可以归纳为三种:第一,投资项目的预期盈利能力。投资项目的预期盈利能力一方面受到投资项目本身的因素影响,另一方面宏观经济因素也会直接或间接地影响到企业的经营及其投资获利能力。当经济周期处于扩张阶段,特别是企业对将来的经济走势持乐观态度,企业进行下一轮扩大再生产的欲望就会增强,债券供给将会增加。第二,预期通货膨胀率。预期通货膨胀率的上升将会导致企业实际融资成本下降,会促使企业发行更多债券。第三,政府预算赤字。当政府预算赤字越大,债券供给数量就会越多。

当债券需求曲线和供给曲线发生位移的时候,会对债券市场的均衡价格产生影响。因为利率和债券价格之间存在负相关关系,所以当债券的均衡价格上升时,其均衡利率将会下降。相反,如果债券的均衡价格下降,那么其均衡利率就会上升。我们可以把影响需求曲线和供给曲线移动的外部因素及所产生的市场影响总结如表 2-2 所示。

表 2-2　　　　　　　　　债券供求变动的外生因素

外生因素的变动	其他因素不变的情况下,债券供应的变动	曲线的位移情况
需求曲线的位移		
财富（↑）	债券需求增加	需求曲线向右移动
预期回报率（↑）	债券需求增加	需求曲线向右移动
预期通货膨胀率（↑）	债券需求减少	需求曲线向左移动
与可替代性资产相比,债券的风险水平（↑）	债券需求减少	需求曲线向左移动
与可替代性资产相比,债券的流动性（↑）	债券需求增加	需求曲线向右移动
供给曲线的位移		
投资的盈利能力（↑）	债券供给增加	供给曲线向右移动
预期通货膨胀率（↑）	债券供给增加	供给曲线向右移动
财政赤字（↑）	债券供给增加	供给曲线向右移动

(三) 应用分析——预期通货膨胀率和名义利率的关系

根据债券供求理论,我们可以分析预期通货膨胀率和名义利率的关系。从债券需求来看,当预期通货膨胀率上升,在其他影响因素不变的条件下,债券的实际收益率将会下降,导致债券的需求减少,债券需求曲线向左移动。从债券供给来看,预期通货膨胀率的上升使得债券发行人的实际融资成本下降,导致债券供给增加,债券供给曲线向右移动。如图 2-6 所示,最终债券的均衡价格从 P_1 下降到 P_2,意味着市场均衡利率水平的上升。因此,预期通货膨胀率和名义利率呈正相关关系。

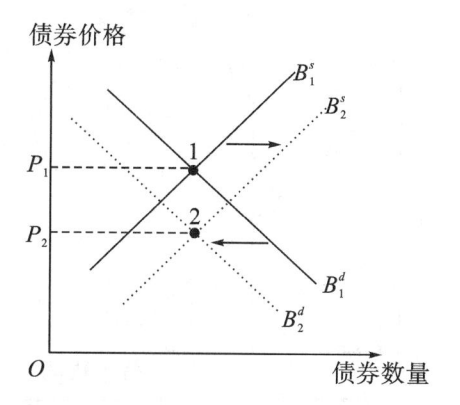

图 2-6　预期通货膨胀率变动的影响

二、流动性偏好理论

约翰·梅纳德·凯恩斯提出的流动性偏好理论，主要在于研究影响货币需求的因素。凯恩斯认为，人们对货币的需求主要出于三个动机——交易动机、预防动机和投机动机。交易动机强调人们在当期持有货币的动机是需要用货币购买商品或服务。预防动机则强调人们在将来可能需要货币进行突发性的支付行为。交易动机和预防动机都是基于货币具有交换媒介的职能。投机动机则是基于货币具有价值储藏的职能。

（一）货币市场的供求曲线和均衡

约翰·梅纳德·凯恩斯认为货币是流动性最强的资产，因此人们愿意持有货币在手中。凯恩斯的流动性偏好理论假定：人们持有财富的方式只有两种——货币和债券。持有货币的收益率为零，而持有债券可以获得一定的利息收入。因此，人们可以在货币和债券之间进行合理的资产配置。凯恩斯定义的货币既包括流通中的现金，也包括各种类型的活期存款。在凯恩斯的年代，活期存款一般没有利息或者利息很少。① 因此，人们必须在货币（便利性）和债券（收益率）之间进行权衡。人们持有货币的同时，就意味着放弃持有债券所能带来的利息收入。当债券利率上升，持有货币的机会成本也会提高，因此人们持有货币的意愿会降低，货币需求数量将减少。在其他影响因素不变的条件下，利率和货币需求量之间存在负相关关系，刻画它们关系的曲线就是货币需求曲线。凯恩斯的流动性偏好理论中，把货币供给量假定成外生变量，即不受利率影响的外部给定的变量。这种假设具有一定的合理性，因为货币供应量由中央银行直接控制。图 2-7 显示的是货币需求曲线和供给曲线以及由两条曲线决定的货币市场的均衡。

---

① 即便活期存款有很少的利息收入，只要持有货币的机会成本（持有债券的利息收入大于持有货币的利息收入）为正，人们还是需要在货币和债券之间进行权衡。

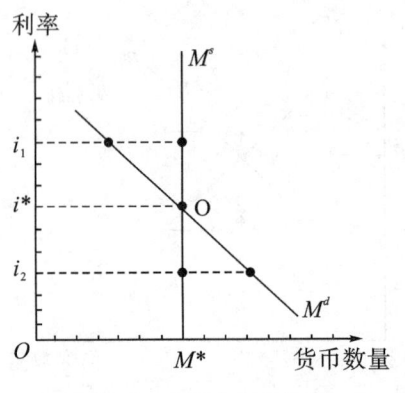

图 2-7 货币市场的均衡

当市场利率为i_1时，货币供给大于货币需求，货币市场出现超额货币供给，这意味着人们实际持有的货币数量超过了其希望持有的数量，这时候人们会通过购买债券来减持多余的货币量，这会导致债券需求的增加，从而推高债券的市场价格，使对应的市场利率下降。当市场利率为i_2时，货币需求大于货币供给，货币市场出现超额货币需求，这意味着人们希望持有的货币数量高于其实际持有的货币数量，这时候人们会通过出售债券来换持更多货币，这会导致债券需求的减少，从而导致债券的市场价格下降，使对应的市场利率上升。只有当货币市场上不存在超额的货币供给或需求的时候，即货币供给和货币需求相等的时候（位于点O），市场利率便不会再有下降或者上升的压力，这时货币市场达到了均衡。值得注意的是，虽然债券市场的供求理论和货币市场的供求理论从不同的视角分析市场利率的决定机制，但它们在本质上是一致的，即债券市场处于均衡状态时，货币市场同样也必定处于均衡状态。这是因为流动性偏好理论假定经济体中只有两种用于储藏财富的资产——货币和债券，所以经济体中财富的总量等于货币总量和债券总量之和。显然，人们能购买的资产数量不能超过其可用资源的数量，因此人们对货币和债券的需求量必然等于财富总量，即：

$$B^s + M^s = B^d + M^d$$

简单地变换，上式可以改写为：

$$B^s - B^d = M^d - M^s$$

通过上式，我们可以发现，当债券市场处于均衡状态时（$B^s = B^d$），货币市场也必定处于均衡状态（$M^d = M^s$）。

（二）货币需求（供给）曲线位移的外生因素

1. 货币需求曲线的位移

在分析货币需求曲线时，我们只关注于市场利率和货币需求量之间的关系。实际生活中，许多因素会对货币需求产生影响。在货币供求理论的框架下，这些因素都被认为是外生变量，外生变量的变化会导致整条货币需求曲线发生位移。凯恩斯认为，除了利率，收入和物价水平都会影响人们对货币的需求。收入的增加，意味着交易规模的扩大，人们将希望持有更多的货币作为交换媒介，用于购买商品或服务。因此，收入的增加会导致在每个既定的利率水平下的货币需求的增加，货币需求曲线向右移动。物价水平的提高，也会导致人们希望持有更多的货币。这是因为物价水平的提高导致货币的实际购买力下降，为了购买同样数量的商品，人们必须持有更多的名义货币。因此，物价水平的提高会导致在每个既定的利率水平下的货币需求的增加，货币需求曲线向右移动。

2. 货币供给曲线的位移

流动性偏好理论假定货币供给完全由中央银行控制，因此货币供给曲线是一条不受市场利率影响的垂直于横轴的曲线。当中央银行采取扩张性货币政策时，货币供给量增加，货币供给曲线向右移动。当货币需求曲线和供给曲线发生位移的时候，会对货币市场的均衡利率产生影响。在其他因素不变的条件下，货币需求曲线向右移动，会导致市场均衡利率水平提高；而货币供给曲线向右移动，会导致市场均衡利率水平下降。我们可以把影响需求曲线和供给曲线位移的外部因素及产生的市场影响总结如表 2-3 所示。

表 2-3　　　　　　　　　　货币供求变动的外生因素

外生因素的变动	其他因素不变的情况下，货币供求的变动	曲线的位移情况
需求曲线的位移		
收入（↑）	货币需求增加	需求曲线向右移动
物价水平（↑）	货币需求增加	需求曲线向右移动
供给曲线的位移		
货币供给量（↑）	货币供给增加	供给曲线向右移动

（三）应用分析——货币供应量与利率的关系

根据流动性偏好理论，我们可以分析货币供应量与利率之间的关系。当中央银行采取扩张性货币政策，货币供应量的增加推动货币供给曲线向右移动，使得均衡利率下降（如图 2-8 所示）。这种货币供应量增加导致市场利率下降的经济效应被称为流动性效应。

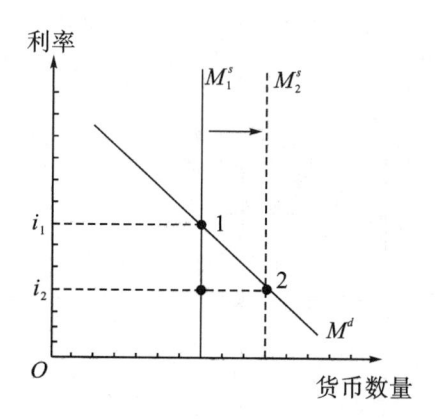

图 2-8　货币供给量增加产生的影响

但是，实际收集得到的数据却和理论分析所得结论不符。图2-10显示了中国货币供应量增长比率和市场利率的实际情况。我们发现，它们之间并不存在显著的负向关系。米尔顿·弗里德曼给出了合理的解释，即货币供应量的增加不能保证其他外生变量不发生变化，而这些外生变量的变化又会对利率产生新的影响。弗里德曼研究发现，除了流动性偏好效应，当货币供应量增加时，还存在三种影响利率的经济效应：第一，收入效应。货币供应量的增加会提高国民收入，而国民收入水平的提高会导致利率的上升（如图2-9所示）。第二，物价效应。货币供应量的增加会提高物价水平，而物价水平的提高也会导致利率的上升（如图2-9所示）。第三，预期通货膨胀效应。货币供应量的增加会使得人们对未来物价水平有更高的预期，导致预期通货膨胀率上升。根据债券供求理论，预期通货膨胀率会导致利率上升。综上所述，实际货币供应量和利率的关系，是四种效应共同作用的结果。四种效应对利率的作用速度也不尽相同。首先，流动性效应的作用要先于收入效应和价格效应。根据 IS-LM 模型，扩张性货币政策首先导致市场利率下降，进而通过促进投资支出的增加来拉动经济增长，引发国民收入的增加和价格水平的提高。因此，只有先产生流动性偏好效应，利率随之下降，才能引致收入效应和价格效应。其次，预期通货膨胀效应的作用速度是不确定的，其视市场的预期通货膨胀调整速度而定，政府也可能进行市场预期管理，影响预期调整的速度。根据四种效应的作用速度特征，我们可以得出如下结论：

（1）当货币供应量增加，最初导致市场利率下降，而随着时间的推移，利率虽有上升趋势，但最终利率仍低于原先水平。我们可以认为，流动性效应始终强于其他三种类型的效应。

（2）当货币供应量增加，最初导致市场利率下降，而随着时间的推移，利率逐渐上升，最终利率高于原先水平。我们可以认为，最初流动性效应较强，随着时间的推移，收入效应和价格效应（也可能包括预期通货膨胀效应）超过了流动性效应。

（3）当货币供应量增加，最初导致市场利率上升，则只有一种合理的解释，那就是预期通货膨胀率调整速度很快，效果强于流动性效应。这使得在最初的时候，市场利率就呈现出上升的趋势。随着时间的推移，收入效应和价格效应还会把利率推向更高的水平。

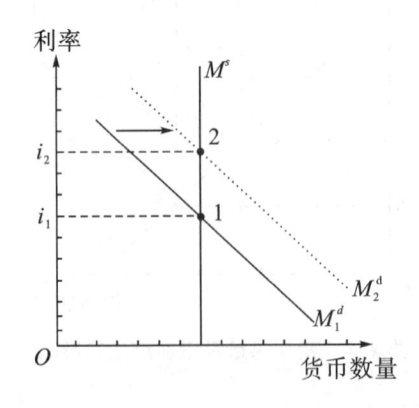

图2-9 收入或物价水平变动产生的影响

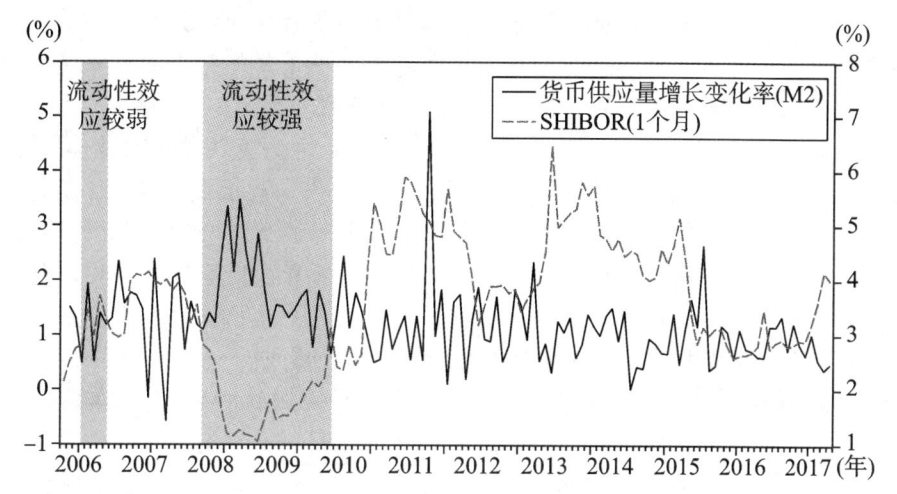

图2-10 2006年10月—2017年4月的货币供应量变化率和利率

资料来源：Wind金融资讯终端。

拓展阅读

低利率为何存在？

为何利率如此之低？它们很快上涨的概率有多大？这些问题不仅对央行官员和金融家们重要，而且对商人、储户以及一般人也很重要。让我们先来看一些事实。高收入国家最重要的四家央行——美联储（Fed）、欧洲央行（ECB）、日本央行（BoJ）和英国央行（BoE）——的干预利率全都接近于零。在2008年9月和10月全球金融危机全面爆发之后不久，这些利率就一直处于极低的水平。此外，为了降低较长期政府债券的利率，这些国家和地区的央行全都扩张了它们的资产负债表——或者就欧洲央行和日本央行而言，仍在扩张资产负债表。这在一定程度上也造成常规债券的长期利率也降至极低水平。2015年9月中旬，日本10年期政府债券的收益率为0.3%；德国债券的收益率为0.7%，法国债券的收益率是1%，意大利和英国债券的收益率是1.8%，而美国债券的收益率是2.1%。这不仅仅是名义利率偏低的故事。自2000年以来，全球安全债券的实际利率平均仅为2%。而现在它们已经离零利率不太远了。美国10年期通货膨胀保值债券（TIPS）在2015年9月末的收益率为0.6%，即便是30年期TIPS的收益率也仅为1.3%。英国央行首席经济学家安迪·哈德恩（Andy Haldane）称，这些实际利率是5 000年来最低的。这就是约翰·梅纳德·凯恩斯（John Maynard Keynes）所说的"食利者的安乐死"。并不令人意外的是，食利者憎恨这种低利率。至于为何出现这种高度刺激性的货币政策、名义和实际利率超低以及没有通胀迹象的组合，有三种宏观的解释。一是货币因素，二是实际因素，三是实际因素加上货币和金融因素。最后一点是《转折与冲击》（The Shifts and the Shocks）一书中阐述的核心观点。

第一种解释由国际清算银行（Bank for International Settlements）的解释。该行在其年度报告中辩称："低利率并非仅仅反映出当前的疲弱，它可能通过助长代价高昂的金融繁荣和萧条，在一定程度上加剧了当前的疲弱。结果是过多的债务、增长乏力以及利率水平极低。简言之，低利率导致了更低的利率。"这种观点站不住脚的一个理由是，它基于这样一个假设：货币政策能够持续几十年一直扭曲长期利率——长期利率处于最重要的价格之列。它还假设：实施此类超级宽松政策将完全不会体现在通胀压力上，而只是体现在金融体系的行为上。这似乎完全说不通。

第二种解释的核心在于储蓄和投资意愿的转变。这是美联储前主席本·伯南克（Ben Bernanke）的"储蓄过剩"假说。哈德恩将这种假说概括为"东方储蓄过剩，西方投资不足，人口结构趋势日益恶化，不平等程度不断加剧"。这种分析的问题在于，它没有对此次金融危机做出解释。如果有人坚持这种解释，他不得不辩称，危机只是愚蠢的放松监管及不负责任的金融行业疯狂逐利的结果。这似乎也不太可信。人们不得不质问：为什么如此巨大的危机偏偏在那个节骨眼上爆发？

第三种解释由其他两种解释综合而成（这种解释是正确的）。最简单的综合是凯恩斯的观点：经济中的短期均衡由实际因素和货币因素共同决定。实际因素决定了均衡（或称自然）利率，央行随即寻求提供这样的利率。然而，为了在高经济活动水平下提供储蓄和投资均衡所需的货币条件，央行不得不鼓励信贷增长。但那种信贷增长可能极大地破坏稳定（在最近几十年就是如此），因为它需要庞大的杠杆（尤其是对房地产资产），导致金融盛衰。因此，正确的解释是实际因素与货币和金融因素共同作用的结果。储蓄过剩是一个诱因，但其影响是通过货币政策和金融体系传递的，进而通过金融盛衰产生冲击。

那么，这种观点对未来的世界利率意味着什么？这里有五个方面的含义。第一，人们觉得，储蓄必须有价值。一般来说确实如此。但在边际领域，储蓄没有价值。所有物品的价格都由边际领域决定。在这种情况下，储蓄的价值是零。第二，高收入经济体的信贷泡沫破裂导致又一个巨大的信贷泡沫。第三，在中国信贷泡沫结束之后，全球储蓄过剩现象可能在今后几年加剧。中国国民储蓄与国内生产总值（GDP）之比接近50%，但其几乎同样高的投资比率似乎必然会下降。第四，西方以及随后的中国信贷繁荣遗留了巨额债务，足以在很长时期内遏制支出。第五，要想实现全球经济的更强劲增长，我们似乎需要其他地方再来一场信贷繁荣。但是可能在哪里呢？一个明显的候选地将是美国。若果真如此，疲弱的全球需求可能让美国利率保持在极低水平。

资料来源：马丁·沃尔夫. 低利率为何存在？[N]. 邹策，译. 金融时报，2015-10-14.

第五节 利率的风险结构和期限结构

上节介绍的两种利率决定理论主要是从整个经济的角度来分析平均利率水平的决定问题，它们都假定市场上只有一种利率。但事实上，正如第二节所提出的，市场上的利率是多种多样的，以上两种利率决定理论不能够说明和解释这个问题。本节将从理论角度进一步解释市场复杂的利率结构是如何形成或决定的，说明为什么不同期限的债券有不同的利率，即使是同样期限的债券也可能有不同的利率，特别是要分析利率的期限结构，即长期利率和短期利率的形成原因或决定因素以及两者之间的相互关系，由此形成了利率的风险结构和期限结构理论。

一、利率的风险结构

利率的风险结构（Risk Structure of Interest Rates）是指相同期限的债券不同利率水平之间的关系。如果仅仅按照利息是信贷的报酬，或者利息是货币的时间价值的说法，同样期限的债券似乎应该有相同的利率，但实际上，同样期限的债券有着各种不同的利率（如图 2-11 所示），这些利率之间的差额还会随时间的不同而变动。其原因在于期限相同的各种债券有着不同的违约风险、流动性、税收和信息成本等因素。

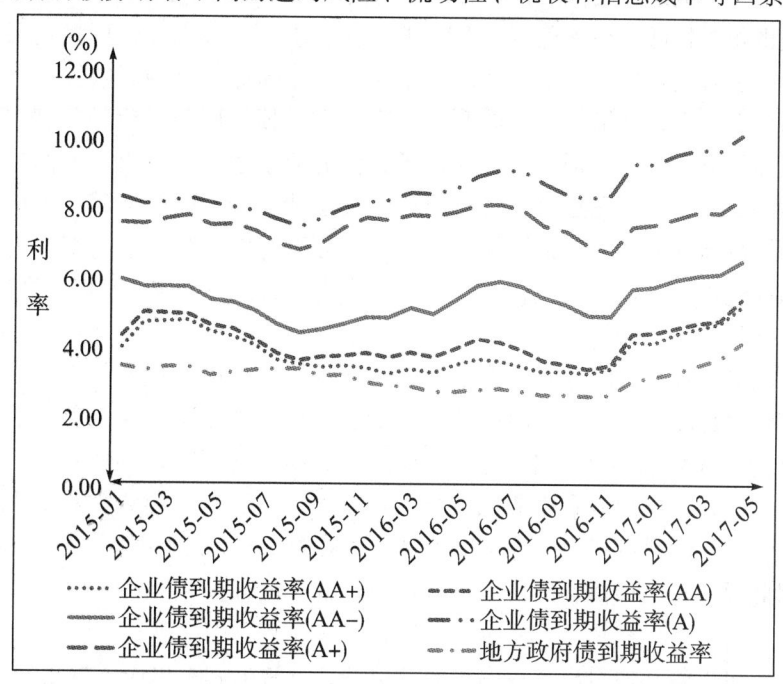

图 2-11　3 年期的各种债券的到期收益率比较

资料来源：Wind 金融资讯终端

（一）违约风险

投资者购买一张债券，首先面临的是债券发行人有可能违约，即不能支付利息或在债券到期时不能清偿票面规定金额，这是债券具有的风险，会影响债券的利率。公司如果遭受巨大的损失，很可能延迟支付，甚至无法支付债券利息。因此，公司债券的违约风险较大。相反，国债几乎没有什么违约风险。因为政府可以通过增加税收或印刷钞票来偿付其债务。这类债券被称为无违约风险债券。有违约风险债券与无违约风险债券利率的差额，称为风险升水，即人们持有某种风险债券必须获得额外的利息。因此，具有违约风险的债券通常具有正值的风险升水，违约风险越大，风险升水也越大。无违约风险的国债更受欢迎，需求增加，价格会上升，利率会下降。因此，无违约风险债券的利率一般都比公司债券的利率要低。现在，我们可以断言：有违约风险的债券总是具有正值的风险升水，其风险升水将随着违约风险的增加而增加。

然而，一般的投资者不可能全面地了解市场上交易的各种债券的具体情况，因此需要一些专门的机构对它们进行调查，给予投资者相关信息，从而导致专业性的、独立性的评级机构产生。评级机构对债券的级别划分是投资者防范违约风险的重要参考。图 2-11 显示，具有不同信用评级的公司债券具有不同的到期收益率，显然它们之间存在利差。关于评级机构及其评级将在第三章讨论。

（二）流动性

影响债券利率的一个重要因素是流动性。资产的流动性是指必要时可以迅速转换成现金而不使持有人发生太大损失的能力。不同的资产有着不同的流动性。国债交易广泛、容易出手、交易费用低廉，具有很强的流动性。公司债券的交易量都小于国债，故其流动性也相对较低，在紧急情况下可能难以迅速找到买主，就算找到买主，其最终的交易价格也可能较低。如果某公司债券的流动性降低，市场需求较小，则其价格会下降，利率会上升，结果与国债的利差扩大。政府债券同公司债券的利差，不仅反映了它们在违约风险上的差别，而且反映了它们的流动性不同。由于人们总是偏好于流动性较高的资产，以便在必要的时候能够将其迅速变现，因此在其他条件不变的情况下，流动性越高的债券利率将越低。在许多实证研究中，利差被用来作为衡量金融市场风险的代理指标，正是因为利差反映了公司债券的违约风险及其流动性。

（三）税收

相同期限的债券之间的利差还缘于税收因素的影响。因为债券持有人真正关心的是税后的实际利息收入，所以不同种类债券的利息收入的税率不同，其税后利率也不同。假定有债券 A 和债券 B，它们的违约风险和流动性均相同，但是债券 A 利息收入的所得税率为 T_A，而债券 B 利息收入的所得税率为 T_B，那么债券 A 的税后利率就等于 $i_A(1-T_A)$，债券 B 的税后利率就等于 $i_B(1-T_B)$，其中 i_A、i_B 分别为债券 A 和债券 B 的税前利率，因此要使这两种债券的税后利率相等，就必须有：

$$i_A = i_B(1-T_B)/(1-T_A)$$

从上式中可以清楚地看出，税率越高的债券，其税前利率也应该越高。

自 20 世纪 40 年代以来，美国政府国债的利率一直比美国许多州和地方政府债券的利率水平要高，其原因在于根据美国税法，州和地方政府债券的利息收入可以免交联邦所得税，因此其税前利率自然要低于利息收入要交联邦所得税的联邦政府债券的利率。因此，有些投资者宁愿选择免税的州和地方政府债券，而不选择要交税的联邦政府债券、外国政府债券以及美国和外国公司的债券，尽管这些应征税债券的利率可能比免税的州和地方政府债券的利率要高很多。

（四）信息成本

信息成本因素也是导致利率差异的原因。这是因为信息不对称现象的普遍存在，使贷款人要了解借款人的动机及行为所付出的成本比较昂贵，需要得到补偿。因此，信息成本提高了利率。也正是因为如此，在同等条件下，大额贷款、大型著名公司和政府的借款利率比小额贷款、小型公司的借款利率要低。

二、利率的期限结构

影响债券利率的一个重要因素是债券的期限。利率的期限结构（Term Structure of Interest Rates）是指具有相同违约风险、流动性、税收特征和信息成本的债券，其利率，即收益率与到期时间之间的关系。反映其关系的曲线称为收益率曲线。收益率曲线主要有向上倾斜、水平、向下倾斜三种类型。如图2-12所示，向上倾斜的收益率曲线，表明随着期限的延长，利率越高，长期利率高于短期利率。呈水平状的收益率曲线，表明长期利率应该和短期利率相等。向下倾斜的收益率曲线表明随着期限的增加利率逐渐减少，即长期利率小于短期利率。收益率曲线也可以具有更复杂的形状，可以先向上倾斜后向下倾斜，如骆驼峰状或相反。利率期限结构理论要解释以下三个重要的经验事实，即一是不同期限的债券利率随着时间的推进呈现趋同波动。二是如果短期利率较低，收益率曲线更趋于向上倾斜；如果短期利率较高，收益率曲线更趋于向下倾斜。三是收益率曲线通常是向上倾斜的。利率期限结构理论主要有预期理论、市场分割理论以及流动性溢价理论。

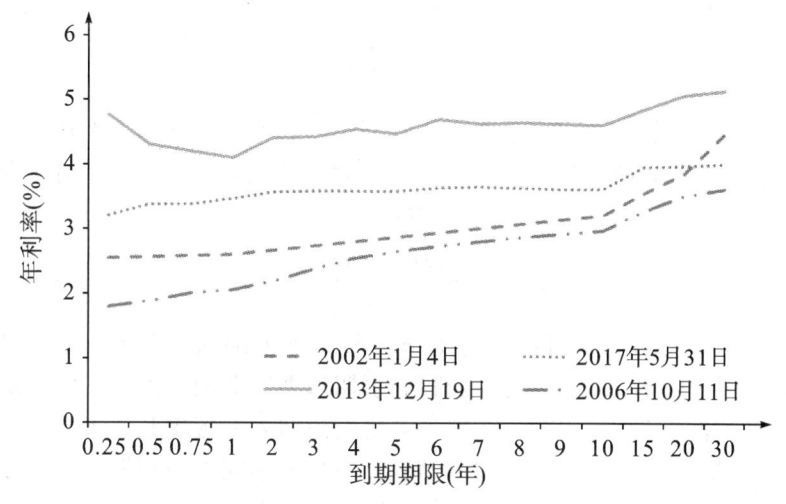

图2-12 中国国债的收益率曲线

资料来源：Wind金融资讯终端。

（一）预期理论

预期理论（Expectation Theory）最早由费雪于1896年在《美国经济学会出版物》上发表的《判断与利息》一文中提出，其基本观点是收益率曲线的形状是由人们对未来利率的预期决定的，长期利率是预期未来短期利率的函数，长期利率等于当期短期利率与预期的未来短期利率之和的平均数。

预期理论假定所有投资者都是利润最大化的追求者，只要某种债券的预期收益率更高，投资者就会毫不犹豫地购买它，而不考虑其期限的长短。这意味着投资者对债券的期限没有特殊偏好，可以进行完全替代，投资者只在乎投资的收益率。

为考察不同期限的债券是完全替代品这一假设如何导出预期理论，参见以下的例子。

例2-9：考虑一个简单的投资问题：假设1元钱准备进行2年的投资，市场上有两种投资方案可供选择：

（1）购买1年期债券，1年期满时，再购买1年期的债券。

（2）购买2年期债券保持至期满。

此处，i_t 表示第 1 年的 1 年期债券利率（即期利率），i_{t+1}^e 表示预期下 1 年的 1 年期债券利率，i_{2t} 表示 2 年期债券的即期利率。金融市场套利行为的存在，会使得两种投资方案所获得的利息收入相等，即：

$$(1+i_t)(1+i_{t+1}^e)-1=(1+i_{2t})^2-1$$

$$(1+i_t)(1+i_{t+1}^e)=(1+i_{2t})^2$$

两边取自然对数可得：

$$\ln(1+i_t)+\ln(1+i_{t+1}^e)=2\ln(1+i_{2t})$$

上式可近似为：

$$i_t+i_{t+1}^e=2i_{2t}$$

即：

$$i_{2t}=\frac{i_t+i_{t+1}^e}{2}$$

这表示 2 年期债券的利率等于两个 1 年期债券利率的平均值，上述的例子，我们只是简单地分析 2 年期债券利率和 1 年期债券利率的关系，事实上，对于期限更长的债券，我们可以使用相同步骤得到以下结论：

$$i_{nt}=\frac{i_t+i_{t+1}^e+i_{t+2}^e+\cdots+i_{t+(n-1)}^e}{n} \tag{2-14}$$

这意味着，n 年期债券的利率等于在 n 个周期的期限内 n 个 1 年期债券利率的平均值，这就是预期理论的核心内容。当我们预期未来短期利率上升，则长期利率就会高于短期利率，收益率曲线呈向上倾斜。当我们预期未来短期利率下降，则长期利率就会低于短期利率，收益率曲线呈向下倾斜。当我们预期未来短期利率不变，则当前长期利率就会等于当前短期利率，收益率曲线呈水平状。

例 2-10：在当前市场上 1 年期债券的利率是 6%，预期明年的 1 年期债券的利率是 7%，预期后年的 1 年期债券的利率是 8%，那么当前市场上 3 年期债券的利率应为：

$$3 年期债券利率=\frac{(6\%+7\%+8\%)}{3}=7\%$$

预期理论的优点在于它可以解释上述关于利率的前两个事实。对于第一个事实的解释：一般情况，如果短期利率上升将提高人们对未来短期利率上升的预期，而长期利率是短期利率与预期的未来短期利率之和的平均数，因此当短期利率上升，通过预期的作用，引致长期利率也上升，这就解释了不同期限的利率呈趋同波动的事实。对于第二个事实的解释：当短期利率处于较高水平，人们开始预期未来短期利率将要下降，从而使得长期利率下降，收益率曲线呈向下倾斜。而当短期利率处于较低水平，人们开始预期短期利率将要上升，从而使得长期利率上升，收益率曲线呈向上倾斜。显然，预期理论无法解释第三个事实，即收益率曲线为什么通常向上倾斜。因为根据预期理论，典型的收益率曲线应当为水平形状，而不是向上倾斜。

（二）市场分割理论

由于预期理论假定投资者对债券的期限没有偏好，具有完全替代性。一些经济学家认为这一假定并不完全符合现实，因为投资者不可能对债券的期限完全没有偏好。

意愿持有期限较短的投资者不可能偏好长期债券，意愿持有期限较长的投资者可能更偏向于长期债券，至少可以省去反复购买的繁杂手续和交易成本。市场分割理论（Market Segmentation Theory）最早由卡伯特森在1957年提出，该理论假设不同类型的投资者对特定期限的债券具有偏好。这些偏好与他们的债务结构或者风险厌恶程度有关。例如，一个寿险公司给它的保险单持有者以长期承诺，因而其愿意投资于在一个较长时期内提供稳定收益率的债券。又如，商业银行通常拥有短期负债，它们可能愿意投资于短期流动性较强的债券。由于投资者的偏好，其只喜欢这种债券，而不喜欢另一种债券，故只关心偏好的期限债券的预期回报率，从而导致不同期限的债券不能完全替代。

由此可见，市场分割理论将不同期限的债券市场视为完全独立和分割的市场。由于市场是分割的，资金不能在长短期市场上自由移动，这样各种期限债券的利率就由该种债券的供求决定，而不受其他期限债券预期回报率的影响，即收益率曲线的不同形状为不同期限债券的供求差异所决定。一般说来，如果投资者偏好期限较短的债券，对短期债券的需求比对长期债券的需求多，因此短期债券价格较高，利率较低，收益率曲线一般情况呈向上倾斜。但市场分割理论无法解释第一个和第二个事实。市场分割理论虽然考虑到某些投资者偏好短期债券的事实，从而对于第三个事实给出了合理解释，在一定程度上补充了预期理论的不足，但其最大缺陷是忽略了长、短期债券市场之间的联系。

（三）流动性溢价理论

流动性溢价理论假设不同期限的债券之间可以相互替代，但并非完全相互替代。可相互替代的假设类似于预期理论，意味着某种期限债券的预期收益率能够影响其他期限债券的预期收益率。非完全相互替代的假设则类似于市场分割理论，意味着投资者对不同期限的各种债券确实存在一定偏好。由于投资者一般都是风险规避者，因此通常偏好于短期债券，只有对长期债券持有者给予一定的补偿，即流动性溢价，投资者才愿意购买长期债券。我们可以认为，流动性溢价理论是对预期理论的修正，它把市场分割理论假定投资者对债券期限的偏好加入到预期理论中，使该理论变得更加丰富。流动性溢价理论可以表示为：

$$i_{nt} = \frac{i_t + i_{t+1}^e + i_{t+2}^e + \cdots + i_{t+(n-1)}^e}{n} + l_{nt} \tag{2-15}$$

例2-11：假如在今后5年内，预期1年期利率分别为6%、7%、8%、9%和10%，由于投资者偏好持有短期债券，这就意味着1~5年期债券应该有流动性溢价，假定该溢价分别为0、0.25%、0.5%、0.75%和1.0%。这样，2年期债券的利率应为：

$$2\text{年期债券的利率} = \frac{6\% + 7\%}{2} + 0.25\% = 6.75\%$$

5年期债券的利率则为

$$5\text{年期债券的利率} = \frac{6\% + 7\% + 8\% + 9\% + 10\%}{5} + 1\% = 9\%$$

对1年期、3年期、4年期的利率进行类似的计算，就能得出1~5年期的利率分别为6%、6.75%、7.5%、8.25%和9%。将这些计算结果与预期理论的计算的结果相比，不难发现由于投资者对短期债券的偏好，决定了流动性溢价理论的收益率曲线比预期理论的向上倾斜程度更大。根据流动性溢价理论，我们可以解释图2-13不同类型收益率曲线。图2-13（a）中陡直向上倾斜的收益率曲线表明，预期未来短期利率将会上升，加上流动性溢价部分，则收益率曲线变得非常陡峭；图2-13（b）中相对平缓的向上倾斜的收益率曲线表明，预期未来短期利率可能保持不变，即使加上流动性溢价部分，收益率曲线也不是很陡峭；图2-13（c）中水平的收益率曲线表明，预期未来短期利率将轻微下降，加上流动性溢价部分，则收益率曲线呈水平状；图2-13（d）中向下倾斜的收益率曲线表明，预期未来短期利率将急剧下降，即使加上流动性溢价部分，收益率曲线也是向下倾斜的。

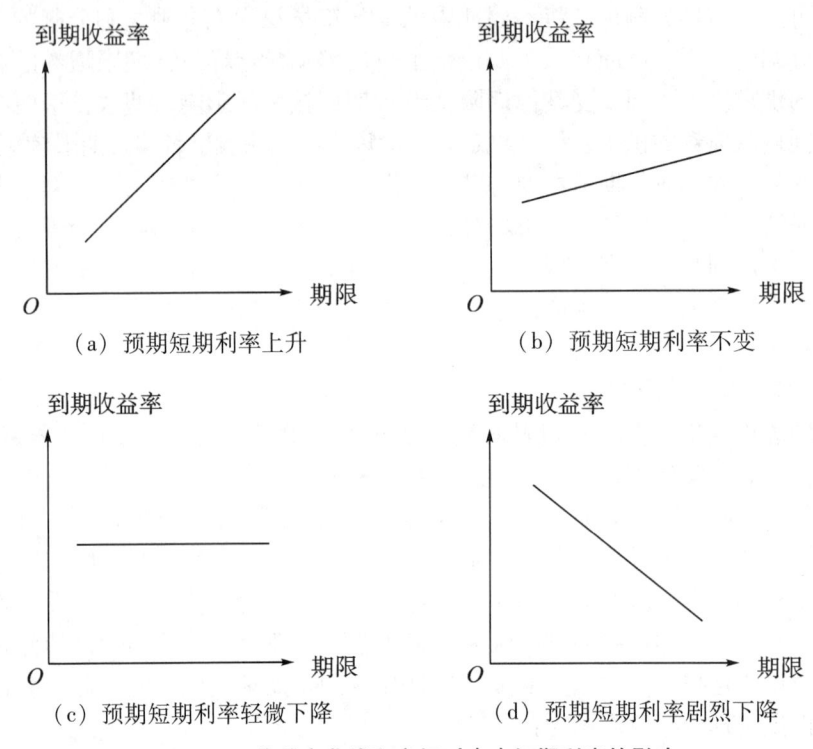

（a）预期短期利率上升

（b）预期短期利率不变

（c）预期短期利率轻微下降

（d）预期短期利率剧烈下降

图2-13　收益率曲线和市场对未来短期利率的影响

流动性溢价理论可以解释关于利率的三个事实。对第一个事实的解释：短期利率上升，导致人们预期未来短期利率也将上升，使得长期利率上升。因此，不同期限的债券利率呈趋同波动特征。对第二个事实的解释：当短期利率偏低时，投资者通常会预期短期利率将触底回升，即预期短期利率上升，长期利率将高于当期短期利率，收益率曲线向上倾斜。相反，如果短期利率偏高，人们通常预期短期利率将下降，长期利率将低于当前短期利率，收益率曲线向下倾斜。对第三个事实的解释：投资者一般偏好短期债券，随着债券期限的延长，应该给予相应更高的流动性溢价。因此，即使未来短期利率预期平均值保持不变，因为存在一个正的流动性溢价，所以长期利率一般高于短期利率，收益率曲线向上倾斜。

本章小结

1. 信用是一种以偿还和付息为条件的借贷行为。各种具体的借贷关系特征通过各种信用形式体现出来。在现代经济中，这些形式从借贷主体角度看，主要有商业信用、银行信用、国家信用、消费信用和股份公司信用。

2. 利率是借贷期内所形成的利息额与所贷资金额的比率，也是借贷资本的价格。现实生活中的利率都是以某种具体形式存在的，可以从不同角度进行分类。各种不同的种类构成的一个有机体即是利率体系，基准利率是利率体系的核心。

3. 货币具有时间价值。与货币时间价值相联系的两个重要概念是现值和终值。现值是指将来得到或支付的某笔资金的现在的价值；终值是指当前得到或支付的某笔资金在将来某时刻的价值。终值的计算方法分为单利计算和复利计算，其中复利计算又可以分为分期复利和连续复利。

4. 债券供求理论可以用来研究利率的决定机制。主要是因为债券价格与利率之间呈反向关系。影响债券需求的外部因素包括财富、预期回报率、预期通货膨胀率、风险和流动性。影响债券供给的外部因素包括投资项目的预期盈利能力、预期通货膨胀率和政府预算赤字。流动性偏好理论是解释利率决定机制的另一种理论。该理论认为利率是持有货币的机会成本。当货币供应量增加时，市场均衡利率下降，这种效应被称为流动性效应。此外，除了流动性效应，货币供应量的增加还具有收入效应、物价效应和预期通货膨胀效应，这些效应都会导致利率上升。

5. 利率的风险结构指相同期限的债券不同利率水平之间的关系。同样期限的债券似乎应该有相同的利率，但实际上，同样期限的债券有着各种不同的利率。其原因在于期限相同的各种债券有着不同的违约风险、流动性、税收和信息成本等因素。

6. 利率具有以下三个事实：一是不同期限的债券利率随着时间的推进呈现趋同波动。二是如果短期利率较低，收益率曲线更趋于向上倾斜；如果短期利率较高，则收益率曲线更趋于向下倾斜。三是收益率曲线通常是向上倾斜的。利率期限结构理论包括预期理论、市场分割理论和流动性溢价理论。这些理论从不同假定出发，对利率的三个事实进行解释。预期理论认为长期利率等于债券到期日以前预期短期利率的平均值；市场分割理论认为各种期限的债券之间完全不能替代，人们一般偏好期限较短的债券，致使短期债券价格较高，短期利率较低；流动性溢价理论认为长期利率等于债券到期日之前未来短期利率预期的平均值加上由期限决定的该种债券的流动性溢价。

重要概念

信用　商业信用　银行信用　国家信用　消费信用　股份公司信用　基准利率　名义利率　实际利率　货币时间价值　现值　终值　机会成本　利率的风险结构　收益率曲线　利率的期限结构　预期理论　市场分割理论　流动性溢价理论

复习思考题

1. 什么是信用？信用有哪些表现形式？各有何特点？

2. 如果你以950元购买一张面值为1 000元的一年期贴现债券，并持有到期，那么相应的到期收益率是多少呢？

3. 如果债券的供给过剩，那么其价格高于还是低于均衡价格？市场会如何进行调整使价格回到均衡水平？

4. 货币供应量的增加对利率会产生什么影响？请具体说明。

5. 假设在接下来的3年中，1年期债券的预期利率分别为5%、6%和7%，由于投资者偏好持有短期债券，假设1年期至3年期债券的流动性偏好分别为0、0.25%和0.5%。根据预期理论和流动性溢价理论，1年期至3年期债券的利率分别为多少？

6. 利率期限结构的预期理论是如何解释不同到期期限债券的利率随时间一起波动的事实的？

7. 利率期限结构的市场分割理论是如何解释收益率曲线通常向上倾斜这一事实的？

8. 经济周期性扩张会推高利率吗？

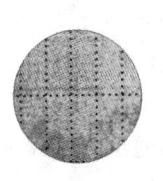

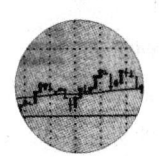

第三章　金融市场

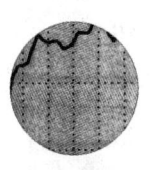

在现代市场经济体系中,金融市场作为其中一个不可或缺的组成部分,不仅充当了经济运行的润滑剂,而且还成为控制、调节和促进经济发展的有效机制,在整个经济生活中起着举足轻重的作用。

第一节 金融市场的结构与功能

一、金融市场的含义

在经济体系中运作的市场基本上有三种类型:要素市场、产品市场、金融市场。其中,金融市场是在前两个市场的基础上派生出来的,是将要素市场上的储蓄转化为投资的通道,是保证整个经济体系顺畅运行的润滑剂,在整个经济生活中起着举足轻重的作用。

所谓金融市场(Financial Market),最简单地说,就是融通资金的场所,包括通过各类金融机构及个人实现的资金借贷活动,其中有对各种货币进行的交易,也有对各种有价证券进行的交易。随着计算机与网络通信技术的发展,金融交易的场所日趋无形化。因此,广义的金融市场可以理解为以各种金融资产作为标的物而进行交易的组织系统或网络,并由之引发的各种信用关系。如果进一步分析,我们可以给出金融市场的本质定义:金融市场是进行金融资产融通并从中生成金融资产价格机制的系统。在这里,实现借贷资金的集中和分配,并由资金供给和资金需求的对比生成该市场的价格——利率。

二、金融市场的基本要素

与任何市场一样,金融市场也有以下四个基本要素:交易的对象、交易的主体、交易的工具和交易的价格。

金融市场的交易对象是货币资金。无论哪种金融交易,其最终的行为结果都是实现货币资金的转移。金融交易与商品交易的最大区别在于商品交易表现为所有权和使用权的同时转移,而金融交易大多是不改变所有权的货币资金使用权的转移。

金融市场的交易主体包括个人、企业、政府和金融机构。其中,个人、企业和政府不以金融交易为业,不专门从事金融活动,参与交易的目的是为了满足其自身的资金供求需要,它们之间发生的金融交易称为直接金融或直接融资;金融机构是专门从事金融活动的组织,通过金融机构实现的金融交易称为间接金融或间接融资。

金融市场的交易工具指的是作为债权债务关系载体的各类金融工具,如票据、债券、股票等。

金融市场的交易价格是利率。各类金融市场都有与之特性相适应的利率,如银行同业拆借市场利率、贴现市场利率、国库券市场利率等。它们的具体利率水平往往不相同,说明利率具有个性。同时,各种利率由于市场机制的作用具有联动效应,各种利率在一般情况下,具有同方向变化的趋势,说明利率也具有共性。

三、直接融资与间接融资

金融市场上的融资方式，按有无金融中介参与，可分为两种：一是直接融资，二是间接融资。

（一）直接融资

直接融资（Direct Finance）指的是资金盈余单位和资金赤字单位直接结合来融通资金，其间不存在任何金融中介机构涉入的融资方式。我们通常称产生于直接融资的金融工具为初级证券（Primary Securities），也称为直接证券、直接金融工具，如国库券、股票、债券等。此种方式最大的局限就是每次交易行为必须要求交易双方的资金数量与使用期限具有一致性，其中一方在找到另一方之前，必须承担较大的寻找成本，而在找到之后，还要面临定价评估成本，并且面临借款人的逆向选择风险与道德风险。这两种风险都源于金融市场的信息不对称问题。信息不对称指交易的一方对交易的另一方缺乏充分的了解，从而使其在交易过程中难以做出准确决策。逆向选择风险与道德风险是以时点来区分的，逆向选择风险是交易成交前面临的风险，指具有潜在的不良信用风险的人正是那些积极寻求贷款的人。二手车市场问题就是典型的逆向选择问题。道德风险是交易成交后面临的风险，指贷款者发放贷款后，借款者可能从事那些从贷款者观点出发不能从事的高风险活动。道德风险在股权合约中表现为典型的委托-代理问题。

直接融资还有一种改进的交易形式，即增加了经纪人和交易商这一中介环节。其作用就是将交易双方从中撮合，从而减少信息成本。

在此，我们先区分一下经纪人和交易商的概念是很有必要的。经纪人在实质上只是信息出售者，不承担"头寸风险"；而交易商先是以合适的价位"吃进"赤字单位的证券，然后再伺机卖出，赚取差价，即买卖环节具有时滞，事实上承担了"头寸风险"，一旦买卖时出现失误，则要遭受损失。此种方式有时被称为半直接融资，它能降低双方的信息成本。需要注意的是，这种方式的载体仍然是初级证券，成本虽然降低了，但风险并没有降低，并且仍受初级证券的期限等特征所约束，并不能有效扩展金融市场的广度和深度。

（二）间接融资

正是直接融资的局限性促使了金融中介机构的深度介入，金融中介通过向市场参与者发行证券来筹集资金，然后进行投资，这种市场参与者通过金融中介实现资金融通的方式就称为间接融资（Indirect Finance）。

相对于经纪人和交易商，金融中介提供了更为激烈竞争的交易方式。资金供给者先将资金使用权转让给银行或其他金融机构，并获得一种金融资产。其主要形式有存款账户、大额可转让定期存单和信托等。金融中介机构随后再将资金贷放给资金需求者或购买资金需求者发行的直接证券，以此完成资金的融通。是否产生间接证券是判断融资方式的一个核心标准。对于投资者来说，购买次级证券面临的逆向选择问题与道德风险远小于初级证券，并且期限不受次级证券的限制，实质上是将借款者信用转化为金融机构信用，这必然大大促进了金融市场的繁荣。因此，随着间接融资手段的出现，大部分金融体系便逐渐发展为更依赖于间接融资的体系。

金融市场就是通过直接融资和间接融资两种方式来实现盈余部门的储蓄向赤字部门的投资转化的。其资金融通过程如图3-1所示。

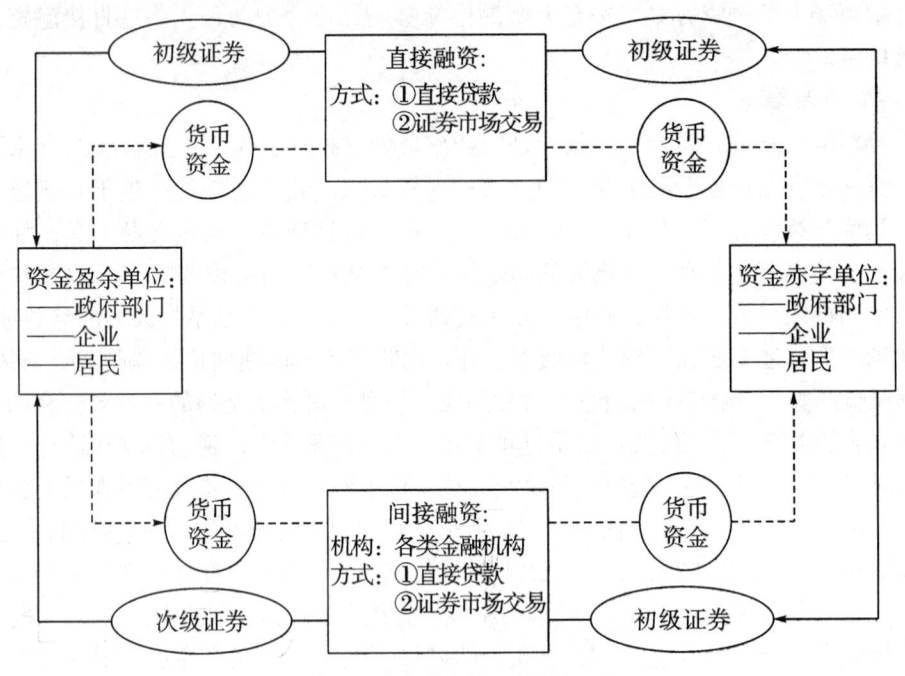

图3-1 金融市场运作流程图

（三）直接融资与间接融资的比较

间接融资是在直接融资的基础上形成的，理论上可以提高融资效率，代表了一种更高层次的金融结构，由于金融中介机构可以获得规模经济的优势，能够运用专门技术，雇用高级管理人才及拓宽融资市场，从而降低交易成本及提高收益率，更有利于降低金融市场的信息不对称问题。从以上分析读者似乎可以得出间接融资好过直接融资的结论，但实际情况是两者互有优劣、互为补充。间接融资的实质是将千千万万的分散的直接风险聚焦到金融中介机构中，这就需要一个高效、健全的金融中介体系。而现实中，像银行等金融中介机构的行为会受到政府、利益集团等方方面面的外在影响，同时也不能保证每次信息分析无误。应该说，其贷款成功率远远大于直接融资，而一旦出现失误，由于其具有风险雪崩效应，会对社会经济造成极大的负面影响。目前，在绝大多数发达国家，如美国、日本、德国和加拿大，企业融资以间接融资为主。中国在1979年之前只有一种融资形式即间接融资。在此之后的改革开放中，中国大力发展直接融资，从图3-2可以看出目前我国非金融企业外部融资主要还是依靠金融机构的间接融资。

需要特别指出的是，在理论上区分直接融资和间接融资似乎并不困难。但在现实中，这两种融资活动很难严格区分开来。例如，企业发行商业票据是一种直接融资活动。但是一旦银行对企业的票据给予贴现，全部融资活动究竟属于直接融资还是间接融资，就很难说得清楚。又如，当银行面临资产流动性不足时，以贷款证券化的方式出售其贷款，要对此融资行为归类同样不容易。

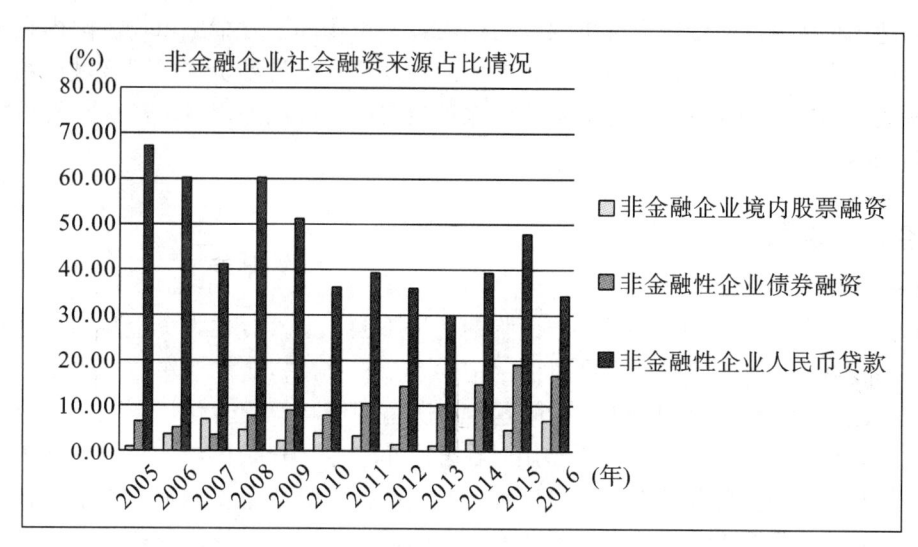

图 3-2 中国 2005—2016 年非金融企业社会融资来源占比情况

资料来源：Wind 资讯金融终端。

四、金融市场的结构

金融市场这个系统实质上是由很多按不同性质定义的相互紧密联系的子系统构成的。因此从不同的角度，可将金融市场划分为不同的类型。

依金融工具的性质不同，金融市场可划分为债券市场与股权市场。债券市场的主要金融工具是形形色色的债券，债券持有人与债券发行人是债权人与债务人的关系；股票市场的主要金融工具是公司股票，股票持有人与股票发行公司是业主与代理人的关系。

依融资期限不同，金融市场可划分为货币市场和资本市场。货币市场是指对 1 年或 1 年以内的证券或贷款进行交易的场所；资本市场是指期限大于 1 年的证券或贷款交易的场所。

依金融工具交易顺序不同，金融市场可划分为一级市场和二级市场。一级市场用于交易新发行的证券，实现资金由证券投资者向实物投资者的转移，是资金的纵向转移交易；二级市场用于交易已发行证券，实质上是资金在证券投资者之间的横向转移，可加强证券流动性，证券价格在二级市场的涨跌会对一级市场产生正相关影响，直接影响一级市场的发行额度和发行价格。

依交割的时间和性质不同，金融市场可划分为即期市场、远期市场、期货市场与期权市场。在即期市场上，金融交易完成后立即交割（通常在一到两个营业日内）；远期市场或期货市场是对要求在未来某一时段交割的金融工具合同进行交易，可在交割前提前锁定价格减少风险；期权市场则给予投资者在期权有效期内的任何时候按保证的价格向期权的出售者买进或卖出指定证券的权利。

依交易场所的性质不同，金融市场可划分为有形市场和无形市场。有形市场有固定的交易场所，交易活动要遵循交易所制定的管理制度；无形市场没有固定的交易场所，由计算机通信网络等先进技术来保证市场信息的运行。

依地理位置不同，金融市场可划分为国内金融市场和国际金融市场。国内金融市场是指在一个国家境内，以本币为中心形成的各种资金交易场所；国际金融市场是指以国际货币为中心的经营和交易的场所，包括面向国际开放的证券市场、外汇市场和黄金市场等子市场。

五、金融市场的功能

（一）聚集和分配资金功能

在经济运行中，由于各经济主体面临的环境不同，使其分化为资金盈余单位和资金赤字单位两类。如何将资金盈余单位手中的资金转移到资金赤字单位的手中用于经济发展，是一国金融领域中最重要的问题，即所谓的储蓄投资转化机制问题。金融市场在这一转化机制问题中起了重要作用。在金融市场中，资金供给方用资金购买金融工具，既保持了较高的流动性，又能为其带来收益；而资金需求方则可以根据自身经营状况有选择地在金融市场上筹措各种资金，降低筹资成本，提高筹资效益。各类金融主体以金融市场为媒介，减少了信息不对称，节约了交易成本，使资金流向最需要的地方，从而实现资金的合理配置。

（二）价格确定功能

金融工具一般都有面值，但除银行券和一般银行存款等可直接作为货币的金融工具的内在价值体现在其面值上以外，大多数金融工具的票面上标注的面值并不能体现其内在价值，而在其交易中均有着不同于面值的价格。这个交易或转让的价格就是金融市场上金融工具的持有者与投资者买与卖两种行为相互作用的结果。这种定价是否合理、是否能引导资源有效配置与市场的完善程度和效率有关。

（三）资金期限转换功能

在现实生活中，资金盈余者提供的资金与资金赤字者需要的资金在期限上往往难以达到恰好匹配，客观上需要一种机制来实现部分期限资金的转化和资金的横向融通，金融市场为其提供了可能。通过股票、长期债券等长期投资工具可以将公众手中的短期资金转化为长期资金；同时也可以通过在二级市场上将长期证券出售，转化为现金或短期证券等高流动性的资金，从而既可以满足人们的流动性要求，又可以为生产发展提供足够的资金。

（四）分散与转移风险功能

由于金融市场中有各种在收益、风险及流动性方面存在差异的金融工具可供选择，使投资者很容易采用各种证券组合的方式来分散风险，从而提高投资的安全性和盈利性。同时，金融市场为长期资金提供了流动的机会，为投资者和筹资者进行对冲交易、期货交易、套期保值提供了便利，使其可以利用金融市场来转移和规避风险。

（五）信息聚集功能

金融市场是一个经济信息集聚中心，是一国金融形势的"晴雨表"。金融市场的各种活动和态势可以为个人、企业和国家提供大量信息资料。首先，金融市场能够为资金供求双方提供信息。证券投资者和筹资者通过发行、转让证券等行为来了解各种证券的行情和投资机会，并通过上市企业公布的财务报表来了解企业的经营状况，从而为投资决策提供充分的依据。其次，金融市场为企业提供信息。公众对各产业、各行业的发展前景的预期可以从证券市场行情的涨跌中略见一斑。每个企业可以根据证券行市变动情况及预测信息及时调查本企业的经营战略。最后，金融市场交易能直接或间接地反映出国家货币供应量的变动趋势。中央银行可以根据金融市场的信息反馈，通过公开市场业务、调整贴现率、调整存款准备金率等手段来调节资金的供求关系，从而保持社会总需求与总供给的均衡。

第二节　金融工具

一、金融工具的概念

各种形式的资金融通都需借助一定的金融工具进行。金融工具（Financial Instrument）是在信用活动中产生，能够证明金融交易金额、期限、价格的书面文件。金融工具对于债权债务双方应承担义务与享有的权利均有法律约束意义。金融工具也称信用工具，是伴随信用关系而产生和发展的。

二、金融工具的特征

金融工具一般具有偿还期限、流动性、风险性和收益率几个基本特征。

（一）偿还期限

偿还期限是指债务人必须全部归还本金之前所经历的时间，但对于当事人来说，更有现实意义的是从持有金融工具起到该金融工具到期日为止所经历的时间，也正是考察这个时间段来衡量其收益率。金融工具的偿还期限可以有零和无限期两个极端点。在一个极端点的是活期存款，在另一个极端点的是股票或永久债券，而其间是一个连续的区间，布满了偿还期各异的国库券、公司债券、定期存款等金融工具，金融市场越发达，区间就越密集，密度也越大。

（二）流动性

流动性是指金融工具迅速变现而不致遭受损失的能力，二者缺一不可，流动性强的金融工具相当于货币，甚至被列入不同层次的货币供应数量的范围之内，并成为中央银行监控的目标。

（三）风险性

风险性是指购买金融工具所用的本金是否遭受损失的可能性。使本金受损的风险有信用风险和市场风险。信用风险是指债务人到期不能偿还本金的可能性。例如，公司债券的信用风险是指发行债券的公司到期不能偿还债券的本金的可能性。很多面临破产的公司都存在着这种可能性。市场风险是指市场情况的变化导致金融工具的持有人面临本金受损的可能性，这种风险是市场上所有金融工具都要面对的，而不是仅限定个别金融工具。例如，在国债市场上，如果利率发生波动，则市场上所有国债的价格都会发生波动，这样国债的持有人就有可能损失，不仅仅在利息上发生损失，在本金上也有可能发生损失。

（四）收益率

收益率是指金融工具可使投资者取得利息或红利以及资本利得等方面的收益，实质上是金融工具持有者对金融工具发行者有一种要求获取支付现金流量的权力。收益率是收益与本金的比率，一般有以下几种不同的表现形式：

1. 票面收益率（票面利率）

票面收益率是指票面上规定每期应付的利息额与证券面值的比率，这是证券发行时就规定了的。例如，某债券面值为 1 000 元，票面利息为每年 50 元，则票面利率为 50/1 000，即为 5%。

2. 当期收益率

当期收益率是指票面利息与证券当期市场价格的比率，可用公式表示为：

$$当期收益率 = 票面利息/证券市场价格 \times 100\% \qquad (3-1)$$

例 3-1：某 10 年期债券面值为 1 000 元，当前市价是 950 元，票面年利息为 50 元，当期年利率则为 50/950 = 5.3%。

3. 实际收益率

实际收益率即回报率，是指证券持有者获得的票面利息再加上证券价格的变化金额，表示为证券购入价格的一定比率。其用公式表示如下：

$$R = \frac{C + P_{t+1} - P_t}{P_t} = \frac{C}{P_t} + \frac{P_{t+1} - P_t}{P_t} \qquad (3-2)$$

其中，R 表示从 t 到 $t+1$ 时刻之间持有债券所获得的回报率；P 代表债券价格，C 代表债券的固定利息。(3-2) 式也可以简单概括为：

$$回报率 = 当期收益率 + 资本利得率$$

其中，资本利得率 = （现期价格 - 初始购入价格）/初始购入价格。

例 3-2：面值为 1 000 元的息票债券，其息票利息为 5%，而购入价格为 900 元，在持有一年后，以 1 100 元的价格出售，其回报率应该是多少？此时，债券持有人息票利息收入为 50 元，债券价格变化为 1 100-900=200 元，将这两项相加并表示为购入价格 900 元的百分数，即可得到回报率约为 27.78%。

三、金融工具的种类

（一）原生工具

1. 票据

（1）票据的定义。票据是具有一定格式、载明金额和日期，到期由付款人对持票人或指定人无条件支付一定款项的信用凭证。

（2）票据的特征。

第一，票据是一种有价证券。票据以一定的货币金额来表示价值。这种价值随票据的设立而取得，随票据的转让而转让。

第二，票据是一种设权证券。商业票据一经设立，票据关系人的权利和义务随之确立。

第三，票据是一种要式证券。商业票据必须具备法定的形式和内容，并以确切的文字来表达，否则不发生效力。

第四，票据是一种无因证券。商业票据在运动过程中，只要要式具备，票据债务人必须无条件支付。除非明知有重大过失取得者外，持票人不需证明取得票据的任何原因。

第五，票据是一种文义证券。商业票据上票据关系人的权利和义务，必须依据票据上记载的文义来确定其效力。

第六，票据是一种返还证券。商业票据债权人在受领给付之时，必须将票据交还债务人，使票据关系消灭。例如，票据所载金额是次债务人（背书人等）因被追索而偿还，则债权人返还票据后，次债务人可以向其前手进行追索。

（3）票据的种类。票据可以从各个角度进行分类（详见图3-3）。

按票据的性质分，票据主要分为汇票、本票和支票等几类。若按出票人的身份划分，票据则可以分为商业票据和银行票据两类。凡是企业间因商品交易或其他行为引起的债权、债务关系，由企业签发的票据称为商业票据。而由银行签发、或由银行承担付款义务的票据称为银行票据。

汇票（Bill of Exchange）是由出票人（债权人）向债务人签发的，要求即期或定期无条件支付一定款项给收款人的支付命令书（或信用凭证）。汇票的基本当事人有出票人（即签发票据的人）、付款人（即债务人）、收款人（即持票人），汇票进入流通领域后，派生出的关系人有背书人、承兑人等。汇票的种类主要可按出票人的不同，分为银行汇票和商业汇票；按付款期限的不同，分为即期汇票和远期汇票或定期汇票。

本票（Promissory Note）又称期票，是债务人（出票人）承诺在一定时间及地点无条件支付一定款项给收款人的支付承诺书或保证书。本票是以出票人自己为付款人的一种票据，基本当事人有出票人和收款人。

支票（Check）是银行活期存款户对银行签发的，通知银行在其存款额度内，无条件即期支付一定款项给指定人或持票人的书面凭证。

票据市场主要是指商业票据的交易。

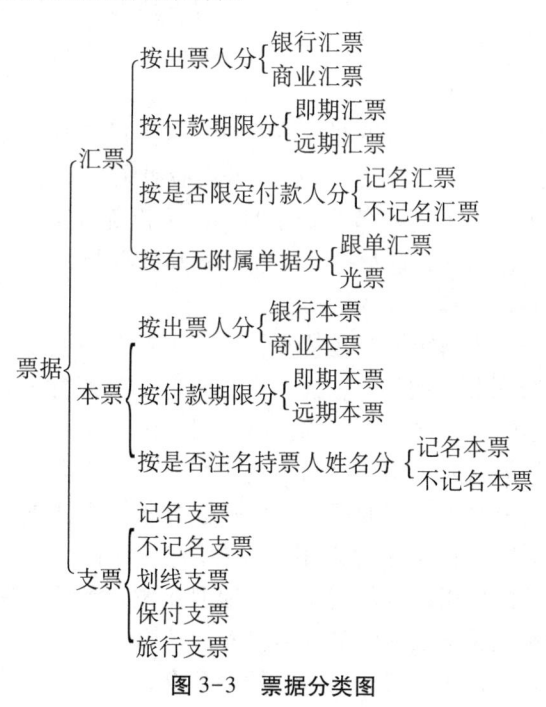

图3-3 票据分类图

2. 股票

股票（Stock Certificate）是一种有价证券。股票是股份有限公司公开发行的，用以证明投资者的股东身份和权益，并据以获得股息和红利的凭证。股票具有不可偿还性、收益性、流动性、风险性和参与性等基本特征。

股份有限公司为了满足自身经营的需要，同时根据投资者的心理，发行了多种多样的股票。股票可以从不同角度进行分类（如图3-4所示）。这里主要从分红权利的角度将其划分为普通股与优先股。

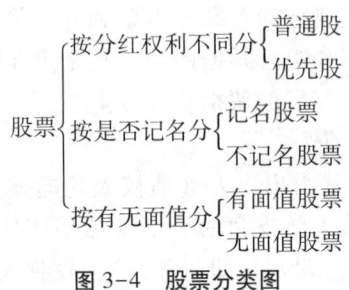

```
       ┌ 按分红权利不同分 ┌ 普通股
       │                └ 优先股
股票 ──┤ 按是否记名分    ┌ 记名股票
       │                └ 不记名股票
       └ 按有无面值分    ┌ 有面值股票
                        └ 无面值股票
```

图 3-4　股票分类图

普通股（Common Stock）是指在公司的经营管理和盈利财产的分配上享有普通权利的股份，代表满足所有债权偿付要求与优先股股东的收益权及求偿权之后，对企业盈利和剩余财产的索取权，构成公司资本的基础，是股票的一种基本形式，也是发行量最大、最为重要的股票。普通股股东享有以下权利：

（1）公司决策参与权。普通股股东有权参与股东大会，有表决权和选举权。

（2）利润分配权。普通股的股息不固定，由公司盈利状况及其分配政策决定。普通股股东必须在优先股股东取得固定股息之后才有权享受股息分配权。

（3）优先认股权。如果公司需要扩张而增发普通股股票时，现存的普通股股东有权按其持股比例，以低于市价的某一特定价格优先购买一定数量的新发行股票，从而保持其对企业所有权的原有比例。

（4）剩余资产分配权。当公司破产或清算时，若公司的资产在偿还欠债后还有剩余，其剩余部分按先偿付优先股股东、后偿付普通股股东的顺序分配。

优先股（Preferred Stock）是在筹集资金时，给予投资者某些优先权的股票。优先股有事先确定的固定股息，没有选举权、被选举权和投票权，其优先权主要表现在利润和剩余财产的分配上。

由于历史原因，经济体制转轨存在特殊性，中国曾存在股权分置问题。股权分置是指A股市场的上市公司股份按能否在证券交易所上市交易被区分为非流通股和流通股，此两类股，同股不同权、同股不同利。国家股、法人股是不可流通的。国家股是指有权代表国家投资的部门或机构，以国有资产向股份有限公司投资形成的股票；法人股是指企业法人以其依法可支配的资产向股份公司投资形成的股票，或者具有法人资格的事业单位或社会团体以国家允许用于经营的资产向股份公司投资形成的股票。转配股是指上市公司根据公司发展的需要，向原股东发行新股，原股东依照原有比例分配优先认购权。而转配股是我国股票市场特有的产物，国家股、法人股的持有者放弃配股权，将配股权有偿转让给其他法人或社会公众，这些法人或社会公众行使相应的配股权时所认购的新股,就是转配股。

由于股权分置扭曲资本市场定价机制,制约资源配置功能的有效发挥;公司股价难以对大股东、管理层形成市场化的激励和约束,公司治理缺乏共同的利益基础;资本流动存在非流通股协议转让和流通股竞价交易两种价格,资本运营缺乏市场化操作基础。股权分置不能适应当前资本市场改革开放和稳定发展的要求,必须通过股权分置改革,对此两类股东的股份予以重新确认,消除非流通股和流通股的流通制度差异。为此,2005年9月4日,中国证监会出台了《上市公司股权分置改革管理办法》。截至2015年10月,在上海证券交易所、深圳证券交易所上市的股票都完成了股权分置改革。

中国目前的股票类型按照股票的上市地点和所面对的投资者,可区分为A股、B股、H股、N股、S股。A股的正式名称是人民币普通股票,它是由中国境内的公司发行,供境内机构、组织或个人(不含我国港、澳、台投资者)以人民币认购和交易的普通股股票。B股的正式名称是人民币特种股票,它是以人民币标明面值,以外币认购和买卖,在境内证券交易所上市交易的,原本限定投资者仅限境外或我国港、澳、台地区投资者,不过2001年2月已面向境内自然人投资者开放。H股指的是注册地在内地,上市地在香港的外资股,香港的英文是"Hong Kong",取其第一字母,在港上市称为H股。依此类推,在纽约和新加坡上市的股票分别称为N股与S股。

此外,还有红筹股的称法。红筹股这一概念诞生于20世纪90年代初期的香港股票市场。中国在国际上有时被称为"红色中国",相应地,香港投资者和国际投资者把中国内地在境外注册、在香港上市的那些带有中国内地概念的股票称为红筹股。红筹股公司可分为两类:一类上市公司的主要业务在中国内地,其盈利中的大部分也来自该业务,那么这家公司的股票为红筹股;另一类上市公司为中资控股。早期的红筹股主要是一些中资公司收购香港中小型上市公司后,改造而形成的。后期的红筹股主要是内地一些省(市、区)将其在香港的窗口公司改组并在香港上市后形成的。

3. 债券

债券(Debenture Certificate)是政府、金融机构、工商企业等机构直接向社会筹措资金时,向投资者发行,承诺按一定利率支付利息并按约定条件偿还本金的债权债务凭证。债券包括票面金额、发行价格、偿还期限、债券利率等票面要素,具有偿还性、流动性、安全性、收益性等基本特征。

债券可以从不同的角度分类(如图3-5所示)。

(1)按发行主体分类。

①政府债券。政府债券又可区分为中央政府债券和地方政府债券。政府债券以税收保证支付利息,信誉度很高。因当时最初发行的英国政府债券带有金黄边,故被称为"金边债券",后来"金边债券"一词泛指所有中央政府发行的债券,即国债。国债有短期、中期、长期之分,分别为1年以内、1~10年以及10年以上。国债因有国家信用作为担保,通常被视为无风险债券。

②金融债券。金融债券是由银行或非银行金融机构发行的债券。发行金融债券的金融机构一般资金实力雄厚,资信度高。债券的利率要高于同期存款的利率水平,其期限一般为1~5年,发行目的主要是为了筹措长期资金。

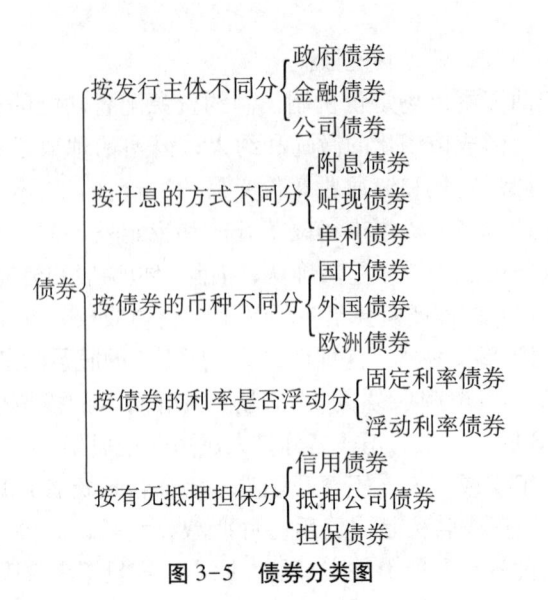

```
                          ┌ 政府债券
         ┌ 按发行主体不同分 ┤ 金融债券
         │                └ 公司债券
         │                ┌ 附息债券
         │ 按计息的方式不同分 ┤ 贴现债券
         │                └ 单利债券
         │                ┌ 国内债券
   债券 ─┤ 按债券的币种不同分 ┤ 外国债券
         │                └ 欧洲债券
         │                  ┌ 固定利率债券
         │ 按债券的利率是否浮动分 ┤
         │                  └ 浮动利率债券
         │              ┌ 信用债券
         └ 按有无抵押担保分 ┤ 抵押公司债券
                        └ 担保债券
```

图 3-5 债券分类图

③公司债券。公司债券是由公司企业发行并承诺在一定时期内还本付息的债权债务凭证。目的是为了筹集长期资金，期限多为 10~30 年。其利率多采用固定利率，半年付息一次，但近年因存在日益严重的通货膨胀，出现了浮动利率的公司债券。

（2）按计息的方式分类。

①附息债券。附息债券是指债券券面上附有各种息票的债券。息票上标明利息额、支付期限。一般为 6 个月为一期，到期时，持有人从债券上剪下息票并据此领取利息，实则是复利债券。

②贴现债券。贴现债券是指券面上不附有息票，发行时以低于票面价格出售，到期按票面价值偿还本金的一种债券。贴现债券的发行价格与票面价值的差价即为贴现债券的利息。

③单利债券。单利债券是指债券利息的计算采用单利计算的方式，即按本金只计算一次利息。

（3）按债券的币种分类。

①国内债券。国内债券是指一国政府、金融机构、工商企业在国内发行的以本国货币计值的债券。

②外国债券。外国债券是指一国政府、金融机构、工商企业在另一国发行的以当地国货币计值的债券。

③欧洲债券。欧洲债券是指一国政府、金融机构、工商企业在国外债券市场上以第三国货币为面值发行的债券。其发行人、发行地以及面值货币分别属于三个不同的国家。目前，欧洲债券的比重远远超过了外国债券。

（4）按债券的利率浮动与否分为固定利率债券和浮动利率债券。

（5）按有无抵押担保分为信用债券、抵押公司债券和担保债券。

债券与股票都是筹资工具，具有流动性、收益性、风险性等共性，但两者由于自身的特点，也存在重大差别。

第一，发行主体的范围不同。债券的发行主体范围非常广，包括政府、社会团体机构、一般的公司和企业；而股票则只能由股份制企业发行。

第二，反映的关系不同。债券表示的是持有人与发行人之间的债权、债务关系，债权人无权参与公司经营管理，唯一的权利就是按期索回本息；而股票持有者，即股东是公司的主人，与公司管理层是委托-代理关系。

第三，偿还期限不同。债券一般都有明确的偿还期限；而股票则没有偿还期限。

第四，收益风险程度不同。债券一般在票面上标明固定的利率，收益率稳定；而股票对收益没有任何的承诺，收益率会随时间的不同而时高时低。

第五，会计处理不同。债券的利息可以计入公司的成本；而股票的红利不能计入成本，而是看成利润的一部分，应计入企业的所得税项目。

值得注意的是，还有一种债券称为可转换公司债券。它是投资者在一定时期内依据约定的条件可以转换成股票的公司债券，如持有人不想转股则可继续持有债券，发行人将按规定还本付息。可转换债券兼有债券和股票的特点，但也因两者存在差别与一般债券与股票相比有如下不同：

一是可转换性。可转换债券在转换期前是债权凭证，而在转换期可按约定的条件，将债权转换成股权，从而成为公司股东，如放弃这一权利，可继续保持债权人身份。

二是利率较低。正由于可转换债券具有转化为股票的权利可使债权人获得潜在收益，因此投资者也愿意接受比一般债券略低的利率，而对发行人而言可降低发债成本。

三是收益的不确定性。债权人在持有期间可获得利息收益，在转化股票后可获得股利收益，在出售债券中可获得差价收益，可见投资者可能得到多种收益，同时也面临收益的不确定性。

四是期限较长。可转换债券是一种长期融资工具，期限一般在10年以上，由于长期债券的不确定因素较多，投资者通常不愿购买，因此发行人提供"可转化为股份"作为促销手段，而中短期债券一般无此优惠条件。

垃圾债券（Junk Bonds）或称非投资级债券（Noninvestment-grade Bonds）是指资信评级低于投资级或未被评级的高收益债券（High-yield Bonds）。现代垃圾债券市场始于20世纪70年代后期。随着人们富裕程度的提高、投资者与创业者冒险欲望的增长和科技产业的发展，垃圾债券这种兼具投资与投机双重特性的金融工具成为一种富有前景的商业冒险金融工具。

（二）金融衍生工具

金融衍生工具（Financial Derivative Instrument）是指以一些原生工具的存在为前提，以这些原生工具为买卖对象，价格也由这些原生工具决定的金融工具。金融衍生工具是在20世纪70~80年代席卷全球的金融创新浪潮中，从原生工具派生出来的金融创新工具。这些相关的原生金融工具一般是货币、存单、股票、债券。金融衍生工具往往根据原生金融工具预期价格的变化定值，由于许多金融衍生产品交易在资产负债表上没有相应科目，因此，也被称为表外交易。国际上，金融衍生工具种类繁多，活跃的金融创新活动接连不断地推出新的金融衍生工具。

1. 金融衍生工具的起源

金融衍生工具是在一定客观背景中，在一系列因素的促动下产生的。20世纪70年代固定汇率制——布雷顿森林体系的崩溃是刺激金融衍生工具产生的直接动因。自浮动汇率制实施后，汇率变动不居。1973年以后，平均变动率为每年9%，使得防范汇率风险成为必要。同时，以自由竞争和金融自由化为基调的金融创新浪潮席卷了整个西方世界，发达国家纷纷放宽或取消了对利率的管制，放松了对金融机构及其业务的限制。汇率、利率的频繁波动使得金融市场的参与者时时刻刻生活在价格变动之中，迫切需要规避市场风险，而运用原生工具本身来规避汇率、利率风险却是力所不能及的。事实上，若对原生工具进行证券组合投资，规避的只是非系统风险，并不能规避系统风险。早在1971年，美国芝加哥商品交易所的管理层就极有远见地指出：今后，市场对于能够规避金融风险的各种有效手段的需求将会急剧增加。在这一判断的基础上，其于布雷顿森林体系正式崩溃之前2个月，首次推出包括7种货币在内的货币期货，这标志着金融期货的问世。

银行的积极推动是金融衍生工具发展的一个重要因素，随着金融自由化浪潮的兴起，非银行金融机构利用其新颖的、富有吸引力的金融工具与银行展开了资金来源与信贷供给的争夺战，再加上大客户利用信息技术通过直接融资去筹资，导致银行客户流失、效益下降，迫切需要设计新的金融衍生工具来收复失地。另外，银行国际监管的外在压力迫使银行积极开拓新的利润增长点。巴塞尔协议（Basle Agreement）要求银行的资本充足率达到8%，核心资本充足率达到4%，银行采用的最佳策略就是将表内资产表外化，减少传统的资产负债业务，衍生交易作为表外业务，一方面不增加银行负债，另一方面可收到丰厚的费用收入，从而补充资本。

随着通信技术与计算机处理技术及金融工程的迅速发展，使得衍生品的价格能精确地计算出来，最终使金融衍生工具获得了极大的发展。

2. 金融衍生工具的种类

以交易的特征为基础，金融衍生工具可分为远期、期货、期权、互换四类，现实中的很多产品可视为这些种类的综合或混合。

（1）远期。远期合约（Forward Contract）是指交易双方约定在未来某一特定日期，按预先签订的协议交易某一特定资产的合约。该合约规定合约双方交易的资产、交换日期、交换价格等。从技术上讲，远期合约是其他各种金融衍生品的基础。按原生工具的种类不同，远期合约又有以下两类：

①远期利率合约（Forward Interest Rate Contract）。它是一种利率的远期合同，买卖双方商定将来一定时间的协议利率并规定以何种利率为参照利率，在将来清算日，按规定的期限和本金额，由一方或另一方支付协议利率与参照利率的利息差额的贴现金额，其参照利率一般是金融市场上不易受人为操纵因素影响的权威利率，如英国伦敦银行同业拆借利率（LIBOR）、美国的基准利率（Prime Rate）。远期利率合约涉及的是金融工具将来的销售，合约内容主要包括：对未来交割的实际金融工具的规定；交割的数量及价格（一般用利率表示）；交割日。

②远期外汇合约（Forward Exchange Contract）。它是指外汇交易双方成交时，双方约定将来交割的币种、金额、适用汇率及日期、地点等，并于将来某个时间进行实际交割的远期合同。

远期合约的优点在于可以灵活地满足交易双方的需求，但是远期合约存在两个方面问题，制约了其发展。第一，市场流动性较小，很难找到交易对手。第二，违约风险问题。合约履行过程中，当价格发生变化，不利的一方很可能发生违约，使合约无法履行。

（2）金融期货。金融期货（Financial Futures）是指买卖双方事先就某种金融工具的数量、交割日期、交易价格、交割地点等达成协议，而在约定的未来某一时日进行实际交割的交易。

金融期货市场的组织结构包括：

①金融期货交易所。其提供一个有组织的市场，制定公平竞争原则，订立统一交易规则、标准和时间，为会员提供合约及财务的担保等。

②经纪行。其代客进行期货交易。

③结算所。其通过向期货合约的当事人买入合约从而成为买家或出售合约从而成为卖家的过程来完成结算。

按照交易的内容，金融期货可分为以下三类：

①外汇期货（Foreign Exchange Futures）是指在集中性的交易市场以公开竞价的方式进行的外汇期货合约的交易。外汇期货合约是由交易双方订立的、约定在未来某个日期以成交时确定的汇率交收一定数量某种外汇的标准化契约。

②利率期货（Interest Rate Futures）是以与利率有关的各种债券为交易对象的期货。

③股票指数期货（Stock Index Futures）简称期指，是以股票市场的股票价格指数为"商品"的期货。

金融期货是金融市场发展到一定阶段的产物，其主要功能如下：

①风险转移。金融期货可将市场变化的风险通过套期保值由一部分人身上转到另一部分人身上。套期保值（Hedging）是指商品经营者在现货市场和期货市场进行两个在数量上相等、方向上相反的买卖，而将风险分散转移的交易活动，此交易不以盈利为目的，纯粹出于避险的动机。

②价格发现。期货交易所集中市场的买家与卖家，由其公开竞价达成的市场均衡价格，包含了对期货商品生产、供求及对利率变化、汇率变化的看法，给现货市场的经营提供了权威的指导价格。

（3）金融期权。金融期权（Financial Options）是指期权的买方有权在约定的时间或时期内，按照约定的价格买进或卖出一定数量的金融资产，也可以根据需要放弃行使这一权利。金融期权可分为两种：买入期权与卖出期权。买入期权（Call Options）是指期权买方按照履约价格在一个特定时间内买进某种特定标的物的权利。卖出期权（Put Options）是指按照履约价格在一个特定时间内卖出某种特定标的物的权利。与期货相似，期权同样有套期保值和价格发现的功能。不同于期货交易，期权交易是非对称性的风险收益机制。期权买方有权决定履约，也有权决定违约，正是由于这种非对称性的风险收益机制，因此在期权的设计上，期权买方可以实现"有限的"损失和"无限的"收益。如图3-6所示，期权和期货交易双方的盈亏具有如下特点：

①期权买方最大损失就是期权费,因为当损失超过期权费,期权买方就会选择放弃执行期权。期权卖方的最大收益也就是期权费。

②相比较而言,当市场价格高于执行价格时,期货买方可以获得比看涨期权买方更多的收益,该部分即是期权费,因此期货的买方收益曲线很大部分位于看涨期权的买方收益曲线的上方。但是,市场价格远低于执行价格时,期货买方所受到的损失也将远大于看涨期权买方,因为期货买方不具有停止交易的权利。同理,期货的卖方收益曲线很大部分也位于看跌期权收益曲线的上方,但是市场价格远高于执行价格时,期货卖方所受到的损失将远大于看跌期权买方。

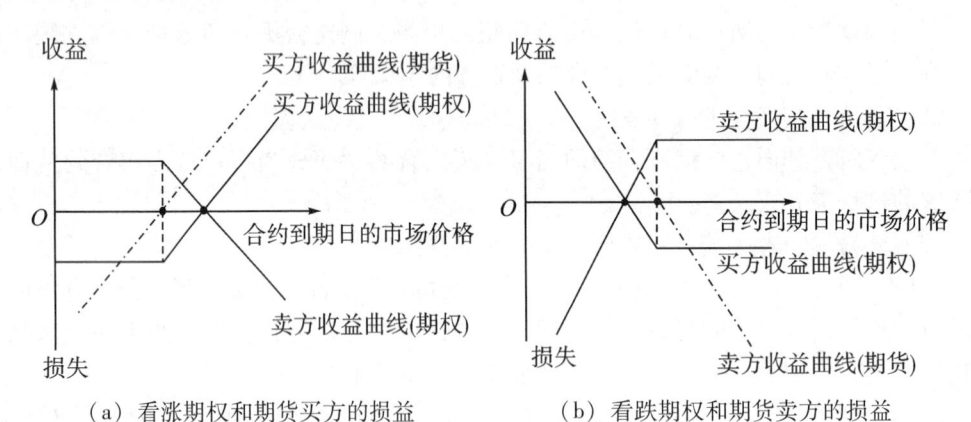

(a) 看涨期权和期货买方的损益　　　(b) 看跌期权和期货卖方的损益

图 3-6　期权和期货交易双方的损益

(4) 互换。互换(Swap)是要求签约双方相互交换彼此现金流(并非资产)的合约。互换主要分两种:货币互换和利率互换。货币互换(Currency Swap)是指按不同货币计价的现金流交换。利率互换(Interest Rate Swap)是指交易双方在两笔同种货币、金额相同、期限一样、付息方法不同的资产或债务之间进行的相互交换利率的活动。它以交易双方协商的本金为计算利息的基础,在同种货币之间进行固定利率与浮动利率的互换。通过利率互换,能够优化资产与负债的货币与期限结构,转移和防范中长期利率风险。例如,某金融机构,其利率敏感型资产比利率敏感型负债少,在这种情况下,如果利率上升,资金成本的增加将大于资产利息收入的增加,如果该金融机构把固定利率资产与利率敏感型资产的利率进行互换,这样当利率上升时,利息收入增加部分和利率成本增加部分刚好抵消,利率的变化对该金融机构的净利息收入没有影响。

3. 金融衍生工具的现状和发展趋势

金融衍生工具自诞生以来就获得了高速发展,交易规模不断上升,短短 20 多年来,就发展成余额为 20 多亿美元的庞大市场,而金融衍生工具品种则开发了 1 200 多种,而且可以为大客户"量身定做"品种。英格兰银行 2007 年 11 月发布的一份报告显示,全球金融衍生品市场的规模高达 415 万亿美元,衍生品市场规模已占全球生产总值的 8~10 倍。从目前的全球经济发展趋势来看,各国的汇率、利率仍将起伏波动,仍存在利率风险与汇率风险,因此衍生工具的外部生存环境仍存。国际金融业的竞争也日趋激烈,迫使金融机构不断创造新的衍生工具来不断满足客户的特殊需要,以便在市场竞争中取得优势，从而使衍生工具的内在发展动力仍存。再加上计算机信息处理技术的不断更新，从而在技术上保障了衍生工具的创新，因此衍生工具有着广阔的未来。

4. 金融衍生工具的风险

金融衍生工具出现的初衷是降低金融交易的不确定性，在其产生之初，人们较多注意的是其有利的方面，因此可以说，20世纪80年代是金融衍生品的胜利大进军。然而进入到20世纪90年代，多宗大的金融风波都与金融衍生品脱不了关系，特别是爆发于美国的次贷危机也正是由次级抵押债券这一金融衍生工具引起的，此次危机凸显了其交易的风险。因此，金融衍生工具的风险也就成为金融界探讨的热点。金融衍生工具主要涉及以下风险：

（1）市场风险（Market Risk）。市场风险，即因市场价格变动造成亏损的风险。衍生工具能降低原生工具交易风险的实质是将社会经济中分散的风险全部集中在少数衍生市场上释放，因此风险很大，由于保证金的杠杆作用，衍生品相当于一个放大"收益与风险"的变压器，对各项经济指标变化具有高敏感性。

（2）信用风险（Credit Risk）。信用风险，即交易对方无法履行合约的风险。这种风险主要表现在场外市场上，它不像交易所交易，具有严密的履约保证制度，场外市场的交易能否如期履约完全取决于买卖双方的资信，容易发生信用风险。

（3）法律风险（Legal Risk）。法律风险是指因合约无法履行或草拟条文不足引致损失的风险。由于衍生工具处在不断的创新中，各国的法律条文便难以及时跟上，一些衍生交易的合法性也难以保证。交易双方可能因找不到相应的法律保护而遭到损失，再加上有部分衍生工具的设计动因就是使之游离于法规监管之外，更是对法律监管的一大考验。

可见，衍生金融工具是一把"双刃剑"，一方面可以起到分割、转移风险，提高金融市场整体效率的作用，另一方面与衍生工具形影相随的投机又可能使风险集中，引致金融市场的动荡不安。金融衍生产品自身的特点和最初的设计初衷是为了避险，但是近些年来从开始的套期保值的避险功能已经开始向高投机、高风险转化。衍生品的杠杆比率越来越高，风险越来越大。因此，我们不能低估金融衍生工具的风险，也不能固执于复杂的金融衍生产品，应加强监管和健全法规，积极合理地利用衍生工具，避免过度投机，趋利避害。

拓展阅读

信用违约互换衍生品

信用违约互换（Credit Default Swap，CDS）又称为信贷违约掉期，也叫贷款违约保险，是目前全球交易最为广泛的场外信用衍生品。1998年，国际互换和衍生品协会（International Swap and Derivative Association，ISDA）创立了标准化的信用违约互换合约，在信用违约互换交易中，违约互换购买者将定期向违约互换出售者支付一定费用，而一旦出现信用类事件（主要指债券主体无法偿付），违约互换购买者将有权利将债券以面值递送给违约互换出售者，从而有效规避信用风险。由于信用违约互换产品定义简单、容易实现标准化、交易便捷，自20世纪90年代以来，该金融产品在国外发达金融市场得到了迅速发展。2016年9月23日，中国银行间市场交易商协会正式发布了《银行间市场信用风险缓释工具试点业务规则》以及信用风险缓释合约、信用风险缓释凭证、信用违约互换、信用联结票据四份产品指引，推出了信用违约互换产品。根据公告，信用违约互换产品交易时确定的信用事件范围至少应包括支付违约、破产，可纳入债务加速到期、债务潜在加速到期以及债务重组等其他信用事件；成为信用联结票据创设机构需净资产不少于40亿元人民币。该指引的推出填补了我国信用衍生产品市场的空白。

信用违约互换结构如图3-7所示。

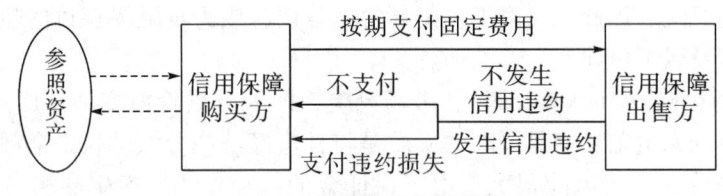

图3-7 信用违约互换结构

第三节 货币市场

一、货币市场概述

（一）货币市场的概念

货币市场（Money Market）又称为短期资金市场，是指对1年或1年以内的证券或贷款进行交易的场所，是金融市场的重要组成部分。这些短期金融工具因具有期限短、流动性强和风险小的特点，在货币供应层次划分上被置于现金货币和存款货币之后，被称为"准货币"，故将该市场称为货币市场。

货币市场可用于满足公司、金融机构与政府的短期现金需求，提供发放最短隔夜、最长1年的贷款的途径；同时，也为那些持有短期现金，并希望暂时闲置的资金至少能赚取某些收益的投资者提供了一个资金出路。

由于货币市场具有高流动性，因此货币市场的参与者往往随时段的不同，有时成为资金的需求者，有时成为资金的供给者。但是，有一个机构实质上经常处于货币市场的需求方，它就是政府。例如，美国财政部是世界上最大的货币市场借贷人。

货币市场的参与主体主要有财政部、中央银行、商业银行、非银行金融机构、企业和居民。财政部参与货币市场主要是财政收支由于时间差和季节差导致资金盈余和短缺，前一种情况表现为财政部偿还到期短期债务，后一种情况表现为财政部发行债券；中央银行参与货币市场主要是控制和调节货币供应量，达到管理货币和调控货币的目标，并通过货币市场的内在运行机制，将中央银行调控经济的意图向其他金融市场乃至实际经济部门传递和扩散开去；商业银行参与货币市场主要是调节自身的流动性，实现经营管理中的利润最大化和风险最小化；非银行金融机构参与货币市场可调节长期投资和短期投资的结构，改善资产匹配；企业和居民参与货币市场是由于企业和居民收支的不同步性形成货币资金的暂时闲置或短缺，通过货币市场投资或筹集资金，提高了资金的整体使用效率。

（二）货币市场的特点

相对于资本市场，货币市场有其自身的特点：

1. 货币市场的金融工具期限短、安全性高、流动性强

因为货币市场往往满足的是短期现金需求，反映工商企业、政府短期周转的需要，借款能在短期内归还，风险较小。例如，短期国库券，因为其具有政府信用，所以几乎没有风险，常被称为无风险债券。

2. 货币市场是资金批发市场

货币市场往往被相对少数的大金融机构所控制，个别交易涉及巨额资金，大多数交易都有数百万美元，这些投资者深谙投资技巧，能在巨额交易和瞬息万变的价格中获取利润。

3. 货币市场是一个巨大的无形市场

货币市场是通过电话或计算机安排交易的。大多数业务在几秒钟或几分钟内进行，而且几乎立即进行支付。而各国中央银行都通过网络时刻监视着整个货币市场，确保交易有序地进行。

4. 货币市场的广度和深度极强，能吸引大量的交易

投资者能够在很短的时间内，往往在几分钟内，很容易地卖出大部分货币市场工具，是最有效率的市场之一。货币市场的金融工具拥有利率趋同性。各金融工具相关系数大，其选择替代性强，由于套利者的存在，使收益率同升同降、趋于一致。如果一种证券价格低估，哪怕是极微小的暗示，通常就会使大量的买单流入，使之快速回归均衡价位。

（三）货币市场的重要性

关于货币市场的重要性问题，可以从微观和宏观两个层面分析。

从微观上，就资金供求双方来看，一方面，对于资金盈余者，因为货币具有时间价值，闲置会承受利息收入的机会成本。例如，1 000万美元的闲置资金一星期不投资，利息按年利率10%计算，则利息收入损失大约是2万美元。另一方面，企业、金融机构、政府等资金需求者因为其本身的收支具有时滞，表现为某一时段资金盈余、某一时段资金短缺，从而导致社会整体经济运行不畅。正是货币市场扮演了超前或延时信号发生器的作用，从而使资金复位，缓解了经济活动中短期资金的供求矛盾。

从宏观上，也是更重要的，货币市场的完善程度直接决定了中央银行货币政策实施的效果。中央银行进行宏观调控采用的工具主要是在货币市场上起作用，货币市场为各种工具的操作提供了场所。例如，贴现率的变动、公开市场业务操作等都是通过影响货币市场的基准利率和资金量，从而影响长期利率、货币总量和总投资来实现的。此外，由于货币市场的金融工具大多可以扮演准货币的角色，直接影响中央银行的货币供应量。如果中央银行对货币市场失控，将往往引发货币供应量的剧烈变动，对宏观经济产生巨大冲击；反之，如果调控得好，就使宏观经济平稳运行。

二、货币市场体系

货币市场可以根据投资工具的不同分为票据市场、同业拆借市场、可转让大额定

期存单市场、国库券市场和回购市场。

（一）票据市场

票据市场是专门办理票据交易的场所。此市场上的票据主要包括商业汇票和商业本票两类。

1. 商业汇票市场

该市场的具体业务主要是承兑和贴现。

（1）承兑。如前所述，商业票据主要有商业汇票和商业本票。因为汇票是支付命令，其特点是"三方当事人，承兑方生效"，未经承兑的汇票是没有法律保障的。承兑是指商业汇票开出后，付款人或银行按照汇票票面记载事项，包括汇票的金额、付款时间等，做出保证到期无条件兑付款项的表示，即在汇票票面上签字盖章。这种经付款人或银行签字盖章做出承认兑付的汇票称为承兑汇票，未经承兑的汇票不仅银行不会办理抵押贷款或贴现，并且也不能背书转让进入流通，因为法律上无法保证其合法性，到期付款人不予支付也无法追究。

承兑汇票有两种：一种是商业承兑汇票，即付款人作为汇票的承兑人，在票面上办理了承兑手续的汇票；另一种是银行承兑汇票，即银行作为汇票承兑人，在票面上做出承兑手续的汇票。承兑银行不仅要向承兑申请人收取承兑费用，同时要求承兑申请人在汇票到期前必须将该笔款项如数交存承兑银行；如果承兑申请人在汇票到期前不能如数交存票款，承兑银行就得垫付，然后向承兑申请人追索票款。这样就把商业信用转化为银行信用，提高了商业汇票的信誉。因此，银行承兑汇票比商业承兑汇票更具有权威性，使用和流通范围也更广，尤其是在国际商业信用活动中，更是被广泛地采用。

（2）贴现。商业汇票经背书可流通转让，其方式可以用于购买商品而支付或清偿债务，也可以是出售给银行，换取现款，即贴现。

①贴现种类。票据市场贴现种类按贴现关系人和贴现环节的不同，可分为贴现、转贴现和再贴现。

贴现是汇票持有人将已承兑的未到期的汇票转让给银行，银行扣除贴息后付给持票人现款的一种行为。

转贴现是指贴现银行在需要资金时，将已贴现的票据再向同业其他银行办理贴现的票据转让行为，是商业银行之间的资金融通。

再贴现是指商业银行将贴现过的票据向中央银行申请放款的行为。再贴现体现的是中央银行与商业银行之间的交换关系，是中央银行对商业银行融通短期资金的一种方式，是中央银行作为"最后贷款人"的角色和地位的具体体现。

从微观来看，此三种贴现方式都是经济主体之间的票据转让行为。不过，从宏观经济分析，三者对社会货币供应量和社会经济生活的影响程度则有明显差别。贴现和转贴现过程中，授信主体是商业银行，用于贴现与转贴现的资金只是在持票人与银行、银行与银行之间发生转移，并不对社会中的货币供应量发生影响。而中央银行的再贴现则是中央银行投放基础货币的重要渠道，并通过商业银行体系得到多倍扩张，从而提高全社会货币供应量。因此，与贴现、转贴现相比，再贴现并非仅仅作为资金融通形式而存在，更重要的是，再贴现是中央银行调节货币供应量，实施金融宏观调控的重要手段。

各国普遍重视贴现市场，特别是在英国，贴现市场的地位颇为重要和独特，其在英国货币市场中处于核心地位。英国的贴现市场历史悠久，至今已走过了100多年的发展历程，其参与者众多，包括票据贴现所、承兑所、企业、商业银行和英格兰银行。票据贴现所在伦敦贴现市场上有13家，是贴现市场的主要成员。最初，票据贴现所只充当商业汇票交易的中介人，从中赚取佣金。后来，票据贴现所开始从事商业汇票的贴现业务，并使贴现的票据种类逐步增加。一方面，票据贴现所接受客户的商业票据，为其办理贴现；另一方面，票据贴现所又把手中未到期的汇票拿到商业银行或英格兰银行那里，办理转贴现和再贴现。因为英格兰银行只对票据贴现所办理再贴现，所以英格兰银行的再贴现政策效能的发挥主要是通过票据贴现所这个窗口得以实现的。票据贴现所的独特地位使其成为连接贴现市场各个经济主体的桥梁和纽带。

②贴现率和贴现付款额。在贴现和转贴现的过程中，使用的是市场贴现率，它是指商业银行办理贴现时预扣的利息与票面金额的比率。贴现率由商业银行主要根据三个因素决定，即短期资金的供求状况、再贴现率的变化和票据的信誉程度。在再贴现中，使用的是中央银行确定的再贴现率，它反映货币政策的意向。银行在办理贴现业务时，要在扣除从贴现日起到票据到期日止的利息（贴水）后，将票据余款付给贴现申请人。银行贴现付款额的计算公式为：

$$银行贴现付款额（或发行价格）= 票据面额 - 贴水 \qquad (3-3)$$

$$贴水 = 票据面额 \times 年贴现率 \times （未到期天数/360 天） \qquad (3-4)$$

$$年贴现率 = 贴水/票据面额 \times 360 天/未到期天数 \times 100\% \qquad (3-5)$$

$$实际收益率 = 贴水/银行贴现付款额（或发行价格）\times 360 天/未到期天数 \times 100\% \qquad (3-6)$$

2. 商业本票市场

如前所述，本票是一种允诺支付的票据。这里的商业本票是指具有高信用等级的公司发行的一种无担保的融资性短期债券，其最长期限一般不超过9个月。商业本票市场通常称为商业票据市场，该市场形成于19世纪。当时，工业企业为了在银行短期贷款之外寻求新的短期资金来源，于是在货币市场上发行短期债券，进行直接投资。此后，信用较高的大公司一直是商业本票市场的主要发行人。20世纪20年代和20世纪60年代，分别又有消费者金融公司和银行持股公司入市。

商业票据的风险大于国库券，因此通常要接受评级，根据评级结果而在利率上有别，以补偿风险损失。商业票据因期限短，发行后一般较少转让，因此二级市场很弱。

（二）同业拆借市场

1. 同业拆借市场的形成与发展

同业拆借市场是金融机构之间进行短期、临时性头寸调剂的场所。其主要表现为银行同业之间买卖在中央银行存款账户上的准备金额，用以调剂准备金头寸的余缺。同业拆借市场最早出现在美国，其形成的根本原因在于法定存款准备金制度的实施。按照美国1913年通过的《联邦储备法》的规定，加入联邦储备银行的会员银行必须按存款数额的一定比率向联邦储备银行缴纳法定存款准备金。此外,各会员银行为了方便清算,也愿意将一部分资金存入央行。而各商业银行资产负债的变动必将引起其在央行的存款准备金在短期内出现不足或盈余,由于央行对存款准备金不支付利息,因此拥有超额储备的银行在没有合适的投资机会时就希望将这部分资金短期融出,以获取收益并保持一定的流动性;而在央行的存款准备金未达到法定要求的银行,则希望临时性融入一部分资金来弥补准备金缺口,否则就会因延缴或少缴准备金而受到中央银行的经济处罚。在这种情况下准备金多余或不足的银行,在客观上需要互相调剂。此后,这种拆借活动在拆借方式、期限等方面不断丰富,最终逐渐发展成为各银行调节流动性的主要场所——同业拆借市场。1921年,在美国纽约形成了最早的同业拆借市场——联邦基金市场。

英国伦敦同业拆借市场的形成则是建立在银行间票据交换过程基础之上的。各家银行在轧平票据交换的差额时,有的银行头寸不足,从而就有必要向头寸多余的银行拆入资金,由此使不同银行之间出现经常性的资金拆借行为。

2. 同业拆借市场的主要参与者

现代同业拆借市场参加者相当广泛,众多的市场参与者履行其自身职能,一起构筑合理的市场结构,维系着同业拆借市场的正常、有序地运行。具体来说,同业拆借市场的参与者主要包括以下三类:

(1)资金需求者。在同业拆借市场上,资金需求者主要是一些大商业银行。原因在于:第一,商业银行作为一国金融组织体系中的主体力量,承担着重要的信用中介和支付中介职能,同时又是中央银行金融调控的主要对象,有进入同业拆借市场的主观要求和基本动力。第二,进入拆借市场融资的拆入方一般无需提供抵押或担保,因此该市场对拆入方的信誉要求很高,而大型商业银行则恰恰具有雄厚的资金实力和良好的社会信誉。第三,进入拆借市场,融资过程简便、快捷,并且无需缴纳法定存款准备金,这为商业银行施行主动性负债和流动性管理提供了有利条件。

除了大商业银行之外,一些非银行金融机构也涉足拆借市场。随着同业拆借市场的发展,很多方面都发生了深刻变化,从拆借目的来看,不仅仅限于补足存款准备金和轧平票据交换头寸,金融机构若在经营过程中出现暂时的、临时性的资金短缺,也可以进行拆借。

(2)资金供给者。同业拆借市场上的资金供给者主要是有闲置超额储备的金融机构,包括大型商业银行、地方性中小型银行及非银行金融机构等。同业拆借已成为银行实施资产负债管理的有效工具。由于同业拆借的期限较短、风险较小,许多银行都把短期闲置资金投放于该市场,以利于及时调整资产负债结构,保持资产的流动性。特别是那些市场份额有限、承受经营风险能力脆弱的中小型银行,更是把同业拆借市场作为短期资金经常性运用的场所,力图通过这种做法提高资产质量、降低经营风险、增加利息收入。

(3)市场中介人。当拆入方与拆出方彼此了解时,便可以直接协商成交,而不需要中介机构介入。这种成交方式交易成本低、成交迅速、拆借利率的弹性也较大。不过,当拆入方拆入资金数额较大,对市场上的资金供求信息及拆借行情不甚了解时,则往往要借助市场中介人来完成成交过程,但因为需要支付给中介人佣金,所以交易成本较高,并且拆借利率的弹性也较小。

同业拆借市场的中介人可以分为两类:一类是专门从事拆借市场及其他货币市场子市场中介业务的专业经纪商;另一类是非专门从事拆借市场中介业务的兼营经纪商,其大多由商业银行担当。同业拆借市场的中介人在引导资金合理流动和平衡市场供求关系方面,发挥着重要作用,对同业拆借市场的正常运行和健康发展是必不可少的。从这个意义上也可以说,同业拆借市场中介人队伍的存在和发展壮大,是构造结构健全、运作规范的同业拆借市场的基本条件,是同业拆借市场走向成熟的重要标志。

3. 同业拆借市场的类型

同业拆借市场可按拆借目的分成以下两类:

(1)头寸拆借。这是银行同业拆借的最初内容,指银行为了补足法定存款准备金头寸和票据清算资金头寸而在同业拆借市场上相互进行资金融通。相比于向中央银行再贴现贷款而言,头寸拆借的成本无疑要小得多,并且融资便捷。此类融资期限极短,一般为日拆,即今日借、明日还,又称同业隔夜拆款。

(2)同业借贷。随着同业拆借市场的进一步发展,市场功能也逐渐增强,同业拆借不再仅局限于轧平头寸,还可对临时性或季节性的资金余缺相互调剂。此类拆借期限较长,最长可达一年。

4. 同业拆借的价格及其决定

同业拆借的价格——利率也因关系人的不同而分为两种情况:一种是由拆借双方当事人协定,而不通过公开市场竞价确定。这种机制下形成的利率弹性较大,主要取决于拆借双方拆借资金愿望的强烈程度;另一种是拆借双方借助于中介人——经纪商,通过市场公开竞价确定。这种机制下的利率弹性较小,主要是由经纪商根据市场中拆借资金的供求状况来决定,而拆借双方则基本上是这一利率水平的接受者。

拆借利率一般而言要低于再贴现率。如果高于再贴现率,那么一方面,拆入方就不再需要从同业中拆入资金,而可以直接向中央银行申请再贴现贷款;另一方面,这又会使市场中产生套利机会,因为一部分银行可能无法从中央银行获得足够的资金支持,从而即使拆借利率高于再贴现率,它们也必须从同业那里拆入资金,这样那些能从中央银行获得足够多的再贴现资金的银行就可以通过先从中央银行融入再贴现资金,再将其拆借给同业的操作程序来获得利差收入。显然,这违背了中央银行再贴现政策的设计初衷。当然,有时在同业拆借市场上也会出现拆借利率高于再贴现率的情况,这是因为两种利率的决定机制相互独立而导致的。再贴现率是根据货币政策而制定的,而拆借利率则主要取决于同业拆借市场中的短期资金供求状况,如果在某一时刻同业拆借市场中短期资金需求很大,则就会导致拆借利率上升并可能高于再贴现率。

同业拆借市场对资金供求状况十分敏感,利率变动频繁,直接反映了准备金的供求状况,间接反映了银行信贷、市场银根和整个经济的状况。因此,同业拆借市场被中央银行当成反映货币市场情形的重要指标之一。

(三) 可转让大额定期存单市场

1. 可转让大额定期存单的推出和发展

可转让大额定期存单（Large-denomination Negotiable Certificates of Deposit，CD）是银行或其他存款机构发行的一种融资金融工具。它是金融市场的一项重大创新。

CD 是在 20 世纪 60 年代发展起来的，是美国的银行逃避"Q 条例"管制的产物。20 世纪 50 年代末，美国的银行仍要遵循美国联邦储备委员会"Q 条例"规定的法定利率上限的约束，而当时利率上扬，许多银行发现其大客户纷纷提出存款，转而购买国债、回购协议和其他货币工具。为了扭转这种不利局面，纽约花旗银行首先于 1961 年开始为其大公司客户提供 CD 业务，同时一小部分的证券经纪人愿意为面额超过 10 万美元的 CD 建立二级市场。

CD 的推出可称得上是一个真正的成功传奇。1996 年，美国 CD 余额已超过 4 000 亿美元，成为货币市场的重要组成部分。从投资者来看，购买 CD 可以获得高于定期存款利率水平的收益；同时，一旦急需资金，就可以在二级市场上转让 CD 兑现。而从银行来看，一方面，可绕过"Q 条例"的限制，吸收更多的资金，缓解银行资金不断枯萎的压力；另一方面，因 CD 是一种主动性负债工具，不像普通存单那样只能被动地等客户，而是主动出击，并且 CD 具有很高的流动性，从而增加了银行调整资产负债结构的灵活性，为银行的资产负债管理提供了现实基础，因此银行对发行 CD 乐此不疲。

2. CD 的特点

CD 与普通定期存款不同，集中了活期存款和定期存款的优点。其特点如下：

（1）面额大。在美国，CD 最小面额为 10 万美元，而二级市场交易的 CD 面额通常为 100 万美元，CD 在美国法定为大额存款，无须支付存款准备金。

（2）可转让。CD 本质上是一种数量大的定期存款存折，但一般的定期存款存折却不能在市场上转让流通，因为其是记名的，并且只是存款人才可以提款，而 CD 却不记名，可以在市场上流通转让。

（3）期限短且灵活。大部分 CD 期限在一年以内，最短的只有 14 天，一般可分为 30 天、60 天、90 天、120 天、150 天、180 天、一年等。

（4）CD 的利率较一般存款利率略高，也高于同期国库券利率，并且还有固定利率存单和浮动利率存单。

可以想象得到，银行最初决定开展 CD 这种创新服务时，是经历了一番痛苦才做出如此抉择的，因为 CD 极大地提升了银行的筹资成本。然而，如果银行不这么做，就会失去数以亿计的利率敏感性存款。事实上，银行别无选择，只有这样才能将那些流失的存款吸收回银行系统。

3. CD 的发行与流通

CD 的发行方式分为两类：一类是批发，即发行银行把发行总额、利率、发行日期、到期日和存单的面额等预先公布，供投资者认购；另一类是零售，即为满足不同投资者的需要，随时发行，利率也可以根据市场利率协定。

因为 CD 面额较大，一般中小投资者无力问津，所以发行对象主要是机构投资者，一般采用发行银行直接将CD出售给机构的形式，而不借助于交易商。CD的期限大多都在6个月之内，很多投资者会持有CD直至到期，由实力雄厚的大银行发行的优等CD在二级市场上交易活跃。

（四）国库券市场

1. 国库券市场概述

货币市场中的国库券（Treasury Bill-TB）是指中央政府发行的期限不超过一年的短期证券，是货币市场上重要的融资工具。中央政府发行国库券的主要目的在于应付国库季节性需要，而成为一种经常性的手段。

国库券由于是中央政府发行的，以国家信用为基础，故投资风险小、流动性强，并且有些国家规定投资收益可以免纳个人所得税，个人投资者都乐意对其投资。商业银行也经常持有相当数量的国库券资产，并将其视为二级储备，一方面可获得稳定的收益，满足盈利性需要，另一方面可随时将其在二级市场上变现以满足流动性需要。更为重要的是，这为中央银行的公开市场业务、控制基础货币提供了操作平台。

2. 国库券的发行与流通

国库券的发行方式，通常实行招标制，即每次发行前，财政部根据近期短期资金的需要量、中央银行实施货币政策调控的需要等因素，确定国库券的发行规模，然后向社会公告。投标有两种方式，一是竞争性投标，二是非竞争性投标。前者是指各投标人在规定的发行规模的约束下，分别报出自己拟购买的价格和数量。在众多的投标人中，出价最高者首先中标，之后按出价顺序，由高到低依次配售，直至售完为止。后者则是一些小规模的金融机构，无力或不愿意参与竞争性投标，按投标最高价和最低价的平均数购买。

国库券因期限较短，往往采用贴现发行，即以低于票面金额的价格发行，到期是按票面金额偿还。国库券发行价格的计算公式如下：

$$发行价格 = 面值 \times (1 - 贴现率 \times 发行期限/360) \quad (3-7)$$

美国是一个十分重视运用国库券筹资的国家，国库券在政府的融资机制中占有重要地位。在美国，3个月和6个月的国库券每周发行一次，由于发行量大、频率高，为节约发行成本，一般并不印制国库券本券，而只是以收款凭证代替。

国库券的发行利率既牵涉政府的付息负担，同时又是投资者进行投资决策的重要依据，它受物价水平、货币政策、其他相关利率的制约。国库券期限很短，从而利率或市场风险小，并且有国家的税收作为担保，没有信用风险，因此国库券利率往往是货币市场工具中最低的利率，是货币市场中反映短期资金供求关系的有代表性的短期利率，构成货币市场基准利率之一，对整个货币市场的利率水平具有重要的牵动作用。

国库券有一个异常发达的流通市场，在国库券流通市场上，市场的参与者有商业银行、中央银行、证券交易商、企业和个人投资者。国库券行市的变动，要受景气动向、国库券供求关系、市场利率水平等诸多因素的影响。在美国，证券交易商在进行国库券交易时，通常采用双向式挂牌报价，即在报出以单位买入价的同时，也报出一交易单位的卖出价，两者的差额即为交易商的收益，交易商不再附加佣金。在英国，票据贴现所是国库券二级市场上最为活跃的市场主体。持有国库券的机构和个人如需转让，可向贴现所申请贴现。英格兰银行实施公开市场操作，也以票据贴现所为中介，先向票据贴现所买进或卖出国库券，然后票据贴现所再对商业银行进行买卖。

（五）回购市场

1. 回购协议概述

回购协议是指交易者在融通资金时按照交易双方的协议，由卖方将一定数额的证券临时性地出售给买方，并承诺在以后某一时间将该证券如数购回。其中，买回价格可以大于出售价格，也可以等于出售价格。在前一种场合，买价和卖价之间的差额就是回购收益；而在后一种场合，回购方需要另付利息。回购协议实质上是一种有抵押物的短期资金融通方式。充当抵押物的通常是政府债券和政府机构债券为主，债券收益仍然归原持有者所有。

回购市场的参与者比较广泛，包括商业银行、非银行金融机构、中央银行、企业和交易商。其中，交易商和银行是主要的出售者。因为对于它们来说，回购协议是一种较优的短期资金来源选择，通过回购交易可以大大增强融资的安全性和盈利性，而且无需缴纳存款准备金，从而可以更好地实施资产负债管理。对于中央银行来说，回购交易是公开市场操作的一种方式。对于企业来说，回购市场使短期闲置资金得到合理有效地运用。

回购协议根据期限不同可分为隔夜、定期和连续性三种合约，其中以隔夜占多数。隔夜指卖出与买回相隔一天，相当于日拆。定期是指卖出和买回之间的时间间隔在一天以上，但一般也不会超过30天。连续性合约是指每天按不同利率连续几天的交易，这种方式可减少利率风险。根据交易的主动性可分为正回购与逆回购。从交易发起人的角度来看，凡是抵押出有价证券，借入资金的交易就称为正回购；凡是主动借出资金，获取抵押证券的交易就称为逆回购。作为回购当事人的正、逆回购方是相互对应的，有进行主动交易的正回购方就一定有接受该交易的逆回购方。由此，可以简单认为：正回购方就是抵押出证券，取得资金的融入方；而逆回购方就是接受证券质押，借出资金的融出方。

2. 回购协议的收益与风险

因为回购协议有政府证券作为抵押品，所以回购协议的利率一般低于同业拆借利率。投资者的收益为：

$$回购收益 = 投资金额 \times 利率 \times 天数 / 360 天 \tag{3-8}$$

尽管回购协议交易是一种高质量的抵押贷款，但仍然具有一定的信用风险和利率风险。其中，信用风险是指由于回购协议的卖方到期不履行按价回购的协定，或卖方到期不愿将证券买回，给对方带来损失的可能性。而利率风险则是指因市场利率的变化而导致所持有的抵押品市值发生变动的可能性。回购协议的期限越长，这种风险就越大。

通常可以采用以下两种方法来减轻风险：一是要求抵押品的证券市值大于借款额，其差额一般为借款额的1%~3%。二是当证券的市值增加或减少某一百分比时，就相应地调整回购协议。

第四节 资本市场

一、资本市场概述

(一) 资本市场的概念

资本市场（Capital Market）是指期限大于 1 年的证券或贷款交易的场所，包括证券市场和中长期信贷市场。其参与者主要是企业、政府、金融机构和个人，其融通的资金主要作为扩大再生产的资本使用，因此称为资本市场。其中，中长期信贷市场属于间接融资，主要在商业银行业务中体现，而证券市场是资本市场的重要组成部分，我们这里讨论的资本市场主要是指证券市场

(二) 资本市场的特点

在资本市场上融通资金的工具主要是种类繁多的债券和股票，它们与货币市场工具相比有以下不同的特点：

(1) 长期性。其金融工具期限大于 1 年，像股票则是永久不归还的，其安全性、流动性均不如货币市场工具，公司融通资金的目的是作为长期投资之用，资金周转期长。

(2) 金融工具的性能差异很大。由于发行者的信用、工具期限、发行条件等方面存在差别，故资本市场上的工具不具有同质性和利率趋同性，即使同一经济主体发行的融资工具，其"价格"差异也很大。

(3) 工具的交易市场往往采用有形与无形相结合的方式，既有大量证券在证券交易所中进行，也有规模巨大的场外无形市场。

(三) 资本市场的重要性

从微观上看，一方面，企业通过资本市场发行长期证券把分散在社会上的闲置资金集中起来，形成巨额的可供长期使用的资本，用于支持社会化大生产和大规模经营，加速资本集中，实现储蓄向投资的转化。同时，从外部对企业施以压力，股东能以"用脚投票"的方式来实现资金的良性运作，资金最终总是流向那些效益好的公司，并通过资本市场，企业实行兼并收购，促进产业结构的优化。另一方面，资本市场也提供了分散风险的途径，企业通过资本市场工具将其经营风险部分地转移和分散给投资者，实现了风险的社会化。

从宏观上看，通过国债市场，政府可实施赤字财政政策，加强交通、能源等基础设施的建设，改善经济瓶颈，为经济的长期稳定打下基础。同时，股市指数往往是经济运行的先行指标，政府可监控股指的变化，从而作为制定经济政策的重要依据。

总体来说，资本市场的最大贡献就是提供了一条储蓄向投资转化的有效途径，即资本市场通过价格机制合理地引导和分配资金，提高资源的配置效率。因此，资本市场的完善与否影响到一国的投资水平和投资结构，影响到资源的合理分配和有效使用，乃至整个经济的协调发展。

二、资本市场体系

（一）证券发行市场

1. 定义

证券发行市场是政府或企业发行债券或股票以筹集资金的场所，是以证券形式吸收闲散资金，使之转化为生产资本的场所。这是新证券第一次上市的市场，因此证券发行市场又被称为一级市场或初级市场，是储蓄转化为投资的关键。证券发行市场是无形市场，不存在具体形式的固定场所，由发行人、投资人和中介人等要素构成。

2. 证券的发行方式

（1）公募与私募。筹资者在发行证券时，可以选择不同的投资者作为发行对象。由此，可将证券发行分为公募和私募两种形式。

公募又称公开发行，是指发行人通过中介机构向不特定的社会公众广泛地发售证券。为了保障广大投资者的利益，各国对公募发行都有严格的要求，如发行人要有较高的信用，并符合证券主管部门规定的各项发行条件。公募发行筹资数量大，适合于证券发行额较大的场合，但要求发行人公布财务经营状况、还本付息能力等信用资料。同时，只有公募证券方可申请在交易所上市，这类证券流通性也较强，容易形成二级市场。

私募又称内部发行，是指面向少数特定的投资人发行证券的方式。私募发行的对象主要有金融机构、与发行人来往密切的工商企业、发行人内部职工等。私募发行有确定的投资人，发行手续简单，可以节省发行时间和费用，不足之处是投资者数量有限，证券知名度低，流通性较差。在西方，随着养老基金、共同基金和保险公司等机构投资者的迅速增长，私募发行近年来呈逐渐增长的趋势。

（2）代销和包销。当筹资人通过证券市场筹资时，往往要委托证券发行中介来帮助其销售证券。投资银行或证券公司是专营证券业务的金融机构，在发行市场上的地位非常重要。其在帮助筹资人销售证券时，主要采取代销和包销等方式。

代销是指中介机构与发行人之间建立代理委托关系，如承销未售出部分退还发行人，承销商不承担任何发行风险，因此佣金很低。代销发行适合于信誉好、知名度高的企业。

包销是指发行人与中介机构签订合同，由中介机构买下全部或销售剩余部分的证券，承担全部销售风险。与代销相比，包销的成本也相应较高。对发行人而言，采用全额包销方式既能保证如期得到所需要资金，又无需承担发行风险，因此成为证券发行市场中最常用的方式。

（3）证券信用评级。进行证券信用评级的最主要原因是方便投资者进行证券投资决策。对广大投资者来说，由于受时间、知识、信息的限制，面临信息不对称风险，因此需要专业机构对证券还本付息的可靠程度进行客观、公正和权威的评定。而对发行者来说，经过评级的证券才易为公众所接受并打开销路，可减少信誉高的发行人的筹资成本，一般来说，信用等级越高的证券越能够以较低的利率出售，从而减少筹资成本。

目前，国际上最具权威性的三大评级机构是穆迪、标准普尔和惠誉（其债券评级的级别标准见表3-1）。它们都是独立的私人企业，不受政府控制，也独立于证券交易所和证券公司。其做出的信用评级不具有向投资者推荐这些债券的含义，只是供投资者决策时起参考作用。因此，它们对投资者仅负有道义上的义务，而不承担任何法律上的责任。目前，穆迪的业务范围主要涉及国家主权信用、美国公共金融信用、银行业信用、公司金融信用、保险业信用、基金以及结构性金融工具信用评级等几方面。穆迪在全球26个国家和地区设有分支机构。标准普尔目前对126个国家和地区进行了主权信用评级。美国失去AAA评级后，目前拥有AAA评级的国家和地区有澳大利亚、奥地利、加拿大、丹麦、芬兰、法国、德国、中国香港、马恩岛、列支敦士登、荷兰、新西兰、挪威、新加坡、瑞典、瑞士和英国。惠誉的国际业务范围包括金融机构、企业、国家、地方政府和结构融资评级。

表3-1　　　　　　　　穆迪、标准普尔、惠誉的债券信用评级

	穆迪	标准普尔	惠誉	级别含义
投资等级	Aaa	AAA	AAA	质量最高，风险最小，偿还利息和本金的能力很强
	Aa1	AA+	AA+	还本付息能力很强但风险性比前者略高
	Aa2	AA	AA	
	Aa3	AA−	AA−	
	A1	A+	A+	中上等级别，安全性良好，还本付息能力一般，有潜在的导致风险恶化的可能性
	A2	A	A	
	A3	A−	A−	
	Baa1	BBB+	BBB+	中下等级别，短期内还本付息无问题，但在经济不景气时风险增大
	Baa2	BBB	BBB	
	Baa3	BBB−	BBB−	
投机等级	Ba1	BB+	BB+	有投机因素，不能确保投资安全，情况变化时还付息能力波动大，不可靠
	Ba2	BB	BB	
	Ba3	BB−	BB−	
	B1	B+	B+	高度投机，不适合作为投资对象，在还本付息及遵守契约条件方面都不可靠
	B2	B	B	
	B3	B−	B−	
	Caa1	CCC+	CCC+	安全性极低，无法还本付息的危险很大，声望很差
	Caa2	CCC	CCC	
	Caa3	CCC−	CCC−	
	Ca	CC	CC+	极度投机性
		C	CC	可能违约
			CC−	
	D	D	DDD	

对证券的评级主要评价该种证券的发行质量、证券发行公司的资信和证券投资者承担的投资风险。证券评级公司在证券评级过程中主要考虑以下三方面：

①证券发行公司的偿债能力，即考察公司的预期盈利、负债比例，能否按期还本付息和分红情况等。

②证券发行公司的资信，即考察公司在金融市场上的声誉、历次偿债记录、历史上是否有过违约情况发生。

③投资者承担的风险，即主要是分析公司破产的可能性大小，另外还要预计在公司一旦破产或发生其他意外情况下，债权人根据破产法和公司法所能受到的法律保护程度和所得到的投资补偿程度。

从美国次贷危机中我们注意到，信用评级机构的信用评级在金融市场上的作用和影响已越来越大，信用评级也是资产证券化过程中必要和重要的环节，信用评级是否客观公正、是否真正了解金融工具、是否存在着利益冲突和道德风险等，这些因素都会对全球金融市场产生重大影响。因此，需要加强对信用评级机构等中介机构的风险认识，实施有效监管。

扩展阅读

穆迪将中国信用评级下调至 A1

穆迪投资者服务公司（Moody's Investor Services）下调了中国的信用评级，理由是穆迪预期随着债务的上升未来几年中国的财政实力会"受到一定程度的损害"，但穆迪同时将其对中国的展望从负面调整为稳定。这条消息引发了中国股市的下跌，并导致人民币汇率在早盘交易时段走弱。

中国长期本币发行人评级被从 Aa3 下调至 A1，与捷克、爱沙尼亚、以色列、日本和沙特阿拉伯同级。中国现在的 A1 评级要比一些主权借款者低一档，而比百慕大、博茨瓦纳、波兰、斯洛伐克等高一档。穆迪在解释此次下调的依据时表示，中国的潜在增长未来几年很可能会放缓，导致经济更加依赖政策刺激。穆迪还表示，因为货币政策受到引发新一轮资本外流的风险制约，所以至少在短期内，政府将主要依靠财政政策来支持经济增长，造成政府和政府相关实体——包括政策性银行和国有企业——的支出上升。穆迪警告称，这样的刺激将导致整体经济体系的债务增加。穆迪预计，未来几年中国经济体系整体杠杆率将进一步上升，改革计划"不足以迅速产生影响来遏制经济杠杆率上升和经济增长放缓共同对信用实力的损害"。此次下调后，穆迪对中国的评级与对手机构惠誉（Fitch）达到一致。惠誉自 2007 年 11 月以来对中国的评级为 A+，与穆迪的 A1 相当。标准普尔（Standard & Poor's）最近将中国的评级上调至 AA-，相当于比穆迪的最新评级高一档。

资料来源：彼得·韦尔斯. 穆迪将中国信用评级下调至 A1［N］. 何黎，译. 金融时报，2017-05-24.

（二）证券流通市场

1. 证券流通市场及其重要性

证券流通市场是指已发行证券买卖、转让和流通的市场，又称为二级市场或次级市场。证券流通市场是为了解决融资期限的矛盾而出现的。证券到期前，其持有者若有资金需求，不必向发行者索回资金，而可以转手给资金闲置者，这就满足了双方的所需期限。证券流通市场的重要性表现在：

（1）该市场的交易价格是公司选择发行时机和制定新证券发行价格的基础。因为证券在二级市场上的价格可以体现投资者对发行人的证券的接受程度。当其市价上涨，交易活跃时，发行人才有可能增资扩股，同时在一级市场增发新股的发行价格才可能水涨船高，只需要较小的筹资成本就可获得较大资本。而其证券一旦在二级市场表现不佳时，证券发行人要么无法售出新证券，要么支付高水平的收益率作为对投资者放弃流动性现金的补偿，从而大大增加了发行人筹资成本。

（2）该市场赋予了证券流动性。任何投资者都可以在该市场按合理的价格出售手中的证券，流通市场越发达，交易越活跃，证券的流通性就越强。

2. 证券流通的组织方式

（1）证券交易所。证券交易所是证券市场发展到一定程度的产物，是依据国家有关法律、经政府主管机关批准设立的证券集中交易的有形场所，也是集中交易制度下，证券市场的组织者和一线监管者。在此市场的证券买卖是集中、公开进行的，采用双边竞价的方式达成交易，其价格在理论上是近似公平、合理的，因此可以作为各种相关经济活动的重要依据。

证券交易所是法人，其本身并不参与证券买卖，只不过提供交易场所和服务，同时也兼有管理证券交易的职能，是非金融性的法人机构。其组织形式主要有以下两种：

①会员制证券交易所，它是不以盈利为目的的社团法人，其会员由证券公司、投资公司等证券商组成，会员对证券交易所的责任，仅以其缴纳的会费为限，在会员制证券交易所中，只有会员公司才能进入证券交易所大厅直接参与交易活动。我国上海证券交易所、深圳证券交易所均实行会员制。

②公司制证券交易所，它是以盈利为目的的公司法人，公司制证券交易所是由银行、证券公司、投资信托机构等共同出资入股建立起来的。由于实行公司制，证券交易所必然以营利为目的，在营业收入及盈利方面考虑较多，对参加买卖的证券商来说，负担较大。

证券交易所的基本功能如下：

①提供一个集中的、设施齐全的交易场所。

②制定有关交易的各项规章制度，维持一个有秩序和公平竞争的市场。

③收集和发布市场价格变动信息及其他相关信息。

④仲裁交易中的各种纠纷。

（2）场外交易市场。

①场外交易市场的定义。场外交易市场（Over-the-counter Market）也称柜台交易市场或店头交易市场，是证券市场的一种特殊形式，是指证券经纪人或证券商不通过证券交易所，将未上市或已上市的证券直接同顾客进行买卖的市场。它是一个证券自营商市场，自营商们报出持续的价格，时刻准备以买方或卖方的身份出现在任何一笔交易中。

②场外交易市场的特征。

第一，分散性。场外交易是各证券商的店头交易，而证券商又分散于全国许多地区，场外交易市场没有像证券交易所那样设立的中央市场，场外交易市场实际上是遍布于各地，通过电话、网络系统联结起来的无形市场。

第二，买卖的证券大多是未上市证券。因为证券交易所上市的证券标准较高，因此未获批准的上市证券只能通过场外市场来流通。

第三，场外交易风险大。因为在场外交易市场交易的证券大多质量未达到在证券交易所上市的标准，经营此类证券可能会冒较大的风险；另外，由于场外交易是"一对一"议价，不是集中竞价，由于信息阻塞等原因，从而增加了交易风险。

③场外交易市场的类型。

第一，柜台交易市场。柜台交易市场是指在证券公司的证券柜台上从事未在证券交易所上市的证券交易的市场，也就是狭义上的场外市场。但计算机的引进，使场外市场形成一个整体，这极大地提高了市场的有效性。著名的全美证券交易商协会自动报价系统（National Association of Securities Dealers Automated Quotations，NASDAQ）就是场外市场，它通过应用先进的计算机网络技术和为加强竞争性而实施的"做市商"制度，使得该市场最大限度地保证了证券市场的流动性、有效性和公开性。NASDAQ如今已成为外国公司在美国上市的主要场所，是全球股市与高科技产业的风向标。

第二，第三市场。第三市场是指在店头市场上从事已在交易所挂牌上市的证券交易。第三市场的出现是与证券交易所固定佣金制密切相关的。因为对大机构来说，最低佣金制的要求超过了安排大宗交易的边际成本，而交易所之外的证券商则不受证券交易所佣金制的限制，因此大量证券交易都在交易所之外的第三市场上进行，而且此市场经过改进，交易时间不像交易所那样固定，即使某证券在交易所已经停牌，很多机构投资者也仍可在第三市场交易该证券。

第三，第四市场。第四市场是指很多机构投资者摒弃了交易中介和经纪人而直接进行证券交易的形式。因为不使用中介人，所以交易成本低，同时有利于保密性，目前只有在美国有所发展，它通过在一种称为"Instinusa"的自动计算机通信系统来从事交易，这一系统可自动报价，自动执行。

3. 股票的转让价格和股票价格指数

（1）股票的转让价格。金融工具不仅绝大部分都有面值，并且除钞票和一般银行存款之外，在其交易中均有不同于面值的价格。证券交易或转让价格是证券持有者卖出证券与投资者买入证券这两种行为结合的结果。从理论上说，证券转让价格的形成，主要由预期的证券收益与市场利率两个因素决定，即只有在售价收入存入银行所能得到的利息收益不低于股利收益的条件下，证券持有者才愿意卖出证券，投资者也只有在购买证券所能得到的证券收益不低于利息收益的条件下，才愿意买入证券。证券价格与证券预期收益、市场利率之间的关系可用公式表示：

$$证券转让价格 = 预期证券收益 / 市场利率 \qquad (3-9)$$

因此，从理论上说，证券转让价格与证券收益成正比，与市场利率成反比。股票的理论价值，就是股票未来利润的现值，取决于股票收入和市场收益率。股票理论价值的计算公式为：

$$v = d_1/(1+i) + d_2/(1+i)^2 + d_3/(1+i)^3 + \cdots + d_n/(1+i)^n$$
$$= d[1/(1+i) + 1/(1+i)^2 + 1/(1+i)^3 + \cdots + 1/(1+i)^n]$$

当 $n \to \infty$ 时：

$$v = d/i \tag{3-10}$$

其中，v 为股票的内在价值，i 为市场收益率，d 为每年的股息。

因为影响股票市场价格的因素错综复杂，所以实际中的股票价格与由静态分析得出的内在价值相去甚远。

由于证券收益是预期的，市场利率是经常变动的，因此一切影响证券收益大小与市场利率高低的因素，包括经济的、政治的、心理的及其他因素，也都影响着证券的转让价格，而且这些因素有时还有超常规的放大效应，使证券价格发生惊人的变动。

（2）股票价格指数。股票价格指数（Stock Price Indexes）是指金融服务机构用统计学中的指数方法，编制的通过对股票二级市场上一些有代表性的公司发行的股票价格进行平均计算得出的数值，是对股市动态的综合反映。这不仅对上市公司、投资者、证券商、市场管理机构等有着重要意义，而且对分析宏观经济运行态势、预测宏观经济未来走势等也具有重要意义，成为具有决策依据功能的指数。股票价格指数的形成要经过下列三个程序：首先，选出列入指数计算的成分股票，通常这些股票要具有代表性，数额占该股市总值的比例较大，其涨跌往往能带动整个股市的变化。其次，确定计算方法。最后，确定以什么时间为基期、基数是多少，股票价格指数用"点"表示。

股价指数的编制，采用股价平均数方法（Stock Price Average）进行。这一方法在具体运用中，分为如下类型：

①简单平均法。简单平均法又称算术平均法，是指在计算出各个样本股票各自价格指数的基础上加总求其平均值的方法。由这个方法求得的数值，称为相对指数。采用这种方法计算股价指数，虽然计算方法简单易行，所得数值能反映股价的短期变动并有利于判断股票投资的获利状况，但由于没有考虑不同的股票在市场中的地位、影响力不同，从而对股价总水平的影响是不同的，计算的数值又容易受发行量或交易量较少的股票的价格变动影响，因此难以反映股价的长期动态和股市的真实动向。

②综合平均法。这种方法是将样本股票在基期或报告期的价格分别加总，然后，用报告期股价总额除以基期股价总额，以所得数值作为股价指数。

③加权平均法。前两种方法的一个重要缺陷在于在计算股价指数中，无法考虑各个样本股票的权数对股价总值的影响，难以真实准确地反映股票二级市场的总体价格变动及走势，因此需要用加权平均法予以完善。主要的加权平均法有拉氏公式（Laspegres Formula）、费雪公式（Fisher's Ideal Formula）和贝氏公式（Pasche Formula）。

（3）世界主要价格指数。目前，世界各地的证券二级市场都编制了自己的股票指数，其中影响较大的股价指数有如下几种：

①道·琼斯股价指数。这是最有影响也最为公众所熟悉的股价指数。该指数由道·琼斯公司的创始人查尔斯·道（Charles H. Dow）于1844年创立编制，以在纽约证券交易所上市的股票为样本股票的选择范围，以1928年10月1日为基期，基期值为"100"，以后各期股票价格同基期相比算出的百分数就成为各期的股价指数。1889年以后，在国际金融市场上最有影响的新闻媒介——《华尔街日报》上发布。道·琼斯股价指数共分四组，即工业平均指数、运输业平均指数、公用事业平均指数和平均价格综合指数。在这四种指数中，最常见的（也是人们用得最多的）是工业平均指数。

②标准普尔股价指数（Standard & Poor Stock Price Indexes）。这是美国最大的证券研究机构——标准普尔公司编制发表的股价指数，始于1923年，最初样本股票共233种，1957年扩大为500种。目前，标准普尔股价指数每小时公布一次，美国《商业周刊》每期予以刊载。该指数以1941—1943年间的平均市价总额为基期值，选择加权平均法进行计算，基期值为"10"。由于该指数选择的500种股票的总市值占纽约证券交易所股票总市值的80%以上，因此有着广泛的代表性。美国商业部出版的《商情摘要》一直把标准普尔股价指数作为预测经济周期变化的12个先行指标之一。

③伦敦《金融时报》股价指数。这是由英国伦敦《金融时报》编制的指数。这一指数能够较全面地反映伦敦股票市场的价格变动，因此在英国有较大的影响。

④日经股价指数。这是由日本经济新闻社编制的反映日本股票市场价格变动的指数。日经股价指数以1950年9月7日为基期，采用的计算方法是道·琼斯股价指数所用的修正法。这一指数由于样本数量多，具有广泛的代表性，因此是全面分析日本股市走势和产业变动的重要标志。

⑤香港恒生股价指数。这是由我国香港恒生银行于1969年11月24日开始编制的。香港恒生股价指数以1964年7月31日为基期，采用修正的加权综合法计算，基期值为"100"。香港恒生股价指数从在香港联交所上市的股票中选择33种样本股票进行计算。这些样本股票分为四类：金融业4种，公用事业6种，房地产业9种，工商业（包括航运业、酒店业等）14种。由于样本面广泛，时间延续较长，因此香港恒生股价指数成为分析香港股市变动的重要指标。

我国的股价指数主要还有上证综合指数、上证180指数、上证50指数、A股指数、B股指数、新上证综指（上证综指当前由沪市所有G股组成，此后实施股权分置改革的股票在方案实施后的第二个交易日纳入指数，指数以总股本加权计算，新上证综指于2006年1月4日发布）、深证成分指数、深证综合指数、中小板指数、深证新指数、深证100指数、沪深300指数等。

本章小结

1. 金融市场是资金融通的场所,并从中生成资金借贷的价格——利率。资金的融通通常有直接融资与间接融资两种方式,两者优劣互补。一个具有高效率的金融市场能有效地促进经济发展。

2. 作为债权、债务关系载体的金融工具具有偿还期、流动性、风险性和收益率等特征。其种类繁多,按产生的时间先后大体可将其分为原生工具和衍生工具两大类。原生工具主要有银行券、票据、股票、债券等,而衍生工具则主要有远期、期货、期权、互换等。衍生工具是一把"双刃剑",一方面,可以起到分割、转移风险,提高金融市场整体效率的作用;另一方面,如果监管制度和交易规则存在缺陷或决策失误,投机过甚又可能使风险集中,引致金融市场的动荡不安。

3. 货币市场是短期金融工具交易的市场,不仅对资金供求双方,而且对中央银行的金融宏观调控,都具有非常重要的意义。

4. 货币市场体系主要由票据市场、同业拆借市场、可转让大额定期存单市场、国库券市场和回购市场构成。票据市场是专门办理票据交易的场所。同业拆借市场是金融机构之间进行短期、临时性头寸调剂的场所。可转让大额定期存单市场是可转让大额定期存单市场发行和转让的市场。国库券市场是短期国库券发行和流通的市场。回购协议是指交易者在融通资金时按照交易双方的协议,由卖方将一定数额的证券临时性地出售给买方,并承诺在以后某一时间将该证券如数购回。

5. 资本市场是长期金融工具交易的市场,能实现储蓄向投资的转化。其中的证券市场可分为发行市场和流通市场。证券发行市场是政府或企业发行债券或股票以筹集资金的场所。证券的发行通常采取公募和私募两种方式,而且一般要有评级。证券流通市场是指已发行证券买卖、转让和流通的市场。证券的流通有两种组织方式,即交易所方式和场外交易方式。

6. 证券的转让价格与其理论价格不一致,受诸多因素影响,变幻莫测。股票价格指数是反映股市综合动态的一个核心指标。

重要概念

金融市场　直接融资　间接融资　逆向选择　道德风险　原生工具　股票　普通股　优先股　债券　国库券　公司债券　金融债券　衍生工具　远期　期货　期权　互换　可转换债券　垃圾债券　货币市场　票据市场　同业拆借市场　LIBOR　CD市场　国库券市场　回购市场　资本市场　证券交易所　场外交易市场　股票理论价值　债券理论价值　股票价格指数　一级市场　二级市场　私募　公募　证券评级

复习思考题

1. 你是愿意以 2.5% 的利率把资金存入银行的储蓄账户，还是愿意以 10% 的利率将此款项贷给你的邻居，为什么？
2. 解释股票与债券的区别。
3. 哪些公司最可能通过银行而不是发行债券和股票来为其活动融资？为什么？
4. 如何认识金融市场在经济中的功能？
5. 就中国目前的股票市场而言，其效率如何？
6. 如果你预测到近几年利率将会下降，此时你是愿意购买长期债券还是短期债券？
7. 如何看待衍生工具？如果中国引入衍生工具，就目前条件而言，是利大于弊，还是弊大于利？

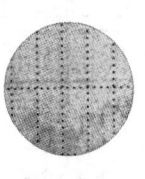

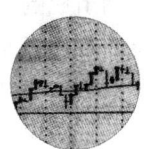

第四章 金融机构体系

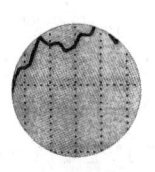

金融机构体系是金融体系中的重要组成部分，正是金融机构从事的有关资金融通活动，促进和实现了资源在经济社会中的配置，使整个经济在较高的效率下进行。本章主要分析金融机构产生的原因、主要职能，阐述金融机构体系的基本构成体系。

第一节 金融机构体系概述

一、金融机构概述

（一）金融机构的概念

一个健康而充满活力的经济需要一个完善的金融体系，以便能有效地把闲置资金配置到拥有生产性投资机会的人们手中。而这个完善的金融体系主要是由各种金融机构及其活动组成的。所谓金融机构（Financial Institution）是指专门从事各种融资活动或为融资活动提供有关服务的各类组织。

金融机构主要从事或提供以下一种或多种服务：

（1）将从市场上获得的金融资产改变并构建成不同种类的更易接受的资产，成为金融机构的负债。这是金融机构中最重要的类型——金融中介的基本功能。

（2）代理客户进行金融资产交易。

（3）进行金融资产自营交易。

（4）协助客户开发金融资产，并将其销售给金融市场中的其他参与者。

（5）为其他市场参与者提供投资建议，并为其进行资产组合管理。

（二）金融机构体系的构成

世界各国金融体系的结构和功能都是十分复杂的，各自均有一个规模庞大的金融体系，拥有种类繁多、形式各异的金融机构。

1. 银行金融中介与非银行金融中介

按服务领域的不同，金融机构可分为主要服务于间接金融领域的金融中介（即金融媒介体）和主要服务于直接金融领域的普通中介。

服务于间接金融领域中的金融中介主要是资金余缺双方进行金融交易的媒介体，又可分成银行金融中介和非银行金融中介。本斯顿和史密斯（Benston & Smith, 1976）及法玛（Fama, 1980）提出，银行是对金融契约和证券进行转换的中介。银行金融中介包括中央银行、商业银行、专业银行和政策性银行。非银行金融机构包括保险公司、投资银行、信用社、信托投资公司、财务公司和基金公司等。

银行金融中介和非银行金融中介无本质的区别，都是以信用方式集聚资金，并投放出去，达到盈利的目的。两者都执行着信用中介的职能，起着金融中介的基本作用。但是，从其最初的划分标准来看，银行金融中介主要从事存款、放款、汇兑业务的经营，而大多数非银行金融中介初始并不经营存款等业务。然而，近年来随着各国金融管制的放松，各类金融中介的服务业务范围在不断扩大，银行金融中介与非银行中介的区别并没有类别上的差异，而只是在程度上有所不同，即各类金融资产的流动性、便利性以及存在的风险不同。

服务于直接金融领域的普通中介是为筹资者和投资者双方牵线搭桥的媒介体,包括证券公司、证券经纪人和证券交易所等。

服务于间接金融领域的金融中介和服务于直接金融领域的金融机构的根本区别在于前者要通过各种负债业务集聚资金,然后再通过各种资产业务活动分配这些资金;后者主要是促成贷款人和借款人接上关系,而并非主要在借贷双方之间进行资产负债的业务经营活动。

2. 存款性金融机构和非存款性金融机构

按资金是否主要来源于存款,金融机构可分为存款性金融机构和非存款性金融机构。

存款性金融机构(Depository Financial Institutions)是从个人和机构接受存款并发放贷款的金融中介机构,主要包括商业银行、储蓄贷款协会(S&L)、储蓄银行和信用合作社。其收入来源包括贷款和证券投资收入、手续费收入。

非存款性金融机构(Nondepository Financial Institutions)是指利用自行发行证券的收入或来自于某些社会组织及公众的契约性存款,并以长期投资作为其主要资产业务的金融中介机构。非存款性金融机构包括保险公司、投资公司、养老金和财务公司等。

存款性金融机构和非存款性金融机构的主要区别在于:第一,从负债业务来看,存款性金融机构的资金来源于个人和机构的存款,非存款性金融机构的资金来源于自行发行证券的收入或某些社会组织及公众的契约性存款。第二,从资产业务来看,存款性金融机构主要是对各类经济实体提供贷款和投资于证券,非存款性金融机构主要是投资于多样化的证券投资组合。存款性金融机构和非存款性金融机构的资产负债情况如表4-1所示。

表4-1　　　　　　　　　　金融中介机构的主要资产和负债

金融机构类型	主要债务(资金来源)	资产(资金运用)
存款性金融机构		
商业银行	存款	工商信贷和消费者信贷、抵押贷款、政府证券和市政债券
储蓄贷款协会	存款	抵押贷款
储蓄银行	存款	抵押贷款
信用合作社	存款	消费者信贷
非存款性金融机构		
保险公司	保费	公司债券、政府证券、市政债券、抵押贷款、股票
投资公司	股份	债券、股票
养老金	雇员和雇主缴款	公司债券和股票
财务公司	商业票据、股票、债券	消费者信贷和工商信贷

二、金融中介产生和发展的原因

金融中介从最终贷款人手中借钱，又贷款给最终借款人。金融中介居于贷款人——储蓄者与借款人——投资者之间，帮助双方转移资金。这是现代经济的一个显著特点。传统理论认为，就是金融中介的这种行为提高了融资效率，从而使得金融中介成为经济体系中不可或缺的机构。然而这似乎有一个明显的悖论，因为贷款人无需使用金融中介就可以直接贷款给借款人。那么，为什么存在金融中介呢？它们履行怎样的职责呢？

近年来出现的关于金融中介的存在与发展的"新"理论解释了上述问题。该理论来源于交易成本经济学和信息经济学。该理论认为，由于金融市场存在着很大的交易成本和信息成本，贷款者与借款者无法直接完成金融交易，于是便诞生了金融中介。金融中介的存在减轻了信息不对称的程度，大大降低了金融交易中的各项成本。

（一）交易成本与专门技术

1. 规模经济

交易成本（Transaction Cost）是指在金融交易过程中花费的时间和金钱，它是计划借出其富余资金的人所面临的主要问题。例如，木匠卡尔需要 1 000 美元购买新工具，而且你了解这确实是一个很好的投资机会。你现在拥有现金，也希望把钱借给他。然而，为了保护你的投资安全，你需要聘请律师来起草一份贷款合同，明确规定卡尔向你支付利息的时间和金额及偿还 1 000 美元本金的时间。为了获得这样一份合同，你需要支付 500 美元。在对这笔贷款进行成本核算之后，你发现从这笔交易中无法获得收益（你要支付 500 美元的成本来获得 100 美元的潜在收益），你不得不遗憾地通知卡尔去找别人借款。

这个例子表明，诸如你这样的小额储蓄者或者诸如卡尔这样的潜在借款者可能会被排除在金融市场之外，从而难以从中获利。谁能够帮助你们摆脱这种困境呢？金融中介机构能够做到这一点。

交易成本高昂问题的解决办法之一，是把众多投资者的资金汇集起来，从而使他们可以利用规模经济效应，即随着交易规模的扩大，降低每一美元投资的交易成本。通过把投资者的资金汇集起来，使每个投资个体的交易成本都降低了。因为在金融市场上当交易规模扩大时，执行某项交易的总成本仅有少量提高，所以会出现规模经济现象。由于金融中介机构具备降低交易成本的专业技术，具有庞大的规模，能够实现规模经济（Economies of Scale），即随着交易规模的扩张，摊在每一美元之上的成本也随之降低，因此它们可以大幅度地降低交易成本。举例来说，银行知道如何聘请优秀的律师起草一份严谨的贷款合同，这份合同可以在其后的贷款交易活动中反复使用，从而降低每一笔交易的法律成本。银行不会只花费 500 美元设计一份贷款合同（这样的合同可能并不完善），它们会支付 5 000 美元聘请一流的律师来设计一份严谨、完整的贷款合同，以满足 2 000 笔贷款的需要，因此每笔贷款的成本降到了 2.5 美元。在每笔贷款的成本只有 2.5 美元的条件下，由金融中介机构向卡尔发放 1 000 美元贷款就能够获利了。由于金融中介机构可以大幅度地削减交易成本，你就可以（通过它们）间接地将资金提供给诸如卡尔这样拥有生产型投资机会的人。

金融市场中的规模经济现象，有助于解释金融中介机构得以发展并且成为金融结构重要的组成部分的原因。规模经济效应促进金融中介机构发展的最显著的例证还有共同基金。共同基金是向个人出售基金份额，将汇集的资金投资于股票或者债券交易活动的金融中介机构。由于能够购买大量的股票或者债券，共同基金具有交易成本较低的优势。在共同基金扣除其因管理账户活动而收取的管理费之后，这些成本节约的好处就落到了个体投资者手中。对个体投资者而言，共同基金的另一个优势在于其规模十分庞大，因而能够购买高度分散化的证券投资组合。对于个体投资者而言，更加分散化的投资降低了其风险程度，提高了其福利水平。规模经济在降低金融机构完成工作所必需的资源成本方面也十分重要，如降低金融机构借以实现交易活动的计算机技术成本。一旦大型共同基金斥巨资建立起通信系统，这一系统就能够以低廉的单笔交易成本实现大量的交易。

2. 专门技术

金融中介机构的优势还在于它们能够通过开发专门技术来降低交易成本。举例来说，金融中介机构在计算机方面的专门技术，使其能够向客户提供各种服务便利，如客户可以通过拨打免费电话号码了解自己的投资状况，或者可以依据其账户签发支票。

较低的交易成本使得金融中介机构能够为其客户提供流动性服务，这种服务使得其客户能够更加便捷地从事交易活动。例如，货币市场共同基金，不仅向基金份额持有者支付较高的利率，而且允许其签发支票来支付账单。

（二）风险分担

金融机构交易成本低廉的另一个优势在于其有助于降低投资者面临的风险（Risk）水平，即投资者从资产中获得收益水平的不确定性。金融中介机构可以通过风险分担（Risk Sharing）过程来实现这一功能。通过创造和出售具有客户能够接受的风险水平的资产，金融中介机构筹集到了资金，它们使用这些资金去购买风险水平更高的资产。低廉的交易成本使得金融中介机构能够以很低的成本分散风险，从而获取利润，这一利润来源于它们从高风险资产上获得的回报和支付已出售资产的成本之间的差额。因为从某种意义来说，投资者的风险资产变得更加安全，所以风险分担过程有时也称为资产转换（Asset Transformation）。

风险包括个人不确定性（Private Uncertainty）和社会不确定性（Social Uncertainty）。当个人不确定性在某种程度上结合起来，表现为经济社会总体的不确定性时，社会不确定性就产生了。无论是社会不确定性还是个人不确定性，都是经济社会固有的，从某种意义上讲，个人并不能通过使用其他资源来减少由不确定性引起的成本。

1. 个人风险

（1）投资不确定性。当个人投资结果不确定，而经济社会总体投资结果是事先已知的时候，就产生了投资不确定性。一般来说，投资者是风险厌恶型的，其总是通过持有多项投资来减少不确定性，从而达到投资收益的最大化。但是，这会发生额外的成本。此外，个人投资者由于受到资金的限制，不能同时持有多项投资。

金融中介的存在可以减少个人持有多样化组合资产的成本。当投资者越多时，金融中介分散给投资者的成本越小,其作用也就越大。

(2) 个人消费风险。个人消费风险,即个人消费的不确定性。个人投资者在制定投资决策时,并不知道自己将会在何时需要用所投入的资金来进行消费。如果仅在投资的第一期后就由于投资者的个人消费使得生产被迫中断的话,则其收益将低于原定的水平;否则,投资者只有被迫不消费。因此,投资者投入资金的流动性较小。

金融中介的出现则可以解决上述矛盾。金融机构所起到的作用是这样的:金融机构先从众多的投资者那里聚集资金,然后再将聚集的资金投入需要资金的生产部门进行生产。当某些投资者需要资金进行消费时,与没有金融媒介的情况相比,其可以对早消费的投资者支付较多,而对晚消费的投资者支付较少。这样对众多的投资者来说,提高消费可使其投资得到的收益不会损失太多。这种支付方式使得每个人都更喜欢与中介机构打交道。金融中介机构的出现可以为投资者提供流动性服务,使投资者在不打断生产的同时进行个人消费,而没有过多的收益损失。

2. 社会风险

除了在个人投资方面存在不确定性之外,在整体经济投资结构方面也存在着不确定性,这种不确定性就是社会风险。投资者对待这种风险的态度是不同的,因此投资者可能会依据其接受风险的意愿程度来改变风险在彼此之间的分布,即在投资者之间进行债权交换。在没有中介机构的情况下,投资者之间也可以进行债权的交易,但是存在着很高的交易成本。分析交易成本的影响取决于成本的本质。由于中介机构拥有相对完全的信息,其具有规模经济的优势,因此其成本的增加低于组合规模的成比例增长。因此,金融中介的存在能够以较低廉的成本分散社会风险,降低投资者之间债权转换的成本。

(三) 信息成本

金融市场中除了存在着交易成本和不确定性成本外,还存在着信息不对称(Ssymmetric Information)。举例来说,与贷款者相比,获得贷款资金的借款者对于投资项目的潜在风险和收益更为了解,即交易的一方对交易的另一方不充分了解,因此影响准确决策的做出。这是金融市场上的一个重要现象,也是金融中介产生和发展的一个重要原因。金融市场中的交易者往往对交易对手缺乏了解,这种信息的缺失将会导致金融系统中的两个方面出现问题:交易发生之前和交易发生之后。

1. 逆向选择

在交易发生之前,信息不对称会导致逆向选择(Adverse Selection)。金融市场上的逆向选择指的是那些最可能造成不利(逆向)结果,即造成信贷风险的借款人,常常就是那些寻找贷款最积极、最可能得到贷款的人。尽管金融市场中存在着信誉良好的借款人,但由于逆向选择使信贷资金面临极大的损失风险,贷款的发放者可能决定不发放任何一笔贷款。

解决金融市场中逆向选择问题的办法是向资金供应方提供那些正在为投资寻求资金的个人或公司的详细情况,以消除信息不对称的影响。使贷款者获得这种材料的途径之一,就是设立私人公司,由它们负责收集和生产出能够区别优质公司和劣质公司的信息,然后卖给贷款者。在美国,如标准普尔公司、穆迪公司和价值线(Value

Line）之类的公司都在从事此类工作，它们将各种公司的资产负债表及其投资活动的信息收集起来，再将这些数据整理分析，并卖给金融中介机构。使贷款者获得这种材料的途径之二是由政府来生产信息，帮助投资者识别优质公司和劣质公司，并免费提供给公众。然而，信息披露要求并不是经常能够发挥作用的，安然公司破产案就是实例（见参考资料"安然破产案"）。可见，由私人生产的信息及旨在鼓励提供信息的政府监管只能减少却不能完全消除金融市场中的逆向选择问题。那么，在信息不对称问题存在的条件下，金融机构要怎样才能够促使资金流向有生产投资机会的人呢？

参考资料

安然破产案

直至2001年，专业从事能源贸易的安然公司从表面上看起来仍然是一家非常成功的公司。2000年8月，安然公司占据了1/4的能源市场份额，市值达到770亿美元（距离其破产仅有1年多一点儿的时间），是当时美国的第七大公司。然而到2001年年底，安然公司却已经破产了。2001年10月，安然公司宣布第三季度亏损6.18亿美元，并披露存在会计"失误"。此后，针对由其前任财务总监主导的安然公司与其合伙人之间开展的金融交易活动，美国证券交易委员会展开了正式的调查。调查很快发现，安然公司通过一系列复杂的交易活动，将大量的债务和金融合约排除在资产负债表之外，而这些交易让安然公司能够掩盖其财务困境。尽管通过证券交易从摩根大通公司（JP Morgan Chase）和花旗集团（Citigroup）获得了15亿美元的新增融资，但安然公司还是被迫在2001年12月宣布破产，成为迄今为止美国历史上最大的破产案。

安然公司破产案表明，虽然政府监管能够减少信息不对称问题，却无法完全将其消除。由于公司经理层具有掩饰公司问题的强烈动机，导致投资者很难了解公司的真实价值。

安然公司的破产不仅使金融市场对公司披露的有关会计信息的质量更为关注，而且使该公司的许多前雇员陷入困境，因为他们发现自己的养老金已经荡然无存。公众对安然公司管理层的欺诈行为极为愤怒，许多管理层人士被起诉，其中一部分已经定罪入狱。

资料来源：弗雷德里克·S.米什金.货币金融学［M］.蒋先玲，等，译.北京：机械工业出版社，2016：145.

金融中介机构（如银行）是生产公司信息的专家，能分辨出信用风险的高低，进而能够从存款者那里获得资金，再将资金贷放给优质公司。由于大部分银行贷款是发放给那些优质公司的，因此银行通过发放贷款获得的收益将会高于支付给存款者的利息。银行因此获得盈利，进而促使银行从事此类信息的生产活动。银行之所以具有从信息生产中获利的能力，一个重要因素在于银行主要是通过发放私人贷款而不是购买在公开市场上交易的证券，银行作为中介机构，持有大量不可交易的贷款，这是银行得以成功地在金融市场上减少信息不对称问题的关键。

上述对逆向选择的分析表明，金融机构（尤其是拥有大量不可交易贷款的银行）在向公司转移资金方面，比证券市场发挥了更大的作用，这也从一个角度解释了为什么间接融资比直接融资更重要,以及为什么银行是企业外部融资最重要的来源。[①]

此外,当借款者不能偿还贷款而违约,导致贷款者蒙受损失时,逆向选择就会干扰金融市场的有效运行。抵押品(Collateral),即在借款者违约的情况下承诺交付贷款者支配的财产,由于在出现违约的情况下能够减少贷款者遭受的损失,因此抵押品降低了逆向选择产生的不良影响。如果借款者出现贷款违约,贷款者可以出售抵押品,并且利用出售收入来弥补贷款的损失。净值〔Net Worth,也称权益资本(Equity Capital),即公司资产(其具有所有权的财产和债权)与负债(其债务)之间的差额〕也具有与抵押品类似的作用。如果公司的净值较高,即使其从事的投资活动出现亏损,导致在偿付贷款过程中发生违约,那么贷款者依然可以取得公司净值的所有权,将其出售,使用销售所得补偿一些贷款损失。

2. 道德风险

在交易发生之后,信息不对称会导致道德风险(Moral Hazard)。金融市场上的道德风险指的是借款者可能从事从贷款者的观点来看不希望看到的那些活动的风险,因为这些活动使得这些贷款很可能不能归还。

降低这种道德风险的办法之一,就是进行一种特殊类型的信息生产来监督公司的活动。

经常对公司进行审计,核查经理层的行为有利于解决道德风险问题。与逆向选择问题一样,可以私人生产与销售信息,但当一些人不必支付费用却能够获取其他人付费得到的信息时,就产生了搭便车问题(Free Rider Problem)。这使私人生产和销售信息的体系并不能完全而只能部分地解决道德风险问题。政府也有动机去减少由信息不对称造成的道德风险问题,这为金融体系受到严格监管的原因提供了一个方面的解释。世界各国都制定了相关法律,要求公司遵循标准的会计准则,以便实行利润核算。各国政府还颁布法律,对那些从事隐瞒和骗取利润的欺诈行为施以严厉的刑事惩罚。然而,这些措施的实际效果十分有限。由于那些进行欺诈活动的经理具有强烈的动机来隐瞒真相,导致政府机构难以发现或证实这些欺诈行为,因此发现这些欺诈行为并不容易。

净值和抵押品也有利于解决道德风险问题。如果借款者的净值很高,或者其交付给贷款者的抵押品具有较高的价值,那么道德风险问题,即违背贷款者意愿行事的诱惑将会大幅度降低,因为如果这样做的话,借款者自己也将蒙受巨大的损失。换言之,如果借款者和贷款者成为利益共同体,由于借款者的净值和抵押品价值较高,其一般不会拿贷款人的资金去冒险。[②] 此外,一些限制性条款(如限制不符合或鼓励符合贷

[①] 这一分析还解释了一个重要的事实,即在某些发展中国家的金融体系中,与证券市场相比,银行发挥了更为重要的作用。我们已经知道,如果关于公司的信息质量越高,信息不对称问题的影响就越小,公司发行证券就会更加容易。与工业化国家的公司相比,投资者较难获取那些关于发展中国家私人公司的信息,因此其证券市场发挥的作用就更小一些,导致银行等金融中介机构能够发挥更为重要的作用。

[②] 对于较高的净值和抵押品有助于解决道德风险的现象,有一种解释是,它使得债务合约形成了激励相容(Incentive Compatible)。也就是说,它使得借款者和贷款者的动机统一起来了。借款者的资产净值越大,抵押品的价值越高,借款者按照贷款者的希望和意愿行事的动力就越大,债务合约中的道德风险就会越小,而个人和公司获得借款也就越容易。相反,借款者的资产净值越低,抵押品价值越小,道德风险就越大,获得借款也越发困难。

款者意愿行为、抵押品保值、提供信息等方面的条款）的监督和强制执行能够直接降低道德风险，但还是无法完全杜绝其发生。我们几乎不可能制定出一份能够排除所有风险活动的合约。另外，借款者也许十分精明，他们总能够在限制性条款中找到一些漏洞，从而导致其无法生效。限制性条款的另一个问题在于其必须通过监管和强制执行来实现。如果借款者知道贷款者不会核查，或者不愿意支付诉诸法律的费用，那么借款者就会违约，从而使这些限制性条款失去意义。由于监督和强制执行限制性条款的成本高昂，不管是股票市场，还是债券市场，都会出现搭便车的问题。如果知道其他债券持有人对于限制性条款实施了监管和强制执行活动，就能够搭其便车。然而，其他债券持有人也可以这样做，因此最可能出现的结果是，无法投入足够的资源对限制性条款进行监督和强制执行。因此，道德风险依然是可流通债务工具面临的一个严重问题。

金融中介机构特别是银行，只要主要发放私人贷款，就可能有效避免搭便车问题。私人贷款是无法进行交易的，没有人能够搭金融中介机构的便车来监督和强制执行限制性条款。因此，这些提供私人贷款的金融中介机构就能够从其监督和强制执行活动中受益，从而减少债务合约中潜在的道德风险。道德风险的概念可以为我们提供另一个角度的解释，说明了在从储蓄者向借款者转移资金的过程中，金融中介机构发挥了比可流通证券更大的作用。这也成为间接融资如此重要的另一个原因。

对于金融市场的健康运行而言，逆向选择和道德风险会成为严重的障碍。从上面的分析可以看到，金融中介机构能降低信息不对称带来的此类问题的发生。此外，金融中介机构还能降低信息成本。

3. 金融中介机构能降低信息成本

为了避免逆向选择和道德风险，投资者必须搜寻有效益的项目，并对其投资效益进行评估，这就产生了识别成本。此外，投资者还必须亲自监督和实施与借款人签订的合同，这就会产生监督与实施成本。识别成本和监督与实施成本构成了信息成本。

（1）识别成本。识别成本包括搜寻成本和核实成本。搜寻成本是指寻找投资机会的成本。核实成本是指一旦投资项目经鉴别之后对最终投资效益进行评估的成本。

金融中介的优势在于可以将搜寻成本分散在众多投资者中。在孤立状态下，每个投资者在找到有收益可能的投资项目之前，都要发生一笔寻找投资机会的搜寻成本。金融中介也要在投资项目之间进行搜寻，但是金融中介一旦找到了某个有效益的项目，便可与其他投资者一同分享。因此，金融中介的存在可以大大减少搜寻成本。

此外，金融中介的所有人还以其部分财富对金融中介的资产组合做出承诺，并承担保证投资者对此资产具有优先要求权的义务。这样投资者可以降低其准确性，因为一旦投资失败，金融中介必须将其持有的资产补偿其对投资者的债务，所以金融中介的存在可以减少核实成本。

（2）监督与实施成本。监督成本发生在整个投资过程中，确保资金使用的既定目标以及关于使用补充投入的承诺得以兑现。一旦投资结果已知，而且到期应当偿付了，就需要发生实施成本以促使借款人履行其偿还义务。

对监督与实施成本的解释和对核实成本的解释是类似的。金融中介作为监督和实施责任的代理人，保证对其存款人进行固定金额的支付，而收入的其余部分则成为自己的收益。金融中介的建立就把监督和实施问题从最终投资者那里转到代理人自己的层面上来，从而减少投资者的监督与实施成本。

总之，金融中介的产生与发展是因为金融中介可以减轻信息不对称及其带来的逆向选择与道德风险问题，降低金融市场上的各项交易成本、信息成本和风险。贷方无需监督借方的行为或核实自己的债权，而只需将这些工作交给金融中介，并同时关注金融中介的行为即可。因此，金融中介的产生增进了经济效率。

阅读专栏

信息不对称问题及其解决方法

金融市场中存在的信息不对称导致了逆向选择和道德风险问题，从而影响了市场的有效运行。解决这些问题的办法包括由私人来生产和销售信息、旨在增加金融市场信息的政府监管、债务合约中抵押品和净值的重要作用以及使用监督措施和限制性条款等。从我们的分析中可以得到一个关键结论：诸如股票和债券等可流通证券存在的搭便车问题，意味着金融中介机构尤其是银行在企业融资活动中发挥了比证券市场更为重要的作用。表4-2总结了各种信息不对称问题及其解决方法。

表4-2　　　　　　　　　信息不对称问题与其解决方法

信息不对称问题	解决方法	解释的特征编号
逆向选择	由私人来生产和销售信息	（1）（2）
	旨在增加金融市场信息的政府监管	（5）
	金融中介机构	（3）（4）（6）
	抵押品和净值	（7）
股权合约中的道德风险（委托—代理问题）	信息的生产：监督	（1）
	旨在增加信息的政府监管	（5）
	金融中介机构	（3）
债务合约中的道德风险	债务合约	（1）
	抵押品和净值	（6）（7）
	限制性条款的监督与强制执行	（8）
	金融中介机构	（3）（4）

特征列表如下：
（1）股票不是最重要的外部融资来源
（2）可流通证券不是外部融资的首要来源
（3）间接融资比直接融资更为重要
（4）银行是最重要的外部融资来源
（5）金融体系受到严格的监管
（6）只有规模庞大和组织完善的公司才能够进入证券市场
（7）抵押品在债务合约中十分普遍
（8）债务合约中包含众多限制性条款

资料来源：弗雷德里克·S.米什金. 货币金融学［M］. 蒋先玲，等，译. 北京：机械工业出版社，2016：152.
（引者略作改动）

第二节 银行金融中介

一、中央银行

中央银行（Central Bank）是由政府出面组织或授权集中管理货币储备并统一铸造和发行货币的银行，是国家最高级别的、最具有权威性的金融机构。在当今世界上，大多数国家的金融体系中均设有中央银行或类似于中央银行的金融管理机构。它们均处于该国金融体系的核心地位，代表国家发行通货、制定和执行货币金融政策、处理国际性金融事务、对整个金融体系实施监管等。因此，其对整个国民经济发挥着宏观调控作用，本书将在第六章、第十章、第十一章、第十二章分别专门论述。

二、商业银行

从一般意义上讲，商业银行（Commercial Bank）是依法接受活期存款，并主要为工商企业和其他客户提供贷款以及从事短期投资的金融中介。其主要功能是引导资金从盈余单位流向赤字单位。商业银行系统在整个金融系统中具有举足轻重的地位，并成为各国中央银行控制的重点。其原因在于商业银行能以派生存款的形式创造货币和收缩货币，而且创造和收缩货币的功能非常强劲。这也是商业银行的主要特征。关于商业银行，本书将在第五章专门论述。

三、专业银行

专业银行是指定有专门经营范围和提供专门性金融服务的银行。这类银行一般都有其特定的客户，并具有某一方面的专门知识和专门职能。专业银行种类较多，如储蓄银行、合作银行、抵押银行等。

（一）储蓄银行

1. 储蓄银行及其组织形式

储蓄银行（Savings Banks）是专门经办居民储蓄、以储蓄存款为其主要资金来源的专业银行。世界上第一家地方储蓄银行是在1817年由慈善团体在荷兰建立的。英国、德国等国于18世纪末19世纪初也相继设立了储蓄银行。

2. 储蓄银行的职能

传统意义上的储蓄银行有信用中介、货币-资本转换、引导消费和服务四大职能。

（1）信用中介职能是指储蓄银行充当资金供给者和资金需求者之间借贷媒介者的职能。储蓄银行媒介的对象主要是个人或家庭，它吸收个人或家庭的闲置货币收入，并通过贷款提供给个人或家庭借款人使用。

（2）货币-资本转换职能是储蓄银行的一个重要功能，就是把分散、小额的货币收入集中起来并将其转化为能够在生产过程中发挥作用的追加资本。

（3）引导消费功能是指储蓄银行通过对个人和家庭提供贷款，引导人们延期消费、集中消费、提前消费和扩大消费，并引导人们的消费方向。

（4）服务功能是指储蓄银行能够为小储蓄者提供多样化的储蓄便利，并以较优惠的条件对其提供融资服务。

此外，储蓄银行还在家庭财务收支计划、个人投资等方面对储户提供咨询和信息服务等。

（二）合作银行

1. 合作银行及其组织形式

合作银行（Cooperative Bank）是指由私人和团体组成的互助性合作金融机构。尽管其地位和作用远远逊于商业银行，但却独具特色。合作银行的组织形式有以下几种：

（1）按照社员承担的责任不同，合作银行可分为无限责任制合作银行、有限责任制合作银行和保证责任制合作银行。

无限责任制是合作银行的组织形式之一。在这种组织形式下，合作银行的社员要以其拥有的全部财产对银行及其债权人负责。当银行经营失败而银行自己的财产又不足以偿还其债务时，各社员必须负连带无限清偿责任，即各社员必须以其所有财产来清偿银行的所有其他债务，而不问其他社员应负担的部分如何。

在有限责任制合作银行的这种组织形式下，社员对银行债务承担的清偿责任不是无限的，而是有限的。这一界限是社员的认股额，即社员只承担以其所认股金额为界限的清偿责任。目前，多数合作银行均采取这一组织形式。

保证责任制是介于无限责任制和有限责任制之间的一种合作银行组织形式。在这种组织形式下，社员对银行债务承担的清偿责任既不是无限制的，也不是仅以其认股金额为限，而局限在其认股额及其保证额的范围内，超过这一范围社员不承担清偿义务。保证责任制的优缺点也是介于无限责任制和有限责任制之间。从最小损失的策略出发，保证责任制是一种较为理想的合作银行组织形式。

（2）按照其组织体制的不同，合作银行可分成单一制合作银行和系统持股制合作银行。

单一制是合作银行的一种外部组织形式。在这种组织形式下各家银行均相互独立、互不关联，同时每家银行的业务经营均限于银行本部，不设分支机构。在西方国家，早期的合作银行多属于这一类型。单一制银行规模普遍过小，因此限制了银行的融资功能，使其抵御风险的能力十分低下，同时妨碍了银行技术水平和服务质量的提高。此外，单一制下合作银行的高度分散性加大了货币当局对其监管的难度。由于上述原因，在西方国家，单一制合作银行已被系统持股制合作银行所取代。

系统持股制是指通过自下而上逐级参股而形成银行集团的一种银行外部组织体制。这种系统持股制合作银行有两个基本特征：一个特征是合作银行自成体系，系统本身则由若干层次的银行构成，有的划分为基层银行和中央银行两个层次，有的则划分为地方银行、地区银行和中央银行三个层次；另一个特征是自下而上的参股，即由下一级银行充当社员提供股金而形成上一级银行的实体组织，这种组织形式的合作银行体系是通过各层次银行自下而上逆向参股而形成的。

（3）按照其是否独立，合作银行可划分为独立型合作银行和混合型合作银行。

独立型合作银行是指合作银行呈现为一个完全单独运行的系统，在组织体制上并不依附于任何经济组织，也不是作为任何经济组织的子系统而存在。上述的单一制和系统持股制合作银行均属这一类型。

混合型合作银行是指合作银行并不是一个完全独立的系统，而是寓于农业合作组织中。尽管银行本身也有自己的组织体系，但在组织归属上却是作为农业合作组织中的一个子系统而存在。日本和韩国的农村信用合作组织就是实行这种体制。

2. 合作银行的职能

（1）信用中介职能。一方面，合作银行通过存款业务将社员分散的资金集中起来；另一方面，合作银行又通过贷款将动员的资金提供给需要借款的社员使用，从而客观上促进着资金的融通，充当着借贷中介人的角色。银行充当信用中介的目的不在于盈利，而是为了实现社团范围内的资金互助，帮助社员解决生产经营过程中的资金困难。

（2）补充职能。补充职能，即补充商业性金融体系不足的职能。商业性金融机构以利润最大化为其经营目的，因此其放款的目标就把农民和小生产者排除在外。而由个体农民和小工商业者等联合起来组建的合作银行可对社员提供资金融通，填补了商业性金融机构留下的一部分业务空缺，弥补了商业性金融体系的不足。

（3）服务职能。合作银行是由社员组成的利益共同体，是社员进行自我服务的金融组织。合作银行不以获取利润为目的，而是为全体组织成员提供其所需要的各种金融服务。

3. 合作银行的变革

合作银行自19世纪中后期产生至今已有100多年的历史。进入20世纪60年代以后，合作银行发生了非常明显的变化，这主要表现在地位的提高、业务品种的创新、经营范围和活动区域的扩大以及合作宗旨和原则的异化等方面。

（三）抵押银行

抵押银行（Mortgage Bank）是不动产抵押银行的简称，是以土地、房屋等不动产作为抵押办理放款业务的专业银行。

抵押银行的资金来源不是靠吸收存款，而是靠发行不动产抵押证券。这种不动产抵押证券以抵押在银行的土地及其他不动产作为保证，可以买卖转让。当借款人到期不能偿还贷款时，则由银行对抵押品进行处理，以收回贷款。

不动产抵押银行的资产业务可分为两类：一类是办理以土地为抵押的长期放款，这主要是给土地所有者或购买土地的农业主提供的贷款；另一类是办理以城市房屋为抵押的长期放款，这主要是给房屋所有者或经营建筑业的企业提供的贷款。例如，法国的房地产信贷银行、德国的私人抵押银行和公营抵押银行均属于此类抵押银行。这类银行除了以土地和房屋作为其抵押品之外，也收受股票、债券和黄金作为贷款的抵押品。

四、政策性银行

（一）基本特征

政策性银行（Policy-related Bank）是由政府投资设立的，根据政府的决策和意向专门从事政策性金融业务的银行。其基本特征如下：

1. 组织方式上的政府控制性

从组织形态方面来观察，世界各国的政策性银行基本上均处于政府的控制之下。一方面，多数政策性银行都是由政府直接出资创立，完全归政府所有；另一方面，虽然一些政策性银行并不完全由政府出资设立，但也往往由政府参股或保证，并在实质上为政府所控制。

2. 行为目标的非营利性

政策性银行与政府的经济职能相联系，是贯彻政府政策的工具。因此，政策性银行一般被要求从事若干具有较高金融和商业风险的融资活动、承担资产结构不符合正常商业性标准的项目、现金流转不能符合银行正常支付条件的项目、提供的证券没有价值或价值很小的融资项目以及没有经营业绩的企业所筹资的项目等。这决定了政策性银行并不以自身盈利作为其最终的行为目标。

3. 融资准则的非商业性

政策性银行的行为目标决定了其融资准则具有明显的非商业性。这主要表现在：第一，主要或全部提供廉价资金，有些甚至低于筹资成本，并不能按期偿本付息，由此而发生的亏损则由政府补贴，以避免其受利润的诱惑和干扰；第二，不介入商业性金融机构能够从事的项目，主要承担商业性金融机构不愿涉足项目的资金融通；第三，对其他金融机构从事的符合政策目标的金融活动给予偿付保证、利息补贴或再融资。

4. 业务领域的专业性

政策性银行在政府经济政策导向的支配下具有业务对象的特定性，如业务领域的专业性，因此也有政策性专业银行之称。

5. 信用创造的差别性

政策性银行由于不实行存款准备金制度，一般不办理活期存款业务。其负债是银行体系已经创造出来的货币，其资产一般为专款专用，因此通常不具有派生存款和增加货币供给的功能。可以说，能否创造信用是政策性银行和商业银行在职能上的最大差别。

（二）组织形式

政策性银行的组织形式可按不同标准来划分。按资本构成来划分，有国有独资银行和国家参股银行；按外部组织形态划分，有单一制银行和分支行制银行。

1. 国有独资银行

国有独资银行是由政府出全资而建立的政策性银行。国有独资银行是政策性银行的最主要类型。目前，世界各国的政策性银行绝大多数都是由政府提供全部资本金，直接归政府所有。例如，韩国开发银行、韩国进出口银行、韩国中小工业银行和韩国住房银行都是由政府出全资建立的；又如，美国进出口银行最初的10亿美元资本金同样也是由联邦政府拨付的。

2. 国家参股银行

由国家参股建立政策性银行有以下两种情况：

（1）政府直接参股。在这种形式中，政府只提供资本总额的一部分，其余资本由政府以外的其他有关各方提供，但政府参股的比例较高，处于控股者地位。例如，在德国复兴信贷银行的全部资本金中，联邦政府出资的比例达80%。又如，印度工业信贷和投资公司的资本中，政府持有81%的股份，其余19%为私人所有。

(2) 政府间接参股。政府不直接出资，而是由国有机构（中央银行、国有商业银行）联合其他民间组织共同提供政策性银行的股本。例如，法国对外贸易银行的资本总额中，法兰西银行、信托和储蓄银行各持股25%，国家信贷银行持股16%，国家农业信贷银行持股10%，巴黎国民银行、里昂信贷银行和兴业银行各持股8%。

3. 单一制银行

所谓单一制，就是经营业务的银行均以独立个体的形式而存在的一种银行组织体制。在这种体制下，各家银行除本行外均不设任何分支机构。目前世界各国的政策性银行主要是采用此种单一制。例如，美国的进出口银行、日本的"二行九库"、韩国和菲律宾的开发银行等均为单一制银行，都没有设立分支机构或成员机构。

4. 分支行制银行

在这种组织体制下，各家银行遍设分支机构进行业务经营，从而形成了总行-若干分行-大量支行-众多业务网点的金字塔式的业务经营机构体系。这种组织体制在政策性银行的组织形式中占次要地位，主要存在于农业部门和中小企业领域的政策性银行中。例如，美国农民家计局在许多州、县设有办事处，其总数达1 700多个。又如，泰国农业银行和农业合作社有62个省级分行、600个办事处。中国农业发展银行亦属此类组织体制。

值得指出的是，一国的政策性银行究竟采取何种组织形式，既取决于各国不同的政治、经济、金融制度，也取决于各种政策性银行业务领域、业务对象的特殊性。

(三) 职能

1. 信用中介职能

充当信用中介是金融机构最基本的职能。政策性银行作为一种金融机构也具有这一职能，但一般不接受社会活期存款，其资金来源多为政府供给和在国内外金融市场筹集的长期稳定资金。其资金运用多为中长期的贷款和资本投放。由此决定了政策性银行一般不具备信用创造和支付中介功能。

2. 经济结构调节职能

在市场经济条件下，金融领域中的市场机制同样存在着作用边界和失效现象，因此商业性金融机构按市场原则配置金融资源的行为并不能完全解决金融资源的有效配置问题。政策性银行的作用正是弥补市场机制的这一缺陷。政策性银行从整个国民经济的利益出发，通过逆向配置资源而发挥经济结构调节者的功能，推动国民经济各产业、各部门、各地区的均衡发展。

3. 执行政府经济政策职能

政策性银行以贯彻国家产业政策和区域发展政策为主要职能和任务。这表现在政策性银行通常以优惠的利率水平、贷款投资期限和融资条件对国家政策与持续发展的产业和地区提供资金支持，并围绕国家政策导向深入进行调查研究，把产业政策和区域发展战略具体化为相应的金融政策，落实到具体的投融资过程中。

(四) 分类

在各国的金融制度中，政策性银行可以依不同的标准加以分类。按业务活动范围划分,有全国性政策性银行和地方性政策性银行;按业务领域划分,有农业、中小企业、进出口、住宅业、基础产业、经济开发领域的政策性银行等。一般来说,大多数国家成立的政策性银行主要有开发银行、农业政策性银行、进出口政策性银行。

1. 开发银行

开发银行是指那些专门为经济开发提供长期投资贷款的金融机构。第一家开发银行于1822年诞生于比利时,主要职能是促进新工业的创立。1852年,法国信贷动产银行成立,该行通过接受存款和出售股票来动员资金投资于长期开发项目,然后再将这些项目股份向公众出售。它被视为现代开发银行的先驱。第二次世界大战后,为了适应经济发展的需要,各国都普遍开设开发性金融机构。

开发银行所有权性质大多为政府所有或控制,部分为公私合营,少数为私人所有。即便是私人所有,其也依赖于政府开发性金融机构或政府部门。

2. 农业政策性银行

为贯彻配合政府农业政策,为农业提供特别贷款,主要是低利中长期优惠性贷款,促进和保护农业生产与经营的农业金融机构一般称为农业政策性银行。

美国在20世纪20~30年代,通过联邦政府的资助,以合作信用为基础,建立了具有政策性的农业信贷体系。日本现代健全完善的农业金融制度是在第二次世界大战后建立的。德国是世界最早建立农业金融制度的国家,至今已有200多年的历史。

3. 进出口政策性银行

进出口政策性金融机构是一个国家支持和推动进出口尤其是出口,促进国际收支平衡、带动经济增长的重要金融机构。其多为官方或半官方所有,极少数为私营机构。它们承担着商业性金融机构和普通出口商不愿或无力承担的高风险,弥补商业性金融机构的不足,改善本国出口融资条件,增强本国商业出口竞争力。

第三节　非银行金融中介

一、保险公司

(一) 概述

保险是以社会互助的形式,对因各种自然灾害和意外事故造成的损失进行补偿的方式。专门经营保险业务的金融机构称为保险公司(Assurance Company)。保险公司的资金来源是其收取的保费。保费是由保险公司按照大数定律对被保险标的发生损失风险的概率进行精确计算后确定的。发生意外损失的风险是必然的,但是具体发生在何时、何地、何人却是偶然的,因此人们才会有被保险的要求,而保费扣除赔偿支出和经营管理费用,剩余的就是保险公司的利润,这样保险公司才会有经营和发展保险业务的积极性。

保险业的发源地在英国,早在1668年英国就有了海上保险业务,但直到1871年成立劳埃德保险社(简称劳合社),保险公司才登上历史的舞台。此外,美国也是世界上保险业最发达的国家之一,拥有世界上最大的人寿保险公司。

(二) 保险公司的分类

按其保险标的的不同,保险公司可分为两大类:寿险公司、财产意外险公司。

1. 寿险公司

寿险公司（Life Company）是为投保人因意外事故或伤亡造成的经济损失提供经济保障的金融机构。

2. 财产意外险公司

财产意外险公司（Property and Casualty Insurance Company，P & C）是对法人单位和家庭住户提供财产意外损失保险的金融机构。世界上最著名的财产意外险公司是英国的劳合社。

（三）中国的保险公司

根据《中华人民共和国保险法》（以下简称《保险法》）的规定，我国把保险分成人身保险和财产保险两类（广义的财产保险包括了责任保险在内）。

在中国的保险市场上，保险公司大致有三类：中资保险公司、外资保险公司分公司以及中外合资保险公司。1995年，《中华人民共和国保险法》开始施行。1998年，中国保险监督管理委员会（以下简称保监会）成立，加强了对保险公司的监管。1999年，保险公司获准通过购买证券投资基金间接进入证券市场。

截至2016年年末，保险业净资产达17 240.61亿元，较2016年年初增长7.15%。2016年，已开业全国保险机构共203家，较2016年年初增加9家。其中，保险集团公司12家，新增1家；财产险公司79家，新增6家；人身险公司77家，新增1家；保险资产管理公司22家，新增1家。再保险公司8家，出口信用保险公司1家。[1] 原保险保费收入30 959.10亿元，同比增长27.50%，其中产险公司原保险保费收入9 266.17亿元，同比增长10.01%；寿险公司原保险保费收入21 692.81亿元，同比增长36.78%。产险业务原保险保费收入8 724.50亿元，同比增长9.12%；寿险业务原保险保费收入17 442.22亿元，同比增长31.72%；健康险业务原保险保费收入4 042.50亿元，同比增长67.71%；意外险业务原保险保费收入749.89亿元，同比增长17.99%。产险业务中，交强险原保险保费收入1 699.58亿元，同比增长8.19%；农业保险原保险保费收入417.71亿元，同比增长11.42%。另外，寿险公司未计入保险合同核算的保户投资款和独立账户本年新增交费12 799.13亿元，同比增长53.86%。赔款和给付支出10 512.89亿元，同比增长21.20%，其中产险业务赔款4 726.18亿元，同比增长12.68%；寿险业务给付4 602.95亿元，同比增长29.11%；健康险业务赔款和给付1 000.75亿元，同比增长31.17%；意外险业务赔款183.01亿元，同比增长20.53%。资金运用余额133 910.67亿元，较2016年年初增长19.78%，银行存款24 844.21亿元，占比18.55%；债券43 050.33亿元，占比32.15%；股票和证券投资基金17 788.05亿元，占比13.28%；其他投资48 228.08亿元，占比36.02%。总资产151 169.16亿元，较2016年年初增长22.31%，产险公司总资产23 744.14亿元，较2016年年初增长28.48%；寿险公司总资产124 369.88亿元，较2016年年初增长25.22%；再保险公司总资产2 761.29亿元，较2016年年初减少46.77%；资产管理公司总资产426.29亿元，较2016年年初增长20.97%。[2]

---

[1] 保监会. 2016年保险统计数据报告 [EB/OL]. （2017-02-22）[2017-08-08]. http://www.circ.gov.cn/web/site0/tab5179/info4060001.htm.

[2] 保监会. 2016年保险统计数据报告 [EB/OL]. （2017-02-22）[2017-08-08]. http://www.circ.gov.cn/web/site0/tab5179/info4060001.htm.

二、投资银行

(一) 投资银行的产生和发展

投资银行（Investment Bank）是专门从事发行长期融资证券业务的非银行金融机构。不同的国家对投资银行的称谓不同，如英国称为商人银行，日本称为证券公司，法国称为私人承兑公司等。

(二) 投资银行的特征

从总体上来看，现代投资银行具有明显的灵活性、专业性、集中性、创新性、多样性和国际性的特征。

1. 投资银行的经营策略具有市场灵活性

投资银行业具有极强的获利传统和生存能力，它们的组织结构灵活、经营决策迅速、决策实施敏捷，一旦金融市场上某些部类业务盈利下降，它们马上就会转向其他活跃部类的业务继续得以生存。

2. 投资银行的技术具有高度的专业性

由于投资银行的业务是面向公司、政府等大客户所在的批发市场，往往需要"量体裁衣""特色服务"。因此，现代化的投资银行，特别是大型的投资银行，在业务多样化、交叉化发展的同时，也各有所长地向专业化方向发展。

3. 投资银行机构的发展具有集中性

第二次世界大战后，随着经济的复苏与成长和各大财团的竞争与合作，金融资本越来越集中。在这一过程中，投资银行也呈现出向集中化发展的明显特点。

4. 投资银行的业务具有创新性

投资银行是一个勇于创新的行业。从主观上来说，这是由投资银行增强其竞争能力、扩大其利润来源的目的所决定的；从客观上来说，投资银行内部汇集了大量熟悉金融市场和金融业务、拥有丰富的信息资源并具有创新精神的专家，他们成为推动整个投资银行业不断创新发展的先锋。

5. 投资银行经营的业务具有多样性

现代投资银行除了经营传统的业务，即代理发行证券业务、经销证券业务和经纪业务之外，还开展了公司理财业务、资金管理和投资咨询业务等。

6. 投资银行的活动范围具有国际性

由于国际证券市场的蓬勃发展、资本在国际上的自由流动、现代科技与通信技术的广泛应用以及国际性金融工具和金融业务的创新，发达国家的投资银行均纷纷进行了经营战略的调整，通过建立国际网络组织进行跨国经营，或者通过和其他国家及银行组成某种形式的联合来扩大其经营规模，以增强其竞争能力。

(三) 投资银行的组织形式

从投资银行的资本构成来看，投资银行的组织形式可分为四种：合伙制投资银行、股份制投资银行、合资投资银行和国有投资银行。

1. 合伙制投资银行

合伙制投资银行产生于中世纪的家庭企业，这些家庭式的商号由各个继承人共同经营，形成了一种合伙企业。由于投资银行是从早期的商人演变而来的，因此初期的投资银行采取了这种家庭经营的合伙制组织形式。

2. 股份制投资银行

股份制投资银行包括股份有限公司和有限责任公司两种形式。

与家族式的合伙制相比，股份制投资银行有如下优点：第一，股份制使投资银行的集资能力增大，有利于扩充其资本实力；第二，股份制投资银行通过向社会发行股票及其之间的兼并，能促进投资银行资本集中和大银行的建立与形成；第三，投资银行的持股人只能转让其股份，而不能退股，因此股份制使得投资银行实体组织的稳定得到了可靠的保证；第四，股份制下所有权和经营权分离，因此可以促进投资银行经营管理效率和经营管理水平的提高。

3. 合资投资银行

合资投资银行主要是指两个或两个以上国家或地区的出资人共同出资组建的投资银行。合资投资银行主要存在于发展中国家和地区，如韩国、马来西亚、中国台湾及其他新兴国家和地区。

合资投资银行的组建，有利于发展中国家或地区引进外资，获得新的外来资金，可以引进外国投资银行业的融资经验和融资技术，同时还可以引进国际金融人才，并以此促进本国或本地区投资银行经营管理人员业务素质的提高，促进金融市场和经济的发展。

4. 国有投资银行

国有投资银行是指由国家出资建立的投资银行。国有投资银行主要存在于社会主义国家，如中国改革开放后出现的证券经营机构多是由各国有银行出资组建的，在实行分业经营后，这些证券公司仍未改变其国有性质。

国有投资银行的组建，有利于国家金融方针、政策和政府意图的贯彻实施，有利于国家对经济、金融进行宏观调控，有利于增强投资银行的实力，有利于保证金融业的稳定，有利于掌握和控制投资银行的利润，从而增加国家资金积累。

（四）投资银行的业务

1. 投资银行的负债业务

投资银行的负债业务主要是发行自己的股票和债券。此外，投资银行还利用短期借款进行证券融资，短期借款的基本手段是回购协议。回购协议是指证券出售时卖家向买家承诺在未来某个时间以预先约定的价格再把证券买回来。实际上，这是一种抵押贷款。有些国家的投资银行还允许接受存款（主要是定期存款）。

2. 投资银行的资产业务

投资银行的资产业务可分为本源业务和派生业务两大类。前者是指投资银行的传统业务，如证券的发行、经销与经纪业务；后者则是在本源业务的基础上逐步派生和发展起来的业务，如风险投资、基金管理、项目融资以及公司财务顾问等。

（1）证券承销业务。证券承销业务是投资银行最传统、最核心的业务。狭义的证券承销业务只包括承销股票和债券。证券承销（Underwriting）一般是指全额承销，即投资银行按照商议的价格将发行者发行的所有证券一次性全部买入，然后再向公众出售或利用承销商和销售集团转售给公众投资者；或者是由牵头人或承销辛迪加集团作为代理人，对销售出去的证券收取佣金，并负责购入任何未售出的剩余证券。根据证券经营机构在承销过程中承担的责任和风险的不同，承销又可分为代销和包销两种形式。代销（Best-efforts Underwriting）是指发行人委托承担承销业务的证券经营机构（又称为承销机构或承销商）代为向投资者销售证券。在代销过程中，承销机构与发行人之间是代理委托关系，承销机构不承担销售风险，因此代销佣金很低。代销发行比较适合于那些信誉好、知名度高的大中型企业。包销（Firm Commitment）是指发行人与承销机构签订合同，由承销机构买下全部或销售剩余部分的证券，承担全部销售风险。对发行人来说，包销不必承担证券销售不出去的风险，而且可以迅速筹集资金，因此适用于那些资金需求量大、社会知名度低而且缺乏证券发行经验的企业。与代销相比，包销的成本相应较高。

(2) 证券经纪业务。证券经纪业务就是投资银行代客户进行证券买卖、从中收取佣金的业务，是投资银行最重要的基础性业务之一。如果只从事为客户（零售客户或机构客户）买卖证券而没有融资功能的公司，则被称为证券公司（Securities Firms）或经纪公司（Brokerage Firms）。如果证券公司只经营经纪业务，则称之为经纪商；如果证券公司既经营经纪业务（经纪商），也经营自营业务（自营商），则称之为综合性券商。

(3) 证券自营业务。投资银行除了经营一级市场上的承销业务和二级市场上的经纪业务，还在二级市场上从事证券的自营业务。自营业务是指专营自营业务或兼营自营与经纪业务的投资银行为自己买入或卖出证券的交易活动。在自营业务中，投资银行一方面从证券卖者手中买入证券，另一方面又向证券买者卖出证券，赚取买卖差价。

(4) 项目融资业务。项目融资业务是指投资银行为某一特定的项目策划并安排一揽子融资的业务。在项目融资中，投资银行作为融资项目的牵头安排人，需要提供多项服务，如对项目的财务、经济效益和风险进行评估，帮助组建合营项目实体和项目法律机构，制订符合项目需要和贷款人要求的财务计划等。

(5) 企业并购业务。企业的并购虽然极其复杂，但是由于投资银行精通并购的法律和规则、熟悉并购方式和程序、善于评估并购资产和进行财务处理、擅长并购谈判，其在企业的并购中起着非常重要的作用。其主要业务是：安排兼并和收购，并作为并购方的财务顾问；实施反并购和反收购措施，为目标公司设计出一套防御措施和策略来防御和抵抗敌意收购方的进攻；确定并收购条件，包括并购价格、付款方式和并购后企业的资产重组等；提供融资安排，负责收购方的资金筹措。投资银行通过从事企业并购的中介活动，收取手续费。

(6) 公司财务顾问业务。公司财务顾问业务是指投资银行向公司提供各种类型的收费咨询与顾问服务的业务，包括充当项目融资、企业并购等活动中的财务顾问，充当公司重组、国有公司私有化中的财务顾问以及受聘作为公司的常年财务顾问等。

(7) 基金管理业务。基金管理业务是指投资银行受投资人的委托，根据基金特定的投资目标，在各种股票、债券、期权合同、准现金票据、商品和不动产中进行组合投资，以实现分散风险、提高收益的目标。例如，第一波士顿资产管理公司是第一波士顿投资银行设立的基金管理公司。

（8）商人银行业务。当投资银行运用自有资金投资公司股权或成为公司债权人时，这一活动称为商人银行业务（Merchant Banking）。如果参与的是股权，该项投资通常有巨大的升值潜力。对客户提供的债务资金的利率，尤其是过桥贷款的利率很高，它反映了与这一贷款活动相关的高风险。例如，第一波士顿公司为俄亥俄州床垫公司杠杆收购提供的 4.5 亿美元过桥贷款说明了投资银行过桥贷款的风险性。当杠杆收购结束时，俄亥俄州床垫公司需要永久性债务融资来偿还过桥贷款时，第一波士顿公司却无法卖掉证券，结果因这手贷款而陷入困境。因此，过桥贷款不仅有较高的潜在利息收入，也是吸收杠杆收购客户的重要融资工具。

三、信用合作社

（一）概述

信用合作社（Credit Cooperative）是由个人自发、集资联合组成，以互助为主要宗旨的合作金融组织。信用合作社是个人合作与自助的协会，而不是以利润为动机的金融机构。在美国，信用合作社是美国第三大对个人与家庭分期贷款机构的供给人，仅次于商业银行与金融公司，大约占美国消费者分期贷款的 1/8。这些机构是以居民为导向的金融中介，向个人与家庭提供存款与信贷服务。它们能长期生存主要在于能够向其客户提供低的贷款利率和高的存款利率。

（二）信用合作社的分类

按照地域的不同，信用合作社可分为农村信用合作社和城市信用合作社。

1. 农村信用合作社

农村信用合作社作为农村集体金融组织，其特点集中体现在由农民入股、由社员民主管理、主要为入股社员服务三个方面。其主要业务活动是经营农村个人储蓄及农户和个体经济户的存款、贷款和结算等。在上述活动中，农村信用合作社贯彻自主经营、独立核算、自负盈亏、自担风险原则是基本要求。

中国的农村信用社普遍建立于 20 世纪 50 年代，一度是作为国家银行的基层机构存在，并由农业银行管理。1996 年，国家对其进行了改革：第一是与农业银行脱钩；第二是规范了农村信用社，恢复了其合作制的性质。

2. 城市信用合作社

作为城市集体金融组织，城市信用合作社是为城市集体企业、个体工商户以及城市居民服务的金融企业，是实行独立核算、自主经营、自负盈亏、民主管理的经济实体。

在中国，城市信用社的经营业务有：办理城市集体企业和个体工商户的存、放、汇业务；办理城市个人储蓄存款业务；代办保险及其他代收代付业务及中国人民银行批准的其他业务；等等。实践中，由于绝大部分城市信用社从一开始其合作的性质即不明确，因此改组成地方性商业银行是必然的出路。改组之初，其采用了"城市合作银行"的过渡性名称，通常冠以城市名称来命名。

四、信托投资公司

(一) 概述

信托投资公司（Trust Company）是指以代人理财为主要经营内容、以受托人身份经营现代信托业务的非银行金融机构。信托是指财产的所有者为本人或他人的利益，将其财产交与受托人，委托受托人根据一定的目的对财产做妥善的管理和有利的经营。信托投资公司受委托人的委托，为委托人的利益管理、支配信托财产。经营风险由委托人或受益人承担，收益一般归受益人，公司收取手续费。

现代信托公司最早发源于英国，1886 年英国成立了第一家信托公司——伦敦受托遗嘱执行和证券保险公司。其后，信托公司在美国、日本、加拿大等国家也得到很大的发展。美国、英国等国除了一些专营信托公司外，相当一部分的信托业务是由各商业银行的信托部门来办理。日本、加拿大的情况与美国、英国有所不同，政府从法律上限制商业银行和信托机构的业务交叉，实行银行业务与信托业务相分离的政策。因此，美国、英国两个国家的信托公司（或信托银行）具有资本雄厚、经营稳健以及管理有序等特点。

信托投资业务不同于一般委托、代理和借贷业务。信托投资业务具有收益高、责任重、风险大、程序繁琐以及管理复杂等特点。因此，对一般重点办理投资业务的信托投资公司，在机构设置、经营管理水平、人员素质、信息来源和信息处理能力等方面都有很高的要求。

(二) 中国的信托投资公司

中国的信托投资公司是在经济体制改革后开始创办起来的。从其初创归属来看，相当大部分的信托投资公司属于银行系统所办。此外，还有些信托投资公司是各级政府以及计委、财政等部门出面组建的。自 1995 年以来，根据分业经营与规范管理的要求，国家陆续进行了对信托投资公司的调整改组、脱钩以及重新登记工作。绝大部分信托投资公司直接被撤销、转让或转为银行的分支机构。

五、金融公司

(一) 概述

金融公司（Financial Companies）是通过在货币市场上发行商业票据、在资本市场上发行股票和债券或从银行借少量贷款的方式来筹集资金，并将这些资金贷放给购买耐用消费品、修缮房屋的消费者及小企业的金融机构。金融公司是西方国家金融体系中的一类极其重要的金融机构。其金融媒介过程的特点是以大额借入，却常以小额贷出。

金融公司在 18 世纪始创于法国，后美国、英国等国相继开办。在西方国家，金融公司作为非银行的金融机构，受管制极少，并且受益于 20 世纪 80 年代票据市场的发展，能以低成本筹资，因而能比商业银行更好地安排其贷款以满足消费者的需要，也因此大大提高了竞争优势。金融公司是近几年发展最快的金融机构。

(二) 业务与类型

金融公司有如下三种类型：

（1）销售金融公司（Sell Financial Companies）。销售金融公司是一些大型零售商或制造商建立的旨在以提供消费信贷的方式来促进其产品销售的公司。例如，福特汽车公司组建的福特汽车信贷公司向购买福特汽车的消费者提供消费信贷。

（2）消费者金融公司（Consumer Financial Companies）。消费者金融公司是一种专门向消费者发放小额贷款，以满足其购买家具、装修住房等资金需要的公司。借款者通常是那些几乎没有其他资金来源渠道的消费者。

（3）工商金融公司（Business Financial Companies）。工商金融公司是一种主要向工商企业贴现应收账款、发放以存货和设备为担保的抵押贷款的公司。现在，西方金融公司业务范围逐步扩大到包销证券、经营外汇、投资咨询和不动产抵押贷款等。

（三）中国的金融公司

我国香港特别行政区的金融公司又称为注册接受存款公司和持牌接受存款公司，大量产生于20世纪70年代。根据香港地区的有关规定，除银行以外的所有接受存款的机构都必须向财政司所属的银行监理处登记注册，注册后的吸存机构便成为注册接受存款公司，已注册的接受存款公司若符合相关法规所规定的条件，并且最低资本达到1亿港元，即可申请持牌资格，成为持牌接受存款公司。

在我国，金融公司主要是比较早建立的被称为财务公司的非银行金融机构。金融公司是由企业集团内部集资组建的，其宗旨和任务是为本企业集团内部各企业筹资和融通资金，促进其技术改造和技术进步，如华能集团财务公司、中国化工进出口财务公司、中国有色金属工业总公司财务公司等。其业务有存款、贷款、结算、票据贴现、融资性租赁、投资、委托以及代理发行有价证券等。财务公司在行政上隶属于各企业集团，是实行自主经营、自负盈亏的独立企业法人。

此外，我国的金融公司还有汽车金融公司。2003年10月3日，银监会出台了《汽车金融公司管理办法》，同年11月出台了《汽车金融公司管理办法细则》，同年12月29日批准了上汽通用汽车金融有限责任公司、大众汽车金融（中国）有限公司和丰田汽车金融（中国）有限公司的成立。消费者、汽车生产和销售公司都将从中受益。

2009年5月12日，银监会公布《消费金融公司试点管理办法（征求意见稿）》公开征求意见，并决定一个月后在北京、上海、成都和天津四地开展消费金融公司试点工作，接受开办公司申请，监管则由非银行监管部负责。这意味着消费金融公司这个诞生于西方的古老事物，正承载着"金融创新"和"刺激内需"的双重使命降临中国。

六、投资公司

（一）投资公司概述

投资公司（Investment Company）也称投资基金，是一种集合投资机构，是由代理投资机构以法定文件为依据通过向投资者发行股份或受益凭证筹集资金，按照信托契约的规定将筹集的资金适当分散地投资于各种金融商品等以谋取最佳投资收益，并将投资收益按基金份额分配给投资者的非银行金融中介。最早的投资公司是1868年英国投资者组建的"海外殖民政府信托"组织。而现代投资公司的发展是与现代金融市场的发展紧密联系的,马柯维兹的资产组合理论更是为投资基金资产组合提供了理论依据,使投资公司的收益性、流动性提高,投资风险降低,增加了投资公司对投资者的吸引力,投资公司发展更加迅猛。

(二)投资公司的分类

投资公司可分为三类:开放型基金、封闭型基金和单位信托投资公司。

1. 开放型基金

开放型基金(Open-end Fund)通常被称为共同或互助基金,它们随时向公众卖出新股并根据股东的要求以每日市场收盘时的每股净资产的公允股价为交易价赎回发行在外的股份。互助基金的股份价格是在其每股净资产值(Net Asset Value per Share,NAV)基础上确定的。每股净资产值等于组合市价减去互助基金负债后再除以互助基金发行在外份额的值。

2. 封闭型基金

与互助基金不同,封闭型基金(Close-end Fund)向其他公司出售股份,但通常不赎回它们的股份。封闭型基金的股份既可以进行有组织的交易,也可在场外交易。封闭型基金的一个特征是投资者必须承担承销基金股份发行的巨大成本。

3. 单位信托投资公司

与封闭型基金相同,单位信托(Unit Trust)在单位投资凭证的数目是固定的。单位信托一般投资于债券,但和专门投资于债券的互助基金以及封闭型基金有几点不同。第一,在单位信托的资产组合中不存在债券的活跃交易。一旦单位信托由发起人(通常是经纪公司或债券承销商)成立并移交给受托人管理后,受托人将持有所有的债券直到发行人赎回时为止。当发行者的信用等级急剧下降的时候,受托人才可以从资产组合中卖出它的债券。这意味着经营单位信托的成本通常比开放型基金和封闭型基金所发生的成本小。第二,单位信托有一个固定的终止期限,而开放型基金和封闭型基金则没有。第三,与开放型基金和封闭型基金的投资者不同,单位信托的投资者知道资产是由特定的债券组合组成的,不必担心受托人会改变资产组合。所有的单位信托都收取一定的销售佣金。

此外,投资基金还可以从其他角度进行分类。按组织形态的不同,投资基金可分为公司型投资基金和契约型投资基金。公司型投资基金是具有共同投资目标的投资者组成以营利为目的的股份制投资公司,并将资产投资于特定对象的投资基金;契约型投资基金也称信托型投资基金,是指基金发起人依据其与基金管理人、基金托管人订立的基金契约,发行基金单位而组建的投资基金。

根据投资风险与收益的不同,投资基金可分为成长型投资基金、收入型投资基金和平衡型投资基金。成长型投资基金是指把追求资本的长期成长作为其投资目的的投资基金;收入型基金是指能为投资者带来高水平的当期收入为目的的投资基金;平衡型投资基金是指以支付当期收入和追求资本的长期成长为目的的投资基金。

根据投资对象的不同,投资基金可分为股票基金、债券基金、货币市场基金、期货基金、期权基金、指数基金和认股权证基金等。股票基金是指以股票为投资对象的投资基金；债券基金是指以债券为投资对象的投资基金；货币市场基金是指以国库券、大额可转让存单、商业票据、公司债券等货币市场短期有价证券为投资对象的投资基金；期货基金是指以各类期货品种为主要投资对象的投资基金；期权基金是指以能分配股利的股票期权为投资对象的投资基金；指数基金是指以某种证券市场的价格指数为投资对象的投资基金；认股权证基金是指以认股权证为投资对象的投资基金。

（三）中国的投资公司

在中国，投资公司一般称为投资基金，其产生于20世纪80年代后期，几十年来得到了迅速的发展。1997年11月，经国务院批准，中国人民银行发布了《证券投资基金管理暂行办法》，使中国的基金市场进入了一个新的阶段。1998年3~7月，规模均为20亿元的第一批5家证券投资基金试点陆续发行和上市。此后，又不断有新的、规模更大的证券投资基金推出。截至2000年12月底，中国已有证券投资基金34只，总规模达550亿元。新基金的诞生有助于维持我国证券市场的增量资金，改善投资者的结构，也有助于推进证券市场管理的市场化、信息披露的规范化，促进投资理念由短期炒作转向中长期投资。2000年10月8日，证监会发布《开放式证券投资基金试点办法》，对开放式基金的公开募集、设立、运作及其相关活动做出规定，标志着中国证券投资基金试点即将进入开放式基金试点的新阶段。截至2016年年底，中国的基金管理公司有113家，其中中外合资公司44家，内资公司64家；取得公募基金管理资格的证券公司或证券公司资管子公司共12家，保险资管公司1家。以上机构管理的公募基金资产合计8.74万亿元。中国证券投资基金业协会已登记私募基金管理人17 433家；已备案私募基金46 505只，认缴规模10.24万亿元，实缴规模7.89万亿元；私募基金从业人员27.20万人。截至2016年12月底，按正在运行的私募基金产品实缴规模划分，管理规模在20亿~50亿元的私募基金管理人有439家，管理规模在50亿~100亿元的私募基金管理人有157家，管理规模大于100亿元的私募基金管理人有133家。①

七、养老基金

养老基金在执行资产转换金融中介职能的同时，还为公众提供另外一种保障：退休时按期支付收入。雇主、工会和个人都可以设立养老金计划，其资金来源于计划参与者的缴费。由于养老基金每年支付的退休金具有高度可预测性，因此养老基金多投于债券、股票和长期抵押贷款等长期债券。养老基金的管理主要围绕资产管理。养老基金的经理人试图持有高预期回报的资产，并通过多样化投资来降低风险。他们还利用风险管理技术来管理信用和利率风险。养老基金的投资战略随着时间推移发生了根本的改变。第二次世界大战之后，养老基金持有的大部分资产是政府债券，持有的股票份额不到1%。然而，20世纪50~60年代股票市场强劲的表现给养老基金带来了高额的回报，这促使养老基金将资产组合转向了股票。在美国，目前股票资产在养老基金中所占比重达到2/3。因此，现在养老基金成为股票市场上重要的力量。20世纪50年代初期，养老基金只持有公司股票的1%，目前这一比率达到15%。养老基金与

---

① 中国证券投资基金业协会2017年年度报告。

共同基金现在一同成为股票市场上的主导力量。

1. 私人养老金计划

私人养老金计划由银行人寿保险公司或者养老基金经理人管理。在雇主发起的养老金计划中，缴费通常由雇主和雇员共同分担。许多公司的养老金计划为非完全积累型，因为其计划在退休金到期时，由公司的当期收益来履行养老金支付义务。只要公司有足够的收益，就不会遇到筹资不足的问题；但如果公司没有足够的收益，就难以履行养老金支付义务。

2. 公共养老金计划

公共养老金计划是社会保障计划（老年和遗属保险基金），几乎覆盖了私人部门所有雇员。例如，在美国，根据《联邦保险缴费法案》（Federal Insurance Contribution Act，FICA），工人从工资中扣缴和雇主从营业税中扣缴的养老金构成了其资金来源。社会保障包括退休收入、医疗费和为残疾人提供的援助。

八、对冲基金

对冲基金（Hedge Fund）属于一种特殊类型的共同基金。在美国，据估计，其资产超过2万亿美元。著名的对冲基金包括都铎投资公司和乔治·索罗斯的量子基金集团。对冲基金的投资者都是有限合伙人，其将资金交由负责管理的合伙人（主要合伙人）来开展投资活动。对冲基金与传统共同基金的差异主要在于：

（一）最低投资要求

在美国，对冲基金规定了10万~2 000万美元不等的最低投资要求，通常为100万美元。联邦法律要求对冲基金的投资者不得超过99人（有限合伙人），并且拥有不低于每年20万美元的稳定收入，或拥有100万美元以上的住宅之外的资产净值。这些限制条件的理由是富人会更加谨慎地看管自己的资产，因此对冲基金在很大程度上不受监管。5 000家对冲基金中的很多家都设在海外以避免监管。

（二）投资者在较长的期限内（通常为几年）放弃资产的使用权

这个要求旨在为经理人制定长期战略创造宽松的环境。对冲基金通常会向投资者收取高昂的费用。一般来说，在美国，对冲基金就其资产收取2%的年费及20%的利润。

（三）风险更大

对冲基金的名称带有误导性，因为"对冲"通常表明规避风险的投资战略。尽管其名称是对冲基金，但实际上这些基金能够并且承担了很大的风险。许多对冲基金追求"市场中性"战略，它们购入看上去便宜的某种证券，如债券，同时卖出数量相等的价值被高估的相似证券。如果利率整体上升或下跌，基金的风险就被对冲掉了，因为一种证券价值的下降与另一种证券价值的上升是相对应的。然而，基金需要推测两种证券之间的差价是否按照基金经理人预测的方向变化。如果基金赌输，就可能损失惨重，尤其是如果基金使用杠杆运作其头寸，即借入大量资金，以致其资本相对投资组合的规模相当小。

九、私募股权投资基金和风险投资基金

私募股权投资基金（Private Equity Fund）是进行长期投资、投资于非上市公司，

并有着类似对冲基金结构的投资基金。私募股权投资基金的投资者属于有限合伙人（如非常富有的个人、养老基金、金融机构和大学捐赠基金），其将资金交由负责管理的合伙人（主要合伙人）进行投资。私募股权投资基金有两种类型：风险投资基金和并购基金。风险投资基金（Venture Capital Funds）投资于新成立的公司，通常投资于科技产业。并购基金（Capital Buyout Funds）很多情况下投资于已建成的公司，通过杠杆收购（Leveraged Buyout）来购买上市公司，通过购买其所有股份使上市公司变为私有，同时通过增加公司杠杆（负债）来筹集资金。著名的风险投资基金和并购基金包括科尔伯格·克拉维斯集团（KKR）、贝恩资本和黑石集团。

私募股权投资基金与投资上市公司相比较的优势主要在于：第一，私募股权投资基金不需要受那些有争议并且耗费成本的监管。第二，私募股权投资基金的管理者没有赚取当前利润的压力，因而可以将眼光投向长期的盈利能力。第三，私募股权投资基金给予其管理者更多的公司股份以更好地激励管理者最大化公司价值。第四，私募股权投资基金克服了搭便车问题。相比之下，上市公司股权分散，其所有者彼此间乐于搭便车，风险投资基金和并购基金获得几乎所有监管公司的好处，因此其有动力去确保公司运行的平稳。

对于风险投资基金和并购基金来说，一旦它们初创或购买的公司获得成功，基金便可以通过将公司卖给其他公司或通过首次公开上市后售出而获利。私募股权投资基金的主要合伙人也会获得丰厚的回报。在美国，像对冲基金一样，私募股权投资基金通常可以获得2%左右的管理费和20%的利润，这被称为附带权益（Carried Interest）。风险投资基金和并购基金能够获得很高的利润。近年来，由于风险投资公司为许多成功的高科技企业融资，包括苹果电脑公司、思科系统公司、基因泰克公司和太阳微系统公司（被甲骨文收购），因而成为推动经济增长的一个十分重要的动力。

参考资料

中国金融业资产简表如表4-3所示。

表4-3 中国金融业资产简表[①]

（2015年12月31日） 单位：万亿元

项　　目	资产
金融业	240.36
中央银行	31.78
银行业金融机构	199.35
证券业金融机构	4.40
保险业金融机构	12.36

注：证券业金融机构资产指不包含客户资产的证券公司总资产。

数据来源：中国人民银行金融稳定分析小组估算。

[①] 资料来源：中国人民银行金融稳定分析小组《中国金融稳定报告2016》。

本章小结

1. 金融机构是指专门从事各种与融资活动有关的组织或个人。金融机构体系是由多种不同功能的金融机构组成的。按服务领域不同,金融机构可分为主要服务于间接金融领域的金融中介和主要服务于直接金融领域的普通中介人,其中前者又可分为银行金融中介和非银行金融中介;按资金是否主要来源于存款,金融机构可分为存款性金融机构和非存款性金融机构。由于金融市场存在着很大的交易成本和信息成本,贷款者与借款者无法直接完成金融交易,于是便诞生了金融中介,金融中介的存在大大降低了信息不对称的程度,减少了金融交易中的各项成本。

2. 银行金融中介包括中央银行、商业银行、专业银行和政策性银行。专业银行是指定有专门经营范围和提供专门性金融服务的银行。专业银行种类甚多,如储蓄银行、合作银行、抵押银行等。政策性银行是指由政府投资设立的、根据政府的决策和意向专门从事政策性金融业务的银行。

3. 非银行金融中介主要有保险公司、投资银行、信用社、信托投资公司、养老基金等各种投资公司等。专门经营保险业务的金融机构称为保险公司。投资银行是专门从事对工商业投资和长期信贷业务的非银行金融中介。信用合作社是由个人集资联合组成、以互助为主要宗旨的合作金融组织。信托投资公司是指以代人理财为主要经营内容、以委托人身份经营现代信托业务的非银行金融机构。投资公司是一种集合投资机构,是由代理投资机构以法定文件为依据通过向投资者发行股份或受益凭证筹集资金,按照信托契约的规定将筹集的资金适当分散地投资于各种金融商品等以谋取最佳投资收益,并将投资收益按基金份额分配给投资者的非银行金融中介。

重要概念

金融机构　银行金融中介　非银行金融中介　存款性金融机构　交易成本
规模经济　信息成本　识别成本　监督与实施成本　中央银行　商业银行
专业银行　储蓄银行　合作银行　抵押银行　开发银行　政策性银行　保险公司
寿险公司　财产意外险公司　承销　包销　代销　信用合作社　信托投资公司
投资公司　货币市场基金　开放型基金　封闭型基金　单位信托投资公司
养老基金　对冲基金　私募股权投资基金　风险投资基金

复习思考题

1. 简述金融机构及其体系构成。
2. 运用交易成本经济学和信息经济学的原理,试说明金融中介产生和发展的原因及其发展趋势。

3. 什么是专业银行？它可分为哪几类？
4. 请说明政策性银行的基本特征、组织形式、职能、分类和业务特点。
5. 试述中国三家政策性银行的主要业务。
6. 什么是保险公司？其特点和分类如何？
7. 简述投资银行的特征和主要业务。
8. 试述近年来投资银行间存在的竞争与挑战，并说明如何重新确定其业务活动的类型以提高其自身的竞争力。
9. 简述中国信托投资公司的发展状况。
10. 试述投资公司的分类，并说明各类的特点及其区别。
11. 请分析对金融业课以重税的利弊。
12. 为什么人们预期损失会比保费少，但是仍选择购买保险？
13. 保险公司如何规避逆向选择和道德风险问题带来的损失？
14. 为什么财产和意外伤害保险公司持有大量市政债券，而人寿保险公司没有持有？
15. "与私人养老金计划相比，政府养老金计划很少是不足额的。"这个观点是正确的、错误的还是不确定？解释你的答案。
16. 为什么社会保障体系处于最终瓦解的危险中？
17. 证券经纪人、交易商、投资银行、有组织的交易所和金融中介的区别在哪里？
18. 为什么货币市场共同基金允许它的股东以一固定价格赎回份额而其他共同基金不允许？
19. 共同基金的哪些特点及投资环境使得共同基金在过去30年得到快速发展？
20. 对厌恶风险的人而言，投资银行是一个好职业吗？为什么？
21. 共同基金和对冲基金的区别是什么？
22. "对冲基金没有风险，就如同它们的名字所显示的一样，是用来对冲风险的。"这句话是正确、错误的还是不确定？
23. 私募股权投资基金的四点优势是什么？

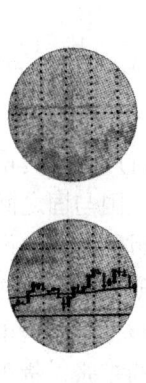

第五章　商业银行

商业银行是以获取利润为经营目标，以经营存贷款为主要业务，具有综合服务功能的金融企业。商业银行具有创造和收缩存款货币的功能，对社会经济生活影响极大，对国民经济的发展起着重要作用。本章着重阐述了商业银行的起源、性质、功能与作用、业务经营与管理的基本原理。

第一节　商业银行概述

一、商业银行的产生和发展

（一）中世纪银行业的萌芽

银行产生于货币兑换业，在古代社会就已经出现了。随着商品货币关系的发展，必然产生国与国之间、地区与地区之间的商品交换。商人为了完成支付行为，就必须进行货币的兑换。最初，货币兑换商与其他商人一样为了获取利润，收取货币兑换手续费。随着货币兑换业的进一步发展，兑换商除了为商人办理货币兑换外，还为商人保管暂时不用的货币，进而接受他们的委托，代理支付与汇兑。由于兑换、保管、汇兑业务的扩张，货币兑换业者手中聚集了大量的货币。这些资金就为他们从事贷款业务提供了基础。当他们不仅依靠上述古老业务所聚集的货币资金贷款，而且还要向货币持有者以提供服务和支付利息为条件吸收存款来扩展贷款业务时，则意味着古老的货币兑换业向银行业的转变。

近代银行的出现，是在中世纪的欧洲，当时欧洲的贸易已很发达。最早的银行是意大利的威尼斯银行，建于1171年，随后又有了1407年成立的热亚那银行，1609年在荷兰成立的阿姆斯特丹银行，1619年在德国成立的汉堡银行。英国的早期银行是由金匠业发展而来的。17世纪中叶，美洲大陆的发现使大量金银流入英国，带来了金匠业的高度发达。为了安全起见，人们经常将金银铸币送金匠铺代为保管。金匠便替顾客保管金银，并签发保管收据，收取手续费。金匠在业务经营过程中发现保管的金银除一部分用于顾客支取外，余下的部分相当稳定，可以将其贷放出去，赚取高利。这一转变使得金匠的职能发生了变化，具有了信用中介功能，演变成早期的银行。这些早期的银行是产生在封建社会生产方式基础上的，大都具有高利贷性质。例如，在17世纪，英国的贷款年利率大都在20%~30%，有的甚至更高。随着资本主义生产关系的确立和资本主义商品经济的发展，高利贷性质的银行已不能适应资本扩张的需要。高利贷不仅侵吞了资本主义企业的大部分利润，而且严重地阻碍了资本主义经济的发展。因此，新兴的资产阶级一方面展开反对高利贷的斗争，另一方面呼唤适应资本主义发展需要的新型银行。正是在这两大因素的推动之下，现代银行应运而生。

（二）现代银行的产生

现代资本主义银行主要通过两条途径产生：一条是旧的高利贷性质的银行业，逐渐适应新的经济条件转变为资本主义银行；另一条是按资本主义经营原则组织起来的股份制银行。其中，起主导作用的是后一条途径。1694年成立的英格兰银行是最早出现的股份制银行，该行在一开始就正式规定贴现率在 4.5%~6%，大大低于早期银行的贷款利率。英格兰银行的成立，标志着现代银行制度的建立，也意味着高利贷在信用领域的垄断地位被打破。

与早期银行比较，现代银行表现出三个特征：一是利率水平低；二是业务范围扩广；三是信用创造功能。最能体现银行特点的是其中介作用。"信用中介"是早期银行已经具备的功能，而"信用创造"则是现代银行区别于早期银行的本质特征。

（三）商业银行的发展

银行作为经营货币信用业务的企业，是随着资本主义生产方式的发展而产生和发展起来的，是商品货币经济发展的产物。随着资本主义经济从自由竞争发展到垄断，生产的集中和垄断也促进了银行的集中和垄断。这是因为：第一，随着生产的集中，企业大规模的生产需要大量的资金，这只有大银行才能提供。第二，大企业在资金周转过程中游离出来的闲置资本较多，又为银行提供了大量的存款来源，从而为大银行的产生创造了客观条件。银行的集中是通过竞争的途径实现的。在竞争中，大银行资本雄厚、信誉高、分支机构多、技术先进，能为客户大规模提供信用资本，提供多种服务。大银行通过对中小银行的吞并，使其成为自己的分支机构，不断扩大自己的业务内容和经营规模。信用日益集中于大银行，几家大银行逐渐垄断了企业的信贷，这就使银企联系更加密切。大企业更加依赖于少数大银行，银行进一步加强对企业的监督和控制。

银行的集中与垄断并不会消除竞争。在市场经济条件下，竞争与垄断是并存的，垄断使竞争更加激烈。20世纪90年代中期以来，随着金融领域竞争的加剧，银行业的合并和集中又出现了新的特点，主要表现为强强联合型的银行合并，组成具有垄断型的超大银行，使得商业银行的业务不断开拓创新，大大突破原有的业务范围，并向多元化、全能化、综合化方向发展。

二、商业银行的性质和职能

（一）商业银行的性质

商业银行是特殊的企业。之所以说商业银行是企业，是因为它与普通企业一样，以追求利润作为经营目标。之所以说商业银行是特殊企业，是因为它与普通企业的经营对象和活动领域不同。一般企业的经营对象是普通商品，而银行经营的则是货币这种特殊商品，同时银行的活动领域不是普通的商品生产和流通领域，而是货币信用这个特殊的领域。

（二）商业银行的职能

1. 充当信用中介

充当信用中介是银行的最基本职能。一方面，银行动员集中社会各种暂时闲置的货币资金，成为银行最重要的资金来源；另一方面，银行将动员集中起来的货币资金再贷放出去投向需要资金的企业。银行实际上成为货币资金的贷出者和借入者之间的中介人。银行的信用中介职能对于国民经济的正常运转和发展有着重要意义。银行克服了经济主体之间直接信用的局限性，实现了资本的再分配，把闲置的货币资本集中起来，转化为现实的职能资本，使资本得以最充分有效地运用，从而大大提高了全社会对资本的使用效率，促进了生产的发展。

2. 充当支付中介

银行在办理与货币资金运动有关的技术性业务时，充当支付中介。例如，办理货币的收付和转账结算等。这一职能的发挥能加速资金周转，节省流通费用。

3. 创造信用工具

随着社会经济的不断发展，需要交换媒介和支付手段的增加。银行最初创造的信用工具是银行券，而后支票又逐步成为现代经济社会最主要的支付工具。这些信用工具的出现，既满足了经济发展对流通手段和支付手段的需要，又节省了流通费用。同时，银行利用银行券和支票等信用工具的流通，扩大信用规模，为经济发展提供必要的货币量。

4. 提供广泛的金融服务

市场经济的高速发展和人们生活质量的不断提高，使得各行各业甚至家庭生活都对金融业提出了更多和更高水平的服务需求，如代理收付、保管、信息咨询、电脑处理等。这些业务不仅能为客户提供全面的金融服务，促进商品经济的发展，而且还能够使商业银行通过开展广泛的金融服务来扩展自己的资产负债业务。

三、商业银行的组织制度

由于各国政治经济情况不同，商业银行的组织制度也有所不同。纵观世界各国的商业银行组织制度，基本可以概括为三种类型，即单一银行制度、总分支行制度和银行持股公司制度。

（一）单一银行制度

单一银行制度（Unit Banking System）是指商业银行业务只由一个独立的银行机构经营而不设立分支机构的银行组织制度。美国曾长时期实行单一银行制度。单一银行制度之所以在美国能够存在，主要是与美国的联邦政治制度有关。美国独立后，不少立法者都标榜联邦政体，主张各州自治，反对集中。这反映到金融体制上就表现为：第一，强调多头管理，借以防止某一管理体系采取过严的管理措施；第二，推行单一银行制度，反对商业银行跨州设立分支机构。其原因是担心银行出现垄断，从而影响美国经济和金融决策及其管理。但随着经济的发展，地区经济的不断加强以及金融业竞争的加剧，许多州对银行开设分支机构的限制逐渐放宽。尤其是20世纪80年代开始，以美国为首的西方国家纷纷进行了以放松管制为特征的金融自由化改革。美国国会于1994年通过了《银行跨州经营与跨州设立分支机构效率法案》，规定从1997年6月开始允许商业银行主要以收购的方式，在全美范围内设立分支机构。这表明美国长期实行的单一银行制度向总分支行制度发展的趋势已经形成。

（二）总分支行制度

总分支行制度（Branch Banking System）是指银行在大城市设立总行，并在该城市及国内或国外各地设立分支机构的制度。在这种体制下，分支行的业务和内部事务统一遵照总行的规章和指示办理。目前世界各国基本上都采用这种银行组织制度，其中尤以英国最为典型。总分支行制度具有以下优点：第一，银行作为一个经营货币资本的特殊企业，其规模越大，可能筹措的货币资金越多，贷放货币资金时，可选择的对象就越广泛；其"产出"所消耗的单位成本越低，所获得的收益就越大。第二，银行规模大，有利于现代化设备的采用，便于提供各种方便的金融服务。第三，银行数量少，便于国家控制和管理。

（三）银行持股公司制度

银行持股公司制度（Banking Holding Company System）是指专以控制和收购一家或多家银行股票所组成的公司。被控股的银行在法律上是独立的，但其业务经营活动则由股权公司控制。银行持股公司按持股公司控制银行的数目，可以分为单一银行持股公司和多银行持股公司。前者是只控制一家银行的持股公司，后者则是控制两家以上银行的持股公司，又称集团银行。银行持股公司按持股公司的组织者划分为两种类型，即非银行性持股公司和银行性持股公司。前者是由大企业因拥有银行的股份而组织起来的；后者是由一家大银行组织持股公司，然后持有小银行的股份。

银行持股公司是美国银行体系中一种独特的，同时也是占相当优势的组织制度。它是美国单一银行制度下的特殊产物。银行持股公司出现于20世纪初期。由于银行持股公司可以逃避禁止银行跨州设立分支机构的限制，并可以超越商业银行的经营范围开展一些其他金融或与金融有关的业务，因而美国绝大多数商业银行都相继组成了单一银行持股公司和多银行持股公司。目前在美国，几乎所有的大银行都归属于银行控股公司。例如，花旗银行全资附属于花旗银行公司，美洲银行全资附属于美洲银行公司，大通曼哈顿银行全资附属于大通曼哈顿公司等。目前，持股公司所拥有的银行持有了美国全部商业银行存款的90%以上。金融混业之后，金融控股公司大都由银行持股公司发展而来。

四、商业银行业务范围向全能方向发展趋势

从西方资本主义各国商业银行发展的历史来看，按其经营业务的范围划分，商业银行大致有两种模式：职能分工型和全能型。

所谓职能分工，是针对一国金融体制而言的。其基本特点是法律限定金融机构必须分门别类，各有专营业务，如有专营短期、中长期信贷业务的，有专营有价证券买卖业务的，有专营保险业务的，等等。在这种体制下的商业银行主要经营短期、中长期信贷业务，但不得经营证券、保险业务，即实行分业经营。采用这种模式的国家以美国、英国、日本为代表。

全能型商业银行又称综合性商业银行，是指商业银行在业务领域内没有什么限制。它可以经营所有金融业务，包括商业银行各种业务和全面的证券业务。其最大特点是不实行商业银行业务与投资银行业务的严格区分，即实行混合经营。德国是实行全能银行制的典型代表。

按照金融业的自然发展状态来讲，无论是从金融服务需求者的便利偏好出发，还是从金融服务供给方规模经济的要求考虑，"全能化"应是金融业发展的内在规律和要求。因此，在1929—1933年资本主义经济危机之前的欧洲和美国，所有的金融服务

都是通过"全能银行"来提供的，金融业显然处于一种"合"的状态。然而1929年开始的经济危机，结束了金融业的这种自然状态。大危机中，成千上万家银行倒闭，从而引发历史上最大的一次货币信用危机。不少经济学家将此归咎于银行的综合性业务经营，认为商业银行、投资银行两者在机构和资金上的混用是引发大危机的主要原因之一。在此背景下，美国国会通过了《格拉斯-斯蒂格尔法》(Glass-Steagall Act)，将商业银行业务范围和投资银行业务范围明确划分，以严格两者的分工。在美国的示范下，英国、日本等国家和地区也纷纷仿效，先后实行了银行业、证券业分业经营。

20世纪70年代开始，美国、英国和日本等主要西方国家，纷纷进行了以放松管制为特征的金融自由化改革。各国放松管制的程度与进度不尽相同，主要内容均涉及放松金融机构业务领域、放松商业银行与投资银行严格分业经营限制等方面。1981年，日本通过了新的《银行法》，该法打破了银行业、证券业分离的传统，允许商业银行经营证券业务。1999年，美国国会通过了《金融服务现代化法案》，其主要内容是允许银行、证券与保险之间联合经营。该法案的通过，意味着在美国实行了近70年，并由美国传播到世界各地的对国际金融格局产生重大影响的金融分业经营制度走向终结。为了满足客户日益增长的各方面需求，各国银行业纷纷以各种金融工具与交易方式创新为客户提供多元化和系统化的金融服务。这已成为国际银行业的发展方向。

第二节　商业银行业务

商业银行业务可分为负债业务、资产业务和表外业务三大类。

一、负债业务

商业银行负债业务是指形成其资金来源的业务。商业银行的全部资金来源包括自有资本和吸收的外来资金两部分。

（一）自有资本

自有资本又称银行资本或资本金，是指银行为了正常营运而自行投入的资金。它代表着对银行的所有权。

1. 自有资本的构成

商业银行资本的构成主要有：

（1）股本（Equity Capital）。股本是银行资本的主要部分和基础，包括普通股和优先股。

（2）盈余（Surplus）。盈余是由于银行内部经营和外部规定而产生的，分为营业盈余和资本盈余两种。营业盈余是商业银行从每年的营业利润中逐年累积而形成的。资本盈余是商业银行在发行股票时，发行价格超过面值的部分，即发行溢价。

（3）未分配利润（Undistributed Profit）。未分配利润是银行税后利润减去普通股股利后的余额。

（4）准备金（Reserve）。准备金是商业银行为了应付意外事件的发生，而从税后收益中提取的资金。准备金又分为资本准备（Capital Reserve）和坏账准备（Loan-loss

Reserve)。资本准备是商业银行为应付股票资本的减少而提留的。坏账准备是商业银行为了应付资产的损失而提留的。

(5) 资本票据和债券(Capital Note and Debenture)。资本票据(指偿还期限较短的银行借据)和债券是商业银行的债务资本,属于附属资本。商业银行用发行资本票据和债券的方式筹集资本的有利之处在于可以减少银行的筹资成本。因为银行的这部分债务不必保持存款准备金,银行对资本票据和债券支付的利息要少于对普通股和优先股支付的股息。其不利之处在于这部分资本属于非永久性资本,有一定的期限,限制了银行对此类资本的使用。

2. 自有资本的功能

商业银行是追求利润的企业,自有资本在银行的经营中起着十分重要的作用。一般来讲自有资本具有以下三大功能:

(1) 保护性功能。保护性功能,即保护存款人利益。由于商业银行的经营资金绝大部分来自于存款,当银行资产遭受损失时,自有资本可以及时补充,起到缓冲器的作用,以保护存款人的利益。下面举例看看银行的资本金在防范银行破产倒闭方面的作用。

如何看待银行资本防范银行倒闭的运行机制,现以美国银行体系的两家银行为例。[①] 我们来考察这两家银行,资本规模较大的银行(其资本占资产总额的比率为10%)和资本规模较小的银行(其资本占资产总额的比率为4%),除此之外,这两家银行资产负债表的其他方面都是一致的(见表5-1和表5-2)。

表5-1 资本规模较大的银行账户a

资产	负债
准备金 1 000万美元	存款 9 000万美元
贷款 9 000万美元	银行资本 1 000万美元

表5-2 资本规模较小的银行账户a

资产	负债
准备金 1 000万美元	存款 9 600万美元
贷款 9 000万美元	银行资本 400万元

假定这两家银行都卷入了房地产市场的热潮,随后都发现自己有500万美元的房地产贷款已经一文不值。在核销这些坏账(其价值为零)的时候,资产总值减少了500万美元。结果是,作为资产总额与负债总额之间差额的银行资本也减少了500万美元。这两家银行的资产负债表如表5-3和表5-4所示。

表5-3 资本规模较大的银行账户b

资产	负债
准备金 1 000万美元	存款 9 000万美元
贷款 8 500万美元	银行资本 500万美元

表5-4 资本规模较小的银行账户b

资产	负债
准备金 1 000万美元	存款 9 600万美元
贷款 8 500万美元	银行资本 -100万美元

因为最初拥有的1 000万美元的资本能够起到良好的缓冲作用,所以这家资本规模较大的银行可以承受这500万美元的资本损失。即使遭受这500万美元的损失之后,

---

① 弗雷德里克·S.米什金. 货币金融学[M]. 蒋先玲,等,译. 北京:机械工业出版社,2016:169-170.

这家银行现在仍然具有 500 万美元的正净值（银行资本）。然而，资本规模较小的银行却会因此陷入困境。现在，其资产价值已经低于负债价值，净值为负的 100 万美元。由于其净值为负，所以这家银行已经资不抵债（破产）了，即它已经没有足够的资产来偿付所有债权人了。在银行资不抵债的时候，政府的监管者就会关闭银行，拍卖其资产，并且解雇这家银行的经理。由于资本规模较小银行的所有者会发现其投资已经荡然无存，因此其情愿银行持有较多的资本金作为缓冲，以便能够像资本规模较大的银行那样吸收这一损失。因此，我们发现了银行保持充足资本金的一个重要原因在于银行持有银行资本可以减少其资不抵债的可能性。

（2）经营性功能。自有资本是银行经营的最初资金来源，银行自有资本扣除购置固定资产后的剩余资金可作为银行的营运资金。营运资金的多少对银行业务的发展和盈利的大小有一定的影响。如果是股份制商业银行，银行资本规模就会影响股票持有者收益情况的运行机制。我们仍以美国的银行体系为例。[①]

由于银行的所有者必须要了解银行的管理状况，因此其需要能够准确衡量银行盈利能力的指标。衡量银行盈利性的基本指标是资产回报率（Return on Asset，ROA），即每一美元资产的税后净利润：

$$\text{ROA} = \text{税后净利润}/\text{资产} \qquad (5-1)$$

由于资产回报率反映了每一美元的资产平均产生的利润水平，因此其提供了银行运营效率的信息。然而，银行所有者（股东）最关心的还是其股权投资获得的利润数量。通过另一个衡量银行盈利能力的基本指标，即股权回报率（Return On Equity，ROE）来显示这一信息，它是每一美元股权（银行）资本的税后净利润：

$$\text{ROE} = \text{税后净利润}/\text{股权资本} \qquad (5-2)$$

资产回报率（它衡量的是银行经营状况）和股权回报率（它衡量的是所有者的投资回报）之间存在着直接的联系。这一联系是以所谓的股本乘数（Equity Multiplier，EM）来体现的，它等于每一美元股权资本所对应的资产数额：

$$\text{EM} = \text{资产}/\text{股权资本} \qquad (5-3)$$

我们注意到：

$$\frac{\text{税后净利润}}{\text{股权资本}} = \frac{\text{税后净利润}}{\text{资产}} \times \frac{\text{资产}}{\text{股权资本}}$$

由定义可知：

$$\text{ROE} = \text{ROA} \times \text{EM} \qquad (5-4)$$

（5-4）式告诉我们，在银行资产给定的情况下，资本规模较大的银行最初拥有 1 亿美元资产和 1 000 万美元的资本，其股本乘数为 10（=1 亿美元/1 000 万美元）。相比之下，资本规模较小的银行只有 400 万美元的资本，其股本乘数较高，具体为 25（=1 亿美元/400 万美元）。假设这两家银行经营水平相当，从而获得了同样的资产回报率 1%，那么资本规模较大的银行的股本收益率为 1%×10=10%，而资本规模较小的银行的股权回报率为 1%×25=25%。资本规模较小的银行的股东显然比资本规模较大的银行的股东高兴得多，因为其收益水平是后者的两倍多。这就是银行的所有者不

---

① 弗雷德里克·S.米什金.货币金融学[M].蒋先玲，等，译.北京：机械工业出版社，2016：170-171.

愿意持有过多资本的原因。在资产回报率给定的条件下,银行的资本越少,银行股东的回报率就越高。

(3) 管理性功能。管理性功能,即金融管理当局通过规定和调整自有资本的各种比率,限制银行任意扩张其资产规模,实现对商业银行的监督和管理。

自有资本的功能决定了它是保证整个银行体系健康运转的基础,因此各国金融管理当局大都以法律的形式规定了适量资本标准。这样银行既能够承受一定的呆账损失,又能够保持银行稳健运行和正常的盈利水平。关于资本适量标准,它随着时间的推移而在变化,而且不同国家标准也不尽相同。银行监管机构也制定了相应的规定,要求银行必须持有(一定数量的)资本。但如前所述,持有资本金将会产生较高的成本,因此一般来说银行经理愿意持有的资本规模要低于监管机构的要求。在这种情况下,只有通过法定资本金规定来决定银行资本的(最低)规模。

政府强制性的资本要求是实现金融机构道德风险最小化的一种方法。如果强制要求金融机构持有较大规模的股权资本,那么一旦金融机构破产,其自身就会遭受更多的损失,因此其倾向于从事那些低风险的业务活动。此外,在负向冲击出现的时候,资本可以作为一种缓冲来降低金融机构破产的可能性,由此直接增加金融机构的安全性和稳定性。

银行的资本要求具有两种形式。第一种形式是杠杆比率(Leverage Ratio),即资本与银行资产总额之间的比率。银行杠杆比率必须高于5%,才能被认定为资本充足;如果杠杆比率较低,尤其是低于3%的时候,监管当局就会对其加强管制。例如,在20世纪80年代的大部分时间里,美国商业银行最低资本要求仅通过设定最低杠杆比率来规定。

在现代银行中,自有资本往往是商业银行资金来源的一小部分,而其资金来源的大部分主要是靠外来资金。外来资金的形成渠道包括吸收存款和借款。

(二) 吸收存款

吸收存款是商业银行的传统业务,也是商业银行最重要的负债业务。可以说,吸收存款是银行与生俱来的基本特征。银行的自有资本总是有限的,如果没有存款,银行的经营将受到极大限制,也不可能获得较高的收益。

西方各国商业银行存款种类划分很灵活,各国银行划分标准也不尽相同。一般来说,常用的传统分类是将存款概括为活期存款、定期存款和储蓄存款三大类。

1. 活期存款

活期存款(Demand Deposit)是一种不需要事先通知,凭支票便可随时提取或支付的存款,因此也称支票存款。活期存款主要是为满足客户支取方便,灵活运用的需要,同时也是客户取得银行贷款和服务的重要条件。活期存款的特点是存户可以随时存取,流动性强。由于活期存款存取频繁,银行提供服务所费成本较高,因此目前世界上多数国家的商业银行对活期存款一般不支付利息或以较低的利率支付利息。

活期存款是商业银行的主要资金来源。商业银行通过吸收活期存款,可以取得短期的可用资金以用于短期的贷款和投资业务,可以取得比较稳定的活期存款余额以用于中长期的贷款和投资业务。虽然活期存款时时取,流动性强,但在数量巨大的资金流中总会形成一部分数量稳定的"最低不动余额",这部分资金,银行可以用于中长期借贷。商业银行只有经营活期存款业务,才具有"创造"存款货币的能力。

2. 定期存款

定期存款(Time Deposit)是存户预先约定期限,到期前一般不能提取的存款。定期存款的特点是稳定性强、流动性低。定期存款是商业银行获得稳定资金来源的重要手段。定期存款的利率与存款期限的长短有密切的关系,一般存款期限越长,利率越高。

定期存款多采用定期存款单的形式,也有采用存折形式的。传统的定期存款单是不能转让的。20世纪60年代以后,由于金融业的激烈竞争,商业银行为了更广泛地吸收存款,推出了"可转让"的定期存单,这种存单于到期日前可在市场上转让。

3. 储蓄存款

储蓄存款(Saving Deposit)是城乡居民个人将其货币收入的结余存入银行而形成的存款。储蓄存款分为活期和定期两种。储蓄存款通常由银行发给存户存折,以作为存款和提款的凭证。储蓄存款一般不能签发支票,支用时只能提取现金或先转入存户的活期存款账户。

在中国,国有控股商业银行以及其他股份制商业银行的负债中,储蓄的地位十分突出。随着中国经济的不断发展和居民收入的不断提高,储蓄存款不断增加,储蓄存款在全部存款中的比重持续上升。到2015年年底,中国城乡居民储蓄存款余额超过140万亿元,为银行提供了大量的资金来源。表5-1是我国2000—2015年城乡居民储蓄存款余额。

表5-5　　　　　　中国城乡居民储蓄存款余额(2000—2015年)　　　　　单位:亿元

年份	余额
2000	46 332.4
2001	73 762.4
2002	86 910.6
2003	103 617.3
2004	119 555.4
2005	141 051.0
2006	161 587.3
2007	172 534.2
2008	217 885.4
2009	260 771.7
2010	303 302.5
2011	343 635.9
2012	406 191.05
2013	1 040 000.4
2014	1 130 000.9
2015	1 411 500.99

资料来源:《统计年鉴》2016年统计数据。

近年来，随着西方国家银行业务的不断创新，存款形式越来越多，出现了模糊上述三个类别之间界线的新型存款账户，如可转让定期存单、可转让支付命令账户、自动转账服务账户、货币市场存款账户等。

（三）银行借款

各类非存款性借入款也是商业银行负债业务的重要组成部分。银行用借款的方式筹集资金，途径主要有以下几种：

1. 中央银行借款

中央银行是银行的银行，是银行的"最后贷款人"。当商业银行资金不足时，可以向中央银行借款。西方国家中央银行对商业银行所提供的贷款一般是短期的。中央银行对商业银行提供贷款多采用两种形式，即再贴现和抵押贷款。再贴现是把商业银行办理贴现业务买进的未到期票据再转卖给中央银行。抵押贷款是用商业银行持有的有价证券作为抵押品向中央银行取得借款。

2. 银行同业拆借

银行同业拆借是指商业银行之间以及商业银行与其他金融机构之间相互提供的短期资金融通。在这种拆借业务中，借入资金的银行主要是用以解决本身临时资金周转的需要，期限较短，多为1~7个营业日。

同业拆借一般都通过各商业银行在中央银行的存款准备金账户，由拆入银行与拆出银行之间，用电话或电传通过专门的短期资金公司或经纪人来安排等方式进行。

3. 国际货币市场借款

近年来，各国商业银行在国际货币市场上尤其是欧洲货币市场广泛地通过办理定期存款、发行大额定期存单、出售商业票据、银行承兑票据及发行债券等方式筹集资金，以扩大国内的贷款和投资规模。欧洲货币市场自形成之日起，就对世界各国商业银行产生了很大的吸引力。其主要原因在于它是一个完全自由的、开放的、富有竞争力的市场。欧洲货币市场资金调度灵活、手续简便、各国的管制宽松，同时该市场不受存款准备金和存款利率最高额的限制。因此，其存款利率相对较高，贷款利率相对较低，具有交易量大、成本低、利润高等特点。

4. 结算过程中的临时资金占用

这是指商业银行在办理中间业务及同业往来过程中，临时占用他人资金。以汇兑业务为例，从客户把一笔款项交给汇出银行起，到汇入银行把该款项付给指定的收款人止，中间总会有一定的间隔时间，在这段时间内，该款项汇款人和收款人均不能支配，而为银行所占用。随着银行管理水平和服务效率的提高，特别是电子计算机运用于资金清算调拨，使银行占用客户或同业资金的周期不断缩短，占用机会也相对减少。但由于商业银行业务种类不断增加，银行同业往来更加密切，因此占用资金仍然是商业银行可供运用的资金来源。

5. 发行金融债券

发行金融债券是商业银行筹集资金来源的主要途径。金融债券具有不记名、可转让、期限固定、收益较高的特点。对银行来说，发行金融债券有利于筹集稳定的长期资金，提高负债的稳定性，从而提高银行资金使用效率和效益。

二、资产业务

商业银行资产业务是指商业银行对通过负债业务所集聚起来的资金加以运用的业务，是其取得收益的主要途径。商业银行的资产业务主要有现金资产、贷款、贴现和证券投资。

（一）现金资产

现金资产（Cash Asset）也称第一准备（Primary Reserve），是满足银行流动性需要的第一道防线。现金资产是银行资产中最具流动性的部分，是银行的非盈利性资产。现金资产包括库存现金、在中央银行的存款、存放同业资金和托收未达款。

1. 库存现金

库存现金是银行金库中的现钞和硬币，主要用于应付日常业务支付的需要（如客户以现金形式提取存款等）。库存现金属于不生利的资产，因此银行一般只保持必需的数额。现金太多，影响银行收益，增加银行费用；现金太少，不能应付客户提取现金的需求，甚至造成挤提存款，增加银行风险。

2. 在中央银行的存款

在中央银行的存款是指商业银行的法定存款准备金和超额准备金。法定存款准备金（Reserve on Deposit）是商业银行按法定存款准备金比率，把吸收的存款缴存中央银行的部分。规定缴存存款准备金的目的最初主要是为了保证商业银行有足够的资金应付客户的存款提现，保证存款人的利益和维护银行业的稳定。现在，调整法定存款准备金比率是中央银行进行宏观金融调控的一种重要的政策工具。超额准备金（Excess Reserve）是商业银行的总准备金减去法定存款准备金的差额。由于法定存款准备金一般不能动用，商业银行能动用的只是超额准备金部分。通常，超额准备金的多少决定了商业银行能够再度进行贷款和投资规模的大小。商业银行保留超额准备金的目的，主要是为了银行之间票据交换差额的清算，应付不可预料的现金提存和等待有利的贷款与投资机会。

3. 存放同业资金

存放同业资金是银行为了自身清算业务的便利，在其他银行经常保持一部分存款余额而相互开立的活期性质的存款账户。

4. 托收未达款

托收未达款是指银行应收的清算款项。具体来讲，托收未达款是商业银行收到以其他商业银行为付款人的票据，已向票据交换所提出清算或已向其他商业银行提出收账但尚未正式记入存放同业或记入在中央银行存款账户中的款项。这部分款项在收妥前不能抵用，但收妥后，或增加同业存放的存款余额，或增加该银行在中央银行准备金账户上的存款余额，成为可以动用的款项。因此，托收未达款与现金的作用差不多。

（二）贷款

贷款（Loan）是银行将其吸收的资金，按一定的利率贷放给客户并约期归还的业务。贷款在资产业务中的地位，如同存款在负债业务中的地位一样。一方面，贷款的规模大小和运用情况如何，直接决定着银行利润的大小；另一方面，贷款的规模和结构，对银行的安全性、流动性具有关键性的意义。商业银行贷款业务种类很多，按不同的标准划分，至少有以下几种：

1. 按贷款期限划分

按贷款期限划分，商业银行贷款可分为短期贷款、中期贷款和长期贷款。短期贷款（Short-term Loan）是指贷款期限在1年以内的贷款，如季节性贷款、临时性贷款。中期贷款（Medium-term Loan）是指贷款期限一般在1~5年的贷款。长期贷款（Long-term Loan）则是期限更长的贷款。中长期贷款主要是各种固定资金贷款、开发性贷款。

2. 按贷款的保障程度划分

按贷款的保障程度划分，商业银行贷款可分为抵押贷款、担保贷款和信用贷款。抵押贷款（Mortgage Loan）是指借款人以一定的有价值的商品物质和有价证券作为抵押保证的贷款。抵押品包括商品或商品凭证（如提单、栈单）、不动产和动产以及各种有价证券等。如果借款人不按期偿还贷款，银行可以出售抵押品。担保贷款（Guarantee Loan）是指由借贷双方以外的有相应经济实力的第三方为担保人而发放的贷款。这种贷款无需提供抵押品，银行凭借客户与担保人的双重信誉而发放。如果借款人不能按期偿还贷款，由担保人承担偿还责任。信用贷款（Credit Loan）是指银行完全凭借客户的信誉而无需提供抵押品而发放的贷款。

3. 按贷款对象划分

按贷款对象不同划分，商业银行贷款可分为工商业贷款、农业贷款、不动产贷款和消费者贷款。按照贷款对象的不同来划分贷款种类，也是西方国家商业银行比较通行的划分方法。工商业贷款（Commercial and Industrial Loan）是商业银行对工商企业发放的贷款。工商业贷款一般在商业银行贷款总额中比重最大。农业贷款（Agriculture Loan）是商业银行发放给农业企业、个体农户和农村个体工商户的贷款。短期的农业贷款主要用于资助农民的季节性开支，如购买种子、化肥、农药、饲料等。不动产贷款（Real Estate Loan）是以土地、房屋等不动产作为抵押品而发放的贷款。这类贷款主要用于土地开发、住宅公寓、大型设施购置等方面。其特点是期限长（通常为10年，最长可达30年），风险较大，但收益高。消费贷款（Consumer Loan）是向个人提供的、用于购买耐用消费品和支付其他各种费用的贷款。消费贷款按用途可以分为住宅贷款、汽车贷款、助学贷款、度假旅游贷款等。以贷款对象的不同划分贷款的种类，有利于考察银行信贷资金的流向和在国民经济部门行业间的分布状况，有利于分析银行信贷结构与国民经济结构的协调情况。

（三）贴现

贴现（Discount）是银行买进未到期票据的业务。贴现业务是商业银行重要的资产业务。贴现业务的做法是银行应客户的要求，买进未到期的票据，银行从买进日起至到期日止，计算票据的贴现利息，从票面金额中扣除贴现利息以后，将票面余额付给持票人，银行在票据到期时，持票向票据载明的付款人索取票面金额的款项。贴现付款额的计算公式见（3-3）式。

商业银行票据贴现业务从形式上看是一种票据的买卖，实际上是一种信用业务，是债权的转移。因为在贴现前，票据是债务人对票据持有人的一种负债，贴现后则变成了债务人对银行的负债，票据所有权发生转移，银行成了债权人。因此，商业银行进行票据贴现，实质上是向客户提供了间接形式的贷款。

（四）证券投资

证券投资（Securities Investment）是指商业银行以其资金在金融市场上对收益证券的买卖。证券投资是商业银行重要的资产业务，也是利润的主要来源之一。商业银行证券投资的目的有两个：一个目的是为了增加资产的流动性，即充当第二准备。第二准备是满足商业银行流动性需要的第二道防线，当商业银行的资产不够满足流动性需要时，可抛售短期证券。作为第二准备的短期资产，既能保持一定的盈利，又能在短期内变现。另一个目的是为了增加银行收益。目前，商业银行投资的证券主要有国库券、中长期国债、地方政府债券和政府机构债券等。

商业银行的上述资产负债业务都在其资产负债表中反映出来，但具体到每一家商业银行，其资产负债表的细目还是存在些微差异的。

阅读与比较

中外商业银行简化资产负债表对比

中外商业银行简化资产负债表对比如表5-6和表5-7所示。

表5-6   美国商业银行资产负债表（各项占总额的百分比，2014年6月）

资产（资金用途）[注]	（%）	负债（资金来源）	（%）
准备金和现金项目	19	支票存款	11
证券		非交易性存款	
美国政府和政府机构证券	13	小额定期存款(少于10万美元)+储蓄存款	47
州和地方政府以及其他证券	6	大额定期存款	11
贷款		借款	20
工商企业贷款	12	银行资本	11
房地产贷款	25		
消费者贷款	8		
银行间同业拆放	1		
其他贷款	7		
其他资产（比如实物资产）	9		
合计	100	合计	100

注：按照流动性递减排序。

资料来源：www.federalreserve.gov/releases/h8/current/.

表5-7   中国商业银行的资产负债表

资产	所有者权益与负债
准备金和现金项目	银行资本
库存现金	存款
在中央银行存款	活期存款

表5-7(续)

资产	所有者权益与负债
在其他存款类金融机构存款和在途待收现金	定期存款
贷款	储蓄存款
工商企业贷款	借款
不动产贷款	其他负债
消费者贷款	
其他贷款	
证券	
公债	
地方政府证券及其他证券	
其他资产	
资产总计	所有者权益与负债总计

三、表外业务

商业银行表外业务（Off-Balance Sheet）是指商业银行从事的未列入银行资产负债表内，并且不影响资产负债总额的业务。表外业务的实质是在保持资产负债表良好外观的条件下，商业银行利用其在信息、技术、资金、人才、信誉等方面的优势，扩大银行的资金来源与资金运用，以增加银行的利润收入。近年来，随着竞争环境的日益激烈，银行已经开始通过积极地开展表外业务来获取利润。表外业务活动包含金融工具的交易活动及从收费服务和贷款销售中获得收入的业务活动，这些业务活动能够影响银行的利润水平，但是不在其资产负债表中得以体现。实际上，表外业务对银行的重要性日益提高。例如，从1980年以来，美国的银行从表外业务中获得的收入占其资产的百分比已经增长了近一倍。

表外业务种类很多，广义的表外业务包括四大类：传统的中间业务、担保业务、承诺业务以及金融工具创新业务（表外业务创新）。狭义的表外业务通常专指金融工具创新业务。

（一）传统的中间业务

商业银行传统的中间业务包括结算业务、代理业务、信托业务、租赁业务、银行卡业务、信息咨询服务等。

1. 结算业务（Settle）

结算又称为货币结算，是银行应客户要求为其经济往来所引起的货币收付和债权债务关系进行清算。客户到银行存款（特别是活期存款）除了安全保值的目的外，更多的是为了利用银行在转账结算方面的便利。商业银行为了吸收更多的存款，提高资金的运用能力，也尽可能地加强和完善结算业务工作，为客户提供优质、迅速的结算服务。商业银行结算方式很多，主要有：

（1）支票结算。支票结算是客户根据其银行的存款和透支限额开出支票，命令银行从其账户中支付一定款项给受款人，从而实现资金划转、支付，了结债权债务关系的一种结算方式。同城结算是通过票据交换所（银行之间支票清算的机构）进行支票结算。商业银行在异地结算中主要采用汇兑、托收、信用证和电子资金划拨系统等几种结算方式。

（2）汇兑结算（Remittance）。汇兑结算是由付款人委托银行将款项汇给异地收款人的一种结算方式。银行收到付款人的汇款请求后即收下款项，然后通知收款人所在地自己的分行或代理行，请其向收款人支付一定数额款项。

（3）托收结算（Collection）。托收结算是指债权人或收款人为向异地债务人或付款人收取款项而向其开出汇票，并委托银行代为收取的一种结算方式。

（4）信用证结算（Letter of Credit）。信用证是银行根据客户的要求，按其指定的条件开给卖方的一种保证付款的凭证。信用证结算方式是付款人（买方）把一定款项预先交存开户银行作为结算保证金，委托银行开出信用证（信用证上注明支付货款时所应审查的事项，包括货物规格、数量、发货凭证等），通知异地收款人（卖方）的开户银行通知收款人，收款人按信用证所列条件发货后，银行即按信用证规定代付款人付款。信用证作为商业活动中重要的结算工具，在异地采购，尤其是国际贸易中得到广泛的发展，成为贸易货款的主要结算方式之一。

（5）电子资金划拨系统（Electronic Transfer of Fund）。随着计算机大型化和远距离通信网络化，实现了商业银行通过电子资金系统进行异地结算，使资金周转速度大大加快，业务费用大大降低。西方国家较有名的电子资金划拨系统有美国联邦储备局主办的"联邦储备通信系统"（Fed Wire），美国、加拿大多家商业银行组织的"银行通信系统"（Bank Wire）。跨国的电子资金划拨系统有中心位于纽约的"票据清算所同业支付系统"（Clearing House Interbank Payment System，CHIPS）和由遍及北美、欧洲、亚洲50多个国家与地区的1 000多家银行组成的国际性银行资金清算系统"全球银行间金融电讯协会"（Society of Worldwide Interbank Financial Telecommunication，SWIFT）。SWIFT每日可完成30万笔交易，每笔业务从发出到确认只需一两分钟时间。作为一种高效能、大范围的国际电信网络系统，SWIFT确实是具备了快速、可靠、准确和保密的特点。

（6）承兑业务（Acceptance）。承兑业务是银行为客户开出的汇票或票据签订承诺，保证到期一定付款的业务。银行经营这种业务，一般并不需要投入货币资金而是用客户的资金办理，因此这种业务实际上只是银行的一种担保行为，是以其自身的信誉来加固客户的信用。

2. 代理业务（Proxy）

代理业务是商业银行接受客户委托，以代理人的身份代理委托人指定的经济事务的业务。商业银行经办代理业务时，即形成了委托人与商业银行之间的一种基于法律行为或法律规定的"代理关系"。在这种由于代理行为产生的代理关系中，必须以被代理人和代理人双方互相信任为基础，代理活动要受到信用契约的法律约束。代理业务主要有代理收付款业务、代保管业务、代客买卖业务等。

3. 信托业务（Trust）

信托是商业银行受委托人的委托，为指定的受益人的利益，依照契约的规定，代为管理、经营或处理财产和事务的一种业务。

4. 租赁业务（Lease）

租赁是由所有权和使用权的分离而形成的一种借贷关系，即由财产所有者（出租人）按契约规定，将财产的使用权暂时转让给承租人，承租人按期缴纳一定租金给出租人的经济行为。

银行租赁业务的形式主要有以下几种：

（1）融资性租赁（Financial Lease）。融资性租赁是以融通资金为目的的租赁。具体做法是：先由承租人直接向制造厂商选好所需设备，再由出租人购置后出租给承租人使用，承租人按期交付租金。这种租赁由于是由出租人支付了全部资金，等于向承租人提供了全额信贷，因此又叫资本性租赁。

（2）杠杆租赁（Leverage Lease）。杠杆租赁也称代偿贷款租赁，是由承租人选定所需的机器设备，并谈妥条件，然后找出租人要求租赁。出租人只需筹集购买该设备的一部分资金（一般为购买机器设备所需全部资金的20%~40%），其余部分可以向银行申请贷款，并将此设备作为抵押品以取得贷款，并用该设备的租金来偿还贷款。

（3）操作性租赁（Operating Lease）。操作性租赁也称服务性租赁，即银行作为出租人买下设备、车船、电子计算机等，然后向承租人提供短期使用服务。

（4）转租赁（Sub Lease）。转租赁也称再租赁，是将设备进行两次重复租赁的金融租赁方式。其具体做法是：一般由出租人根据用户需要，先从其他租赁公司（通常为国外的公司）租入设备，然后再转租给承租人使用。

5. 银行卡业务

银行卡（Bank Card）是商业银行向社会公开发行，具有消费信用、转账结算、存取现金等全部或部分功能，作为支付结算工具的各类卡的统称。银行卡种类很多。常见的银行卡一般分两种：借记卡和贷记卡。前者是储蓄卡，后者是信用卡。[①] 随着信用卡业务在世界各地不断发展和现代通信条件及电子技术在银行的应用，信用卡已成为一种国际通用的支付方式。虽然中国银行卡业务发展很快（见"参考资料　中国的银行卡业务"），但从目前来看，银行卡在交易额、人均持卡比例、使用率及银行卡业务的经济效益等方面与发达国家相比都还有一定差距，与中国国民经济发展的整体水平还不相适应，银行卡应有的作用还远未发掘出来。因此，中国银行业应充分利用现有资源，进一步改善用卡环境，以促进信用卡业务的发展。

参考资料

中国的银行卡业务

中国的银行卡业务起步较晚，但发展很快。从1985年中国银行发行第一张信用卡开始，30余年来中国的银行卡业务蓬勃发展。截至2016年年末，全国累计发行银行卡62亿张，较2015年年末增长14.5%，连续十年保持了两位数以上的增长。2016年，全国银行卡跨行交易笔数和金额分别达到271.1亿笔和72.9万亿元，同比分别增长16.8%和35.2%，高于其他国家的增长速度。

---

① 参阅第二章中的消费信用。

在受理市场方面，2016年，全国联网商户和销售终端（POS）分别超过2 000万户和2 400万台，自动提款机（ATM）终端近80万台。目前我国银行卡渗透率接近49%，超过了部分发达国家的水平。以银行卡消费金额测算，我国银行卡产业规模在全球占比已超过30%。一些支付产业起步较晚的国家开始以中国为榜样，借鉴中国经验，引进中国支付技术与标准。过去十余年，中国银联围绕"全球网络、国际品牌"的战略愿景，不断加快国际化进程。截至2016年年末，银联卡全球受理网络已延伸到160余个国家和地区，境外累计开通商户近2 000万户、ATM终端超过130万台，境外累计发卡超过6 800万张，市场规模日益壮大，银联品牌已逐渐成长为国际主要的支付品牌之一。

2016年，中国银联继续积极支持国家"一带一路"战略，紧紧抓住战略机遇，不断拓展沿线国家支付网络。目前，在"一带一路"沿线的65个国家和地区，中国银联已在其中近50个市场开展业务，部分国家银联网络覆盖率达到九成以上。在受理业务方面，哈萨克斯坦、土耳其等大部分"一带一路"沿线国家均已开通银联卡受理业务，蒙古、阿联酋等国家更是实现了银联卡受理全覆盖；在发卡业务方面，东南亚东盟十国均已实现银联卡本地发卡，蒙古、尼泊尔、巴基斯坦、也门、黎巴嫩等也实现了银联卡发卡的突破；在清算业务方面，中国银联在俄罗斯提供人民币清算业务，更好地满足了发卡机构的清算服务需求。

2016年，银联支付技术标准"走出去"取得了新的重大突破。在老挝、泰国协助建立本地银行卡支付系统之后，中国银联又与亚洲支付联盟（APN）的会员机构达成芯片卡标准授权合作，新加坡、泰国、韩国、马来西亚、印度尼西亚、菲律宾等国家的主流转接网络将把银联芯片卡标准作为受理、发卡业务的技术标准。这标志着中国金融技术标准"走出去"取得新突破。

资料来源：2016年全国银行卡发卡62亿张，同比增14.5%［EB/OL］.（2017-03-06）［2017-08-08］. http://www.ebrun.com/20170306/219820.shtml.

6. 信息咨询服务

商业银行自身机构多，在信息获取方面具有得天独厚的条件。银行通过对资金流量的记录和分析，对市场行情变化有着灵活的反应，再加上商业银行先进的电脑设备和齐备的人才，使得银行成为一个名副其实的信息库。银行大力发展信息咨询服务业务，给自身带来了丰厚的利润。

7. 贷款销售

近年来，有一种类型的表外业务活动的重要性在日益提高，它是通过贷款销售活动来赚取收益。贷款销售（Loan Sale）也称为二级贷款参与，它是一项关于全部或部分出售特定贷款现金流的合约，从而将这笔贷款从银行资产负债表的资产项目中抹去。银行通过以略高于贷款初始金额的价格销售贷款，从中获得收益。由于其利率较高，因此这种业务吸引了大量机构投资者购买这些贷款。尽管略高的价格意味着这些机构购买者获得的利润要稍微低于原始的贷款利率，通常为0.15个百分点。

（二）担保业务

商业银行的担保业务（Guarantee）是担保人做出的在缔约一方不履行或违反合同

条款时而代付一笔确定款项的承诺。银行担保书多数是不可撤销的。担保业务有一部分属于传统的中间业务；有一部分是近年来产生的，往往会对银行资产负债业务构成潜在的影响，涉及的信用风险较大。例如，签发备用信用证，也称担保信用证（Standby Letters of Credit）等，其要求提供的抵押品、信用等级标准等程序，均与直接贷款相同。只要风险实际不发生，担保业务就不会影响到银行的资产负债业务，而为银行创造大量的担保费收入。通常，担保是以开具保函的形式进行的，在世界各国经济交往中，产生了各类保函（担保），如投标保函、履约保函、还款保函、付款保函、赔偿保函等。

（三）承诺业务

承诺（Commitments）是银行与借款客户达成的一种具有法律约束力的正式契约，银行将在正式的有效承诺期内，按照双方商定的金额、利率，随时准备应客户需要提供信贷便利。同时，作为提供承诺的报酬，银行通常要向借款人收取一定的承诺佣金。票据发行便利（Note Issuance Facilities，NIFs）是替发行票据的公司、政府机构提供筹资承诺，即商业银行代理借款者发行票据，然后将发行票据筹资金交付借款者使用。一旦通过发行票据筹集资金的计划不能如期实现，银行便需按约向票据发行者提供贷款，以满足其资金需要。

（四）金融工具创新业务（表外业务创新）

20世纪70年代后西方各国商业银行表外业务范围不断扩大的过程，也是表外业务不断创新的过程。在金融创新广泛涌现以前，金融机构从事的表外业务活动主要是传统的中间业务，但从20世纪60年代开始，金融市场上的个人和金融机构面临着经济环境的巨大变化：通货膨胀和利率急速上涨，并且更加难以预测，这改变了金融市场上的需求状况。计算机科技的迅猛发展也改变了供给状况。此外，金融监管制度也变得日渐烦冗。金融机构发现其许多原来的业务活动已经不再具有盈利能力，其向公众提供的金融服务和金融产品不再有销路。许多金融中介机构发现其已经难以依靠传统的金融工具来筹集资金，而如果没有这些资金的支持就意味着其不久将无法生存。为了能够在新的经济环境中生存下去，金融机构就必须研究和开发新的产品和服务，以满足客户需求并获取利润，这个过程就是金融工程（Financial Engineering）。在这种情况下，需求是创新之母。

金融创新主要有三种基本类型，即适应需求变化的金融创新、适应供给变化的金融创新以及规避管制的金融创新。[1]

1. 适应需求变化的金融创新

近年来，经济环境中最显著的变化就是利率波动性的日益增强，这改变了金融产品的需求状况。20世纪50年代，美国的3个月期国库券利率波动的幅度在1.0%~3.5%；而到了20世纪80年代，其波幅已经扩大至5%~15%。利率的大幅度波动产生巨额资本损益，并且增加了投资回报的不确定性。与利率走势和回报率的不确定性相关的风险就是利率风险。利率波动越大，利率风险也越大。利率风险的上升，加大了

---

[1] 弗雷德里克·S.米什金.货币金融学［M］.蒋先玲，等，译.北京：机械工业出版社，2016：203-211.

对能够控制这种风险的金融产品和服务的需求。经济环境的改变由此促进了金融机构对于具有盈利性的金融创新的研究和开发，以满足这种新的需求，进而促进了那些能够降低利率风险的新型金融工具的诞生。20世纪70年代，可变利率抵押贷款和金融衍生工具的诞生就是其例。

（1）可变利率抵押贷款。1975年，美国加利福尼亚州的储贷协会开始发放可变利率抵押贷款，即抵押贷款的利率随着某种市场利率（通常为国库券利率）的变化而变化。可变利率抵押贷款的初始利率可能为5%，而6个月后该利率可能按照某种利率（比如6个月期国库券利率）的波动进行同等幅度的变动，抵押贷款的偿付金额也由此进行相应调整。由于可变利率抵押贷款给抵押贷款机构提供了一种可能，即在利率上升时，获得更高的利息收益，从而在整个利率提高的时期内，始终保持着较高的利润。可变利率抵押贷款这种诱人的特点鼓励抵押贷款机构在初始时按照比传统固定利率抵押贷款更低的利率发放可变利率抵押贷款，因此受到居民的普遍欢迎。

（2）金融衍生工具。各种新型的金融工具，如互换、远期利率协议、期权、期货等是银行新开发的表外业务。这其中尤其是对有风险业务的拓展，近年来更令人瞩目。这些新型的金融工具能改善资本比率，有利于提高银行收益与竞争能力。但表外业务所具有的高风险也必须引起重视。关于这些金融衍生工具已在本书第三章述及，此处不再赘述。

2. 适应供给变化的金融创新：信息技术

推动金融创新的供给状况中最重要的变化就是计算机和通信技术的迅猛发展。这种技术被称为信息技术，具有两方面的影响。一方面，它降低处理金融交易过程的成本，使得金融机构能够从这种为公众创建新型金融产品和服务的过程中获取利润。另一方面，它降低投资者获取信息的难度，从而使公司更容易发行证券。信息技术的迅猛发展产生不少新型的金融产品和服务，主要如下：

（1）银行信用卡和借记卡。信用卡和借记卡前已述及，此处不再赘述。

（2）电子银行业务。现代计算机技术的发展使得客户可以通过电子银行设施而非人工服务来完成与银行之间的业务往来，从而降低银行的交易成本，如自动提款机（Automated Teller Machine，ATM）、家庭银行（Home Banking）、虚拟银行（Virtual Bank）。虚拟银行没有实际营业场所，而是存在于网络空间中。它利用互联网提供一系列的银行服务，如吸收支票和储蓄存款、销售定期存单、发行ATM银行卡、提供账单支付便利等。这样虚拟银行将家庭银行向前推进了一步，使客户能够在家中一天24小时享受全方位的银行服务。

（3）资产证券化与影子银行体系。在过去的20年中，证券化（Securitization）是伴随着信息技术进步产生的最重要的金融创新之一。证券化是将规模较小且流动性较差的金融资产（如居民贷款、汽车贷款、应收信用卡账款等，它们是银行赖以生存的根基）转换成可在资本市场流通的证券的过程。证券化也是影子银行体系的基础。

①影子银行体系的运行。在传统银行业，一个经济实体的资产转化即是通过发行不同特质的负债（高流动性低风险的存款）进行筹资并购买不同系列的资产（低流动性高回报的贷款）。另外，证券化便是不同金融机构一起运作的资产转化过程。这些机

构构成了影子银行体系。也就是说，资产转化通过证券化完成，而影子银行体系也并不是"行走于黑暗之中"，它们就如同传统银行一样存在。例如，一个抵押贷款交易商（更常被称为贷款发起人）会安排一个金融机构为居民办理住房抵押贷款服务（即收集利息和本金）。这样的服务商会将这个抵押贷款卖给另一个金融机构，后者会将许多抵押贷款捆绑组合起来。这个收集者收取贷款组合的利息和本金，将组合传递给第三方。收集者会去找分销者（一般是投资银行），分销者将组合分割成标准化的数额，并将标准化后的证券卖出，一般是卖给影子银行的其他金融机构，如货币市场共同基金或者养老金公司。证券化的过程可以按照如下顺序：

$$形成贷款 \rightarrow 服务 \rightarrow 捆绑 \rightarrow 分销$$

由于证券化过程起始于贷款，最终形成证券发行，因此证券化也被称为发起-分销模型（Originate-to-Distribute Business Model）。

在证券化的每一步中，贷款发起者、服务者、收集者、分销者都提取手续费。这四种机构构成了金融中介特殊的一部分。影子银行体系包含了资产证券化过程中的所有金融机构，因此若交易成本和手机信息的成本较低时，这一过程非常具有盈利性。更低的获取信息的成本使卖出资本市场证券变得更加容易，而更低的交易成本使金融机构收取利息本金再卖给证券持有人的成本更加低廉。

②次级贷款市场。次级贷款（Subprime Mortage）是21世纪初在资产证券化和影子银行体系下发展出的一个极为重要的金融创新。它是向信用记录不那么优秀的借款人提供的新的居民贷款。在2000年之前，只有信用记录良好的借款者才能获得住房抵押贷款。而计算机技术的进步和新的统计手段（数据挖掘）使人们更容易地度量居民贷款借款人的信用风险。拥有信用记录的居民现在可以被分配到一个数字评分，即FICO分数（以开发出它的Fair Isaac Corporation命名），这一分数可以预测该居民的违约情况。由于现在获得次级贷款比较容易，因此可以将它们打包成抵押贷款证券，提供新的融资来源。我们将会在第十二章中看到，次级贷款爆发是导致2007—2009年全球金融危机的重要因素。

3. 规避管制的金融创新

由于金融业受到的管制远比其他行业严重，因此政府管制极大地促进了这一行业的创新活动。在美国，两类规章制度严格限制了银行的盈利能力：法定准备金制度和对存款利率的限制。

首先，法定准备金实际上是对存款征收的税金。由于2008年之前美联储不为准备金支付利息，持有准备金的机会成本就是银行将这些准备金贷放出去可能赚取的利息。对于每一美元的存款，法定准备金给银行带来的成本就是银行将准备金贷放出去的利率i和存款中准备金比例r的乘积。银行承担的成本$i \times r$就像对银行存款征收的税金，税率为$i \times r$。银行为了提高利润，积极从事那些能够规避法定准备金制度对存款征税的金融创新活动。

其次，对于存款利息支付的限制。1980年以前，美国大多数州的法律禁止对支票存款账户支付利息，联邦储备委员会根据《Q条例》对定期存款的利率设置上限。假如市场利率上涨超过此利率上限，存款人就会从银行提取资金，而将其投资于收益率更高的证券。银行体系存款的流失限制了银行可以放贷的资金规模［称为金融脱媒（Disintermediation）］，从而使银行利润受到制约。为了规避利息支付限制和法定准备金税务效应，引发的两项重要的金融创新如下：

（1）货币市场共同基金。它是以国库券、大额可转让存单、商业票据、公司债券等货币市场短期有价证券为投资对象的基金。发行的股份可以通过签发支票的形式，按照固定价格（通常为1美元）赎回。例如，如果你用5 000美元购买5 000股货币市场共同基金股份，该基金将这些资金投资于短期货币市场证券，并且向你支付利息。除此之外，你能够就该基金的股份签发上限为5 000美元的支票。尽管该基金股份能够发挥支票账户存款的功能，可以赚取利息，但是从法律上讲，它们还不是存款，因此不受法定准备金制度的约束，也不受利息支付的限制。因此，支付的利率高于银行存款利率。第一家货币市场共同基金是由华尔街两位特立独行的人布鲁斯·本特和亨利·布朗于1970年创立的。1977年，货币市场共同基金的资产还不到40亿美元；目前，货币市场共同基金资产大约为2.7万亿美元。货币市场共同基金是一项成功的金融创新。2008年次贷危机期间，由布鲁斯·本特创建的一家货币市场共同基金执行的一项极具讽刺意味的高风险投资活动，几乎断送了整个货币市场共同基金行业。

（2）流动账户（Sweep Account）。在这种账户下，每当工作日结束时，企业支票账户上任何高于规定金额的余额都会被"清扫出"该账户，用于隔夜支付利息的证券投资。由于"清扫出"的资金不再属于支票存款，因此它们不受法定准备金制度的约束，不用"纳税"。流动账户还有一个优势就是，银行实际上是向企业支票账户存款支付利息，而在现行的规章制度下，这是不允许的。流动账户非常受欢迎，它降低了银行所需缴纳的法定准备金数额。

阅读与思考

金融创新和传统银行业务的衰落

作为传统金融中介的银行所扮演的角色就是吸收短期存款和发放长期贷款，这就是资产转换过程，即通常所说的"借短贷长"。这里我们考察金融创新如何加剧了银行业经营环境的竞争程度，导致该行业发生巨大变化，即传统银行业务的逐渐萎缩。

在美国，商业银行作为非金融企业借款人资金来源的重要性已经急剧下降。在1974年，商业银行为这些借款人提供了接近40%的资金，而到了2014年，商业银行的市场份额下降到27%以下。储蓄机构市场份额下降得更为迅速，从20世纪70年代后期的20%以上下降到今天的2.5%。要理解传统银行业务规模和盈利能力的降低，我们需要考察前面提到的金融创新如何损害银行在获取资金方面的成本优势与资产方的收入优势。成本优势和收入优势的同时削弱，导致传统银行业盈利能力的下降，从而促使银行竭力削减这些传统业务，积极从事新的更具盈利能力的业务。

1. 资金获取（负债）成本优势的下降

在1980年之前，银行一直受到存款利率上限的限制，即不能对支票存款支付利息。在美国，根据《Q条例》的规定，对定期存款支付的最高利率只能略高于5%。直到20世纪60年代，这些限制性规定都是有利于银行的，因为银行主要的资金来源是支票存款（超过60%），支票存款的零利率意味着银行资金成本非常低。不幸的是，银行的这种低成本优势没有能够维持多久。20世纪60年代末始发的通货膨胀率的上升，推动利率升高，使得投资者对不同资产之间收益率的差异更加敏感。结果就产生了金融脱媒过程：由于支票存款和定期存款的低利率，于是人们将其资金从银行中提取出来，投资于收益率较高的资产。同时，规避存款利率上限和准备金要求的强烈愿望导致金融创新，产生货币市场共同基金。由于存款人在货币市场共同基金账户上，既可以得到类似支票账户的服务，又能获取高利率，从而使银行处于更加不利的境地。对于银行而言，作为低成本资金来源的支票存款的重要性急剧下降，其占银行负债的比例从60%以上降至今天的11%以下，这有力地证明了金融体系发生的上述变化。

银行在筹资方面的难度不断增大，因此在它们的支持下，美国于20世纪80年代取消了《Q条例》对定期存款利率上限的规定，并允许对支票存款支付利息。尽管这些规则的变化有助于增强银行在获取资金方面的竞争力，但同时也意味着它们获取资金的成本大幅上升，因此进一步削弱了先前银行相对于其他金融中介机构的低成本优势。

2. 资金运用（资产）收入优势的下降

美国银行负债方成本优势的削弱是银行竞争力降低的一个原因，然而资产方的收入优势也遭受到垃圾债券、证券化和商业票据市场的发展等金融创新的冲击而下降，使其竞争力进一步受到削弱。银行资产收入优势的下降导致其市场份额的减少，促进了影子银行体系的发展，使出借资金者能利用金融创新绕过传统银行业进行金融活动。

我们已经看到，信息技术的发展使得公司能够更容易地直接向公众发行证券。这意味着银行的很多优质客户不再依赖银行满足短期信贷需求，而是去商业票据市场上寻求成本更低的资金来源。此外，商业票据市场的发展使得财务公司能够迅速扩展其业务。财务公司主要依赖商业票据市场筹集资金，这样就损害了银行的业务。财务公司的贷款对象中许多是与银行重合的。相对于银行而言，财务公司的市场份额不断扩大。1980年之前，财务公司发放给企业的贷款大约相当于银行工商业贷款的30%，而目前该数值已经上升到32%以上。

垃圾债券市场的扩张也替代了银行的部分贷款业务。信息技术的发展使公司更容易绕开银行直接向公众销售债券。《财富》500强公司早在20世纪70年代就开始采取这一行动。现在，由于有了垃圾债券市场，低质量的企业借款人对银行的依赖程度也大为降低。

我们已经看到，计算机技术的发展促进了证券化的趋势。这样，银行贷款和抵押贷款等流动性较低的金融资产就可以转换成可流通证券。计算机使得其他金融机构也能够发放贷款，因为其他金融机构能够用统计模型准确地评价信用风险；同时，计算机还可以大大降低交易成本，于是银行也可以将贷款捆绑在一起，作为证券销售出去。一旦计算机能够准确地评估违约风险，银行在发放贷款方面的优势就消失殆尽了。丧失了上述优势，即使银行本身也卷入证券化的进程，银行的部分贷款业务也会流失到其他金融机构手里。证券化对储贷协会等抵押贷款发放机构而言，是一个尤为严重的问题，因为大多数住宅抵押贷款现在都被证券化了。

3. 银行的反应

对于任何一个行业，盈利能力的下降通常会导致行业退出（通常是由大范围的破产引起的）和市场份额的缩减。20世纪80年代，美国银行业出现了这样的情况，那就是由银行并购和破产引起的。

为了生存和维持足够的盈利水平，很多美国银行面临以下两种选择：

第一，它们可以涉足新的高风险贷款领域，从而维持传统的贷款业务活动。例如，美国银行增加发放商业不动产贷款的比例，这在传统上属于风险较高的贷款类型，因而会承担更高的风险。此外，银行还增加对企业接管和杠杆收购等高杠杆率交易贷款的发放。银行传统业务活动盈利能力的降低导致了2007—2009年的全球金融危机。

第二，扩展更具盈利能力的表外业务活动。美国商业银行在20世纪80年代早期就是如此操作的，表外业务等非利息收入业务的收入在银行总收入中的份额增加了一倍以上。非传统银行业务可能具有较高的风险水平，以致银行承担过大的风险。实际上，在次贷危机期间这些非传统银行业务给银行的资产负债表造成了严重的损失。

银行传统业务活动的减少意味着银行业必须寻求新的业务。这样做能够使银行保持活力和健康，因此是有利的。事实上，直到2007年，银行的盈利能力一直保持在高水平上，非传统的表外业务在银行利润回升方面发挥着重要作用。不过，银行业的这种新发展趋势也增加了银行的风险，传统银行业务的减少要求监管当局更加谨慎。这也给银行监管者提出了新的挑战，现在银行监管者必须更加关注银行的表外业务活动。

4. 其他工业化国家传统银行业的衰退

其他工业化国家与美国面对同样的压力，导致传统银行业务的萎缩。其他工业化国家的银行在存款领域的垄断力同样遭受到巨大冲击。全世界范围内的金融创新及放松管制为存款人和借款人提供了更多的选择。比如在日本，放松管制使得公众得以面对一系列新的金融工具，导致日本出现与美国类似的金融脱媒过程。在欧洲国家，金融创新逐步侵蚀了保护银行免于竞争的传统防线。

在其他国家，银行同样也面临着由于证券市场的扩张而带来的日益激烈的竞争。金融业管制的放松和经济基本面的力量使人们能更加容易地得到证券市场的信息，企业能够更容易地以低廉的成本通过发行证券而不是向银行借款来为其业务活动融资。此外，即使在那些证券市场并不发达的国家，银行也流失了部分贷款业务，因为它们的优质企业客户可以进入外汇市场和欧洲债券市场等离岸资本市场筹资。对于一些更小的经济体，如澳大利亚，尽管还不具备很完善的公司债券市场和商业票据市场，但银行的贷款业务还是有一部分流失到了国际证券市场上。此外，推动美国证券化的力量同样也在其他国家发挥作用，削弱了这些国家传统银行业的盈利能力。并不是只有美国银行面临着更为复杂的竞争环境，因此尽管美国较早出现了传统银行业衰落的过程，但同样的力量也促使其他国家传统银行业务的萎缩。

资料来源：弗雷德里克·S.米什金. 货币金融学［M］. 蒋先玲，等，译. 北京：机械工业出版社，2016：211-213（引者略作改动）。

第三节 商业银行的经营原则与管理

商业银行是企业，企业的性质决定了其经营的动机和目标是追求最大限度的利润。商业银行又是经营货币资金的特殊企业，资金来源中绝大部分是负债。营运对象的特殊性使商业银行的经营原则和管理方法有别于普通工商企业。

一、商业银行的经营原则

在现代市场经济中，作为金融企业，商业银行和普通企业一样，必然也以盈利作为自己的经营目标。同时，银行在经营活动中，由于其面临着变幻无常的市场环境，也会存在许多风险，因而要尽量规避风险，保证资金的安全。另外，商业银行要应付客户提款、贷款及自身经营管理中对现金的需要，就必须保证其资产的流动性。因此，商业银行在业务经营活动中必须遵循三条原则：盈利性、安全性和流动性。

（一）商业银行经营的盈利性

所谓盈利性，是指商业银行在其业务经营活动中必须力求获取最大限度利润的要求。追求盈利是商业银行的经营目标，是其改进服务、开拓业务和改善经营管理的内在动力。如前所述，商业银行的盈利水平通常用资产回报率（Return On Asset，ROA）来表示，它是商业银行在一定时期内的税后净利润与资产总额的比率，公式见（5-1）式。

（二）商业银行经营的安全性

所谓安全性，是指银行在经营中要尽可能避免资产遭受风险损失。实现安全经营，不仅关系到存款人的利益，而且直接关系到银行的生存和发展。衡量银行安全性的主要指标有不良资产率等。

（三）商业银行经营的流动性

所谓流动性，是指银行能随时应付客户提取存款的支付能力。商业银行为了使经营活动能够顺利进行，必须保证具有足够的流动性。原因在于银行经营业务的主要资金来源是吸收存款负债。银行与一般企业不同的负债结构，使银行不可能将大量资金投放于高收益资产。银行如果不能及时满足客户提款要求，就会对银行信誉造成严重损害，甚至有破产倒闭的危险。衡量商业银行流动性高低的指标通常为流动比率，即能够较快变现的流动性资产与负债总额的比率。

任何银行都希望达到最大限度的安全性、流动性和盈利性，但这三者之间是既互相联系又互相制约的。一项资产的潜在收益率越高，其流动性和安全性也就越低，银行不得不保持一定比率的流动性资产，又总是试图减少流动性资产。因此，商业银行经营管理的核心就是对安全性、流动性和盈利性三者的协调做出最佳选择。

二、商业银行资产管理理论与管理方法

（一）资产管理理论（Asset Management Theory）

资产管理理论是早期西方商业银行的经营管理理论。这种理论认为，应当将商业

银行经营管理的重点放在资产方面。负债是资产运用的前提，而负债业务主要取决于客户的存取意愿，银行处于被动地位。因此，银行只能对资产进行主动管理，努力实现资产结构的优化调整。由于经济环境的变化和银行业务经营的发展，资产管理理论经历了以下三个发展阶段：

1. 商业贷款理论（或称真实票据理论）

商业贷款理论是最早的资产管理理论，产生于18世纪后期。这种理论认为，商业银行只适宜发放自偿性的短期商业贷款（所谓自偿性，是指随着再生产的进行，货物销售出去，贷款将从销售收入中自动得到偿还），而且这种贷款一定要以真实交易为基础，必须以真实票据作为抵押，一旦企业不能按期还贷时，银行可以处理抵押品不致遭受更大损失。该理论还认为，这种自偿性贷款会随着贸易额的增减变化而自动收缩，因而对货币和信用量也有自动调节的作用。

2. 转换理论

转换理论产生于20世纪初。转换理论认为，银行要保持资产的流动性，不必将资产业务限于短期自偿性商业贷款，主要看其掌握的资产能否在金融市场上随时出卖而变现。银行掌握的资产应该是那些信誉度高、期限短、流动性强、易于出售的短期债券（如国库券等），在需要资金时，随时转让出去以保持资产的流动性。转换理论为银行提供了保持流动性的新方法，使商业银行资产业务向多元化发展，业务经营更加灵活多样。

3. 预期收入理论

预期收入理论产生于20世纪40年代末。该理论认为，一笔好的贷款，应以根据借款人未来收入制订的还款计划为基础，而不必将资产业务局限于自偿性商业贷款和易于出售的短期债券。因为贷款最终能否按期偿还主要取决于借款人的还款能力，只要借款人的预期收入有保证，无论借款期限长短，都不会影响银行资产的流动性。这种理论的提出，为商业银行资产业务向经营中长期贷款、消费贷款等方面的拓展提供了理论指导依据。

（二）资产管理的一般方法

1. 资金汇集法（Pool of Funds Approach）

资金汇集法是20世纪30~40年代西方商业银行资金管理中普遍运用的方法。资金汇集法的基本内容是把存款和各种来源的资金汇集起来，然后再将这些资金在各种资产之间按优先权进行分配。这种方法要求银行首先确定资产流动性和盈利性需要的比例，然后把资金分配到最能满足这些需要的资产上。按流动性优先的顺序将资产设置为三个部分：流动性资产、贷款、其他证券。

2. 资金分配法（The Funds Allocation Approach）

资金分配法是20世纪50年代作为资金汇集法的一种改进而在商业银行资金管理中被广泛运用的方法。资金分配法的基本内容是把现有资金分配到各类资产上时，应使这些资金来源的周转速度与相应的资产期限相适应。换句话说，就是银行的资产与负债的偿还期应保持高度的对称关系。

三、商业银行负债管理理论

负债管理理论（Liability Management Theory）产生于20世纪60年代初。负债理论是在金融创新中发展起来的理论。20世纪60年代以前，商业银行的资金来源除了自有资本外，主要是吸收存款，银行无法主动安排负债。从20世纪60年代开始，金融市场利率节节高升，而《Q条例》等金融法规的存在，又阻碍了商业银行为吸引存款而做的努力，从而引起"脱媒"现象的发生。如前所述，"脱媒"（Disintermediation）是指当市场利率高于《Q条例》规定的存款利率最高限时，存款者发现直接购买国库券、商业票据或债券等能获得更高的收益，于是纷纷提款直接购买有价证券，从而使得存款机构的存款大量流失，信用收缩，赢利减少。面对这种情况，银行已不可能再忽视资金来源的性质、成本来进行资金运用决策。现实迫使银行不得不以创新方式去获取新的资金来源。

负债管理的核心思想就是主张以借入资金的办法来保持银行的流动性，从而增加资产业务，提高银行收益。负债管理理论认为，商业银行要保持其流动性，不仅可以通过加强资产管理获得，还可以向外借款，通过负债管理来增加资金，增强流动性，扩大商业银行资产规模。负债管理理论的产生，使西方商业银行的负债业务从被动转向主动，开创了保持银行流动性的新途径。但银行过多依赖借入资金，提高了负债成本，也增加了银行的经营风险。

四、资产负债管理理论与管理方法

20世纪70年代以后，由于市场利率大幅度上扬，负债管理在负债成本提高及经营风险加大等方面的缺陷越来越明显。于是，一种将资产和负债管理理论在更高层次上综合，并从整体考虑银行经营管理理论，即资产负债管理理论（Asset-Liability Management）应运而生。资产负债管理本质上是对过去多年商业银行管理理论、各种管理方法的总结和综合运用。资产负债管理理论认为，商业银行应根据经营环境的变化将资产和负债两个方面进行分析对比，运用现代技术加以综合管理，使两方面保持协调。这样才能在保证银行资产流动性和安全性的前提下实现利润最大化。

（一）资产负债管理的目标

资产管理是以负债总规模和负债结构主动权在客户手里，银行是被动的为前提。在这一前提下，资产管理理论认为，银行要保持流动性，以应付客户提款，这就必须"量入为出"，使资产规模受制于负债规模，资产结构受制于负债结构。负债管理以既定的目标——资产增长需要为前提。在此前提下，负债管理理论认为，要保持银行的适度流动性，就必须采取主动负债（或借款）的管理方式。可见，资产管理、负债管理，尽管着力点不同，但动机相同，都是为了保持银行适度流动性。在对待流动性、安全性和盈利性上，以流动性为主，而盈利性只能从属于流动性。

商业银行的经营原则是保持"三性"的协调。这就要求把流动性、安全性和盈利性放在同等层面上去考虑，而单独的资产管理、负债管理无法做到。因此，就必须把资产管理和负债管理联合应用。资产负债管理的目标就是"三性"并重。

(二) 资产负债管理的一般方法

资产负债管理的核心变量是净利差（Net Interest Margin），即利息收入和利息支出之差额。商业银行资金管理理论认为，净利差是商业银行主要的利润来源。净利差受资金额、利率和两者混合的影响，其中利率是关键，利率与净利差有直接的关系，对银行净利差的影响最大。因此，唯有控制利率敏感型资产（Rate-Sensitive Assets）或称可变利率资产与利率敏感型负债（Rate-Sensitive Liabitoies）或称可变利率负债，才能控制住银行净利差。西方商业银行创造了许多利率敏感型资产管理的方法，其中最主要的是"资金缺口管理"方法（Fund Gap Management）。

所谓资金缺口，是指利率敏感型资产与利率敏感型负债之间的差额。资金缺口有三种可能的情况：零缺口，即利率敏感型资产等于利率敏感型负债；负缺口，即利率敏感型资产小于利率敏感型负债；正缺口，即利率敏感型资产大于利率敏感型负债。缺口管理的运用，使商业银行根据对市场利率趋势的预测，及时发现并改正在固定利率和可变利率的资产与负债之间的任何不平衡，并适时地对两者进行调节，以保持银行盈利，同时降低风险。当预测利率将处于上升阶段时，资金管理者应为商业银行构造一个资金正缺口（图5-1），这样大部分资产将按较高利率重新定价，而只有较小部分资金来源按高成本定价。当预测利率将处于下降阶段时，资金管理者应为银行构造资金负缺口（图5-2），使更多的资产维持在较高的固定利率水平上，而资金来源中却有更多的部分利用了利率不断下降的好处。

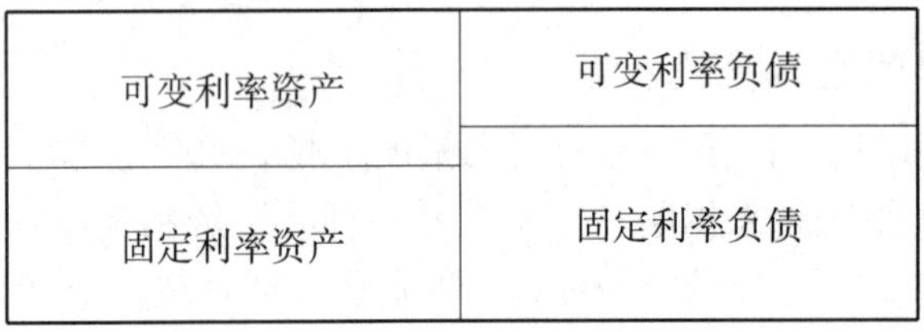

可变利率资产	可变利率负债
固定利率资产	固定利率负债

图 5-1 资金缺口管理（正缺口）简图

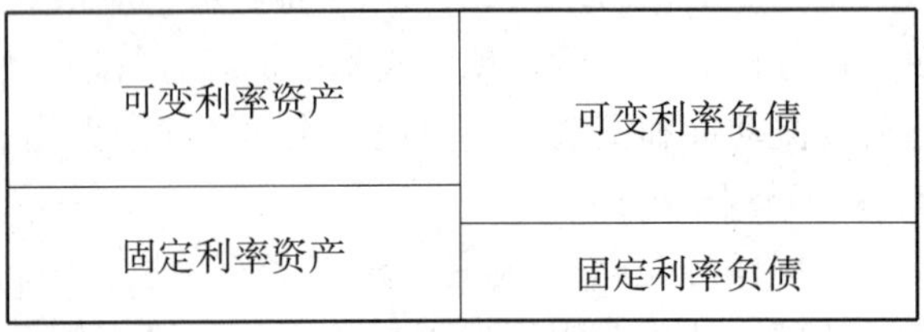

可变利率资产	可变利率负债
固定利率资产	固定利率负债

图 5-2 资金缺口管理（负缺口）简图

例5-1：为了全面了解利率风险，让我们观察A银行的资产负债表情况（见表5-8）。

表5-8　　　　　　　　　　　　　　A 银行　　　　　　　　　　　　　　单位：万元

资产		负债	
利率敏感型资产	2 000	利率敏感型负债	5 000
可变利率贷款和短期贷款		可变利率大额定期存单	
短期证券		货币市场存款账户	

表5-8(续)

资产		负债	
固定利率资产	8 000	固定利率负债	5 000
准备金		支票存款	
长期贷款		储蓄存款	
长期证券		长期大额定期存单	
		股权资本	

表5-8中，总额2 000万元的资产属于利率敏感型，其利率变动比较频繁（每年至少变动一次）；8 000万元的资产属于固定利率，其利率长期（1年以上）保持不变。在负债项目中，A银行拥有5 000万元的利率敏感型负债，并且拥有5 000万元的固定利率负债。如果利率提高了5个百分点，即平均利率水平从10%提高到15%。该银行资产的收益增加了100万元（=5%×2 000万元的利率敏感型资产），而其偿付负债的金额则增加了250万元（=5%×5 000万元利率敏感型负债）。于是，A银行的利润减少了150万元（=100万元-250万元）。相反，如果利率下降了5个百分点，通过同样的推理过程，我们可以知道A银行的利润将会增加150万元。这说明了如果银行拥有的利率敏感型负债多于利率敏感型资产，那么利率的提高将会导致其利润下降，而利率的下降将会使得其利润增加。

资金缺口管理对商业银行增加收益、降低成本的效果是明显的，但银行在运用缺口管理方法时应注意：第一，必须对缺口绝对大小进行控制，使其随着利率变化的不同阶段而扩张或收缩。第二，高度重视利率预测的准确性。预测的难度是很大的，一旦商业银行的预测失败，而商业银行却是按照其预测的结果从事缺口管理，那么就会给商业银行带来极大的风险。

五、全面风险管理

进入20世纪80年代以后，金融自由化浪潮高涨，大量的金融衍生工具被广泛地应用于金融实践，银行间的激烈竞争和业务发展的全球化，导致银行业在经营管理上面临的风险种类和风险水平迅速增加和提高。人们逐渐认识到市场环境的这些变化都显现出原有资产负债管理理论存在的局限性。商业银行在风险管理实践中发现，银行不能仅仅从某项业务某个部门考虑风险，而必须贯穿整个银行进行全面风险管理（ERM）。全面风险管理是在银行风险管理中一种较新的理念，是在银行内控的基础上发展和完善起来的，代表了银行业风险管理发展的新趋势。

全面风险管理的一个重要特点是其作为金融机构内部管理的一个组成部分，在整个管理体系中的地位已上升到金融机构发展战略的高度。对于商业银行来说，规范化的全面风险管理对其生存和发展具有更为重要的意义。全面风险管理的核心是对银行内部在全球业务范围内各个层次的业务单位、各个种类的风险进行统一衡量和通盘管理。全面风险管理能够全面动态地识别和测量风险，使银行各层次做出更好的风险管理决策，从而成为银行风险管理的发展趋势。

全面风险管理在风险管理方法上，更多地应用数学、信息学和工程科学等方法，深化了风险管理作为一门管理科学的内涵，其无论是手段、内容，还是机制、组织，都出现了质的飞跃。全面风险管理主要包括以下几个主要方面的内容：

（一）信用风险管理

逆向选择和道德风险等经济学概念提供了一个分析框架，有助于我们理解银行为减少信贷风险和发放优质贷款所必须遵守的原则。

信贷市场中，信息不对称会带来逆向选择和道德风险问题，提高了贷款违约风险。为了获得利润，金融机构必须应用甄别和监督、建立长期客户联系、贷款承诺、抵押品和补偿余额要求、信贷配给等多种信用风险管理原则来尝试解决这些问题。

1. 甄别和监督

为了进行有效的甄别活动，贷款者必须收集那些潜在借款者的可靠信息。有效的甄别和信息收集工作共同构成了信用风险管理的一项重要原则。

2. 建立长期客户联系

银行和其他金融机构获取有关潜在借款者信息的另一条途径就是同客户建立长期的联系，这是信用风险管理的另一项重要原则。长期客户联系可以减少收集信息的成本，从而降低了甄别信用风险的难度。监督长期客户的成本要低于监督新客户的成本。这是因为银行能更加容易地确定该潜在借款者的信用状况，而且对该借款者的监督成本也比较小。对于银行而言，还可以通过在未来不再提供新的贷款来威胁借款者。因此，长期客户联系可以使银行能够防范那些意外道德风险。

3. 贷款承诺（Loan Commitment）

贷款承诺是银行承诺（在未来的某一特定时期中）以某种与市场利率相关的利率向企业提供既定限额之内的贷款。大部分工商业贷款都是在贷款承诺安排下发放的。这种做法对企业的好处是在其需要贷款的时候拥有了信贷资金来源。对于银行的好处在于贷款承诺促进了长期客户联系的建立，便于其信息收集工作。此外，贷款承诺协议中的条款还要求企业持续提供其收入、资产负债状况、经营活动等方面的信息。因此，贷款承诺协议是降低银行甄别和信息收集成本的有力手段。

4. 抵押品和补偿性余额要求

对于贷款而言，抵押品的有关规定是信用风险管理的重要工具。在第四章的学习中，我们已知抵押品是借款者在违约的情况下，承诺提供给贷款者作为赔偿的财产。由于在出现贷款违约的情况下，抵押品可以减少贷款者承受的损失，因此减轻了逆向选择的不良影响。除了抵押品外，补偿性余额也可以提高贷款偿还的可能性。这是因为其有助于银行对借款者进行监控，从而降低道德风险的影响。具体来讲，通过要求借款者使用该银行的支票账户，这家银行就可以观察企业的支付活动，由此可以得到大量有关借款者财务状况的信息。补偿性余额协议使得银行能够更容易地对借款者进行有效监控，它是信用风险管理的一项重要工具。

5. 信贷配给

信贷配给（Credit Rationing），即贷款者拒绝向借款者提供贷款，即使借款者愿意按照规定利率甚至更高的利率来支付利息。信贷配给有两种形式：第一种形式是即使借款者愿意支付更高的利率，银行也拒绝发放任何贷款；第二种形式是银行愿意向借款者发放贷款，但是贷款数量低于借款者的要求。

（二）利率风险管理

1. 基本缺口分析

前已述及，基本缺口分析可以用于直接测量银行利润对利率变化的敏感程度。缺口指的是利率敏感型资产与利率敏感型负债之间的差额。在例5-1中，这一计算结果（称为"缺口"）是-3 000万元（=2 000万元-5 000万元）。通过计算缺口与利率变动的乘积，我们立即可以得到利率变动对银行利润的具体影响。例如，当利率提高5个百分点时，利润变化就是-3 000万元×5%，即-150万元，这与我们前面的计算结论一致。

2. 久期分析（Duration Analysis）

这是衡量利率风险的另一种方法，它衡量的是银行总资产和总负债的市场价值对利率变化的敏感程度。久期分析建立在麦考利提出的久期概念基础之上，它衡量了证券的支付流的平均生命周期。由于它能够近似地估计出证券的市场价值对利率变动的敏感程度，因此久期是一个非常有用的概念。

$$证券市场价值变动的百分比 = -利率变动的百分比 \times 久期 \qquad (5-5)$$

久期分析方法利用银行资产和银行负债的（加权）平均久期，来考察利率变动对银行净值的影响。

例5-2：假定A银行1亿元资产的平均久期为3年（即支付流的平均生命周期为3年），9 000万元负债的平均久期为2年，银行资本占其资产的比例为10%。当利率提高5个百分点时，银行资产的市场价值下降了15%（=-5%×3），即其1亿元的资产规模下降了1 500万元。然而，银行负债的市场价值下降了10%（-5%×2），即其9 000万元的负债规模下降了900万元。最终结果是，该银行的净值（资产市场价值与负债市场价值之间的差额）减少了600万元，或者说其原始资产总值下降了6%。同样，如果利率下降5个百分点，A银行的净值将出现其原始资产总值6%的增长。

例5-2清楚地表明，久期分析和缺口分析都说明A银行将会从利率提高中遭受损失，而从利率下降中获得收益。由于金融机构的经理能够以此分辨出这些机构受到利率风险的影响程度，因此久期分析和缺口分析都是重要的分析工具。[1]

本章总结

1. 银行起源于货币经营业。现代资本主义银行主要通过两条途经产生：一条是旧的高利贷性质的银行业，逐渐适应新的经济条件而转变为资本主义银行；另一条是按资本主义经营原则组织起来的股份制银行。

2. 商业银行是特殊的企业。银行的基本职能是信用中介。吸收活期存款并且创造派生存款作为传统的金融学理论认为是现代银行区别于早期银行的本质特征。

---

[1] 弗雷德里克·S.米什金. 货币金融学 [M]. 蒋先玲，等，译. 北京：机械工业出版社，2016：176-177. （有删改）

3. 现代商业银行的组织制度，可概括为三种类型：以美国为代表的单一银行制度、以英国为代表的总分支行制度和起源于美国的银行持股公司制度。

4. 自有资本是商业银行营运的基础。在资金来源中，各类存款所形成的资金比重最大。在资金运用中，贷款占有重要的地位，它是银行利润的主要来源。表外业务种类很多，广义的表外业务包括四大类，即传统的中间业务、担保业务、承诺业务以及金融工具创新业务。狭义的表外业务通常专指金融工具创新业务。

5. 商业银行经营管理的核心就是对安全性、流动性和盈利性三者的协调做出最佳选择。

6. 资产管理理论是早期西方商业银行的经营管理理论。资产管理理论经历了三个不同的发展阶段。负债管理理论产生于20世纪70年代初，负债理论是在金融创新中发展起来的理论。进入利率波动的20世纪70年代后，资产负债管理理论应运而生。

7. 全面风险管理是银行风险管理中一个较新的理念，是在银行内控的基础上发展和完善起来的，代表了银行业风险管理发展的新趋势。

重要概念

单一银行制度　总分支行制度银行　持股公司制度　自有资本　活期存款
储蓄存款　贴现　抵押贷款　表外业务　租赁　担保　承诺　贷款销售
货币市场基金　流动账户　贷款承诺　缺口分析

复习思考题

1. 简述自有资本在商业银行经营中的地位和作用。
2. 简述表外业务受到重视的原因。
3. 说明现代商业银行的表外业务在其经营中的地位及发展动力。
4. 简述商业银行经营管理理论的历史演变及发展趋势。
5. 结合当前的金融危机说明商业银行为什么要加强风险管理。
6. 如果一家银行发现它持有的资本金太多，而导致回报率太低，该银行将采取什么行动来提高股权回报率？
7. 为什么非利息收入能够成为银行经营收入的一部分？
8. 当一家银行决定扩大资本规模时，其带来的成本和收益各是什么？
9. 按照流动性高低排序下列银行资产：
①商业贷款；②证券；③准备金；④固定资产。

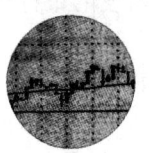

第六章　中央银行

中央银行在现代经济、金融体系中的地位和作用极为突出。中央银行在一国金融体系中居于主导地位，对整个国民经济发挥着宏观调控作用。

第一节 中央银行的形成与发展

一、中央银行的形成

中央银行的形成有其客观的经济基础。19世纪初，随着资本主义工业的迅速发展，资本主义银行业也进一步发展。股份银行数量增多和资本扩大，促使小银行倒闭，给金融市场带来一系列的矛盾。这些矛盾是：第一，有关银行券的发行问题。最初每个银行均可发行银行券，随着资本主义竞争的加剧，使流通领域过剩，银行无法保证兑现其所发的银行券，从而造成生产与流通的阻滞。第二，有关票据交换问题。随着银行业务扩大，各银行之间债权债务关系日益复杂，无论异地结算或同城结算均产生极大困难。第三，贷款的支持问题。经济的发展日益要求贷款数量增加、期限延长，致使商业银行本身的存贷业务难以满足社会经济发展的需要，往往因支付能力不足而导致挤兑和破产的事件发生。为此，在客观上需要有一个资金雄厚并具有权威的银行，它既能统一发行在全国流通的货币，又能统一从事票据交换和债权债务清算、统一存储各银行的准备金，以备其他银行有困难时给予贷款支持。同时，随着银行业和金融市场的发展，政府需要有一个专门机构对金融业和金融活动进行有效的管理和监督。这些正是中央银行产生的客观条件。

中央银行产生于17世纪后半期，到19世纪初期，形成中央银行制度。最初诞生的几个国家的中央银行情况为：

1. 瑞典银行（The State Bank of Sweden）

瑞典银行成立于1656年，最初是以私人资本形式出现的。1661年，瑞典银行开始发行银行券。1668年，瑞典银行由政府出资并改组为瑞典国家银行。1830年后，其他银行相继成立，并且有28家银行拥有银行券发行权。1897年，瑞典政府通过法案，将发行权集中于瑞典银行，并责令其他银行逐步收回已发行的钞票，于是瑞典银行逐渐演变为中央银行。

2. 英格兰银行（The Bank of England）

英格兰银行成立于1694年，最初由伦敦1 268家商人出资合股建立，是英国第一家私人股份制商业银行。英格兰银行成立之初，拥有一般商业银行的业务，如存款、贷款和贴现等，与商业银行也只处于一般的往来关系。但不同的是，英格兰银行享有一般银行不能享有的特权：一方面，它向政府放款，抵补英国连年殖民战争的资金需要；另一方面，它获准以政府债券为抵押，发行等值银行券。这样英格兰银行就成为第一家无发行保证却能发行银行券的商业银行。虽然当时其他许多银行也能发行钞票，但英格兰银行最终独揽了在英格兰和威尔士发行钞票的大权。英格兰银行除对政府放款以外，还代理国库和管理政府证券，并于1752年管理国家债券。由此看出，英格兰银行从一开始，其实力和声誉就高于其他银行，并且同政府有着特殊的关系，它是"国家银行和私人银行之间的奇特的混合物"①。

18世纪，英格兰银行就已经发展成为一家政府银行，掌管了大多数政府部门的银行账户。政府国债的筹集和管理也主要由英格兰银行负责。1844年7月29日，英国议会通过了《英格兰银行特许条例》，为最终将银行券的发行权集中到英格兰银行和在货币发行上为英格兰银行行使中央银行职能奠定了基础。19世纪后期，英国连续出现了几次银行危机，英格兰银行在危机中，真正负起了"最后贷款人"（Lender of Last Resort）的责任。到了19世纪末，英格兰银行终于发展成为一家名副其实的中央银行，并被称为"近代中央银行的鼻祖"。

3. 美国联邦储备体系（The Federal Reserve System of U.S.A）

（1）美国在联邦储备体系设立之前，没有大银行体系，经历过一个混乱时期。

1790年12月14日，美国财政部部长汉密尔顿（A. Hamilton）向国会提出建立国家银行的法案，并决定建立美国第一银行，美国第一银行（The First Bank of the United States）正式建立。美国第一银行在联邦注册执照有效年限为20年。美国国会授权该行代理国库、发行银行券、对其他银行的业务活动进行总体监督和管理。由此可见，美国第一银行带有中央银行的某些性质，但是由于没有一个统一的金融管理机构，各州银行仍然可以继续发行自己的银行券。在当时的情况下，每当美国第一银行收到州银行的银行券时，就立即向发行银行收款，从而迫使各州银行保持足够的现金储备，以保证偿付所发行的银行券。因此，州银行认为美国第一银行侵扰了它们的业务活动，因此美国第一银行遭到州银行的强烈反对。这样，美国第一银行不得不在1811年执照期满时停业。

1816年4月，针对美国第一银行停业后，各州银行滥发纸币，造成币值大跌的混乱局面，美国国会通过设立美国第二银行法案。1817年1月，美国第二银行（The Second Bank of The United States）成立。其组建的方式、授权范围和美国第一银行基本相同。美国第二银行也是在联邦注册，执照期限为20年。美国第二银行设立后，业务经营稳健活跃。但是，其又招致了与美国第一银行同样的窘况。1836年，美国第二银行也在执照期满后停业。自此美国进入自由银行时期，1873年、1884年、1890年、1893年、1901年及1907年，美国连续爆发严重的经济危机和金融恐慌，银行不断发生倒闭事件。金融恐慌使工商业受到损害，同时也暴露出美国银行制度中存在的问题，尤其是没有中央银行的弱点。

（2）1913年，美国国会通过了《美国联邦储备法》，成立了美国的中央银行——美国联邦储备体系。

鉴于多次金融恐慌，1908年美国国会组织了国家货币委员会，研究解决办法。1912年，从兼顾美国银行的传统与特点以及银行业必须集中管理的要求，美国制定出《美国联邦储备法》，并于1913年12月23日获得美国国会的批准。根据这个法案，决定成立美国中央银行——联邦储备体系。

---

① 马克思恩格斯全集：第25卷［M］. 北京：人民出版社，1972：454.

二、中央银行的发展

17 世纪下半叶以后,中央银行制度在全世界范围内经历了萌芽、创立、推广、强化的一个过程。

(一) 中央银行的萌芽

从 1656 年瑞典银行问世,到 1844 年英国议会通过《英格兰银行特许条例》,一般被认为是中央银行的萌芽时期。瑞典银行 1661 年开始发行银行券,但未能独占发行特权。1868 年改组为国家银行后,瑞典银行成为最早出现的中央银行。

英格兰银行创立之初,只是从事一般银行业务的商业银行。直到 1844 年《英格兰银行特许条例》颁布前,英格兰银行长期处于中央银行的萌芽阶段。

(二) 中央银行的创立

从 1844 年英国议会颁布《英格兰银行特许条例》,到 1920 年的布鲁塞尔国际金融会议,被认为是中央银行的创立阶段。

由于瑞典银行尤其是英格兰银行的启示作用,许多国家纷纷仿效学习。例如,1860 年创立的俄罗斯银行、1875 年创立的德国国家银行、1879 年创立的保加利亚国家银行、1896 年创立的乌拉圭银行、1882 年创立的日本银行以及 1905 年创立的大清户部银行等,形成了一个世界性的创立中央银行的新时期。

(三) 中央银行的推广

从 1920 年到 1945 年第二次世界大战结束,被认为是中央银行制度的推广阶段。

19 世纪末 20 世纪初,中央银行制度的基本特点是在政治上与政府密切联系,在业务上由集中发行准备,向"银行的银行"方向发展。第一次世界大战后,各国金融都受到重大破坏。为了稳定币值,医治战争创伤,1920 年各国在比利时首都布鲁塞尔举行国际金融会议,主要议决:第一,为稳定币值,首先应使各国财政收支平衡,以割断通货膨胀的根源;第二,对于发行银行则应脱离各国政府政治上的控制,按照稳健的金融政策开展活动。

按照这个精神,各国纷纷重新整顿金融管理秩序,中央银行制度在世界范围内迅速推广。从 1921 年到 1942 年,世界各国改组、新设的中央银行有 42 家,如表 6-1 所示。

(四) 中央银行的强化

从 1945 年到现在,被称为中央银行的强化阶段。第二次世界大战后,中央银行制度完善的进程继续推进。在凯恩斯理论指导下,中央银行制度得到强化。其主要特点为:

(1) 国家开始控制中央银行。第二次世界大战后,法国、英国、德国、荷兰等许多国家中央银行都逐步实行了国有化。这样,中央银行的整个经营,以政府管理金融市场的代理人身份出现,以社会的利益、经济的发展为前提,而不以股东的利益为前提;中央银行归国家所有,发行收益完全归于国家。

(2) 中央银行制度得到强化。为了适应这个阶段政治与经济形势的发展,中央银行制度开始从欧美两洲向亚非两洲扩展。不管是计划经济或市场经济,包括市场经济与计划经济结合的经济,都试图通过控制货币供应量办法调节国民经济。

表 6-1　　　　　　　　1921—1942 年各国改组、新设的中央银行

中央银行名称	设立时间	中央银行名称	设立时间
俄国国家银行	1921 年	厄瓜多尔中央银行	1927 年
立陶宛银行	1922 年	玻利维亚中央银行	1929 年
拉脱维亚银行	1922 年	萨尔瓦多中央银行	1934 年
奥地利国家银行	1923 年	阿根廷中央银行	1935 年
波兰国家银行	1924 年	加拿大银行	1935 年
德国国家银行	1924 年	巴拉圭中央银行	1936 年
匈牙利国家银行	1924 年	哥斯达黎加中央银行	1937 年
阿尔巴尼亚国家银行	1925 年	委内瑞拉中央银行	1940 年
南斯拉夫国家银行	1925 年	尼加拉瓜中央银行	1940 年
捷克斯拉夫国家银行	1926 年	中国中央银行（广州）	1924 年
爱沙尼亚国家银行	1927 年	中国中央银行（上海）	1928 年
保加利亚国家银行	1927 年	伊朗国民银行	1928 年
希腊银行	1928 年	中华苏维埃共和国国家银行	1932 年
冰岛银行	1942 年	印度准备银行	1935 年
爱尔兰中央银行	1942 年	土耳其中央银行	1937 年
秘鲁准备银行	1922 年	阿富汗国民银行	1941 年
哥伦比亚银行	1923 年	泰国银行	1942 年
乌拉圭中央银行	1924 年	南非联邦准备银行	1921 年
墨西哥银行	1925 年	埃塞俄比亚银行	1942 年
智利中央银行	1925 年	澳大利亚联邦银行	1924 年
危地马拉中央银行	1926 年	新西兰准备银行	1934 年

第二节　中央银行的性质与职能

一、中央银行的性质

中央银行的性质，由其在国民经济中所处的特殊地位决定，并随着中央银行制度的发展变化而发展变化。中央银行不同于商业银行和普通金融机构，中央银行是特殊的金融机构，是一个代表国家制度、执行金融政策、负责宏观调控和对其他金融机构进行监督管理的国家金融管理机构。

中央银行作为国家金融管理机构，有如下特征：

（1）中央银行是一国金融体系的核心。中央银行作为特殊的金融机构，处于整个金融体系的核心地位，具有发行的银行、银行的银行、政府的银行的特殊职能。

（2）中央银行不以营利为经营目的。中央银行负有调节经济金融的特殊使命，在整个银行系统中处于超然的领导地位，既不和一般银行争利润，也不偏向哪一家银行，始终以金融管理者的身份调节金融。

（3）中央银行对存款一般不支付利息。中央银行本身不以盈利为目的，对所有的存款都不计付利息。所有的存款都属于存款准备的集中，对政府各种财政性存款，也不计付利息。

（4）中央银行的业务经营对象是政府、银行及其他金融机构。中央银行不同于商业银行，其经营对象主要面向政府和其他金融机构。而商业银行及其他金融机构，其

经营对象是企业、单位和个人。

（5）中央银行的资产具有最大的流动性。中央银行负有调节金融的职责，其资产必须具有最大的流动性。因为中央银行对金融的调节，主要是通过货币政策工具来进行的，无论使用哪种货币政策工具（存款准备金政策、再贴现政策、公开市场业务），其最终结果必然是由中央银行的资产变动而引起社会货币供应量的变动，以达到所要求的政策效果。在中央银行资产中，不能含有长期投资，除保持适量的现金外，应保持一定数量的短期有价证券，如政府公债，以便随时变卖，应付金融调控需求。

二、中央银行的职能

中央银行的职能是性质的具体体现。中央银行的职能主要表现为它是发行的银行、银行的银行、政府的银行。

（一）中央银行是发行的银行

在现代银行制度中，中央银行首先是发行的银行，即有权发行银行券。垄断货币发行，成为全国唯一的货币发行机构，是中央银行的特权。

（二）中央银行是银行的银行

中央银行是商业银行和非银行金融机构的银行。中央银行作为银行的银行，这一职能具体表现在以下三个方面：

（1）集中管理全国的存款准备金。法律通常规定，商业银行及其他存款机构必须向中央银行缴存一部分存款准备金。目的在于：一方面，保证存款机构的清偿能力；另一方面，有利于中央银行调节和控制货币供应量。同时，中央银行有权根据宏观调控的需要，调整法定存款准备金比率。

（2）充当最后的贷款人。商业银行缴存于中央银行的存款准备金构成中央银行吸收存款的主要部分，当商业银行发生资金周转困难，可向中央银行申请借款，中央银行则执行最后贷款人的职能。

（3）组织全国范围内的票据交换和清算。

（三）中央银行是政府的银行

中央银行既作为管理全国金融的国家机关，制定和执行国家货币政策；又为政府服务，代理执行国库出纳职能。作为政府的银行，中央银行的职能主要表现在以下五个方面：

（1）代理国库。政府的收入与支出均通过财政部在中央银行内开立的各种账户进行。其具体包括：第一，按国家预算要求代收国库库款；第二，按财政支付命令拨付财政支出；第三，向财政部门反映预算收支执行情况。

（2）对政府融通资金，解决政府临时资金的需求。

（3）代理政府金融事务。中央银行通常代理政府债券的发行及还本付息事宜；代理政府保存和管理国家的黄金、外汇储备以及代理买卖黄金外汇业务。

（4）代表政府参加国际金融活动，进行金融事务的协调、磋商。

（5）充当政府金融政策的顾问，为国家经济政策的制定提供资料、数据和方案。

第三节 中央银行的组织形式与独立性

一、中央银行的组织形式

由于各国政治、经济、社会状况的差异，加之各国中央银行的历史与现实地位不同，因此形成了各种不同的中央银行的组织形式。

（一）单一中央银行制度

单一中央银行制度是指国家只设立一家中央银行作为政府金融管理机构，履行全部中央银行的职能。这类中央银行的特点是权力集中、职能齐全，根据需要在全国各地建立分支机构。

世界上大多数国家的中央银行，都是实行单一中央银行制度。

（二）复合中央银行制度

复合中央银行制度是指政府在中央和地方两级设立中央银行机构，按规定分别行使金融管理权。这类中央银行的特点是权力和职能相对分散，分支机构不多。

实行联邦制的国家，较多采用这种组织形式，如德国和美国。

（三）准中央银行制度

准中央银行制度是指一个国家或地区还没有建立通常意义上的中央银行制度，或者由政府授权某个或几个商业银行行使部分中央银行的权力。新加坡、我国香港属于这种体制。新加坡设有金融管理局和货币委员会两个机构来行使中央银行职能。金融管理局在法律上并不具有中央银行地位，其履行除货币发行以外的中央银行的主要职能，被称为"不发行货币的中央银行"。货币委员会的常设机构是新加坡货币局，其任务是办理货币发行。我国香港的金融管理局负责行使制定货币政策、实施金融监管以及支付体系管理等中央银行职能，货币发行职能则由汇丰银行、渣打银行和中国银行三家商业银行履行。

（四）跨国中央银行制度

跨国中央银行制度是指两个以上主权独立的国家共有的中央银行。跨国中央银行的主要职能是发行货币、为成员国政府服务、执行共同的货币政策及其有关成员国政府一致决定授权的事项。

跨国中央银行的特点是跨越国界行使中央银行的职能。一般来讲，跨国中央银行制度通常与一定的货币联盟相联系。

欧洲中央银行是由欧盟中的 15 个成员国国家中央银行组成的。欧洲中央银行与欧元区成员国中央银行（即欧洲中央银行分行）并不隶属于同一主权国家，欧洲中央银行是一个管理超国家货币的中央银行。独立性是其一个显著特点，欧洲中央银行不接受欧盟领导机构的指令，不受各国政府的监督。欧洲中央银行是唯一有资格在欧盟内部发行欧元的机构，1999 年 1 月 1 日欧元正式启动后，11 个欧元国政府失去制定货币政策的权力，而必须实行欧洲中央银行制定的货币政策。

二、中央银行的组织结构

由于各国具体情况的差异，各国中央银行的最高权力机构对中央银行的货币政策、业务方针、人事任免、规章制度以及所具有的决策权、执行权、监督权有所不同。因此，中央银行的最高权力机构可以划分为三种类型：

（一）最高决策机构和执行机构集中于理事会

英格兰银行、马来西亚中央银行等属于这一类型。英格兰银行最高决策机构是理事会。理事会由总裁、副总裁和16名理事组成。其成员由政府推荐，英女王任命。总裁任期5年，理事任期4年，每年2月末轮流离任4人，从理事会中选出若干常务理事主持业务。理事会下设5个特别委员会，包括常务委员会、稽核委员会、人事委员会、国库委员会以及银行券印制委员会。其中最重要的是常务委员会，有总裁、副总裁以及5名理事组成，负责有关政府政策问题。

（二）最高权力机构分为决策机构和执行机构

美国联邦储备体系（简称美联储）、日本银行、德意志联邦银行等属于这一类型。美国联邦储备体系的最高决策机构是联邦储备委员会，联邦储备委员会设主席、副主席各一人，由总统在7名理事中任命，任期4年，可连任。理事任期14年，每隔2年有1人到期。联邦储备委员会的主要职能是负责制定货币政策和金融规章制度、决定主要利率、审查各联邦银行及有关金融组织的财务报表以及监督联邦储备券的发行和收回。

根据《美国联邦储备法》的规定，美国划分为12个联邦储备区，成立12家联邦储备银行，实际上相当于美联储的12个分行，是执行货币政策的机构。联邦储备银行的主要职责是发行货币、负责货币政策的实施以及银行监管、票据清算、代理国库等。

公开市场委员会负责实施公开市场业务，决定联邦储备体系的外汇业务和国内外证券业务的活动。公开市场委员会是一个非常重要的机构，该委员会每年召开8次例会，最重要的是2月会议和7月会议，这两次会议通常制定货币和信贷增长指标。

日本银行的决策机构是日本银行政策委员会，由7人组成，各委员任期5年，经国会同意，由内阁任命。政策委员会决定日本银行货币政策的制定、政策工具的选择，决定或变更贴现率和贷款利率，决定或变更存款准备金比率，决定日本银行的经费预算和审定会计决策，等等。日本银行的执行机构是日本银行理事会。理事会由7名理事组成，总裁和副总裁由内阁任命。

（三）最高权力机构分为决策机构、执行机构和监督机构

瑞士国家银行、比利时国家银行、荷兰银行、法兰西银行等属于这一类型。

法国的国家信贷委员会是金融政策的决策机构，法兰西银行总裁担任该委员会副主席，主持该委员会的日常工作。法兰西银行理事会是执行机构，由法兰西银行总裁、副总裁和10名理事组成。银行管理委员会是法兰西银行的监督机构，法兰西银行总裁任银行管理委员会主席。

三、中央银行的独立性

实现国家的宏观经济目标，需要中央银行与政府密切配合。但是，中央银行承担的任务与工作重点，并不是在任何时候、任何条件下都与政府承担的任务和工作重点相一致，因此就产生了如何协调、处理两者之间的关系问题。

在中央银行与政府的关系中，最基本、最重要的问题就是中央银行与政府之间既要保持协调，又要保持独立，寻找两者结合的均衡点。这就是中央银行与政府关系的核心内容，即中央银行的独立性只是一种相对独立性。

（一）中央银行相对独立性的含义

现代中央银行的独立性不是指中央银行完全独立于政府之外，而是指中央银行在政府或国家权力机构的控制和影响下的独立性。因此，现代中央银行的独立性是一种相对的独立性，即中央银行在国家权力机构或政府的干预和指导下，根据国家的总体的社会经济发展目标，独立制定和执行货币金融政策。

（二）中央银行保持相对独立性的原因

1. 避免政治性经济波动产生的可能

西方国家的政府一般都是每隔几年要进行一次大选，执政党政府为了争取选票，争取获胜，往往要采取一些经济措施以有利于政治目的的实现。经济统计资料证明，高工资和高就业会给执政党带来不少选票，而执政党往往又把放松银根作为支持高工资和高就业的主要武器。因此，在大选前，中央银行易于受到某种政治压力，使货币政策偏离原定目标。在大选中，政府往往实行松的财政政策与货币政策，刺激经济增长，以便争取选票，结果导致通货膨胀。继续执政或另一政党上台，一般就面临着治理通货膨胀，不得不采取紧的财政政策与货币政策，以便稳定金融和经济。如果中央银行具有较强的独立性就可以避免这类政治和经济动荡对货币政策的干扰。

2. 避免财政赤字货币化的需要

中央银行作为政府的银行，有义务帮助政府平衡财政预算和弥补赤字。但财政活动的客观结果并不一定是保持经济的稳定增长和物价稳定。如果财政出现了赤字，中央银行就要无条件地去弥补，就谈不上独立地执行货币政策。中央银行制定的货币政策的主要目标是稳定货币，其对财政只能是一般支持，而不是无条件支持，更不能通过发行货币去弥补财政赤字，因为这样的结果只能导致通货膨胀。

3. 为了适应中央银行特殊业务与地位的需要

中央银行的活动领域主要在宏观金融领域，业务具有高度的专业性和技术性，其货币政策直接影响国民经济的各个部门。因此，中央银行的最高层管理者必须具有丰富的国内外经济知识、熟练的技术和经验来制定政策，进行宏观调控。

（三）中央银行独立性的主要内容

1. 建立独立的货币发行制度，以维持币值的稳定

中央银行应按经济的原则独立地发行货币，不能向财政透支，不能向财政长期融通资金，不能代为行使其他应由财政行使的职能，以保证货币发行权牢固地掌握在中央银行的手中。

2. 独立地制定和执行货币政策

中央银行必须掌握货币政策的制定权和执行权。在制定货币政策时，中央银行必须体现或考虑政府的宏观经济政策及意图，尽可能使中央银行的货币政策与国家的宏观经济政策保持一致性。在执行货币政策过程中，中央银行必须保持高度的独立性，不受各级政府和部门的干预。

3. 独立地管理和控制整个金融体系和金融市场

中央银行有权管理金融市场的交易，金融机构的建立和撤并，有权对金融机构的业务活动、经营状况进行检查。中央银行有权对金融体系和金融市场进行监督、控制，使整个金融活动按货币政策的需要运行。中央银行有权对违反金融法规、抗拒管理的金融活动和金融机构，给予经济的、行政的制裁。

（四）中央银行与政府的关系

1. 中央银行与政府负有共同的使命

为了发展本国经济，各国政府一般都要制定相应的经济政策，其中包括产业政策、外贸政策、物价政策、货币政策、财政政策等。而货币政策的具体制定和贯彻执行是由中央银行完成的。

货币政策的变动会直接对经济产生影响，特别是对稳定物价、经济增长、国际收支平衡影响重大。因此，各国政府都十分重视货币政策的制定，将其纳入与财政政策并列的最主要的经济政策的行列，直接置于政府的控制之下。因此，政策的协调性决定了中央银行与政府负有同样的使命。

2. 中央银行是国家制度的一个组成部分

任何国家的中央银行都有其最基本的职责和权力。大多数国家在建立中央银行制度时，或多或少地在有关法律文件中做出了规定，这些职责、权力和法律规定表明，中央银行是合法的公共管理机构，其职责和权力具有国家政权的性质。因此，中央银行是国家制度的组成部分之一。

3. 政府对中央银行的控制与管理

中央银行的金融宏观调控管理工作有其独特的、不可取代的专门技术性，中央银行制定或参与制定的货币政策有着其他经济政策无法比拟和取代的地位、作用。因此，中央银行需要足够的独立性来完成这项工作。但是，中央银行作为国家制度的组成部分，其基本职责就是要为国家的宏观经济政策服务，并接受政府的监督与管理。这具体表现在以下几个方面：

（1）最高权力机构及领导人的任命。政府拥有任命中央银行最高权力机构成员的权力，并通过行使这项权力，直接影响中央银行的工作倾向。例如，美国联邦储备委员会的成员经参议院同意后由总统任命；英格兰银行的理事经政府推荐由英女王任命；日本银行政策委员会的成员经国会同意由内阁任命；等等。

（2）法定的责任关系。在多数国家，中央银行向政府负责，定期向政府汇报工作，接受政府的指示，如英国、日本、意大利等国家。在美国、德国和瑞士，中央银行主要向国会负责。

（3）政府派代表参与中央银行最高决策机构。许多国家的中央银行的最高决策层或管理机构内都有政府所派的代表，如法国、日本、瑞士、加拿大等国家。这些由政府派出的代表，对中央银行独立地行使权力起了限制作用。但政府代表的存在不仅能够充分地阐释政府的政策，沟通政府与中央银行之间的信息，还可以在必要的时候，提醒中央银行注意当前政治对金融政策的迫切要求，避免中央银行因过分注意技术问题而忽略或误解某些政治的、社会的现象可能带来的不良后果。

（4）货币政策制定中的最终权威。任何一国的中央银行，都是该国货币政策的执行者，但不一定是货币政策的制定者。在现实生活中，大多数国家的中央银行并不能完全依照自己的意志制定货币政策。当政府与中央银行的意见不一致时，法律常常明确规定，政府享有左右中央银行的指令权，如英国、日本、比利时、澳大利亚等国家。少数国家的中央银行有权独立制定货币政策，如美国、德国等国家。但是，其中央银行每一时期的货币政策，无不打上政府的烙印，体现政府的政策意向。

（五）中央银行与财政的关系

中央银行与财政是国家聚集和分配资金的两条渠道，两者既要相互支持、相互配合，又要相互制约，共同完成国家赋予的经济任务。中央银行与财政之间的行政隶属关系，各国不尽相同，概括起来，有以下几种类型：

第一，中央银行从属于财政部，如英国、日本、比利时等国家。这些国家的法律明确规定，财政部拥有对中央银行的广泛的指示权，可以干预中央银行的日常活动。英国在20世纪90年代末取消了这一法律规定。

第二，中央银行隶属于一个以财政部为首的决策机构来领导，如法国、意大利等国家。

第三，中央银行与财政部门作为政府内阁的组成部分，直接接受政府内阁领导。

第四，中央银行独立于政府之外，直接对国会负责，拥有较强的独立性，如美国、德国、瑞典等国家。

第四节　中央银行的主要业务

中央银行的业务主要反映在其资产负债表上。为了更好地理解中央银行的业务，我们先介绍一下中央银行的资产负债表。

一、中央银行的资产负债表

由于各国信用制度和信用方式存在一定的差别，各国中央银行的资产负债表的内容和项目也不尽相同，但基本结构相似。表6-2是中央银行资产负债表的一般格式。

表6-2　　　　　　　　　　中央银行资产负债表

资产	负债
贴现及贷款 各种证券 黄金外汇储备 其他资产	流通中的现金 各项存款 其他负债 资本项目
资产项目合计	负债及资本项目合计

拓展阅读

中国人民银行资产负债表如表6-3所示。

表6-3　　　　　　　　　　中国人民银行资产负债表

项目　Item
国外资产　Foreign Assets
外汇　Foreign Exchange
货币黄金　Monetary Gold
其他国外资产　Other Foreign Assets
对政府债权　Claims on Government
其中：中央政府　Of Which: Central Government
对其他存款性公司债权　Claims on Other Depository Corporations
对其他金融性公司债权　Claims on Other Financial Corporations
对非金融性部门债权　Claims on Non-financial Sector
其他资产　Other Assets
总资产　Total Assets
储备货币　Reserve Money
货币发行　Currency Issue
其他存款性公司存款　Deposits of Other Depository Corporations
不计入储备货币的金融性公司存款　Deposits of Financial Corporations Excluded from Reserve Money
发行债券　Bond Issue
国外负债　Foreign Liabilities
政府存款　Deposits of Government
自有资金　Own Capital
其他负债　Other Liabilities
总负债　Total Liabilities

（一）负债项目

（1）流通中的现金。流通中的现金是指中央银行发行的由社会公众持有的及各金融机构库存的现钞和辅币。流通中的现金在负债项目中所占比重不大。

（2）各项存款。各项存款包括商业银行和其他金融机构存款、政府部门存款、外国存款等。其中，商业银行存款所占比重最大。

（3）其他负债。其他负债是指以上负债项目中未列入的负债。

（4）资本项目。资本项目是指中央银行的自有资本，包括股本、盈余结存以及财政拨款。

（二）资产项目

（1）贴现及贷款。贴现及贷款包括中央银行对商业银行的再贴现、再贷款以及对财政部、国内外其他金融机构的贷款。在资产项目中，贴现及贷款占有十分突出的地位。

（2）各种证券。各种证券主要指中央银行持有的政府债券以及外国政府债券。西方主要发达国家该项目在资产项目中所占比重最大。

（3）黄金外汇储备。黄金外汇储备是指由中央银行购买黄金、外汇以及国际货币基金组织的特别提款权所形成的资产。

（4）其他资产。其他资产是指上述三项未列入的资产，如土地、设备以及待收款等。

二、中央银行的负债业务

中央银行的负债业务主要包括货币发行、存款业务、代理国库等内容。

（一）货币发行

货币发行是中央银行最主要的负债业务，也是中央银行区别于商业银行的一个重要标志。

中央银行发行货币主要是通过对商业银行及其他金融机构提供贷款、接受商业票据再贴现、在金融市场上买进有价证券、收兑黄金、外汇等方式投入流通的。

货币是一种债务凭证，是中央银行（即货币发行人）对货币持有者的一种负债。当中央银行接受国家政府委托，代替国家政府发行货币时，货币发行便是国家对货币持有者的一种负债。因此，货币发行是中央银行的负债业务。货币发行虽然是货币发行人的负债业务，同时货币发行也是一种净收益。谁发行货币，谁就拥有这种净收益。国家政府基于货币发行所得利益与应负责任两方面的考虑，把货币发行权委托给中央银行。在中央银行制度下，货币发行就成了中央银行独有的一种特权。

稳定物价是中央银行的主要目标。因此，中央银行的货币发行量要以经济发展的客观要求为依据，保持良好的货币供给弹性，使货币供给与流通中的货币需求相吻合，为经济的持续稳定增长提供一个良好的金融环境。货币发行必须遵循两条基本原则：第一，消极原则——货币发行必须要有可靠的信用保证，即必须要有一定的有价证券、外汇或黄金作为保证。第二，积极原则——货币发行量要有高度的伸缩性和灵活性，以适应社会经济状况不断变化的需要。

（二）存款业务与代理国库

1. 集中存款准备金

集中存款准备金是中央银行制度形成的重要原因之一，也是现代中央银行制度的一项极其重要的内容。第一，集中各银行的存款准备金，增强了中央银行的资金实力，使之除了货币发行外，又增加了一条重要的资金来源渠道。第二，中央银行可以通过改变法定存款准备金比率来影响商业银行的信用创造能力，进而调节全社会的货币供应总量。

2. 财政性存款

中央银行作为政府的银行，一般由政府赋予代理国库的职能。财政的收入和支出，都由中央银行代理。另外，依靠国家拨给行政经费的行政事业的存款，也都由中央银行办理。金库存款、行政事业单位存款，在支出之前存在中央银行，是构成中央银行资金的重要来源。

中央银行代理国库具有重要的意义，表现在三个方面：第一，可以吸收大量的财政金库存款，形成其重要的资金来源。第二，这种存款通常是无息的，因此中央银行一方面可以积聚大量资金，另一方面也可以降低其总的筹资成本。第三，有利于沟通财政、金融之间的联系，使国家的财源与金融机构的资金来源相连接，充分发挥货币资金的作用。

三、中央银行的资产业务

中央银行的资产业务是指中央银行运用其货币资金的业务。由于肩负调节经济的重任，为了保证其运用经济手段的灵活性，中央银行不可以把自己的资产用于长期投资，以保持其资产的较大流动性。中央银行的资产业务，主要有贷款业务，证券业务，管理、买卖储备资产等。

（一）贷款业务

中央银行的贷款业务是中央银行运用其资金的重要途径之一。贷款业务充分体现了中央银行作为银行的银行充当最后贷款人的职能作用以及作为政府的银行而为政府提供信用的职能作用。

1. 中央银行对商业银行的贷款

中央银行对商业银行的贷款的目的在于解决商业银行临时性的资金周转困难，补充其资金的流动性。商业银行一般以票据再贴现、证券与抵押方式向中央银行取得贷款。

2. 对财政贷款

对财政贷款可以分成以下三种情况：

（1）财政正常的借款。贷款办法与商业银行贷款相似。

（2）财政的透支。

（3）证券投资性贷款。中央银行从事公开市场业务时，购买政府发行的国库券和公债，事实上是间接向财政发放贷款。许多国家为防止财政滥用权力，对中央银行向财政贷款都有限制性措施。例如，规定年度最高借款限额，规定必须由国会每年批准一次借款权，等等。

3. 其他贷款

其他贷款主要包括中央银行对外国银行和国际性金融机构的贷款。

中央银行经营贷款业务时要注意以下事项：

（1）中央银行为自身性质所决定，发放贷款不能以营利为目的，只能以实现货币政策目标为目的。

（2）中央银行由业务经营对象决定，应避免直接对个人和工商企业发放贷款，集中精力发挥最后贷款人的职能。

（3）中央银行必须保持其资产高度流动性这一特征，应坚持以短期为主，一般不得经营长期性的贷款业务。

（4）中央银行为了保持相对独立性的客观需要，应控制对财政的贷款，避免成为财政的出纳和弥补赤字的工具。

（二）证券业务

在证券市场比较发达的国家，中央银行为了调节与控制货币供应量，通常都要在公开市场上从事有价证券买卖业务。中央银行如果要紧缩银根，减少市场货币供应量时，便卖出其持有的有价证券（抛出证券，回笼货币）；反之要放松银根，增加市场货币供应量，便买进有价证券（收回证券，发行货币）。

由于中央银行在公开市场上买卖有价证券，具有主动出击、买卖数量可以灵活控制、执行迅速等优点，因此一些西方主要国家（如美国）的中央银行把公开市场业务作为最有效和最常用的政策工具，从而有价证券买卖业务就成了其中央银行最主要的资产业务。

（三）管理、买卖储备资产

集中管理储备资产是中央银行的一项重要职能。实现这一职能，必须通过储备资产的买卖业务来完成。

各国中央银行从国家利益出发，从稳定货币流通出发，都需要保留一定数量的黄金、白银和外汇储备。中央银行可以根据经济发展需要随时增加或减少金银外汇储备。中央银行的买卖储备资产业务是为了集中储备、调节资金、改善结构、稳定币值、稳定汇价。

中央银行保管、买卖黄金及外汇储备，主要应注意两个问题：第一，合理的黄金、外币储备数量。国家储备过多是对资源的浪费，过少则面临丧失国际支付能力的可能。因此，确定合理持有水平，是一个十分重要的问题。第二，合理的黄金、外币储备的构成。通常，国家都是从安全性、收益性、可兑现性这三个方面考虑其构成。

四、中央银行的支付清算业务

为商业银行及其他金融机构办理支付清算服务是中央银行的一项重要职能。由于支付清算系统的运行关系到货币政策的实施，对稳定货币、稳定金融体系具有至关重要的影响，因此中央银行对支付清算系统的运行及监管极为重视。

（一）集中办理票据交换

同城或同地区间的资金清算，主要是通过票据交换所来进行。有些国家的票据交换所是由中央银行直接主办的，有些国家的票据交换所是由各银行联合举办的，不论票据交换机构形式如何，票据交换的最后差额都必须经过中央银行转账。银行之间的清算差额体现为银行之间的债权债务关系。中央银行把各银行每日发生的业务资金往来进行轧差，将逆差行的逆差额从其存款中划转给顺差行。

（二）办理异地资金转移

各银行之间的异地汇总形成异地银行之间的债权债务关系。异地银行之间的债权债务清算一般具有两种类型：第一，先由各商业银行等金融机构通过内部联行系统划转，最后由其总行通过中央银行办理转账清算。第二，直接把异地票据统一集中送到中央银行总行办理轧差转账。

阅读专栏 6-1

如何理解所谓的央行"缩表"

近期社会上对所谓的央行"缩表"关注和议论较多。近年来全球范围内对央行资产负债表关注度上升，与国际金融危机后主要发达经济体央行较多运用资产负债表等非常规货币政策工具有关，尤其是在近期全球经济形势有所好转的大环境下，部分经济体逐步退出"量化宽松"政策，美联储也开始考虑"缩表"问题，各方面对央行资产负债表的关注度进一步上升。但较之发达经济体央行，影响我国央行资产负债表变化的因素更加复杂，不宜简单类比。由于外汇储备很少，加之基本不使用准备金工具，发达经济体央行的资产负债表相对较为简单，其资产方主要是央行购买的政府债券等各类资产，负债方则主要是基础货币（法定准备金很少，多为超额准备金）。我国央行资产负债表则更为复杂，资产方不仅包括对其他存款性公司债权等，更大部分的是外汇占款；负债方除了基础货币（现金、法定准备金和超额准备金等），还有大量的政府存款等。由于资产负债表结构存在差异，发达经济体央行资产负债表的收缩和扩张，能够相对准确地反映银行体系流动性的变化，而我国央行资产负债表的变化则还受到外汇占款、不同货币政策工具选择、财政收支乃至春节等季节性因素的影响，并且作为发展中经济体，金融改革和金融调控模式变化也会对央行资产负债表产生影响，不能简单与国外央行进行类比。

长期以来，中国人民银行资产负债表变化受外汇占款影响很大。2014 年之前的较长一段时间，我国面临国际收支大额双顺差，央行外汇储备持续增加，并对应准备金及央票的相应增长，中国人民银行资产负债表相应扩张较快。2014 年下半年以来，随着国际收支更趋平衡，外汇占款总体呈现下降态势，央行"缩表"的情况也开始增多。2015 年，中国人民银行资产负债表曾收缩约 2 万亿元，2016 年 3 月末较 1 月末也收缩了约 1.1 万亿。这两次"缩表"，都是在外汇占款下降的大背景下发生的，同时也与降低准备金率有关。2015 年全年 5 次普降准备金率，2016 年 3 月也曾"降准"。与开展公开市场操作等具有"扩表"作用不同，"降准"只改变基础货币结构而不增加基础货币总量。但"降准"后商业银行法定准备金会转化为超额准备金，具有投放流动性的作用，随着商业银行动用这部分流动性，超额准备金也会相应下降，由此产生"缩表"效应。"降准"还容易引起预期变化从而加剧外汇流出。在外汇占款减少和降低准备金率相互叠加、互相强化的情况下，更容易出现央行"缩表"的现象。

2017 年第一季度央行再度出现"缩表"。2017 年 2 月末和 3 月末，中国人民银行资产负债表较 1 月末分别下降了 0.3 万亿元和 1.1 万亿元。这一次的所谓"缩表"在外汇占款下降这一大背景不变的情况下，主要与现金投放的季节性变化及财政存款大幅变动有关。具体如下：

现金投放的季节性波动是 2 月份"缩表"的重要原因。从机理上看，现金发行增加会减少银行体系流动性（超额备付金），需要央行相应给予补充，由于现金发行和超额备付都记在央行资产负债表中的基础货币项下，由此会导致央行"扩表"。春节后现金回笼，会补充银行体系流动性，由此央行可以相应减少流动性投放，表现为其他存款性公司债权的减少，从而出现春节前央行"扩表"而春节后央行"缩表"的现象。2017年春节恰巧在1月末,春节前现金大量投放,当月现金发行增加2.2万亿元,若不考虑其他因素会导致央行相应"扩表";春节后的2月份现金回笼1.7万亿元,若不考虑其他因素则会导致央行相应"缩表"。与往年不同的是,2017年央行通过临时流动性便利(TLF)在春节前提供了部分流动性支持,TLF工具在基础货币总量基本稳定的情况下,通过调整基础货币结构满足了现金需求。因此,2017年1月份基础货币扩张幅度不大,2月份现金回笼的影响也相对较小,当月基础货币仅下降0.5万亿元,加之2月份财政存款增加了0.2万亿元,部分对冲了现金回笼的影响,由此2月份央行"缩表"仅0.3万亿元。

财政支出加快是3月份"缩表"的重要原因。2017年3月份,财政支出加快,央行资产负债表上的政府存款减少0.8万亿元,比上年同期多减少0.6万亿元。财政支出后会转化为银行体系的流动性,反映为央行资产负债表上政府存款下降、超额备付金上升,虽然从静态上看并不改变央行资产负债表的规模而仅影响其结构,但从动态上看由于央行会相应减少流动性投放,表现为其他存款性公司债权的减少,由此也会产生"缩表"效应。这一点从央行资产负债表上就能看出,虽然3月份基础货币总量基本稳定,但央行主要因财政存款下降较多"缩表"了0.8万亿元。

商业银行合意流动性水平的变化对资产负债表也有一定影响。近年来,随着对存款准备金实施双平均法考核以及公开市场操作频率提高至每日操作等,商业银行的预防性流动性需求总体趋于下降,在一定程度上也会对央行资产负债表产生影响。根据形势变化和供求因素,中国人民银行合理搭配工具组合,保持了流动性中性适度和基本稳定。这意味着央行资产负债表的变化与保持银行体系流动性基本稳定可以并行不悖,既不能用过去几年的情况来衡量目前的流动性松紧状况,也不能将某些季节性因素引致的央行资产负债表变化视为货币政策取向的变化。

总体来看,中国人民银行资产负债表的变化要受到外汇占款、调控工具选择、春节等季节性因素、财政收支以及金融改革和调控模式变化等更为复杂因素的影响,中国人民银行"缩表"并不一定意味着收紧银根,比如在资本流出背景下"降准"会产生"缩表"效应,但实际上可能是放松银根的,因此不宜简单与国外央行的"缩表"类比。对此应全面、客观地看待,并做更深入、准确的分析。由于第一季度"缩表"受季节性及财政收支等短期因素影响较大,从目前掌握的数据看,4月份中国人民银行资产负债表已重新转为"扩表"。

资料来源:中国人民银行货币政策分析小组. 2017年第一季度中国货币政策执行报告[EB/OL]. (2017-05-12)[2017-08-10]. http://www.cnfinance.cn/articled/2017-05/t6-25578.html.

本章小结

1. 英格兰银行的产生标志着现代中央银行的产生。自英格兰银行开始集中货币发行权以来的一个半世纪中,中央银行的发展经历了产生、发展、壮大和不断完善的过程。

2. 中央银行的组织形式因各国政治、经济、文化等方面存在的差异而划分为四种：单一中央银行制度、复合中央银行制度、准中央银行制度和跨国中央银行制度。根据中央银行的最高权力机构对中央银行所具有的决策权、执行权、监督权的不同，可将中央银行的组织机构划分为最高决策权和执行权集于一体，最高权力机构分为金融决策机构和执行机构，最高权力机构分为决策机构、执行机构和监督机构三种。

3. 中央银行的性质是国家金融管理机构。中央银行的职能是发行的银行、政府的银行、银行的银行。

4. 中央银行货币政策的制定与执行应与政府的经济政策协调一致，因为中央银行与政府的使命是共同的。但是中央银行承受的任务及工作重点，并不是在任何时候、任何条件下都与政府承担的任务和工作重点相一致，因此又要保持独立。中央银行的独立性是一种相对独立性。

5. 中央银行的业务主要反映在其资产负债表上。

重要概念

单一中央银行制度　复合中央银行制度　中央银行相对独立性

复习思考题

1. 我国的中国人民银行在金融体系中的地位如何概括表述？它承担的基本任务是什么？请阅读《中华人民共和国中国人民银行法》并进行思考。
2. 一个方便、快捷并保持顺畅运行的清算体系对经济生活有何意义？
3. 如何理解中央银行作为"最后贷款者"的重要意义？
4. 中央银行为什么要保持相对独立性？
5. 中央银行的资产负债表与宏观经济的关系如何？

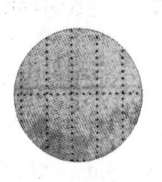

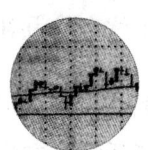

第七章　货币需求

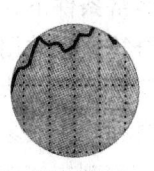

货币需求理论是探讨货币需求动机和货币需求量的决定及其稳定性或可测性等问题的理论。货币需求理论是整个货币经济理论的重心，也是宏观经济理论的重要组成部分，同时又是中央银行实行宏观调控的决策依据，具有非常重要的实践意义。正因为这样，长期以来，许多人都致力于这方面的研究，并且取得了丰硕的成果，形成了多种理论或流派。

第一节 货币需求的基本概念

什么是"货币需求"？回答这个问题看似容易实际上困难，尽管在当今社会，几乎每个人心目中都存在"货币需求"。原因在于这个概念可以从多个角度去考虑，考虑的角度不同，对这个问题答案的表述也自然存在差异。比较趋于一致的主张是从货币需求主体和货币对经济的影响这两个角度来考察。

一、微观货币需求与宏观货币需求

从货币需求主体的角度来看，货币需求可分为微观货币需求与宏观货币需求。微观货币需求是指个人、家庭或企业（或称各经济主体）在既定的收入水平、利率水平和其他经济条件下，从自己的利益、动机、持有货币的机会成本考虑保持多少货币在手边最合算或称效用最大（即机会成本最小，所得效用最大）。可见，这是研究微观主体的行为及其对货币持有量的影响，因此也有人将其称为个人货币需求。宏观货币需求则是指一个国家或地区根据一定时期内经济发展的要求考虑的货币需要量。可见，这是研究宏观主体的行为，因此也有人将其称为社会货币需求。

二、名义货币需求与实质货币需求

名义货币需求（Nominal Money Demand）与实质货币需求（Real Money Demand）是经济学家（主要是货币学派的经济学家）在说明货币数量变动对经济活动的影响过程时使用的一对概念。

所谓名义货币需求，是指个人、家庭或企业等经济单位或整个国家和地区对名义货币数量的需求，即不考虑价格变动时的货币持有量，即 M_d。所谓实质货币需求，是指对名义货币数量除以物价水平的货币数量的需求，即各经济主体持有的名义货币量（M_d）扣除物价因素之后的余额，即 M_d/P。货币主义的代表人物弗里德曼非常强调这个货币需求。

由上可见，名义货币需求与实质货币需求主要是从微观主体上来研究货币需求。西方货币需求理论主要是从微观上来研究货币需求的动机、影响因素及其与货币需求的关系、货币需求的稳定性等课题。

第二节　马克思的货币需求理论

马克思的货币需求理论主要是关于货币需要量的论述，其基本观点是流通中必需的货币量为实现流通中待售商品价格总额所需的货币量。在商品流通中，货币是交换的媒介，因此待售商品的价格总额决定了所需要的货币数量。但考虑到单位货币可以多次媒介商品的交易，因此由商品价格总额决定的货币量应当是货币流量而非存量。其用公式表示如下：

$$\frac{\text{执行流通手段的}}{\text{货币必要量}(M)} = \frac{\text{商品价格总额}}{\text{货币流通速度}}$$

$$= \frac{\text{商品平均价格}(P) \times \text{待售商品数量}(T)}{\text{货币流通速度}(V)}$$

即
$$M = \frac{P \cdot T}{V} \tag{7-1}$$

马克思的这个公式具有重要的理论意义：

第一，该公式反映的是一种实际交易过程，因此反映的是货币的交易需求，即人们进行商品与劳务交换时所需要的货币量。

第二，该公式含有相对稳定的因果关系，即商品流通决定货币流通。根据马克思劳动价值论的理论，商品价格由其价值决定，而价值源于社会必要劳动，因此商品价格是在流通领域之外决定的，商品是带着价格进入流通的。由于价格是先于流通过程确定的，因此商品价格总额是一个既定的值，必要的货币量是根据这一既定值确定的。

第三，因为商品价值决定其价格，所以该公式表明的是金属货币流通条件下的那种货币数量不影响价格水平的情况。因为在金本位制度下，铸币可以自由地进入或退出流通，流通中的铸币量可以在价值规律下，自发地调节商品流通对货币的需要量。当流通中货币量大于需要量时，有相应数量的货币退出流通；当流通中货币量小于需要量时，又有相应数量的货币进入流通。因此，商品价格不会由于货币量的大量匮乏或严重过剩而出现大幅度波动。

然而，当金属货币的流通为纸币及不兑现信用货币流通取代时，货币供应就会对货币需求产生反作用。这是因为不兑现信用货币流通使货币供应量失去自动适应货币需要量的性能。流通中货币量对货币需要量经常存在的差异，必然引起商品价格的变动。这就是说，如果流通中货币量超过货币需要量，多余的货币不会退出流通而滞留在流通界，就在商品价格上表现出来。也就是通过商品价格变动，使原来过多的货币为流通所吸收，变成价格上升后货币需要量的组成部分。这样货币供给就会影响价格，影响货币需求。这种现象在现代经济中是显著存在的，不容忽视。

为此，马克思分析了纸币流通条件下货币量与价格之间的关系。马克思指出，纸币是由金属货币衍化而来的。纸币之所以能够流通，是由于国家政权的强制力。同时，纸币本身没有价值，只有流通，才能作为金币的代表。因此，纸币一旦进入流通，就不可能再退出流通。如果说，流通中可以吸收的金量是客观决定的，那么流通中无论有多少纸币也只能代表客观需求的金量。在这个公式中，我们可以明显地看出货币供应量对于货币币值从而对物价的影响,商品价格水平会随纸币数量的增减而涨跌。

第三节 货币数量论

20世纪初期发展起来的货币数量论主要是探讨名义总收入是如何决定的,由于该理论分析了在总收入规模既定条件下所持有的货币数量,因此该理论也是属于货币需求理论。在货币数量理论的发展过程中,最具代表性的是欧文·费雪(Irving Fisher, 1867—1947)的现金交易说和阿弗里德·马歇尔(Alfred Marshall,1842—1924)的现金余额说。其在基本观点上仅以货币为交易媒介或认为保存货币仅为便利交易的一些货币需求分析。

一、现金交易说

现金交易说(Cash Transaction Theory)注重于研究货币数量与物价之间的因果关系,认为货币数量增加,必然导致物价水平上升,货币价值下跌;反之则反是。现金交易说是通过建立一个方程式来说明这一点的。

1911年,美国耶鲁大学教授欧文·费雪在他的《货币购买力》一书中提出了一个交易方程式,也被称为费雪方程式。费雪认为,假设以 M 表示一定时期内流通货币的平均数量,V 表示货币流通速度,P 表示同期内交易的各类商品价格的平均数,T 表示同期各类商品的交易总量,则有:

$$MV = PT \text{ 或 } P = \frac{MV}{T} \tag{7-2}$$

该方程式的基本含义是,在商品经济条件下,在一定时期内,流通中的货币总量必然与流通中的商品交易总额相等,因为人们手上不论有多少货币,都用于支付,购买商品和劳务,货币支出量与商品交易量的货币总值一定相等。因此,这个等式是定义恒等式。

这个方程式表明,P 的值取决于 M、V、T 这三个变量的相互作用,即影响 P 的因素有这三个变量。费雪分析道,在这三个经济变量中,M 是一个由模型之外的因素决定的外生变量;V 是单位货币在一定时期内充当流通手段和支付手段的次数,取决于社会支付制度、技术发展或交通条件、社会习惯、工业结构、金融制度等长期性因素,在短期内不变,即使在长期也变动非常缓慢,也不受 M 的影响,因此可将 V 视为常数;T 取决于自然条件和技术因素,尤其在充分就业条件下,不论是短期,还是长期,都变动极微,也不受 M 的增减影响,因此 T 也可被视为常数。这样就只剩下 M 与 P 的关系,并且十分重要,P 特别取决于 M 数量的变化。因此,该方程式又可写成:

$$M\bar{V} = P\bar{T} \tag{7-3}$$

或
$$M = P\left(\frac{\bar{T}}{\bar{V}}\right)$$

由此得出结论:在货币流通速度和商品交易量不变的条件下,物价水平是随流通中的货币量成正比例变动的。由于 $\bar{T}$、$\bar{V}$、$\frac{\bar{T}}{\bar{V}}$ 均为常数,因此 M 的变动必然引起物价的同方向同比例变化。如果 M 增加一倍，物价也相应增加一倍，即：

$$\frac{\Delta M}{M} = \frac{\Delta P}{P}$$

上式表明，货币量的变动是因，物价的变动是果，并且在变化过程中，P 的增量 $=M$ 的增量。

费雪虽更多地注意 M 对 P 的影响，但从这一方程式也可导出一定价格水平和其他因素不变条件下的货币需求量。也就是说，费雪的这个理论可以说是一种货币购买力的决定理论，也可以说是一种货币供给理论或货币需求理论，因为在他所处时代的经济学家看来，市场机制能永保供给等于需求，即均衡是市场经济的常态，包括充分就业的均衡和货币的均衡。因此，货币的供给量就是货币的需求量。

二、现金余额说

现金余额说（Cash-balance Theory）是着眼于人们当成备用购买力（Ready Purchasing Power）持有的现金余额来研究币值和物价波动的货币理论。现金余额说由英国剑桥大学教授、剑桥学派的创始人、著名的经济学家马歇尔所倡导，后经其弟子庇古（Arthur Cecil Pigou）、罗伯逊（D. H. Robertson）及凯恩斯等人加以充实和发展。现金余额说也推出了相应的方程式，即现金余额方程式，亦称剑桥方程式。

马歇尔认为，一国通货的数量与其流通速度的乘积等于利用货币支付直接完成的交易总额。但这种关系并未说明决定货币流通速度的因素，要了解决定货币流通速度的因素，还必须注意该国人民以通货方式保有购买力的数额。因此，剑桥学派的货币需求分析已放弃制度性因素影响社会货币需求量的观点，着重探讨经济主体持有货币的动机。

剑桥学派认为，由于货币具有立即购买物品、为持有者提供便利服务如便利交易和预防意外等的作用，因此人们才需要保有货币。这样说来，人们想要的便利和服务越多，决定了其持有的货币就越多。但事实上并非如此，个别经济主体持有多少货币，要受到一系列因素的影响和制约。其一，受个人的收入和财富所限。这决定了个人持有货币的上限。其二，个别经济主体对持有货币产生的便利与安全，对将来收入、支出和物价等的预期，也会影响其货币持有量。其中，尤其是物价的影响会更大。其三，保有货币的机会成本。所有资产中，除货币外，其他资产都具有收益率，因此持有货币会遭受一定程度的风险和损失。个别经济主体将比较两者的利益和损失，进行利弊得失的权衡，从而决定以货币的形式持有现金的比例，即现金余额。

从上可见，剑桥学派是从个人资产选择的角度分析货币需求的决定因素，但对此他们并未进行深入研究，而只是简单地假设货币需求同人们的财富或名义收入保持一定的比率。这一比率取决于持有货币的机会成本和人们对未来的预期等因素。剑桥学派还假设整个经济的货币供给和货币需求会自动趋于均衡。因此，可得下式：

$$M_d = KPY \tag{7-4}$$

(7-4) 式即现金余额方程式的最一般形式。

式中，M_d 表示货币需求量，即现金余额，Y 表示真实收入，P 表示一般物价水平，K 表示全部名义收入（PY）中几分之几是人们想要用货币形式来保持的，即以货币形式保有的比例。

根据上面的假设，货币供给无论大于或小于货币需求，都会自动得到调整。为了恢复均衡，就要求 K 或 P 发生变动。由于剑桥学派的分析仍然是在充分就业的假设下进行的，即 Y 在短期内不变。如果 K 也不变，则 P 将与 M 做同方向同比例的变动。可见，剑桥学派得出的结论与现金交易说的结论没有什么不同。因此，现金余额说仍属传统货币数量说。

第四节　凯恩斯学派的货币需求理论

一、凯恩斯的货币需求理论

凯恩斯认为，人们之所以需要货币，是因为货币是一种流动性最强、面值固定不变，即既没有资本升值，也没有资本贬值的资产，不仅具有交换媒介的职能，而且还可以作为价值贮藏的工具。人们愿意持有现金而不愿意持有其他诸如股票和债券等虽能生利但较难变现的资产，这一流动偏好构成了对货币的需求。因此，凯恩斯的货币需求理论又称为流动性偏好理论。

凯恩斯认为人们持有货币是出于三种动机：第一，交易动机，即必须保留一部分货币（现金），以使个人或企业进行日常交易；第二，预防动机，即个人或企业保留一部分货币，借以保持资源未来的现金价值；第三，投机动机，即凭借自己对市场变化的掌握和预测较一般人高明这一点来获利。在这三种动机中，交易动机与预防动机在传统货币数量论中早已提出来了，但第三种动机却是凯恩斯的独创，并且特别被加以强调，它在决定整个货币需求中起特别重要的作用。因此，有些经济学者认为这是凯恩斯在货币金融理论中的一个具有创造性的尝试。

（一）交易动机的货币需求及其决定

交易动机（Transaction Motive）是指为进行日常交易而产生的持有货币的愿望。不论是个人还是企业，这种货币需求都是为了解决收入与支出在时间上不一致的矛盾，即都是应付在收支时差中的业务开支需要。这种需要量主要取决于货币收入的多少，并且与货币收入成同向变动。

（二）预防动机的货币需求及其决定

预防动机也称为谨慎动机（Precautionary Motive），是指人们为应付紧急情况而产生的持有货币的愿望。出于预防动机贮藏货币，一是为任何意外的支出做准备，如疾病、失业、死亡等。这种货币需求的多少依存于收入的大小，收入越多的人们为谨慎而持有的现金也越多，收入越低的人一般无多大财力可以应付意外。因此，它是收入的一个函数，因而就同交易动机相联系。二是想等待时机进行有利投资或不想坐失有利交易时机。这种货币需求量的多少受利率的影响，利率高少贮藏，利率低多贮藏，它是利率的一个函数，因而同投机动机有联系。这样预防动机同交易动机及投机动机都有联系，因此很难用任何一种可变因素的函数来表示这一动机的货币需求。实际上，它是一系列变数的函数，其中包括心理因素。但是，在凯恩斯看来，这一货币需求的大小主要还是取决于收入的多少。

这样把交易动机和预防动机两种货币需求函数合二为一，可用下式表示：
$$M_1 = L_1 = L_1(Y) \tag{7-5}$$
式中，$M1$ 代表为满足交易动机和预防动机而持有的货币量，Y 代表收入水平，L_1 代表 $M1$ 与 Y 之间的函数关系。

（三）投机动机的货币需求及其决定

出于交易动机和一部分预防动机而持有货币，强调的是货币作为交易媒介的作用，显然凯恩斯的这种分析没有脱离古典货币数量学说的传统。出于投机动机而持有货币，强调的是货币作为价值贮藏的作用。对这种货币需求的分析，已完全脱离古典学派的货币理论，它在凯恩斯的货币理论体系中占有举足轻重的地位，对当代西方货币理论产生了重大的影响。

所谓投机动机（Speculative Motive），是指人们为了在未来的某一适当时机进行投机活动而产生的持有货币的愿望，出于投机动机而产生的货币需求是货币的投机需求。实际上，这是人们在决定其财富持有形式时，为了避开其他资产的可能贬值而宁愿持有货币，或者持有货币以等待有利时机而去购买生利的其他资产，以获取更大收益的愿望。凯恩斯把财富的持有形式，即价值的储存方式只限于两种，即持有债券和持有货币。债券不仅能给其持有者带来利息收入，还可用债券价格变动而给其持有者带来资本溢价或资本损失。债券的价格与市场利率成反比变化。货币的面值则始终不变。因此，当市场利率下降即债券价格上升时，人们会预期今后利率回升或债券跌价，因而趁早将债券抛出，改持货币；反之，如预期利率下跌即债券涨价，人们必抛出货币，改持债券，凯恩斯将这种防止债券跌价、涨价而增加、减少货币需求量的心态称为投机动机。至于人们为什么有时不愿意持有债券而宁愿持有货币，凯恩斯认为原因就在于未来利率的不可测性从而导致债券未来市场价格的不确定性。人们之所以不愿意持有债券，宁愿选择货币而牺牲债券利息收入，是因为货币除了可用作为交易媒介外，还具备贮藏价值的作用，持有货币能平息人们对未来的不安和忧虑。货币的这一作用源于其价值较其他资产的价值更为稳定，是一个可靠的价值临时贮藏室。此外，持有货币能为持有者提供周转灵活的便利，这源于其流动性。当人们觉得利率前景很难捉摸时，人们就宁愿贮存货币而不去购买债券。因此，投机性货币需求的大小取决于保持货币所获得的效用与放弃货币、换回债券所获得的利益的对比关系。

这样货币需求对利率就极为敏感，并且难以预测。人们出于投机性动机而持有货币，缘于货币的流动性，但人们对这种流动性偏好会随着人们对未来情况所做的估计而起变化，并且各人的估计不尽相同。实际上，鉴于货币与债券各自的特点，人们更是从利率来考虑选择货币还是债券，因此对未来情况的估计实质上是对未来利率的估计，即对未来利率的不确定性的估计。这种估计的不同决定了货币需求的不同，难以预测。可见，投机性货币需求对利率的变动特别敏感。

当前利率水平越低，将来上升的可能性越大，到那时债券价格就会下跌，于是投机者宁愿抛出债券而持有货币，并且当前利率水平越低，抛出债券所获得的资本溢价越多，投机者就会尽可能地抛出债券而增加货币持有量。反之，当前利率水平越高，将来下降的可能性越大，到那时债券价格就会上升，于是投机者宁愿在目前购入债券而不愿持有货币，并且当前利率水平越高，手持货币的机会成本（即牺牲的利息收入）就越大，投机者就会尽可能地压缩手持货币量。可见，当前利率水平越低，货币的投机需求越多；反之，当前利率水平越高，货币的投机需求越少。投机性货币需求与利率水平是反向变动关系，是利率的递减函数。若以 M_2 代表为满足投机动机而持有的货币量，r 代表当前利率水平即市场利率，L_2 代表 M_2 与 r 之间的函数关系，就有：

$$M_2 = L_2 = L_2(r) \tag{7-6}$$

根据凯恩斯的分析，投机性货币需求与利率之间的关系有两种情形：一种是标准形式，另一种是流动性陷阱（Liquidity Trap）形式。

标准形式的图示如图 7-1 所示。图 7-1 表明了投机性货币需求（L_2）与利率之间的反函数关系。图 7-1 中的流动性偏好曲线（$L_2 L_2$）向下倾斜，表明当利率趋于下降时，为满足投机动机而保持的货币数量就不断增多，r 与 L_2 两者之间形成反方向变化，这一反向变化起因于利率的变化影响债券的价格，进而使投机性货币需求也发生变化。

流动性陷阱形式的图示如图 7-2 所示。图 7-2 中用 $L_2 L_2$ 曲线说明流动性陷阱的概念。所谓流动性陷阱，是指当实际利率（市场利率）水平还是正数，但按照历史标准来看，已经达到某个低水平（下限，比如 2%）时，对货币的投机需求就有增无减（即增加的货币完全被 L_2 吸收）。在图 7-2 中，流动性陷阱表现为 $L_2 L_2$ 曲线上 A 点右边的平坦部分。从图 7-2 可看出，当利率降低到 r_L 水平时，新增加的货币数量全部被社会公众贮存，因而不能使利率进一步下降。在这种情况下，人们对货币的投机需求的弹性就变成无限大。

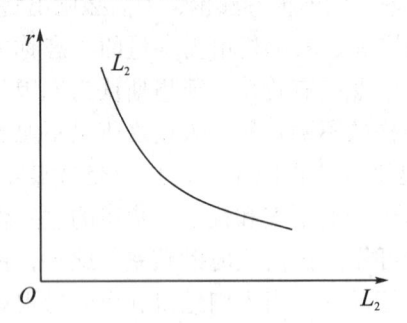

图 7-1　货币投机需求的标准形式

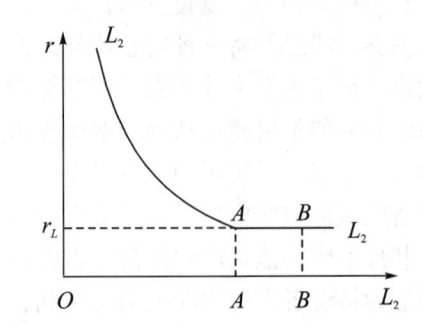

图 7-2　货币投机需求的流动性陷阱形式

（四）货币总需求

综上所述，人们对货币的需求包括三个部分：第一，交易性货币需求；第二，预防性或谨慎性货币需求；第三，投机性货币需求。把三者合并起来就构成人们对货币的总需求（用 L 表示），即：

$$L = L_1 + L_2 = L_1(Y) + L_2(r) \tag{7-7}$$

以 M 表示为满足 L_1 和 L_2 的货币总供给量，则：

$$M = M_1 + M_2 \tag{7-8}$$

把以上表示货币总需求量与货币总供给量的两个公式合并起来就构成下式：

$$M = M_1 + M_2 = L_1(Y) + L_2(r) = L \tag{7-9}$$

即

$$M = L(Y, r) \tag{7-10}$$

上式表明，在任何时间，货币的总供给量等于人们持有的货币总量，而货币的总需求又取决于利率和收入水平。货币需求随收入的变化呈同方向变化，与利率的变化呈反方向变化。凯恩斯认为，收入水平在短期内稳定不变，因此利率就成为决定人们对货币需求的主要因素。

图7-3表明了货币的交易需求、投机需求和总需求与利率的依存关系。

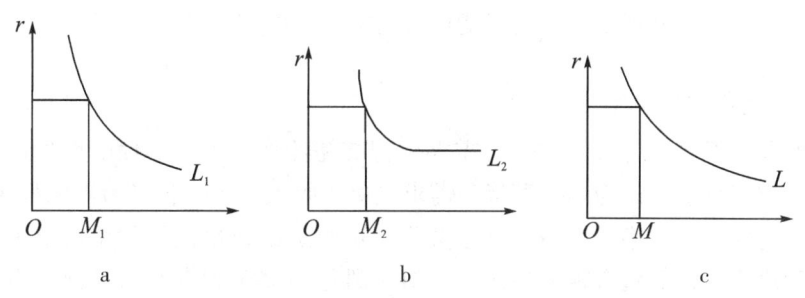

图7-3 货币需求与利率的关系

图7-3（a）图表示货币的交易需求、预防需求（L_1）对利率的弹性不大。图7-3（b）图表示货币的投机需求（L_2）对利率的弹性很大。曲线下方平坦的部分表示对货币的投机需求具有的无限弹性（即凯恩斯的流动性陷阱）。图7-3（c）图表示货币的交易需求、预防需求（L_1）与货币的投机需求（L_2）合并起来，成为货币的总需求曲线（L）。

凯恩斯的货币需求理论相比传统货币数量学说，包括剑桥公式，有许多独创的地方。其主要表现如下：

（1）强调了货币作为资产或价值贮藏的重要性，突破了传统货币理论的分析方法，把货币总需求划分为出于各种动机的货币需求。这一方法为凯恩斯的后继者所继承，一直沿用至今，并有所发展。

（2）凯恩斯继承了传统货币数量学说关于收入在货币需求决定中的作用，又发现了利率也是货币需求的决定因素，并且把利率确定地视为货币需求函数中与收入有同等意义的自变量。是否重视利率在货币需求决定中的作用，便成为凯恩斯学派与新旧货币数量学说的分水岭。强调利率对货币需求的影响，明确指出货币需求与利率成反比，为凯恩斯的"管理通货制"奠定了理论基础。货币需求作为经济的内生变量，非货币金融当局所能控制，而利率则是一种由货币当局可以掌控的政策变量。既然货币需求具有利率弹性，这就使货币金融当局通过调节利率水平高低间接调控货币需求成为可能，利率也才成为宏观货币政策的主要指标。

（3）凯恩斯不仅非常强调利率在货币需求决定中的作用，而且还发现了"流动性陷阱"的极端情况，这为其以后的政策主张奠定了理论基础。

这一理论也较好地解释了20世纪30年代资本主义经济危机和萧条时期的情况。当时利率很低，主要出于投机动机的货币需求量很大，尽管货币供应也有大量增加，但已经很低的利率难以再降，即出现了流动性陷阱，既起不到以更低利率刺激投资的作用，同时因手持货币增加，减慢了货币流通速度，部分地抵消了货币量的增加，从而未能引致物价的上升和真实收入的增长。因此，即使采取货币扩张政策，企图通过增加货币供给，降低利率，刺激投资的政策，在流动性陷阱阶段也会完全无效，因而也不能解救危机。

（4）凯恩斯的货币需求理论中的货币仅指现金，抹煞了各种存款货币在经济中的作用。此外，对经济中的金融资产只概括为货币和债券两种，这未免太简单了。也正因为如此，凯恩斯的后继者及现代货币主义的弗里德曼，重视经济中各种资产对货币需求的影响，丰富和发展了凯恩斯将货币作为资产来研究的理论。

二、凯恩斯货币需求理论的发展

如前所述，凯恩斯将人们的货币需求分为交易性货币需求、预防性货币需求和投机性货币需求三种，并认为前两种货币需求取决于收入，第三种货币需求取决于利率，货币总需求与收入、利率维持一种函数关系，这和货币数量论将货币需求视为由制度和技术因素决定的常数就有很大的区别。对于凯恩斯关于利率对交易性货币需求没有什么影响的观点，凯恩斯的后继者们认为这是一大缺陷，于是着手做了许多补充和发展。最早是汉森（A.H.Hansen）在1949年的《货币理论与财政政策》一书中认为交易性货币需求有一定的利率弹性，并且把收入和利率作为共同的影响因素对交易性货币需求进行分析。20世纪50年代以后，凯恩斯的货币需求理论更是得到了其后继者的丰富和发展，其中比较著名的是鲍莫尔（W.J.Baumol）等人对凯恩斯关于交易性货币需求理论的发展和托宾（James Tobin）等人对凯恩斯关于投机性货币需求理论的发展以及新剑桥学派对货币需求动机的发展。这些新思想都构成当代货币需求理论的重要组成部分。

（一）鲍莫尔-托宾模型

1952年，美国普林斯顿大学的威廉·鲍莫尔发表了一篇题为《现金交易需求：存货理论之分析法》（*The Transactions Demand for Cash: an Inventory Theoretic Approach*）的论文。1956年，美国著名经济学家、耶鲁大学教授詹姆斯·托宾发表了题为《货币交易需求的利率弹性》（*The Interest Elasticity of the Transactions Demand for Money*）的论文。两人各自在其论文中独自地证明，人们在确定交易所需货币量时，也如同商人在确定存货量时一样，绝不是只考虑持有货币或存货对便利交易的好处，还要考虑持有货币或存货的成本，而后者便受利率变动的影响。为了说明这种影响，他们指出，一般企业或个人，如果要持有货币以备交易之用，可以采取以下两种方式：

第一，在取得收入之后，把两次收入间隔期（假定为一个月）内所要进行的交易金额，从期初就留足，然后逐日均匀地支用，至第二次取得收入时全部用完，这样期内每日平均持有的货币量便是交易金额的一半。如图7-4所示，设每月初取得收入时留足全月交易金额1 200元，则平均每日持有金额为(1 200+0)/2＝600元。

第二，由于持有货币要牺牲该项货币在改作借贷资本（即投资于有价证券或其他资产）时可能赚得的利息收入（机会成本）。假定未来的交易量事先可知，而且以非常稳定的速率进行逐日支付，因此就必然有使作为交易用途的现金（即货币）尽量减少的理性动机。于是，可以将收入间隔划分为几段，最初只持有某一交易所需的货币，其余则投资于有价证券借以收息，待下一时段到来之前，再将其卖出套现，以应付交易支出的需要（如图7-5所示）。

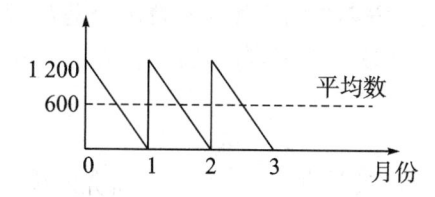

图7-4 余额：按月支付

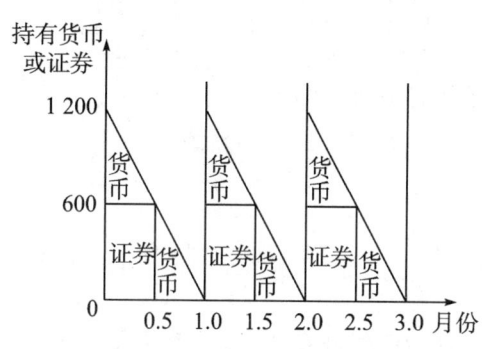

图7-5 交易余额：按半月支付

显然，第二种方式比第一种方式更为有利，每个收入间隔期划分的时段越多，证券收益越多，但是第二种方式要负担更多的成本。

持有交易余额的总成本包括机会成本和交易成本。手持货币的机会成本就是放弃以其他生息资产保有交易金额所产生的收益。因此任何经济行为主体都会尽量将其持有的金额减少到最低程度，以使其承受的机会成本最小。交易成本是发生在上述第二种方式中证券交易，即每次购买和套现所花费的费用，包括佣金、交易税、印花税，每次因证券交易到银行存取现金的交通邮电等费用及所花的时间与麻烦等在内的成本。套现次数越多，其交易成本越大。若增大每次套现的金额，以减少套现次数，则又会因手持现金增加而增加机会成本。这样问题就变为：在一定的收入所得期内，为满足交易动机的货币持有应在什么规模之内最佳？即在期初应将交易金额以什么比例分配于货币与债券的持有？以后又该进行几次套现活动？每次套现的金额应为多少？如何才能既保证一定交易需求而持有货币以便利交易，同时又使其承担的机会成本与交易成本为最少？为满足交易需求而持有的货币额要受到哪些因素的影响？

我们先看机会成本。假设整个收入间隔期内的交易总额，即未来时间内所预见的交易支出量为T；每时段开始时所持现金，即每次套现金额为C，并且每次套现以后是以稳定的速度平均使用此款项，则从第一次套现到下一次套现期内，持有的平均货币余额为$C/2$，在此收入间隔期内的平均货币余额为$C/2$。又设市场利率为i，即以货币形式持有交易余额而放弃的以债券形式持有交易余额可能得到的收益。于是：

$$\text{持币的机会成本} = \text{市场利率} \times \text{平均每日持有额}$$
$$= i \cdot \frac{C}{2}$$

我们再看交易成本。假设在期初将其全部的收入（即将要支出的交易量）T以债券形式持有，每次套现金额为 C，则在此收入间隔期内的套现次数为 T/C。又设每次套现费用为 b，则在此收入间隔期内的证券交易费用便是 $b \cdot T/C$。

如以 X 代表交易性货币需求的总成本，则：

$$X = \frac{iC}{2} + \frac{bT}{C} \tag{7-11}$$

货币需求者要将第二种方式下的成本减至最低限度，就必须做到：

$$\frac{d\left(b \cdot \frac{T}{C} + i \cdot \frac{C}{2}\right)}{dC} = \frac{-bT}{C^2} + \frac{i}{2} = 0$$

每个时段开始时持币额必须为：

$$C = \sqrt{\frac{2bT}{i}} \tag{7-12}$$

即每次变现的金额为 $\sqrt{\frac{2bT}{i}}$ 时，持有现金存货的总成本最小。

由于人们的平均手持现金余额是 $C/2$，那么最适量的现金持有额为 $\frac{1}{2}\sqrt{\frac{2bT}{i}}$，即现金余额（用 M 表示）为：

$$M = \frac{C}{2} = \frac{1}{2}\sqrt{\frac{2bT}{i}} \tag{7-13}$$

如果考虑物价因素，则有实际的现金余额：

$$\frac{M}{P} = \frac{1}{2}\sqrt{\frac{2bT}{i}}$$

或

$$M = \alpha Y^{0.5} r^{-0.5} P \tag{7-13'}$$

其中，P 为一般物价水平，$\alpha = \frac{1}{2}\sqrt{2b}$。这就是著名的平方根公式。该公式表明：当交易量（$T$）和佣金（$b$）增加时，最适度的现金（存货）余额就将增加，而当利率上升时，这一现金余额就会下降。但存货分析表明，这种变化又不是成比例的。例如，最适度的现金余额只能作为交易量的平方根，随着后者的上升而上升，即在企业的最适度现金余额的决定中，有着规模经济的规律在起作用。同样，虽然现金的交易需求将随着利率的变动而做相反方向的变化，但前者的变化幅度却比后者小。(7-13') 式表明，交易性货币需求的收入弹性和利率弹性分别为 0.5 和 -0.5（绝对值皆在 1 以下）。

综上所述，人们为了交换的需要平均经常在身边保持的货币量取决于其收入和利息率。具体来说，如将交易总额 T 视为收入，则人们出于交易动机（包括预防动机）而持有的货币的收入弹性为 1/2，即收入提高 1%，货币需求增加 0.5%；货币需求的利率弹性为 -1/2，即利率提高 1%，货币需求减少 0.5%。也就是说，交易性货币需求不但取决于交易额或收入，与之成正相关关系（但货币需求增加的比例可能低于收入增加的比例，货币需求总额可能对收入分配敏感，一定水平的收入越集中，货币需求越少），而且还取决于利率，与之成负相关关系，即 $L_1 = f(Y, i)$。

（二）托宾的资产选择理论

如前所述，凯恩斯在货币投机需求理论中认为，人们对未来利率变化的预期是确定的，因此可以在此基础上决定自己持有货币还是保持债券。由于每人都有自己的预期，这样就会有一部分人持有货币，另一部分人持有债券，只能在货币与债券之间二选其一而非二者兼有。显然，这与现实情况不符，因为人们并不能完全确定自己对未来的预期，从而导致一般人都是既持有货币，同时又持有债券。显然，凯恩斯的理论也不能解释投资者在实践中所进行的资产分散行为。于是许多学者，尤其是凯恩斯的追随者对凯恩斯的理论发表了新的见解，其中最有代表性的是托宾模型，也就是常说的资产选择理论（The Theory of Portfolio Selection）。托宾在1958年发表的《作为对付风险之行为的流动性偏好》一文中，从投机者基于风险考虑的角度，研究人们在对未来预期不确定性的情况下，怎样选择最优的金融资产组合，推论出与凯恩斯相同的结论，即个人或企业的投机性货币需求与利率的高低成反向变化。

托宾认为，在捉摸不定的市场经济中，并不是人人心中对市场每个变量都有个规范值或安全值，更普遍的只有概率，因此为了避免孤注一掷，就应使资产持有多样化，这是按概率行事和解决收益与安全的矛盾的上策。尽管市场上可互相替代的金融资产种类很多，但人们保存资产的形式主要还是两种：货币与债券。持有债券可以得到利息，但也要承担由于债券价格下跌而受损失的风险，因此债券是风险性资产；持有货币虽无收益，但也不必承担风险（不考虑物价变动情况），因此货币是安全性资产。一般而言，若某人将其资产全部投入债券这类风险性资产，则其预期收益达到最大，与此同时，其面临的风险也最大；若某人的所有资产均以货币形式持有，则其预期收益和所要承担的风险都等于零；若某人将资产分为货币与债券各持一半，则其预期收益和风险就处于中点。由此可见，风险和收益同方向变化，同步消长。

面对同样的选择对象，在任何时候，不同的投资者对于所包含的风险会有不同的看法，对于风险和报酬的比较会有不同的感受，因此会做出不同的选择。由此，托宾将投资者分为三种类型：

第一种是风险喜爱者（Risk Lovers），他们喜欢风险，不惜孤注一掷，以求赚得最大限度的利润。

第二种是风险趋避者（Risk Averters），他们注重安全，尽可能避免风险。

第三种是风险中立者（Risk Neutral），他们追求预期收益，同时也注意安全，当预期收益比较确定时，可以不计风险。

托宾认为，现实生活中第一种、第三种只占少数，绝大多数人属第二种，资产选择理论就是以这类人为分析对象的。

托宾认为，收益的正效用随着收益的增加而递减，风险的负效用随风险的增加而递增。如果投资者的资产构成中只有货币而没有债券时，为了获取收益，其会把一部分货币换成债券，因为减少货币在资产中的占比能带来收益的正效用。但随着债券比例的增加，收益的边际正效用递减而风险的负效用递增，当新增加债券带来的收益正效用与风险负效用之和等于零时，其就会停止将货币换成债券的行为。同理，如果投资者的全部资产都是债券，为了求得安全，其就会抛出债券而增加货币持有额，一直到抛出的最后一张债券带来的风险负效用与收益正效用之和等于零时为止。只有这样，投资者得到的总效用才能达到最大。这也就是投资者所做的资产分散化行为。托宾的这一理论说明了在不确定状态下投资者同时持有货币与债券的原因以及对两者在量上进行选择的依据，同时也解释了投资者在实践中遵守的资产分散原则。

此外，托宾模型还论证了投机性货币需求的变动是通过投资者调整资产组合实现的，这是由于利率变动引起预期收益率发生变动，破坏了原有资产组合中风险负效用与收益正效用的均衡，投资者必须重新调整自己的资产组合，从而导致投机性货币需求的变动。因此，市场利率和未来的不确定性对于投机性货币需求具有同等重要性。

（三）新剑桥学派的理论

新剑桥学派对凯恩斯货币需求理论的发展主要体现在将凯恩斯的货币需求动机的分类加以扩展，提出了货币需求七动机说，并据其提出的货币需求不同动机，重新对货币需求进行了分类，对各类货币需求的特征和影响做了分析。

对于凯恩斯的货币需求三动机说，新剑桥学派认为，随着经济的发展，仅这三种动机不能说明全部现实状况，应该予以扩展。新剑桥学派将货币需求动机重新分为三类七种。

1. 商业性动机

商业性动机包括：

（1）产出流量动机。当企业决定增加产量或扩大经营规模时，无疑需要有更多的货币。它相当于凯恩斯提出的交易性需求，这部分需求由企业的行为所决定。

（2）货币-工资动机。这种货币需求是由货币-工资增长的连带效应造成的。在现代经济中，通货膨胀是一种经常性的、普遍的现象，当货币量增加以后，往往连带着工资的增长。

（3）金融流量动机。这是指人们为购买高档消费品需要储存货币的动机。高档商品在实际购买之前一般要有一个积蓄货币的时间。

这类商业性动机与生产流通活动相连。由商业性动机引起的货币流通，是货币的商业性流通，它主要取决于人们收入中的支出部分，包括实际的消费支出和实际的投资支出，这部分货币需求与收入有着十分紧密的关系。

2. 投机性动机

投机性动机包括：

（1）预防和投机动机。人们一般在手中要保留超出交易需要的货币，一方面以备不时之需；另一方面等待时机以进行投机。

（2）还款和资本化融资动机。这是由于随着信用的发展，债权债务关系十分普遍，大部分个人或企业都负有一定的债务。同时，现代社会里融资具有资本化特点，即各种融资形式都以取得收益为前提，因此为了保持自己的信誉，保证再生产顺利进行，必须按规定的条件偿还债务、支付利息等，这就需要保持一定的货币量。

（3）弥补通货膨胀损失的动机。这种动机由通货膨胀造成，因为在物价上涨、货币贬值的情况下，即使维持原有的生活或生产水平，也需要更多的货币量。

由投机性动机引起的货币流通是货币的金融性流通，它主要取决于人们对未来的预期。当人们的预期比较悲观时，这部分货币需求就会增加，因此货币的金融性流通与收入关系不大，但与金融市场紧密相关，是引起经济不稳定的重要因素。

3. 公共权力动机

公共权力动机是指政府需求扩张动机,是因为政府的赤字财政政策和膨胀性货币政策产生的扩张性货币需求动机。在现实中,赤字往往是货币需求大大增加的重要原因。政府的需求扩张会对经济产生很大的影响。如果政府把这些额外的流通货币主要投向商业性流通,那么受冲击的将是商品市场的价格;如果政府把这些额外的流通货币主要投向金融性流通,金融市场则将受到冲击。因此,这类动机对经济的影响取决于政府如何分配这些创造的额外货币。

可见,新剑桥学派的货币需求七动机说沿袭和采用了凯恩斯对货币需求动机的分析方法,对人们为何需要持有货币的不同动机进行区别讨论,在此基础上,把相近动机产生的货币需求进行分类研究,找出其不同特征和影响。

实际上,新剑桥学派的货币需求七动机说中包括了凯恩斯的三大货币需求动机,预防和投机动机就是凯恩斯提出的,第1~6项动机则是对凯恩斯提出的三大动机的细分,基本上没有超出凯恩斯提出的范围。只是公共权力动机才是新剑桥学派的独创。这一动机的提出对于解释在当代西方国家普遍实行的不同程度的政府干预的情况下货币需求变动的原因有一定的现实意义。

阅读与思考

货币流通速度与价格稳定

货币流通速度是联系货币需求、货币供给,进而影响价格稳定的重要变量。在经济运行相对平稳的时期,货币流通速度通常表现为较稳定的渐变,但从经济周期的全程表现看,屡见不鲜的是货币流通速度有时可能发生急剧的、骤然的变化,这种突变、陡变,往往与经济周期内不同阶段的转换及与转换点的不稳定状态相联系,与严重的通胀或通缩相联系。

货币流通速度突变影响价格稳定

在实践中很难区分价格的变化是因何变量之变而引起的,很难精确地测算货币流通速度的变化对价格的变化的影响程度。

理论上能够明确货币流通速度变化对价格稳定有所影响,但 $MV=PY$(其中 M 为货币供应量,V 为货币交易流通速度,P 为价格水平即物价指数,T 为全社会的商品和劳务交易总额,费雪认为 V 和 T 虽经常变动,但变动程度甚少,最活跃、最多动无常的因素是货币数量 M,在 V 和 T 不变条件下,物价水平随着货币数量的变动而成正比例地变动)实际是一个事后的恒等式,等式中的四个变量都存在相互作用,它们本身处于变化之中,彼此之间的变化效应或是相互强化或是相互抵消,因此在实践中很难区分 P 的变化是因何变量之变而引起的,很难精确地测算 V 变化对 P 变化的影响程度。一般而言,当 V 的变化突然加速或突然减速,P 可能出现向上急升或向下急降的不稳定状态,我们可分别将其称为 V 陡升型通胀和 V 陡降型通缩。

先看 V 陡降型通货紧缩。从经济史角度观察,货币流通速度陡然下降一般发生在经济严重衰退、经济危机等非常时期到来之前的临界点上。经济严重衰退或经济危机时期,利率下降、失业率上升、不确定性加大等,会导致出于投机和避险动机的货币需求急剧增加,而以货币媒介的常规交易活动规模显著缩减从而进入流动性陷阱或风险陷阱，货币流通速度随之急剧下降，价格稳定将面临巨大压力而表现为通缩。在大萧条、20 世纪 80 年代初期经济衰退时期及本轮国际金融危机时期，都观察到欧美等国出现货币流通速度大幅度下降与通货紧缩并存的现象。我国于 1998 年第一季度和 2008 年第四季度，在亚洲金融危机和世界金融危机冲击不期而至、负面效应显性化的当口，也都经历了突发经济降温、通胀压力陡然变换为通缩压力的过程，此时流通中货币量仍在，并无大的变化，但市场主体预期普遍迅速恶化，不敢、不愿投资和收缩消费，企业"猫冬"，消费者谨慎，货币流通速度急跌，贷款放不出，物价则明显地由升势转为降势。

再看 V 陡升型通货膨胀。货币流通速度突然下降，往往伴随通缩；货币流通速度突然上升，则往往使通胀压力油然而生，形成 V 陡升型通胀。这在 20 世纪 70~80 年代初的"大通胀"时期表现突出。20 世纪 60 年代，欧美等国经历了一段经济发展的黄金时期，其突出特点是高增长、低通胀，多数年份消费者价格指数（CPI）衡量的物价上涨率不到 2%，平均物价上涨率只有 2.4% 左右，M2 的流通速度也相对稳定。但随后由于石油和食品价格提高的供应面冲击，美国在 20 世纪 70 年代中期和末期经历了两次较为严重的通货膨胀。

V 陡升型通胀和 V 陡降型通缩

下一步防控通胀的措施不能仅着眼于调控 M2 增长率，还要分析、预测和影响引起货币流通速度变化的因素。

改革开放以来，我国货币流通速度变化的总趋势是不断下降。1978 年为 3.07，1995 年已下降到 1，2010 年下降到 0.55。从年度变化数据可以看出，货币流通速度下降不是匀速的，有 8 个年份还存在小幅回升的情况，包括 1985 年、1988 年、1993 年、1994 年、2004 年、2006 年、2007 年、2008 年，除 2006 年以外，都对应着高通胀压力或物价水平的升高，货币流通速度陡升与通胀基本上具有同步特征。

在 CPI 大幅下降的 12 个年份，包括 1990 年、1991 年、1997—2003 年、2005—2006 年、2009 年，大多对应着货币流通速度的下降，但一般表现为较为常见的下降幅度，如 1997—2003 年。在这些年份中，1990 年和 1991 年、2009 年则对应着货币流通速度的陡降，尤其是 2009 年货币流通速度的降幅达到 1978 年以来的峰值，为 -15.47%。这是"百年一遇"的国际金融危机冲击下我国货币流通速度陡降型通缩的一次典型表现。

历史数据表明，改革开放以来，在我国货币流通速度下降的总趋势中，可观察到货币流通速度陡升与通胀大体的同步对应关系，货币流通速度的陡升，尤其是正值阶段的情况，常伴随着通胀，而常规幅度的货币流通速度下降所对应的可能是通缩，也可能是正常的物价水平，但如果货币流通速度发生巨幅下降，当年或随后一年所对应的必定是通缩，包括 1989—1990 年、1998—1999 年和 2009 年。

这表明，我国货币流通速度的变化对货币政策、物价稳定等宏观政策及经济变量指标具有不可低估的影响力。基于此结论，提高货币政策的有效性至少需要考虑两个层面的问题：一是货币流通速度不稳定变化的情况下，货币供给量作为中介目标的适用程度；二是针对货币流通速度陡变的情况，货币供应量增长目标如何进行预先的和应急的适度调整，以利于减少陡升型通胀或陡降型通缩的负面效应。

资料来源：贾康. 货币流通速度与价格稳定 [EB/OL]. (2011-11-05) [2017-08-11]. http://finance.ifeng.com/opinion/mssd/20111105/4998422.shtml.

第五节　弗里德曼的货币需求理论

1956年，弗里德曼发表了《货币数量说的重新表述》一文，奠定了现代货币数量说的基础。弗里德曼认为，货币数量说不是关于产量、货币收入或物价问题的理论，而是关于货币需求的理论。货币数量说要讨论的是哪些因素影响人们对货币的需求。弗里德曼认为，影响人们持有实际货币量的因素主要有以下四个：

第一，总财富。一般说来，个人所持有的货币量，不会超过其总财富。总财富包括人力财富和非人力财富，总财富是很难计算的，因此弗里德曼提出用永久性收入这一要领来代替总财富。所谓永久性收入，是指消费者可预料的长期性的且带有规律性的收入，它区别于带有偶然性的一时性收入。永久性收入不仅易于计算，而且由于其比较稳定，因此可据以说明货币需求函数的稳定。

第二，财富构成。财富构成，即人力财富和非人力财富两者的构成比例。人力财富是指个人在将来获得收入的能力，即人的生产能力，又叫人力资本；非人力财富是指物质资本，即生产资料及其他物质财富。人力财富要转化为现实的非人力财富，会受到劳动力市场的供求状况等因素的制约，因此在转化过程中人们必须持有一定量的货币，以应付突然之需。这一货币量的多少，取决于人力财富与非人力财富的比例。人力财富所占比例越大，所需准备的货币就越多。

第三，持有货币和持有其他资产的预期收益。弗里德曼所指的货币包括现金和存款，因此持有货币的收益可以有三种情况：可以为零（持有购买力稳定的现金）、可以为正（持有带利息的存款）、可以为负（持有购买力下降的现金，如在通货膨胀的情况下）。显然，货币需求量与持有货币的预期收入成正比。其他资产，如债券、股票以及不动产的收益率取决于市场利率。如果其他资产的预期收益率高，则持有货币的数量就少，反之亦然。

第四，影响货币需求函数的其他因素。例如，对货币的"嗜好"程度。如果个人把货币看成"必需品"，那么货币需求对收入的弹性为1或者小于1；如果个人把货币看成"奢侈品"，那么货币需求对收入的弹性就大于1。

弗里德曼在讨论上述四个因素的基础上，提出了他的货币需求函数：

$$M = f(P, r_b, r_e, \frac{ldp}{Pdt}; W; Y; U) \tag{7-14}$$

其中，M 表示名义货币需求量，P 表示价格水平，r_b 表示债券的预期收益率，r_e 表示股票的预期收益率，ldp/Pdt 表示价格水平的预期变动率，W 表示非人力财富与人力财富的比率，Y 表示货币收入，U 为其他随机因素。若将上式两边都除以 P，就可得到如下的实际货币需求函数：

$$\frac{M}{P} = f(r_b, r_e, \frac{ldp}{Pdt}; W; Y; U) \tag{7-15}$$

如果将个人的实际收入 Y/P 和货币需求 M 看成实际国民收入和名义货币需求的人均值，（7-15）式也可应用于对整个社会货币需求的分析。分析企业的货币需求时，只要把 W 从需求函数中去掉即可，因为企业家是人力财富和非人力财富的购买者，所

以可不考虑 W 的因素。

弗里德曼认为，货币需求解释变量中的四种资产——货币、债券、股票和非人力财富的总和就是人们持有的财富总额。其数值大致可以用恒久性收入 Y 作为代表性指标。因此，强调恒久性收入对货币需求的重要影响作用是弗里德曼货币需求理论中的一个重要特点。在弗里德曼看来，在货币需求分析中，究竟哪个决定因素更重要些，这要用实证研究方法来解决。恒久性收入对货币需求的重要作用就可以用实证方法得到证明。对于货币需求，弗里德曼最具有概括性的论断是：由于恒久性收入的波动幅度比现期收入小得多，并且货币流通速度（恒久性收入除以货币存量）也相对稳定，货币需求因而也是比较稳定的。

这个货币需求函数稳定性的特点非常重要。因为弗里德曼认为，分析货币需求函数的稳定性，对分析整个经济社会中的其他重要因素（如货币收入或价格水平）等意义重大。这是由于名义货币收入或价格水平都是货币需求函数和货币供给函数相互作用的结果，论证并强调货币需求函数具有稳定性，其目的在于说明货币对于总体经济的影响主要来自货币供给方面。也就是说，既然货币需求函数高度稳定，并且不受政府的金融政策等影响货币供给的因素的影响，那么名义收入和价格水平的变动就主要是由货币供给量的变动引起的。于是货币供给及其决定因素也就与名义收入和价格水平之间发生直接而密切的联系。正是在这个意义上，弗里德曼才认为货币是最重要的，也由此而得出他的政策结论：由于货币需求相对稳定，中央银行应专门致力于研究货币供给管理和货币供给变化对国民经济运行的影响，而不必过问货币需求方面的问题，主张实行一种与货币收入增长相一致的货币供给稳定增长的政策，即"单一规则"的货币政策。由此可见，稳定的货币需求函数成为货币主义理论及政策的立论基础和分析依据。

第六节 货币需求的实证研究

从以上各种货币需求理论可看出，这些理论存在着较大差异。虽然它们都已成为当代货币学说的极重要的组成部分，但是任何理论在未经实证研究证实之前，只能作为一种假设，而对其能有效地解释和预测货币现象的能力，也只可暂时存疑。

当代货币理论的两项重大发展之一——货币实证研究，是 20 世纪 50 年代以来，西方经济学家为了检验各种货币需求理论的正确性而采用的一种崭新的分析方法。所谓实证研究，也称为经验研究（Empirical Study），是指运用计量经济学方法的过程，即先将理论假设以数学模型的形式表示，然后再以统计学的方法来测验资料，以证明或推翻该项假设。具体到货币需求的实证研究则是以一定的货币需求理论为基础，对以往较长时期内的有关资料进行统计分析（如常用的回归分析），以确定货币需求与各有关变量的量的关系、各变量的作用，从而检验各种货币需求理论的正确与否。具体说来，货币需求的实证研究主要解决如下几个问题：

其一，在实证研究中，所谓"货币"，究竟采用何种定义为宜？

其二，货币需求是否为利率和财富或收入等变量的函数？其依存程度如何？

其三，查证货币需求对利率变化是否敏感，甚至有无过分敏感（即出现"流动性陷阱"）的情况？从前述可知，凯恩斯学派与货币学派争论的焦点之一是货币需求的利率弹性问题。凯恩斯学派认为，货币需求的利率弹性很大，其注重货币作为其他金融资产替代物的替代效应。换言之，凯恩斯学派把货币看成其他金融资产的相近替代物，这是由于这些资产可以像货币余额一样作为价值贮藏的手段。因此，在凯恩斯学派的体系中对货币的超额需求会因个人出售这种资产而消除，而超额的供给又会引起个人购买这种资产。金融领域的高度替代性导致凯恩斯学派得出货币需求利率弹性高的假定。而货币学派认为，货币需求的利率弹性很小。其并不认为货币是狭小范围内的金融资产的相近替代物。货币学派认为，货币是一种具有独特性质的资产，使货币成为包括不动产和金融资产在内的所有资产的替代物。在货币学派看来，超额货币需求将会因个人售出如股票和耐用消费品等各类繁多的资产而被抵消，而超额货币供给又会引起个人购买同样范围的资产。因此，货币学派预期在金融领域内替代的程度是低的，这导致货币学派做出货币需求利率弹性低的假定。如果前者的观点是正确的，则货币政策就因其不能有效地变更利率（尤其是出现极端流动性的陷阱时）而不可能对实物部门产生较大的影响，从而使其效用不大。如果后者的观点是正确的，则中央银行就可以通过控制货币供给量来直接控制货币收入、就业和物价。货币政策就成为一项非常有用的政策。因此，货币需求的利率弹性问题非常重要，对其弹性大小的验证具有极大的现实意义。

其四，货币需求是否稳定？前已说明，凯恩斯学派认为，货币需求是一种潜在的不稳定的经济因素，因此货币政策的效果是不可测的，财政政策是比货币政策更可行的稳定经济的重要工具。而"货币需求是稳定的"恰恰是货币学派的主要论点，这一论点对于其理论和政策主张都至关重要。原因是如果能证明货币需求是一些主要变量的稳定的函数，那就能证明货币政策的效果是可测的，也就能成为稳定经济的有效手段；否则，货币政策的作用也不确定，这就需要其他稳定经济工具的帮助。

关于货币需求的实证研究结论主要有：第一，绝大部分的实证研究均显示了利率的重要性。虽然货币需求的利率弹性的绝对值因各个经济学家所用模型或测验的时期不同而有异，但是毕竟不等于零。这就推翻了古典学派认为货币需求与利率无关的理论。同时，利率弹性的绝对数值通常小于1，也就否定了流动性陷阱所隐含的弹性为无穷大的说法。因此，货币需求虽然有相当的利率弹性，但不是高度敏感也不是高度不敏感，仅仅是介于两者之间，需求函数基本上仍可视为相对稳定。第二，货币需求函数中的自变量除利率外，更重要的是收入或财富。实证研究都证明货币需求与收入或财富按相同方向变动，多数经济学家认为恒久性收入是准确性较高的独立变量。

当代西方货币需求理论的分析方法不仅运用了一般理论方法，进行理论上的定性分析，而且还注意运用精巧的数学分析工具，进行定量的实证分析，以检验理论分析结果的正确性。这些方法既有助于经济理论和经济分析方法的发展，丰富了货币理论本身，也有助于在纷繁的经济系统中，寻找出各种经济变量之间的正确的因果关系，为货币理论的运用、制定货币政策提供手段。也正是这种新的分析方法，促使经济学家的某些观点发生变化，使之更符合于现实。例如，多年的实证研究和货币管制表明，货币需求的利率弹性虽不像有些凯恩斯主义者想象的那么大，但确实是存在的，弗里德曼为首的货币学派不得不承认这一点。后来的研究还证明,即使考虑到恒久性收入效应,货币需求对利率通常也是敏感的;同时也证明,利率变动对企业的投资和居民住宅建筑都具有重大影响。因此,时至今日,货币学派已不再坚持"只有货币起作用"的观点,凯恩斯学派也不再持有"货币不起作用"的观点。

本章小结

1. 货币需求可以从各个角度来认识,但更多的是从货币需求主体和货币对经济的影响这两个角度来考察。

2. 马克思的货币需求量公式强调商品价格取决于生产过程。该公式反映的是货币的交易性需求。

3. 货币数量论的货币需求理论强调货币数量对商品价格的决定性影响。但费雪方程式侧重于从宏观上来研究货币需求,而剑桥方程式则侧重于从微观上来研究货币需求。

4. 凯恩斯学派的货币需求理论进一步强调微观经济主体行为对货币需求的影响,并将利率引入货币需求函数中,认为出于各种动机的货币需求都受利率的影响。

5. 货币主义的货币需求理论也是从微观角度来讨论货币需求,但强调货币需求最重要的决定因素是恒久性收入,由此得出货币需求是相对稳定的,中央银行只要管住货币供给量即可的结论。

6. 货币实证研究是 20 世纪 50 年代以来经济学家为了检验各种货币需求理论的正确性而采用的一种崭新的分析方法。该方法试图确定货币需求与各有关变量的量的关系、各变量的作用,从而检验各种货币需求理论正确与否。

重要概念

货币需求　货币的交易需求　货币的投机需求　费雪方程式　剑桥方程式
平方根定律　流动性陷阱　恒久性收入

复习思考题

1. 试述各主要货币需求理论的基本内容和贡献。
2. 为什么必须重视从微观和宏观角度来考察货币需求?
3. 在凯恩斯对投机性货币需求的分析中,如果人们突然认为利率的正常水平已下降,则货币需求将发生什么变化?为什么?
4. "在托宾对投机性货币需求的分析中,认为即使债券的回报率为正值,人们仍同时持有货币和债券。"该说法正确、错误还是无法确定?试解释之。
5. 为什么弗里德曼的货币需求理论认为货币流通速度可以预测,而凯恩斯的观点与之相反?
6. 货币需求的实证研究主要检验哪些命题?

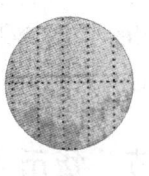

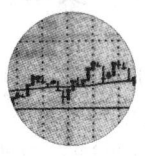

第八章 货币供给机制

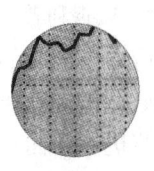

在现代信用货币制度下,货币供给的主体是银行,流通中货币量大都是通过银行体系供给的,货币供给与银行的资产负债业务活动紧密相关。银行主要包括商业银行和中央银行两类性质不同的银行,它们在货币供给中各发挥一定的特有作用。在狭义的货币供给量中,通货由中央银行发行,活期存款(或存款货币)则由商业银行的放款与投资等资产业务所创造,在总的货币供给量中占有较大的比重。货币供给决定了一定时期的货币总量。货币供给的变化一方面可以改变社会主体可用的货币余额,另一方面可以影响利率,将会对社会总需求和总产出产生影响。了解货币供给的机制是了解货币供应量变化的前提。本章将在分析中央银行在货币供给中的原理和作用、商业银行进行存款货币创造的原理的基础上,重点分析货币供给的影响因素。

第一节 货币供给的基本概念

货币供给分析是与货币需求分析相对称的。货币供给理论的思想渊源,最早可追溯到 18 世纪的 J.劳(J.Law)。他在《关于货币的考察》一书中提出了信用创造货币、货币推动经济发展的观点。该观点与以后 H.D.麦克鲁德(H.D.Macleod)和 A.韩(A.Hahn)提出的信用创造学说为货币供给理论的产生提供了理论基础。1921 年,美国经济学家 C.A.菲利普斯(C.A.Phillips)出版了《银行信用》一书,最先使用了对于货币信用创造非常重要的一对概念"原始存款"和"派生存款",这意味着近代货币供给理论雏形的出现。尽管如此,由于在金属货币流通时代,流通中货币的数量变动存在自动调节机制,而在金本位制崩溃之后,相当长一段时期货币供给量又被看成能被中央银行任意决定的外生变量,因此过去众多的学者在研究货币理论时只把注意力放在货币需求问题上,而忽视了对货币供给的研究。只是到了后来,经过一些经济研究发现,中央银行并不拥有对货币供给进行控制的绝对能力,才转入研究货币供给问题。1952 年,美国经济学家 J.E.米德(J.E.Meade)发表了《货币数量与银行体系》一文,首次使用货币供给方程对整个银行制度与货币供给量进行了系统性的研究。这标志着完整的货币供给理论的形成。从此,货币供给理论的研究得到了长足的发展,从而使西方货币理论的研究呈现出货币供需两侧并重的局面。

20 世纪 50 年代以后,随着货币定义讨论的深入,货币供给理论转入了以货币供给方程式为理论模型的研究。许多经济学家借助于数量方法以演绎和论证货币供给函数,由此对决定货币供给量的诸多行为变数及货币政策效果进行系统性的分析,以阐明货币供给量的决定机制。其中有一点是共同的,那就是认为货币供给量受到基础货币和货币乘数两大因素的制约。

要分析银行体系对货币供给的作用机制,首先必须弄清楚几个概念。

一、外部货币

外部货币(Outside Money)是指自然形成的或者政府创造的货币,主要包括两种货币：第一，商品货币。如前所述，商品货币作为货币的价值等于它作为一种商品的价值，金属货币是高级形态的商品货币。为了解决金属货币携带不方便的问题，出现了以金属支持并可以兑换为金属的纸币，这种纸币是金属货币的符号。第二，法定货币。当政府发行的纸币不再和金属联系时，这时的纸币成为信用货币。理论上，信用货币既可以源于政府信用，也可以源于纯粹的市场信用或者私人信用，而法定货币最关键的特征是其流通由政府法律规定。

二、内部货币

和外部货币相对应，内部货币是指社会私人部门通过信用扩张创造出来的货币。内部货币最重要的形式是商业银行中的支票账户中的存款，由于账户主体可以签发支票来进行支付，支票具备货币的交易媒介职能，因此支票账户内的存款又被称为存款货币。存款货币是指存在商业银行，使用支票可以随时提取的活期存款，也称为支票存款。支票经过背书可以作为货币使用，每转手一次就执行一次货币的职能。

三、原始存款、派生存款

原始存款与派生存款是分析商业银行创造货币过程时所使用的相互对称的一对概念。原始存款（Original Deposit）是客户用现金、其他行的支票或汇票等存入而形成的存款，可增加其准备金，是银行贷款或投资的基础。派生存款（Derivative Deposit）是商业银行在原始存款的基础上发放贷款或投资时所创造的存款。

四、存款准备金

商业银行为了应对客户提取现金的需求，需要持有一定量的现金或现金等价物，这部分资产被称为存款准备金，简称准备金。银行的准备金以两种具体形式存在：一是商业银行持有的应付日常业务需要的库存现金，二是商业银行在中央银行的存款。这两者都是商业银行持有的中央银行的负债，也是中央银行对社会公众总负债中的一部分。准备金又可分为两部分：一是商业银行按照法定准备率的要求提留的部分，即法定准备金；二是由于经营上的原因尚未用去的部分，即超额准备金。法定准备金所占存款总额的百分比，即为法定准备金比率。法定准备金比率越高的商业银行，可用于放款投资的份额就越少；反之，则越多。其用公式分别表示为：

存款准备金＝库存现金＋商业银行在中央银行的存款

法定准备金＝法定准备金比率×存款总额

超额准备金＝存款准备金实有额－法定准备金

五、基础货币

基础货币特指中央银行发行的货币，是中央银行发行的债务凭证，也称货币基数（Monetary Base）、强力货币、初始货币，因其具有使货币供应总量成倍放大或收缩的能力，又被称为高能货币（High-powered Money）。基础货币是指能创造存款货币的商业银行在中央银行的存款准备金（R）与流通于银行体系之外的通货（C）这两者的总和。前者包括商业银行持有的库存现金、在中央银行的法定准备金以及超额准备金。基础货币（B 或 H）常以下式表示：

$$B = R + C \tag{8-1}$$

在国际货币基金组织的报告中，基础货币被称为"Reserve Money"。基础货币是整个商业银行体系借以创造存款货币的基础，是整个商业银行体系的存款得以成倍扩张的源泉。

第二节 中央银行与货币供给

中央银行作为国家货币当局，在货币供给中发挥关键作用，其发挥作用主要是通过两个渠道，即控制基础货币和影响货币乘数。同时，中央银行处于货币垄断发行地位，在通货的发行中独立发挥作用。

一、中央银行的货币发行

垄断货币发行权曾经是中央银行的标志性行为，尽管随着商业银行体系发挥存款货币创造功能，金融创新推动各种新型货币工具出现，中央银行货币发行的影响力有所下降，但货币发行毕竟是法定货币体系下最终流动性的提供者，货币发行仍然是货币供应的重要组成部分。

（一）货币发行的两种性质

货币发行按其发行的性质可以分为两种：经济发行和财政发行。经济发行是指中央银行根据国民经济发展的客观需要增加现金流通量。财政发行是指为弥补国家财政赤字而进行的货币发行。由于财政发行没有经济增长基础，因此增加的货币发行容易导致市场供求失衡和物价上升。

传统的看法认为，货币发行仅指通货发行。但是，随着金融创新和电子技术的发展，存款货币作为流通手段的重要性不断提高，扩展了货币的范围，货币不仅包括现金，还包括存款货币。因此，货币的经济发行应该扩展到包括增加存款货币的货币供应总量。在货币经济发行的条件下，货币的投放适应流通中货币需要量增长的需要，既满足经济增长对货币的需要，又避免货币投放过多。为保证货币的经济发行，必须要建立健全货币发行制度。货币发行制度包括货币发行的程序、最高限额和发行准备。

（二）货币发行准备

在不同的货币制度下，货币发行的准备是不同的。在金属货币制度下，货币的发行准备是贵金属，如白银、黄金等。在现代信用货币制度下，货币发行往往使用现金和有价证券做准备。现金准备包括黄金、外汇等具有极强流动性的资产，使货币具有现实的价值基础，有利于币值稳定。但若全部以现金做准备，则不利于中央银行根据经济水平和发展的需要进行弹性发行。因此，中央银行还往往使用有价证券做准备，即证券准备。证券准备包括短期商业票据、短期国库券、政府公债等，这些证券必须是在金融市场上进行交易和流通的证券。使用证券做发行准备，有利于中央银行进行适应经济需要的弹性发行。中央银行主要的发行准备制度有如下几种：

（1）现金准备发行制，即货币的发行100%以黄金和外汇等现金做准备。这种制度的优点是能够防止货币发行过量，但缺点是缺乏弹性。

（2）证券准备发行制，即货币发行以短期商业票据、短期国库券、政府公债做准备。这种制度的优点是给予中央银行较大的利用货币发行调节宏观经济的余地。缺点是货币发行的调控需要发达的金融市场和较高的控制技术。

（3）现金准备弹性比例发行制，即货币发行数量超过规定的现金准备比率时，国家对超过部分的发行征收超额发行税。这种发行制度兼顾了信用保证原则和弹性原则。但是，货币过度发行的效果如何，取决于超额发行税的制约作用和中央银行的独立性。一般来说，超额发行税对货币发行有制约作用。因为当超额发行时，中央银行往往会通过提高再贴现率将部分税负转移到商业银行，降低商业银行对中央银行的借款需求，从而减少货币发行。但是，当商业银行对中央银行的借款需求具有非常强刚性，中央银行提高再贴现率并不能减少商业银行的借款需求时，超额发行税就不能起到制约货币发行的作用。或者如果中央银行的独立性很差，严重依附于政府，不管形式上有没有超额发行税，货币的发行完全依据于政府财政的状况。

（4）证券准备限额发行制，即在规定的发行限额内，可全部用规定证券做发行准备，超过限额的发行必须以十足的现金做发行准备。

（三）货币发行对货币供应量的影响

在现代银行制度下，中央银行被授权为唯一的货币发行机构。流通中的现金货币是中央银行的负债。各国中央银行均有自己一套严谨的现金发行程序。当然，中央银行掌握现金的发行权并非意味着中央银行能够完全控制现金的发行数量，现金发行数量的多少最终取决于各经济部门对现金的需求量。在现金与存款货币可以完全自由转换的经济体中，使用M1中的哪一种货币形式，取决于经济主体的意愿。经济活动主体需要较多的现金，表现为对商业银行的提现量增加，使商业银行在中央银行的超额准备减少和流通中现金增加；反之，则表现为商业银行的存款增加，流通中现金减少。可见，从整个过程看，中央银行对现金发行的控制处于被动的位置。这也说明银行体系最终能向社会供给多少货币，取决于社会对货币的需求。随着电子货币的发展，现金使用的减少，货币发行对于货币供应量的影响越来越小。这一点在我国近几年表现得更加明显，在移动支付突飞猛进的推动下，"无现金社会"理念正在迅速推广，现金在金融体系中的地位趋于下降。

二、中央银行对基础货币的影响

基础货币特指中央银行发行的货币，有两种基本存在形态。一种是实物现金货币，包括流通中的现金和存款类金融机构的库存备付现金两部分。以现金形态存在的基础货币对应于中央银行资产负债表负债方中的"货币发行"科目。另一种是央行存款货币。严格地讲，中央银行资产负债表中的所有存款负债，都应归入以央行存款形态存在的基础货币的统计范畴。它们包括商业银行、信用社和财务公司在中央银行的准备金存款，其他金融性公司、非金融性公司在央行的存款，政府在央行的国库存款等。因此，经济体中的基础货币总量等于央行发行的所有现金货币和央行存款货币之和。

各国中央银行对基础货币的表述各有不同。在中国人民银行资产负债表上，基础货币体现为储备货币（Reserve Money），包括央行的货币发行（Currency Issue）与其他存款性公司存款（Deposits of Other Depository Corporations）。

与基础货币的两种存在形态相对应，基础货币发行方式也有两种：一种是直接向发行对象（企业、个人和金融机构）支付现金。例如，央行用现金向企业或个人购汇、商业银行从中央银行提取现金等。另一种是在发行对象（通常是存款类金融机构）在央行开设的存款准备金账户中记入一笔存款。例如，央行从金融机构手里购买了200亿元政府债券，会在其存款准备金账户记入200亿元的存款。

基础货币的两种存在形态可以相互转化。如果金融机构持有的现金过多，那么它们可以将多余的现金"存入"中央银行，变成它们在中央银行存款准备金账户中的存款；反之，如果现金出现短缺，它们可以向中央银行申请提现，这时它们在央行的存款相应减少。随着金融体系中现金使用的减少，金融机构持有的现金水平基本是可预测的，因此现金水平在基础货币中的变化对于整个货币供给和宏观经济几乎不产生影响。

中央银行作为货币供给主体，其对货币供应量的作用主要是通过公开市场操作、贴现贷款以及调整法定存款准备金率来调控商业银行准备金水平，从而调控商业银行创造存款货币能力得以实现的。

（一）公开市场操作

公开市场操作是中央银行控制基础货币水平的主要手段。中央银行可以按照规定公开市场上按照交易相应的政府债券，中央银行买卖证券并不是为了盈利，而是为了控制基础货币、监控市场上的流动性水平。作为中央银行解决流动性过剩的特有手段，中国人民银行除了进行普通的证券交易，还通过发行央行票据来调控市场流动性。

例如，当中央银行在市场上买入证券100亿元，央行的资产负债同时增加如表8-1所示，可见中央银行在公开市场上的购买行为增加了基础货币。

表8-1　　　　　　　　　　　央行资产负债表

资产	负债
政府债券 +100亿元	准备金 +100亿元

与此同时，若交易对手是商业银行A，则其在中央银行的准备金账户上增加了100亿元，商业银行自身的资产负债表发生如表8-2所示的变化。

表8-2　　　　　　　　　　　商业银行A资产负债表

资产	负债
准备金 +100亿元 政府债券 -100亿元	

若交易对手是非银行金融机构B，则其开户银行的存款账户上增加了100亿元。如果该机构仍然以存款形式持有所获得的交易款，则准备金和基础货币同时增加100亿元。其资产负债表的变化表现如表8-3所示。

表 8-3　　　　　　　　　　　非银行金融机构 B 资产负债表

资产	负债
存款 +100 亿元 政府债券 −100 亿元	

其开户银行 C 资产负债表的变化如表 8-4 所示。

表 8-4　　　　　　　　　　　商业银行 C 资产负债表

资产	负债
准备金 +100 亿元	存款 +100 亿元

但是，如果非银行金融机构 B 将所得交易款部分以现金形式持有，将对准备金水平产生不同的影响。当该机构将其中 10 亿元以现金形式持有，其资产负债表则表现如表 8-5 所示。

表 8-5　　　　　　　　　　　非银行金融机构 B 资产负债表

资产	负债
存款 +90 亿元 现金 +10 亿元	

其开户银行 C 资产负债表的变化如表 8-6 所示。

表 8-6　　　　　　　　　　　商业银行 C 资产负债表

资产	负债
准备金+90 亿元	存款 +90 亿元

此时中央银行的资产负债表的变化如表 8-7 所示。

表 8-7　　　　　　　　　　　央行资产负债表

资产	负债
政府债券+100 亿元	货币发行+10 亿元 准备金 +90 亿元

从以上可以看出，中央银行在公开市场上的购买行为可以增加基础货币，基础货币的增加额等于所购买债券的金额。但中央银行购买行为对于银行体系的准备金水平的影响并不确定，增加的准备金等于或者小于中央银行的购买金额。因此，中央银行通过公开市场购买对基础货币水平的控制要强于对准备金水平的控制。

与之相对应的是，当中央银行在公开市场上出售所持有的政府债券时，对基础货币的影响方向正好相反。

（二）贴现贷款

中央银行作为特殊的银行金融机构，并不向社会居民和企业发放贷款，但是作为商业银行"最后贷款人"，中央银行的贴现贷款发挥着重要作用。中央银行通过向商业银行发放贴现贷款,可以增加商业银行的准备金,由此形成的准备金被称为"借入准备金",这部分准备成为商业银行的负债。

当中央银行向商业银行 S 通过发放 100 亿元贴现贷款增加准备金时,中央银行的资产负债表变化如表 8-8 所示。

表 8-8　　　　　　　　　　　　央行资产负债表

资产	负债
贴现贷款+100 亿元	准备金 +100 亿元

该商业银行的资产负债表变化如表 8-9 所示。

表 8-9　　　　　　　　　　　　商业银行 S 资产负债表

资产	负债
准备金 +100 亿元	贴现贷款 +100 亿元

可以看出,中央银行向商业银行发放贴现贷款,可以直接增加基础货币和准备金,并且基础货币和准备金是同方向、同数量的增加。但是,中央银行是否向商业银行发放贴现贷款,首先要取决于商业银行的态度,如果商业银行没有提出申请,中央银行不可能发放贷款,也就不能通过发放贴现贷款来增加基础货币。

中央银行向商业银行发放的贴现贷款到期后,商业银行偿付时,商业银行的准备金将相应减少,中央银行的负债和基础货币也将同样减少。

比较中央银行通过公开市场操作和发放贴现贷款对基础货币的影响可以发现,中央银行通过公开市场业务可以完全实现自己的基础货币目标,但是发放贴现贷款的效果不完全受中央银行的控制。

（三）调整法定存款准备金率

中央银行还可以运用调整商业银行法定存款准备金率的手段,通过改变商业银行法定存款准备金率来改变商业银行超额准备金水平,在不调整基础货币的情况下,通过影响商业银行存款货币创造能力来影响货币供应量。

第三节　商业银行与存款货币创造

一、商业银行在货币供给中的作用

商业银行创造货币是在其资产负债业务中,通过创造派生存款形成的。商业银行作为一个经营货币信用业务的独立经济实体,为了获利,在吸收企业和居民个人的存款后,除了保留一部分现金准备（在现代,该比例一般由中央银行规定,故称法定准备率）外,其余部分均可用来贷款或投资,为了获利,从居民个人和企业那里吸收存款（原始存款）用于贷款或投资,多存可以多贷。在贷款以转账形式进行的条件下,客户取得银行贷款通常并不是立即提取现金,而是转入其在贷行或另一家银行的存款账户,相应产生一笔存款,多贷可以多存。就整个商业银行系统来看,这种多存多贷、多贷多存可以反复多次进行,从而多倍的存款就由此派生出来。由此可见,商业银行对货币供给量的影响是通过存款货币的创造（派生存款）实现的。

商业银行创造存款货币是有条件的，一般而言，只有具备部分准备金制度和非现金结算这两个基本条件，银行才能创造派生存款。

部分准备金制度是相对于全额准备金制度而言的。在全额准备金制度下，银行必须保持100%的现金准备。银行每增加一元存款，都必须相应增加一元现金准备。创造货币因而无从谈起，只有在部分准备金制度下，银行每增加一元存款，不再需要相应增加一元的现金准备，此时银行可以保留部分现金准备，而将吸收的一部分存款用于发放贷款和投资，从而派生存款成为可能。

非现金结算是相对于现金结算而言的。现金结算是指直接的现金收付，只有经由现金流通，债权债务关系才能得以消除。由于现金流出了银行，银行不能使用，也就不能派生货币。而非现金结算是在银行存款的基础上，通过存款的转移，完成货币的支付，存款被社会当成货币来使用。在这里，货币运动只是存款从一个存款户转到另一个存款户，只是银行的债权人发生了变化，而用于支付的货币仍然以存款货币的形式存在于银行。在这种结算方式下，银行可以通过记账来发放贷款，从而可以通过创造存款来提供信用。

一般来说，商业银行创造存款货币需要同时具备非现金结算和部分准备金制度这两个条件。具备了部分准备金制度只为吸收存款后，能够运用部分存款提供了条件，如果仅具备非现金结算，而实行全额准备制度，则不能创造存款货币。然而，在现代社会经济中，这两个条件已普遍存在，因此商业银行具有创造货币的功能。

二、商业银行的货币创造

为分析简便起见，我们拟做如下假设：

第一，银行只保留法定准备，超额准备全部被用于放款和投资从而为零。

第二，银行的客户包括存款人和借款人都使用支票，不提取现金，从而没有现金流出银行体系，即不存在现金漏损。

第三，银行只经营支票存款，不经营定期存款。

下面我们用简化的资产负债表——T式账户来分析。在法定准备率为10%的情况下，一笔金额为100元的原始存款流入银行体系后，存款货币的创造是如何发生的呢？

在客户将100元存入A银行后，A银行的账户如表8-10所示。

表8-10　　　　　　　　　　　　A银行账户

资产	负债
准备金 + 100元 　其中：法定准备　10元 　　　　超额准备　90元	支票存款 + 100元

因法定准备率为10%，A银行发现自己的法定准备增加10元，超额准备为90元。由于A银行不愿意持有超额准备，因而全额贷出。A银行的贷款和支票存款增加90元；但当借款人动用90元时，则A银行的支票存款和准备将降低同样金额即

90元。这时A银行的T式账户变化如表8-11所示。

表8-11　　　　　　　　　　　　A银行账户

资产		负债	
准备	+10元	支票存款	+100元
贷款	+90元		

如果从A银行贷90元的借款人把这笔钱存入另一家银行，比如说B银行，则B银行的T式账户如表8-12所示。

表8-12　　　　　　　　　　　　B银行账户

资产		负债	
准备	+90元	支票存款	+90元

银行体系中支票存款再次增加了90元，总增加额达190元（A银行增加100元，加上B银行增加90元，B银行增加的90元是由A银行的贷款派生出来的）。

B银行会进一步调整其资产负债状况。B银行必须将90元的10%（9元）作为法定准备，持有90元的90%（81元）超额准备，能发放这一金额（81元）的贷款。B银行向一位借款人提供81元贷款，由借款人支用这笔钱。B银行的T式账户如表8-13所示。

表8-13　　　　　　　　　　　　B银行账户b

资产		负债	
准备	+9元	支票存款	+90元
贷款	+81元		

从B银行借款的人再将81元存入另一家银行（C银行）。因此，到此阶段为止，从银行体系最初增加的100元准备，导致银行体系的支票存款合起来增加217元（=100元+90元+81元）。

同样的道理，如果所有的银行都将其超额准备的全额发放贷款，支票存款会进一步增加（从银行C、D、E等进行下去），情况如表8-14所示。由此可见，最初准备增加100元（原始存款）将使存款总额增加到1 000元（其中900元为由贷款派生的存款），增加了10倍，正是法定准备率的倒数。

表8-14　　　　支票存款创造（假设法定准备率为10%，准备增加100元）　　　　单位：元

银行	存款增加	贷款增加	准备增加
A	100.00	90.00	10.00
B	90.00	81.00	9.00
C	81.00	72.90	8.10
D	72.90	65.61	7.29
E	65.61	59.05	5.91
⋮	⋮	⋮	⋮
所有银行合计	1 000.00	900.00	100.00

如果银行选择把其超额准备投资于证券，结果是一样的。如果 A 银行用超额准备购买了证券而没有发放贷款，A 银行的 T 式账户如表 8-15 所示。

表 8-15　　　　　　　　　　　　　A 银行账户

资产		负债	
准备	+10 元	支票存款	+100 元
证券	+90 元		

当该银行购买 90 元的债券时，它向债券的卖主开出一张 90 元的支票，债券的卖主又将之存于另一家银行，比如说 B 银行。这样，B 银行的支票存款增加了 90 元，存款扩张过程与以前一样。银行不论选择贷款或是选择购买证券来使用其超额准备，存款扩张的效果都一样。

这里要注意的是，单个银行与整个银行体系在存款创造上是有差别的。单一银行仅能创造等于其超额准备的存款，不能引起多倍存款创造。这是因为单一银行发放的这笔贷款所创造的存款存入其他银行时，该银行将不再拥有这笔准备。但是，作为整体的银行体系却可以进行多倍存款扩张，因为当一家银行失去了它的超额准备，即使这一单个银行不再拥有，这些准备并没有离开银行体系。因此，当各个银行发放贷款并创造存款时，这些准备就转移到另外的银行，而后者通过发放新的贷款来创造新的存款。对于整个银行体系来说，当所有银行不持有超额准备金时，存款货币创造过程将会终止。

上述分析表明，在部分准备金制度下，商业银行准备金的增加（客户存入存款，或者商业银行获得中央银行贴现贷款导致准备金增加，或者商业银行出售资产导致准备金增加，或者因为中央银行降低法定存款准备金率而增加了超额准备金），经过整个银行体系的运用，可产生大于准备金增加量若干倍的存款货币。此扩张的数额，主要决定于两大因素：一是新增准备金量的多少，二是法定准备率的高低。新增准备金越多，创造的存款货币量越多；反之则反是。法定准备率越高，扩张的数额越小；反之则反是。这种由银行体系的准备增加而导致的存款多倍扩张关系，可用数学公式[1]表示如下：

$$\Delta D = \frac{1}{r_d} \times \Delta R \tag{8-2}$$

---

[1]　公式推理的证明。

$\Delta D = 100+90+81+72+\cdots$

$\quad = 100[1+(1-10\%)+(1-10\%)^2+(1-10\%)^3+\cdots]$

这是一个几何级数求和的问题。

$\Delta D = \Delta R \lim\limits_{n \to \infty} [1+(1-r_d)+(1-r_d)^2+\cdots+(1-r_d)^n]$

因为 $\lim\limits_{r_d \in (0,1)} \frac{1 \times [1-(1-r_d)^n]}{1-(1-r_d)} = \frac{1}{r_d}$

所以 $\Delta D = \frac{\Delta R}{r_d}$

其中，ΔD 为银行体系中支票存款总量的变动，r_d 为法定准备率（例子中为 $0.01 = 10/100$），ΔR 为银行体系准备额的变动（例子中为 100 元）。

从存款货币创造的基本模型中，我们还可以导出以下两个概念：

第一，增量派生存款总额应为增量支票存款总额减去增量初始存款额。例子中的派生存款总额为 1 000 元-100 元＝900 元。

第二，在一定法定准备率下，增量支票存款总额的扩张变动与增量初始存款之间存在着一种倍数关系（Multipier Relatianship），令 k 代表扩张倍数，从基本公式可以推导出：

$$k = \frac{\Delta D}{\Delta R} = \frac{1}{r_d} \tag{8-3}$$

存款货币扩张倍数（或称简单存款乘数）是法定准备率的倒数。在上述法定准备率为 10% 的例子中，k 为 10。这是存款多倍创造的最大值。

存款货币的收缩过程与创造过程的原理相似，不同之处在于方向相反，即在创造过程中，存款和贷款的变动为正数，而在收缩过程中，存款和贷款的变动是负数。假设 A 银行缺少 100 元准备，它将通过要求客户偿还贷款或出售证券的方式补充短缺的准备，其他银行将被迫做出连锁反应，其结果是银行体系资产方的贷款或持有的证券将减少 1 000 元，负债方的支票存款也将减少同样的数额，准备金缺乏的情况将消失。也就是说，在法定准备率为 10% 的情况下，A 银行短缺的 100 元准备将以其 10 倍的数额收缩银行体系的支票存款。

三、存款倍数的修正

上面的分析是在一些假设条件下进行的，只考虑了法定准备率对银行体系存款创造的限制。事实上，上述假设条件中有一些与现实不太相符。因此，需要考虑这些因素对分析结论的影响。这种影响恰恰是限制了整个银行体系的存款创造能力，使其变得有限。现在我们来分析这些因素进而对存款乘数进行修正。

（一）现金漏损率

前面曾假定银行客户一律使用支票，不提取现金。然而，在现实生活中，是存在着现金漏损的。由于现金流出了银行体系，银行可用于放款部分的资金减少，因而削弱了银行体系创造存款货币的能力。就整个银行系统和经济社会而言，现金的数量（c）同存款的数量之间在一定时期大致存在某种比率关系，我们把这种比率称为现金漏损率，用 c' 表示。这种现金漏损对银行创造存款的限制与法定准备率相同，因而把现金漏损考虑之后，银行体系创造存款的扩张倍数公式修正为：

$$K = \frac{1}{r_d + c'} \tag{8-4}$$

（二）超额准备率

银行在实际经营中为了保持流动性，所提留的准备金绝不可能恰好等于法定准备金，事实上银行实际拥有的准备金总是大于法定准备金，这种差额称为超额准备金。从实证分析表明，银行保留不用的超额准备金（E）同支票存款在数量上也保持着某种有规律的关系，这种比率关系可用超额准备率（e）来表示。

超额准备率的变化对银行创造存款的限制与法定准备率及现金漏损率相同。如果超额准备率大，则银行存款创造的能力就小；反之则反是。因此，再把超额准备金的因素考虑进去，银行体系创造存款的扩张倍数公式可再修正为：

$$K = \frac{1}{r_d+c'+e} \quad (8-5)$$

（三）定期存款准备金

前面假定银行只经营支票存款。实际上，社会公众基于各种动机会以定期存款的形式保持一部分存款。当社会公众将活期存款转入定期存款时，尽管不致使原持有的准备金额有何下降，但这种变动会对存款乘数产生影响，因为银行对定期存款（D_t）也要按一定的法定准备率提留准备金［定期存款的法定准备率（r_t）往往不同于活期存款的法定准备率］。定期存款 D_t 同活期存款总额（D_d）之间也会保有一定的比例关系，当令 $t=D_t/D_d$ 时，则 $r_t \cdot D_t/D_d = r_t \cdot t$。因为按 $r_t \cdot t$ 提存的准备金是用于支持定期存款，虽然它仍保留在银行，即仍包括在其实有准备金之中，但却不能用于支持活期存款的进一步创造，故这部分 $r_t \cdot t$ 或 $r_t \cdot D_t/D_d$ 对存款乘数 K 的影响，便可视同为法定准备率的进一步提高，应在 K 的分母中加进此项数值，以做进一步的修正，即：

$$K = \frac{1}{r_d+c'+e+r_t \cdot t} \quad (8-6)$$

如上例，我们假定 c' 为 10%，e 为 10%，r_t 为 5%，t 为 10%，那么 K 就不会是 10，而是 3.28（$=\frac{1}{10\%+10\%+10\%+5\%\times 10\%}$）了。显然，派出倍数大大变小了。

上面几种情况是用抽象的方法分别说明 r_d、c'、e、$r_t \cdot t$ 等因素对存款乘数 K 的影响关系。就实际情况来说，存款货币的创造究竟能达到多少倍数，还得视整个国民经济所处的经济发展阶段而定。如果公众的支付方式发生了变化，现金漏损率也会随之出现变化，从而对 K 值产生影响。当经济发展处于不同的景气状态及利率水平发生变动，银行会调整所保留的超额准备金数额，从而 e 值会改变，也会影响到 K 值的大小。在经济处于停滞和预期利润率下降的情况下，社会公众对贷款没有需求，银行想贷也贷不出去，因而也就不能创造货币。也就是说，银行体系能创造多少货币最终还是取决于客观经济过程对货币的需求。

参考阅读

中国 M2 增速创历史新低首现"个位数" 央行称不必过度解读

中国人民银行 2017 年 6 月 14 日公布的最新货币信贷数据显示，2017 年 5 月份中国人民币贷款和社会融资规模增长较快，但其中关键数据广义货币（M2）同比增速为 9.6%，这是有统计以来中国 M2 增速首次出现个位数，创下历史新低。

2017 年 5 月份，M2 增速分别比上月末和上年同期低 0.9 个百分点和 2.2 个百分点。

中国人民银行有关负责人对此解释说，近期 M2 增速有所放缓，主要是金融体系降低内部杠杆的反应。金融体系主动调整业务降低内部杠杆，与同业、资管、表外以及"影子银行"活动高度关联的商业银行股权及其他投资等科目扩张放缓，由此派生的存款及 M2 增速也相应下降。总体来看，金融体系控制内部杠杆对于降低系统性风险、缩短资金链条有积极作用，对金融支持实体经济没有造成大的影响。

"估计随着去杠杆的深化和金融进一步回归为实体经济服务，比过去低一些的M2增速可能成为新的常态。"中国人民银行的一位负责人说，随着市场深化和金融创新，影响货币供给的因素更加复杂，M2的可测性、可控性以及与经济的相关性亦有下降，对其变化可不必过度关注和解读。

中国人民银行认为，当前中国货币信贷运行总体正常，金融对实体经济支持力度较为稳固。数据表明，金融尤其是信贷对中国实体经济的支持力度依然较大。中国人民银行将灵活运用多种货币政策工具组合，把握好去杠杆与维护流动性基本稳定之间的平衡，为供给侧结构性改革营造中性适度的货币金融环境。

资料来源：中国M2增速创历史新低首现"个位数" 央行称不必过度解读[EB/OL].（2017-06-14）[2017-08-14］. http://www.chinanews.com/cj/2017/06-14/8250815.shtml.

第四节 货币供给模型

根据以上对货币供给过程的分析，我们可以用一个数学公式将其中各因素之间的关系表示出来：

$$M_1 = B \cdot m_1 \tag{8-7}$$

其中，M_1表示狭义的货币供应量，B表示基础货币，m_1表示狭义货币的货币乘数。(8-7)式的基本含义是，基础货币按照一定的货币乘数扩张，形成货币供应总量，即货币供给量是由两类基本因素决定的。

这里要注意的是，B中的两个组成部分对货币供给量的作用程度是不同的。通货虽然能成为创造存款货币的根据，但它本身的量，中央银行发行多少就是多少，不可能成倍数增加，只能是等量增加；而准备金R却能引起存款货币成倍数增加。因此，基础货币与货币供给量的关系可用图8-1表示。

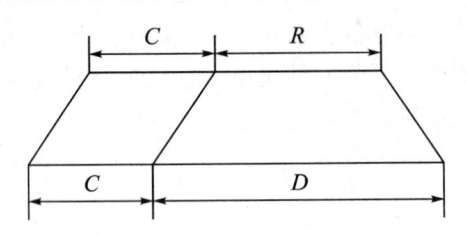

图8-1 基础货币与货币供应量的关系

下面分别讨论B和m_1的决定及对货币供给量的影响。

（一）B的决定

前已论述，基础货币是由中央银行提供的，是由中央银行各种资产业务推动的。中央银行资产总额增减，基础货币总额必然会随之增减。如果中央银行资产中，有的增加，有的减少，则基础货币是否增减就要视各项资产增减变动的相互作用而定。这就是说，基础货币量主要由中央银行的资产规模决定。而从中央银行的资产负债表可看到，中央银行的资产主要包括中央银行对商业银行的债权、对财政的债权以及黄金、外汇占款。现分述这三项与基础货币的变动关系。

1. 对商业银行的债权规模与基础货币量

中央银行对商业银行提供信用支持，主要是采取再贴现和放款两种形式。这两种形式的结果都是使商业银行在中央银行的准备金发生变动。因此，中央银行对商业银行增加此两项业务，就会引起商业银行的准备金，即基础货币的等量增加；反之，则是基础货币的等量减少。

2. 对财政的债权规模与基础货币量

财政需要信用支持是在其出现收不抵支，即发生赤字时。发生赤字，政府需要采取措施弥补。通常的办法是增税、增发政府债券和变动基础货币。前两种办法通常不会引起货币供给总量发生变化，而变动基础货币则不然。如果一个国家的财政部拥有发行通货的权力，那么对于预算赤字的弥补就会演变为简单的印钞机加速运转。现钞是基础货币的一部分，它的增加也就是基础货币的增加。但这种情况在当今任何国家都已非常少见。

通常的情况则是财政部发行债券，中央银行直接认购。财政部用出售债券的收入支付商品、劳务或其他支出。公司、企业、个人收入货币存入商业银行，商业银行则相应增加了在中央银行的准备金。如果债券由公司、个人或商业银行购买，从而造成商业银行准备金的减少，但这些债券或抵押、或出售给中央银行，中央银行购买债券的支出又会补足了商业银行的准备金。而财政把出售债券的收入再支出，则仍然成为准备金增加的因素。如果国库直接向中央银行借款，结果相同。

由上可见，中央银行对财政提供信用支持主要采取贷款和购买债券的形式。无论是采用哪种方式，增加的财政存款一旦支用，就会使商业银行的存款增加，从而使商业银行在中央银行的准备金相应增加，也就是基础货币的增加。无疑，如果收缩对财政的信用，则会引起基础货币的减少。

3. 黄金、外汇占款规模与基础货币量

一个国家的黄金、外汇等储备资产是中央银行通过注入基础货币来收购的。如果是向社会公众直接收购黄金外汇，其结果或者是使社会公众在商业银行的存款增加，从而商业银行在中央银行的准备金增加，或者是使通货增加。无论哪种情况，都是基础货币增加。一方面，如果是向商业银行收购黄金、外汇，则会直接引起商业银行的准备金从而使基础货币增加。另一方面，如果中央银行出售黄金、外汇，则会引起基础货币的相应减少。

此外，如前所述，中央银行还可以通过调整法定准备率和公开市场业务等手段来增减商业银行准备金和通货，即基础货币。

可见，基础货币主要是中央银行政策的产物。但是，由于中央银行或操作各种工具、或变动资产业务来调控基础货币要受到其他经济主体如社会公众、商业银行的行为的影响，甚至还要受财政部门的影响，因此中央银行对基础货币的控制程度仍只能是相对的。

(二) m_1 的决定

在货币供给模型 (8-7) 式中，变量 m_1 为货币乘数 (Monetary Multiplier)，表示对于基础货币 B 的既定变动、货币供给的变动。该乘数是基础货币转化为货币供给的倍数。

1. 货币乘数的推导

前面在讨论存款货币创造在量上的限制因素时，对各种情况下的乘数 K 我们还只是以支票存款为范围考察的，因此其只能称为"支票存款乘数"。

但货币与存款是两个不同含义的概念，货币既包括存款又包括现金，而存款又可分为定期存款、活期支票存款等。因此，上述的存款乘数仅仅是指支票存款可能产生的倍数。如果我们要考察货币乘数，则至少应该考察 M1 和 M2 这样两个层次，在这里，主要考察 M1 层次的货币乘数 m_1。①

从存款乘数到 m_1，所涉及的范围扩大了，即从可开列支票的活期存款扩大到可开列支票的存款与现金之和。这就是说，M1 这一层次的货币一般包括流通中的活期支票存款余额（D_d）与现金（C）。

根据： $$M_1 = C + D \tag{8-8}$$

（8-1）式： $$B = R + C$$

（8-7）式： $$M_1 = B \cdot m_1$$

可得： $$m_1 = \frac{M_1}{B} = \frac{C+D}{C+R} \tag{8-9}$$

$$R = E + R_d + R_t = E + R_d + D_t \cdot r_t \tag{8-10}$$

其中，E 表示商业银行的超额准备，R_d 表示商业银行的活期存款法定准备金，R_t 表示商业银行的定期存款法定准备金，D_t 表示银行的定期存款，r_t 表示定期存款法定准备率。

将（8-10）式代入（8-9）式，得：

$$m_1 = \frac{C+D}{C+E+R_d+D_t \cdot r_t} \tag{8-11}$$

将（8-11）式的分子分母同时除以 D，有：

$$m_1 = \frac{\dfrac{C+D}{D}}{\dfrac{C+E+R_d+D_t \cdot r_t}{D}}$$

$$= \frac{\dfrac{C}{D}+1}{\dfrac{C}{D}+\dfrac{E}{D}+\dfrac{R_d}{D}+\dfrac{D_t}{D}\cdot r_t}$$

$$= \frac{c'+1}{c'+e+r_d+r_t \cdot t} \tag{8-12}$$

---

① m_2 的推导同理：

∵ $M_2 = C + D + D_t$ ①

$M_2 = B \cdot m_2$

∴ $m_2 = \dfrac{M_2}{B} = \dfrac{C+D+D_t}{C+E+R_d+D_t \cdot r_t}$ ②

将②式分子分母同除以 D，得

$m_2 = \dfrac{\dfrac{C+D+D_t}{D}}{\dfrac{C+E+R_d+D_t \cdot r_t}{D}} = \dfrac{1+C'+t}{C'+e+r_d+r_t \cdot t}$ （令 $\dfrac{D_t}{D}=t$） ③

从（8-12）式可以看出，货币乘数反映出基础货币之外的其他因素对货币供给的影响。

2. 决定货币乘数的因素

（8-12）式是一个函数，随许多复杂的变量 c'、e、r_d、r_t、t 等的变动而变动。

从前面分析存款函数的限制因素可知，r_d、r_t、c'、e 等数值的逐渐增大，支票存款多倍扩张的倍数降低。由于存款多倍扩张的倍数较小，因此货币乘数必然变小。这里我们将进一步分析这些因素的自身决定，以便更好地了解货币供给的决定机制。

（1）现金漏损率 c'。c' 直接取决于社会公众的意愿，间接地受到多方面经济条件的影响。影响 c' 的因素主要有：

①公众可支配收入水平的高低。一般来讲，可支配收入越高，通货比率也越高；反之则越低。但实际经济生活中的交易更多地是以支票来完成的，尤其是大宗交易，因此 c' 与收入或财富的变化有时成负相关关系。

②市场利率。市场利率可以说是社会公众手持现金的机会成本，因此利率提高往往会吸引人们少持不生息的现金，多持生息的存款，从而使 c' 降低。然而，如果利率的提高和随之而来的定期存款或有价证券持有额的增多，主要不是伴以手持现金的减少，而是低利甚至是无利的活期存款的减少，则 c' 反而增大。

③银行业的安危。如果银行业前景更好，人们自然会多持存款，反之人们纷纷从银行提现以求安全，可见 c' 的大小与银行业的安危呈负相关关系。

④公众对未来通货膨胀的预期。如果公众认为通货膨胀会加剧，则会提取更多的通货，以抢购保值资产从而避免购买力的损失，这时通货比率会增高。

⑤非法经济活动。在许多国家，有人为了逃税或从事非法交易，不敢用支票而用现金，从而使 c' 升高。

此外，社会的支付习惯、银行业的发达程度、信用工具的多寡、社会和政治的稳定性以及其他金融资产收益率的变动都会影响通货比率的大小。

（2）定期存款占活期存款的比率 t。t 直接取决于公众的资产选择，间接受收入或财富、利率水平和结构、市场风险等因素的影响。一般说来，定期存款的需求有较大的收入或财富弹性，因此在收入增加时，t 趋于上升，反之则反是。定期存款相对活期存款而言，利息收益较高但流动性较低，因此利率结构与市场动态的变化必然会影响 t。

（3）超额准备率 e。e 的大小主要由下列因素决定：

①保有超额准备金的机会成本的大小，即市场利率的高低。市场利率越高，银行愿意持有的超额准备金越少。

②借入超额准备金成本的大小。这主要是指中央银行再贴现率的高低。再贴现率高意味着借入超额准备金的成本增大，在这种情况下，商业银行会留存较多的超额准备金以备不时之需；反之，若借入超额准备金的成本很小，则商业银行就没有必要留存过多的超额准备金。

以上两个因素实际上是银行出于成本收益动机而考虑的。

③经营风险和资产流动性的考虑。在竞争的情况下，商业银行是在充满风险的状

态中经营的。因此，为应付难以预料的意外提现、支票结清时发生的准备金头寸短缺，或者企业借款需求增加等都会使商业银行在风险和收益的双重权衡中，改变所留存的超额准备金的多少。这实际上是银行出于风险规避动机而考虑的。

此外，整个经济的变化趋势、银行存款结构的变动、银行同业的成败等因素都会影响超额准备率。

（4）活期存款准备金比率 r_d 和定期存款准备金比率 r_t 是由中央银行直接左右的，因为规定或调整法定准备金比率是中央银行最基本的权力和货币政策手段。

此外，政府部门的财政收支以及公债政策也会影响到货币乘数的变化。

通过上面的分析，我们可以得出货币供给的完整模型（8-13）式：

$$M_1 = B \cdot m_1 = B \cdot \frac{c'+1}{c'+e+r_d+r_t \cdot t} \tag{8-13}$$

（8-13）式便是货币供给的完整模型。该模型表明了决定货币供给的诸因素及其对货币供给的影响。在该模型中，中央银行可以调节和控制 B、r_d 和 r_t，但 c'、t 和 e 基本上取决于包括企业、单位、个人在内的社会公众和商业银行的行为。该模型说明，M1 是由中央银行、商业银行和社会公众几方面共同决定的。

第五节 货币供给的外生性与内生性

在考察货币供给与中央银行之间的关系时，经济学家一般用"货币供给是外生变量还是内生变量"来判断。

外生变量和内生变量是典型的计量经济学语言。如果说"货币供给是外生变量"，其含义是：货币供给这个变量并不是由实际经济因素，如收入、储蓄、投资、消费等因素所决定的，而是由中央银行的货币政策所决定的。如果说"货币供给是内生变量"，其含义是：货币供给的变动，中央银行是决定不了的，起决定作用的是经济体系中实际变量以及微观主体的经济行为等因素。

货币供给的内生性或外生性问题，是货币理论研究中具有较强政策含义的一个问题。如果认定货币供给是内生变量，那就等于说，货币供给总是要被动地决定于客观经济过程，而中央银行并不能有效地控制其变动。自然，货币政策的调节作用，特别是以货币供给变动为操作指标的调节作用，有很大的局限性。如果肯定地认为货币供给是外生变量，则无异于说中央银行能够有效地通过对货币供给的调节影响经济进程。

因此，经济学家对这个问题展开了激烈的争论，各持己见。这里主要介绍凯恩斯学派和货币学派的观点。

一、凯恩斯学派的观点

凯恩斯本人及其追随者在货币供给的问题上有不同的看法。

（一）凯恩斯的外生货币供给理论

在货币本质问题上，凯恩斯是一个货币名目主义者。他认为，货币之所以能被流通接受，完全凭借国家的权威，依靠国家的法令强制流通。因此，货币是国家的创造物。在此基础上，凯恩斯提出了外生货币供给论。

凯恩斯认为，货币供应是由中央银行控制的外生变量，其变化影响着经济运行，但自身却不受经济因素的制约。既然货币供应的控制权由政府通过中央银行掌握在手，那么中央银行可根据政府的决策和金融政策，考虑经济形势变化的需要，人为地进行调控，增减货币供给量。凯恩斯认为，公开市场业务是增加或减少货币供应量的主要办法。金融当局买进各种证券的同时就把货币投放出去，增加了货币供应量；反之，若金融当局要减少货币供应量，就卖出各种证券使货币回笼。凯恩斯强调，金融当局应该在公开市场业务中对各种期限的证券（金边债券）进行买卖，以取得迅速、良好的效果。同时，买卖证券的利率也不应单一，而应根据证券的种类、期限等情况分别采用不同的利率。凯恩斯认为，公开市场交易不仅可以改变货币数量，而且还可以改变人们对于金融当局的未来政策的预期。因此，可以双管齐下，影响利率。

（二）新剑桥学派的货币供给理论

新剑桥学派认为，虽然从形式上看，现有的货币供应量都是从中央银行渠道出去的，但实质上这个量的多少并不完全由中央银行自主决定，在很大程度上是中央银行被动地适应公众货币需求的结果。这是因为公众的货币需求经常且大量地表现为贷款需求，而银行贷款和货币供应量是紧密联系在一起的。这实际上是说，对现有货币供应量发生决定性影响的主要是货币需求，而货币需求的大小又取决于经济的盛衰与人们的预期。

关于货币供给的控制问题，新剑桥学派也认为中央银行能够控制货币供应，但其控制能力是有限度的，并且在货币供给的增加和减少方面分布不均匀，即其增加货币的能力远远大于其减少货币的能力。

在这里，新剑桥学派虽然未明确提出内生货币供应理论，但在论述中已包含此意，其理论分析也已脱离前述外生货币供给论。然而，其论述不够完善而显得支离破碎。

（三）新古典综合学派的内生货币供给理论

新古典综合派认为，货币供给量主要由银行和企业的行为所决定，而银行和企业的行为又取决于经济体系内的许多变量，中央银行不可能有效地限制银行和企业的支出，更不可能支配其行动。因此，货币供应量主要是内生的，从而中央银行对货币供应的控制就不可能是绝对的，而只能是相对的。

这一理论最初散见于英国的雷德克利夫委员会的研究报告，其后由J.G.葛莱（J.G.Gurley）和E.S.萧（E.S.Shaw）在《货币金融理论》一书中正式倡导，最后经托宾等人的发展和完善而成为一种系统的理论。该理论的主要内容如下：

（1）非常重视利率和货币需求的因素对货币供给以及它们相互之间的影响。其理论模型可简单表述为：

$$M=[B, rf(i), kf(y,i,o)] \tag{8-14}$$

该模型说明，货币供给量由中央银行、商业银行和社会大众的行为共同决定。该模型中的行为变数均是由复杂的经济生活所决定的，银行对准备金的需求行为函数（rf）由利率的状况决定，公众的货币需求行为函数（kf）受收入（y）、利率（i）以及其他因素（o）的支配，而利率、收入、货币需求、货币供给等则是互相制约、互为因果的。也就是说，虽然银行创造存款货币的能力与存款准备金和活期存款及定期存款准备率等外生变量非常相关,但是如果没有足够的贷款机会,存款货币也就不能被创造出来。而贷款机会却是由经济运行的状况和经济发展的水平决定的。此外,货币供给量更要受到利率和货币需求的影响。这些因素显然属于内生变量,是中央银行无法直接加以控制的。

(2)主张以更广义的货币定义(M2 或 M4)作为理解货币与总体经济之间关系的基础,并以此来阐述复杂的货币供给决定机制。

(3)认为商业银行和非银行金融机构具有相似性,即都具有创造货币和创造信用的能力。因此,非银行金融机构的数量变化和存款余额的增减,改变了社会对商业银行的货币需求量,影响货币供给的规模,造成货币流通速度的不稳定,削弱了货币政策的效果。因此,中央银行要使货币政策有效,就必须对非银行金融机构实行全面的管理。

(4)应用资产选择理论和避免风险理论分析商业银行的决策行为。货币供给理论者指出,银行作为一个与工商企业不同的特殊信用机构,不可能为了追求盈利而只保持最低限度的现有资产。在银行持有的各种资产中,除了现金,其他的都是在能获得一定收益的同时,也承担着不同程度的风险。银行在其持有的每项资产的边际收益率经过风险调整后仍然相同的情况下,才能使利润达到最优化。商业银行的这种决策行为决定了银行资金运用的规模和方向,而后者又会对银行存款货币的创造能力产生极大的影响。

(5)运用资产选择理论来分析货币政策的效果。内生论者认为,资产多样化使人们可以在多种资产中做出选择。人们对货币的需求受其对货币、其他资产的偏好制约,而资产偏好又由经济发展来决定。人们在不同的时期,根据利率的变化和各种资产风险的比较来调整其资产结构。人们既考虑相对的流动性和安全程度,也考虑收益水平。货币需求与利率成反比,与债券价格成正比,特别是当利率降至一定程度时,货币需求量趋于无限大,货币当局无法通过公开市场等手段来控制,货币政策失效。可见,货币供给由经济内在决定,货币当局无法直接控制。

(6)中央银行的宏观金融控制手段应该改变。综上所述,中央银行只有根据经济生活动荡不定的特点,采取相机抉择的货币政策,才能及时抵消经济的波动对信用状况的不利影响。同时,中央银行的操作应集中在影响利率的各种措施上。除对商业银行的信用活动进行合理的限制和管理外,中央银行还必须对非银行金融机构的信用活动进行全面的管制。

新古典综合学派的货币供给理论在西方经济学界受到广泛的重视,并对西方各国政府制定经济政策、强化宏观金融控制发挥了重要的作用。

(四)后凯恩斯主义内生货币供给理论

二战后货币政策的失败、20世纪70年代的金融创新、商业银行的资产负债管理等现实,是后凯恩斯主义内生货币供给理论产生的现实背景。后凯恩斯主义内生货币供给理论的发展主要围绕适应性内生供给和结构性内生供给这两种观点的争论而展开。

适应性内生供给理论的主要代表人物有温特劳布、卡尔多、莫尔。其基本观点是货币的需求通过政府的压力,转换成中央银行的货币供给,即不是货币供给决定经济运行，而是经济运行决定货币供给。中央银行只能顺应经济运行的要求供给货币，而无法执行自主性货币政策，这就从根本上对货币政策的有效性提出挑战。

结构性内生供给理论的主要代表人物有明斯基、罗西斯和埃尔利。其特点是强调当银行和其他金融中介机构的准备金不足而中央银行又限制非借入储备的增长时，额外的储备通常会在金融机构内产生，主要是通过创新性资产负债管理，如从联邦基金、欧洲货币市场和大额可转让定期存单等处获得。

二、货币主义的外生货币供给论

弗里德曼作为货币主义的主要代表人物是倡导货币供给外生论的典型代表。他和A.J.施瓦兹（A.J.Schwartz）在《1867—1960年美国货币史》的附录中提出了一个货币供给方程式：

$$M = H \cdot \frac{\frac{D}{R}\left(1+\frac{D}{C}\right)}{\frac{D}{R}+\frac{D}{C}} \tag{8-15}$$

(8-15) 式表示，货币供给量 M 由高能货币 H 与由 $\frac{D}{R}$、$\frac{D}{C}$ 共同组成的货币乘数的乘积所决定。这就是弗里德曼-施瓦兹在分析货币供给量决定因素时使用的基本方程式。这一方程式表明的是货币供给的决定基本上取决于三个因素：高能货币、商业银行的存款与其准备金之比 $\frac{D}{R}$、商业银行的存款与非银行公众持有的通货之比 $\frac{D}{C}$。而由上述三项因素构成的高能货币与货币乘数之积的乘积关系，则共同决定了货币供给量的规模。

然而，弗里德曼认为，上述三个主要因素虽然分别决定于中央银行的行为、商业银行的行为和社会公众的行为，但是其中中央银行能够直接决定 H，而 H 对于 $\frac{D}{R}$ 和 $\frac{D}{C}$ 有决定性影响。也就是说，货币当局只要控制或变动 H，就必然能在影响 $\frac{D}{R}$ 和 $\frac{D}{C}$ 的同时决定货币供给量的变动。在这种情况下，货币供给无疑是外生变量。

货币供给究竟是外生变量还是内生变量，从我们前面分析货币供给的形成过程中所存在的多个环节和障碍可以看到，中央银行虽然可以根据自己的意愿和决策通过其政策工具影响基础货币量与货币乘数中的许多系数，在货币供给量的决定中扮演着首要的角色，但作为货币需求者的大量银行和其他存款机构、成千上万的社会公众甚至财政部门的行动决策，对此也并非无所作为。收入或财富、利率水平与结构、心理预期等，作为经济运行的因变量，深深地影响着各个经济主体的行为，从而影响着货币乘数甚至影响基础货币量。在社会经济运行中，这些变量又是相互影响、相互制约的。因此，货币供给既受国家决策者的意志影响，即对于实际经济运行过程具有外生性，又成了实际经济运行过程中的一个因变量，即具有内生性。

本章小结

1. 银行是现代货币供给的主体，但中央银行和商业银行在其中所起的作用不同，中央银行是货币供给的总闸门，提供的是基础货币；商业银行则是在基础货币的范围内，多倍地创造存款货币。

2. 货币供给理论的基本模型为 $M_1 = B \cdot (c'+1) / (c' + e + r_d + r_t \cdot t)$。该模型表明了货币供给的两大类决定因素，即基础货币和货币乘数，两者之积等于货币供给量。该模型还表明了在货币供给中除银行起主要作用外，非银行部门的行为对货币供给也有很大作用，主要在货币乘数中反映出来。

3. 基础货币由流通中通货和商业银行准备金构成。基础货币是中央银行的负债。中央银行可通过调整资产业务规模、运用公开市场业务、调整法定准备率和再贴现率政策来决定基础货币的大小及变动。

4. 货币乘数是由许多复杂的变量组成的，这说明货币乘数受到许多因素的影响。其中，c'、t 取决于社会公众的行为，e 取决于商业银行的经营行为，r_d、r_t 取决于中央银行的存款准备率政策。货币供给理论的基本结论是货币供给量是由中央银行、财政部门、商业银行和社会公众的行为共同决定的。

5. 对现代经济中的货币供给变量的认识有内生性和外生性两种。凯恩斯和弗里德曼认为货币供给是外生变量；而凯恩斯的追随者则认为货币供给是内生变量。

重要概念

原始存款　派生存款　基础货币　货币供给模型　存款乘数　货币乘数　现金漏损
内生变量　外生变量　法定存款准备　超额存款准备　存款准备金率

复习思考题

1. 在货币供给的形成中，商业银行和中央银行各起何作用？

2. 如果某银行存款人从他的户头中提取 1 000 元的通货，则准备和支票存款各将发生什么变化？

3. "货币乘数必大于1"的说法是否真实？还是不能确定？试解释之。

4. 当中央银行向商业银行出售 2 000 亿元的债券时，基础货币将发生什么变化？当这笔债券出售给私人投资者时，情况又怎样？

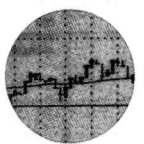

第九章　通货膨胀与通货紧缩

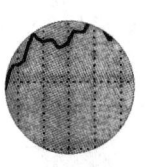

通货膨胀和通货紧缩已是当今世界各国备受关注的经济问题，因此如何科学地定义和衡量通货膨胀和通货紧缩、正确地揭示其原因和影响以及如何有效地防止和治理已成为当代经济学研究的重要课题。

第一节　通货膨胀的实证考察与定义

一、通货膨胀的实证考察

在金属货币制度下，由于金属货币是足值的，其价值贮藏功能可以自发调节其数量，使之不容易出现长期、大幅度的物价上涨。如果出现了物价上涨，也是比较短期的，而且往往与战争有关。例如，第一次世界大战后的德国发生了全球最著名的极度通货膨胀事件，1923年的通货膨胀率达到1 000 000%。自从实行纸币制度以来，由于纸币本身无价值，失去了足值金属货币的自动调节功能，如果不能很好地控制纸币的发行量，纸币就会贬值。从实践来看，自20世纪60年代中期以来，世界各国都不同程度地遭受过通货膨胀的困扰，尤其是在20世纪70年代，许多发达国家的通货膨胀率曾达到两位数（见图9-1）。在20世纪70年代以前的中国，全国各地价格水平基本相同，连最漂亮的铅笔也只要5分钱，甚至比较便宜的铅笔，5分钱可以买两支。但在1979年之后，大部分时间，大多数商品和劳务的价格倾向于一直上升。特别是在1988年、1993年、1994年，物价水平曾经大幅上涨。不过，进入21世纪以来，大部分国家的通货膨胀有所缓解（见图9-1、图9-2和参考资料）。

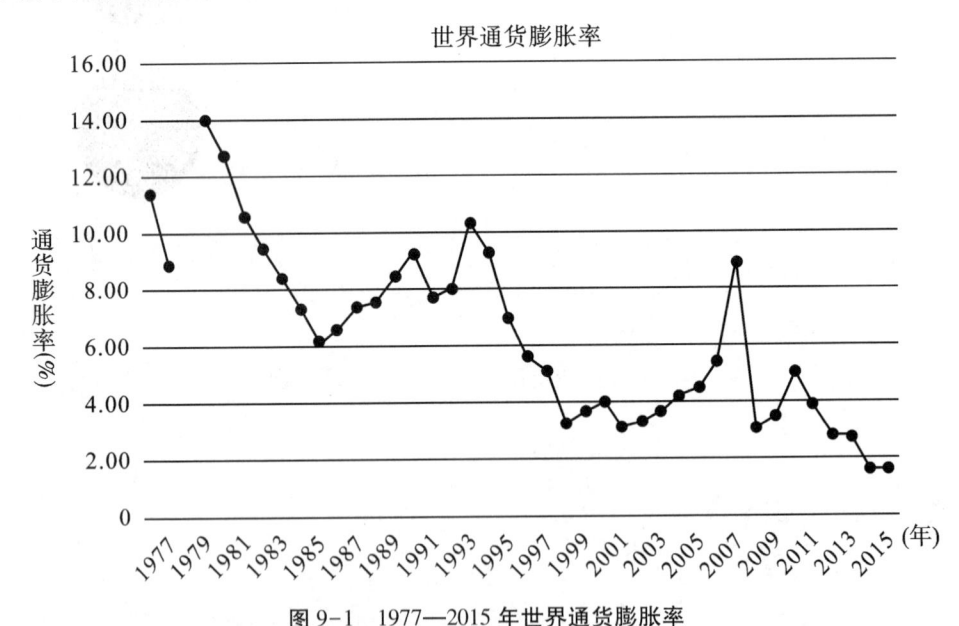

图9-1　1977—2015年世界通货膨胀率

数据来源：按消费者价格指数衡量的通货膨胀（年通胀率）[EB/OL]．[2017-08-15]．http://data.worldbank.org.cn/indicator/FP.CPI.TOTL.ZG．

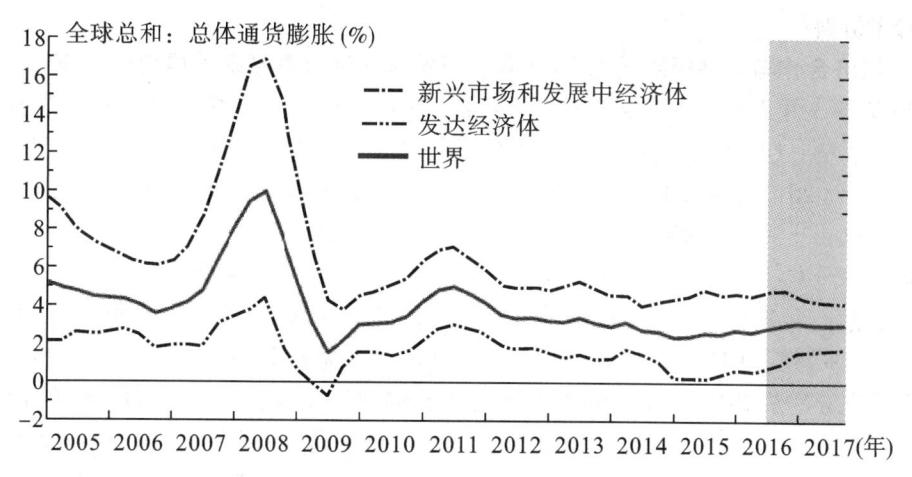

图 9-2 2005—2016 年全球通货膨胀与预测

资料来源：国际货币基金组织《世界经济展望》（2016 年 10 月）。

然而，津巴布韦却在 2000 年之后出现了恶性通货膨胀。2007 年 3 月，津巴布韦的通货膨胀率已经创记录地达到了 1 500% 以上。在 2008 年之前，津巴布韦官方通货膨胀率超过了 200 000 000%（非官方通货膨胀率超过了 100 000 000%）。其通货膨胀率在 2007 年达到最高点 24 411.03%（见图 9-3）。

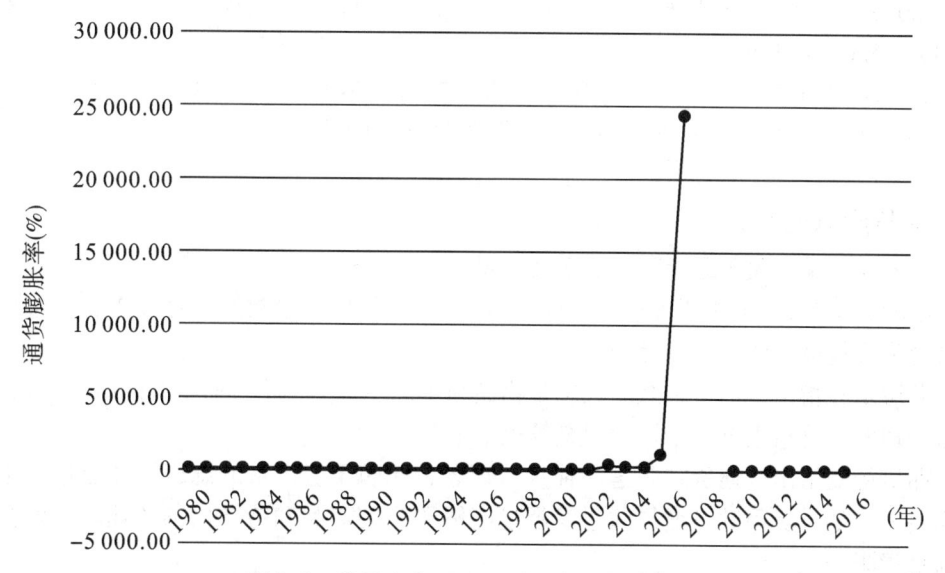

图 9-3 津巴布韦 1980—2016 年通货膨胀率

数据来源：按消费者价格指数衡量的通货膨胀（年通胀率）[EB/OL].[2017-08-15]. http://data.worldbank.org.cn/indicator/FP.CPI.TOTL.ZG.

上述这种物价总水平的持续上升就被称为通货膨胀（Inflation）。所谓通货，是指处于流通中的货币；所谓膨胀，就是过度扩张的意思。通货膨胀表现出来的情况比较简单，但通货膨胀却是一个复杂的经济现象。

参考资料

经济合作与发展组织国家 2017 年 1 月份年化通货膨胀率大幅增至 2.3%

2017 年 3 月 7 日,经济合作与发展组织(OECD)发布数据显示,受能源和粮食价格上涨影响,OECD 国家 2017 年 1 月份年化通货膨胀率从 2016 年 12 月份的 1.8% 升至 2.3%,创 2012 年 4 月份以来最高水平。剔除食品和能源因素影响,1 月份年化通货膨胀率仅由上月的 1.8% 微升至 1.9%。

受能源价格上涨推动,OECD 主要国家的通货膨胀率均有所上升。其中,法国、加拿大、意大利和美国通货膨胀率增长显著,分别从 2016 年 12 月份的 0.6%、1.5%、0.5% 和 2.1% 增至 2017 年 1 月份的 1.3%、2.1%、1.0% 和 2.5%;德国、英国和日本的通货膨胀率分别从 2016 年 12 月份的 1.7%、1.6% 和 0.3% 增至 1.9%、1.8% 和 0.4%。

根据调和消费者物价指数(HICP)测算,欧元区通货膨胀率从 2016 年 12 月份的 1.1% 大幅增至 2017 年 1 月份的 1.8%。剔除食品和能源因素影响,欧元区 2017 年 1 月份通货膨胀率企稳于 0.9%。欧盟统计局的最新数据预计欧元区 2017 年 2 月份年化通货膨胀率将升至 2.0%。

20 国集团(G20)国家 2017 年 1 月份年化通货膨胀率从 2016 年 12 月份的 2.3% 升至 2.6%。新兴经济体中,印尼、中国的通货膨胀率分别从 2016 年 12 月份的 3.0% 和 2.1% 升至 3.5% 和 2.5%;而巴西、南非、沙特、俄罗斯和印度的通货膨胀率则分别从 2016 年 12 月份的 6.3%、7.1%、1.7%、5.4% 和 2.2% 降至 5.4%、6.8%、−0.4%、5.0% 和 1.9%。

资料来源:OECD 国家 1 月份年化通胀率大幅增至 2.3% [EB/OL].(2017-03-10)[2017-08-15]. http://www.mof.gov.cn/pub/ytcj/pdlb/wmkzg/201703/t20170310_2554224.html.

二、通货膨胀的定义

西方经济学家关于通货膨胀的定义主要有以下几种:

哈耶克认为,"通货膨胀"一词的原意和本意是指货币数量的过度增长,这种增长会合乎规律地导致物价的上涨。

萨缪尔森指出,通货膨胀的意思是物品和生产要素的价格普遍上升的时期,面包、汽车、理发的价格上升,工资、租金等也都上升。[1]

弗里德曼指出,通货膨胀是一种货币现象,起因于货币量的急剧增加超过了生产的需要……如果货币数量增加的速度超过能够买到的商品和劳务增加的速度,就会发生通货膨胀。[2]

西方经济学家认定,物价上涨越快和持续期间越长,确定物价变动情况是膨胀性的就越合适。西方经济学家一般给通货膨胀下的定义是:一般物价水平持续的、相当大的上涨。现在人们广泛接受的、符合国际习惯用法的通货膨胀定义是:通货膨胀是一个一般物价水平持续上升的过程,也等于说是一个货币价值持续贬值的过程(莱德

---

[1] 萨缪尔森.经济学(上)[M].高鸿业,译.北京:商务印书馆,1979:380.
[2] 米尔顿·弗里德曼,罗斯·弗里德曼.自由选择[M].胡骑,席学媛,安强,译.北京:商务印书馆,1982:265.

勒和帕金，1975）。

我们在理解通货膨胀概念时要注意，通货膨胀发生时的主要特征是明显的物价上涨。但是，通货膨胀与物价上涨并非一回事，其原因如下：

第一，通货膨胀并不一定表现为物价上涨。虽然发生通货膨胀时，物价水平通常会明显上涨，但在实行高度集中计划经济体制的国家里，价格受到国家的严格控制，物价长期被冻结，大部分商品既不涨价也不降价。在这些国家中，即使货币超量发行，市场货币流通量过多，物价水平却因政府管制而不会明显上涨。这种不以价格信号（物价上涨）形式表现的通货膨胀是一种隐蔽的通货膨胀，也被人们称为抑制型或隐蔽型通货膨胀。实际上，这种通货膨胀是以非价格信号（货币持有系数——"马歇尔的 K"）不断增强、商品与物资供给的短缺等表现出来的。

第二，通货膨胀是物价普遍、持续的上涨。这种物价上涨不是单指某个或某类商品或劳务的价格上涨，而是指物价的总水平的上涨，即各类商品和劳务价格加总的平均数的持续上涨。季节性、暂时性或偶然性的价格上涨，不能视为通货膨胀。但是，价格上涨究竟要持续多长时间，才能被称为通货膨胀？对这个问题的回答却带有一定的随意性或争议，如有的会认为 3 年，有的会认为 1 年或半年。

第三，通货膨胀按其程度可以根据物价上涨的具体数量界限来做更细致的定义，但这个数量界限却是变化的。在 20 世纪 60 年代，发达国家一般认为年通货膨胀率达 6% 就已忍无可忍，可视为严重的通货膨胀；达到两位数则是恶性通货膨胀。到了 20 世纪 70 年代以后，世界范围的通货膨胀使人们改变了恶性通货膨胀的标准。从 20 世纪 80 年代末期开始，拉丁美洲的债务危机、苏联及东欧的渐进式改革、亚洲金融风暴等，使相当多国家出现了三位数以上的通货膨胀。这样，如何衡量通货膨胀的程度（尤其是对于发展中国家来说）变得更困难。一般地，经济学家将发达国家的通货膨胀再细分为爬行的或温和的通货膨胀、严重的通货膨胀、奔腾式通货膨胀。

爬行的或温和的通货膨胀是指一般物价水平按照不太大的幅度持续上升的通货膨胀。一般年通货膨胀率（即物价上涨率）在 2%~4%。不过对此难以规定一个准确的界限。事实上，这一界限在不断提高。现在许多经济学家认为通货膨胀率在 10% 以下是爬行的或温和的通货膨胀。

严重的通货膨胀是一般物价水平按照相当大的幅度持续上升的通货膨胀。一般物价上涨率在 10% 以上，达到两位数水平，这时人们纷纷抢购商品，货币流通速度加快，货币购买力下降，并且人们往往预期物价水平还将进一步上涨，因而采取各种措施抢购商品，从而使通货膨胀更为加剧。如果不采取有力的反通货膨胀措施，就有可能发展成为失控的恶性通货膨胀。

奔腾式通货膨胀也叫恶性通货膨胀，是指失控的、野马脱缰式的通货膨胀。恶性通货膨胀的通货膨胀率在 100% 以上，最严重时甚至达到天文数字，如前述的第一次世界大战后的德国与津巴布韦的通货膨胀。当恶性通货膨胀发生后，价格持续猛涨，人们为了尽快将货币脱手，大量地抢购商品、黄金和各种金融资产，从而大大地加快了货币的流通速度。结果是人们对本国货币完全失去了信任，货币极度贬值，货币购买力猛跌，各种正常的经济联系遭到破坏，货币体系和价格体系以至整个国民经济完全崩溃。

三、通货膨胀的度量

一般来说，通货膨胀最终要通过物价水平的上涨表现出来，因而物价总水平的上涨幅度就成为度量通货膨胀程度的主要指标。目前，世界各国普遍采用"一般物价水平"这个概念来说明物价变动情况，并根据"一般物价水平"的上升情况来确定通货膨胀的程度。所谓"一般物价水平"，是指全社会所有的商品和劳务的平均价格水平，而该平均价格是通过编制物价指数来计算的，因而物价指数就成了衡量通货膨胀的尺度。目前，各国编制的能用来反映通货膨胀的物价指数主要有消费物价指数、批发物价指数、生产者价格指数和国民（内）生产总值平减指数等。

（一）消费物价指数

消费物价指数（Consumer Price Index，CPI）是根据家庭消费的具有代表性的商品和劳务的价格变动状况而编制的物价指数。该指数在很大程度上反映了商品和劳务价格变动对居民生活费的影响，因此成为居民最关心的物价指数。

用该指标度量通货膨胀，其优点在于消费品的价格变动能及时反映消费品市场的供求状况，直接与公众的日常生活相联系，资料容易搜集，公布次数较为频繁。而其局限性在于消费品只是社会最终产品的一部分，范围比较窄，公共部门消费、生产资料和资本、进出口商品和劳务的价格均不包括在内。消费物价指数也不能正确地表现消费商品与劳务的质量改善，这种缺点其他指数也有。

（二）批发物价指数

批发物价指数（Wholesale Price Index，WPI）是以大宗批发交易为对象，根据产品和原料的批发价格编制而成的指数。例如，美国劳工统计局就是根据批发企业购买的大约 2 400 种商品（如化学制品、农产品、燃料、木材、皮革、机器、金属、纸张、橡胶以及纺织品等）的批发价格编制计算该指数的。

以批发物价指数度量通货膨胀，其优点是能在最终产品价格以前获得工业投入品及非零售消费品的价格变动信号，从而能较灵敏地反映企业生产成本的升降，并能进一步判断其对最终进入流通的零售商业价格变动可能带来的影响。而其缺点是不能反映劳务费用的变动情况。

（三）生产者价格指数

生产者价格指数（Producer Price Index，PPI）是根据企业购买的商品的价格变化状况编制而成的指数。该指数反映包括原材料、中间品以及最终产品在内的各种商品批发价格的变化。由于企业生产经营过程中面临的物价波动将反映至最终产品的价格上，因此，观察该指数的变动情形将有助于预测未来物价（CPI）的变化状况。

数据解读

2017 年 5 月份 CPI 同比涨幅扩大　PPI 同比涨幅继续回落

——国家统计局城市司高级统计师绳国庆解读 2017 年 5 月份 CPI、PPI 数据

国家统计局发布的 2017 年 5 月份全国居民消费物价指数（CPI）和工业生产者价格指数（PPI）数据显示，CPI 环比下降 0.1%，同比上涨 1.5%；PPI 环比下降 0.3%，同比上涨 5.5%。对此，国家统计局城市司高级统计师绳国庆进行了解读。

一、CPI环比微降，同比涨幅扩大

从环比看，5月份CPI微降0.1%，走势基本平稳。食品类价格下降0.7%，影响CPI下降约0.14个百分点。其中，鲜菜由于气温上升供给量增加，价格下降6.2%；鸡蛋供大于求，价格下降4.1%；猪肉供应充足，价格下降2.9%。三项合计影响CPI下降约0.24个百分点。应季瓜果上市价格较高，鲜果价格上涨4.2%；水产品由于休渔期影响供应减少，价格上涨1.2%。两项合计影响CPI上涨约0.10个百分点。非食品价格与上月持平。汽油和柴油因两次调价，价格分别下降0.6%和0.8%；飞机票和旅游价格分别下降5.5%和0.8%。中药和西药因原料涨价，价格分别上涨0.5%和0.7%；部分地区公立医院推动价格改革，医疗服务类价格上涨0.3%。

从同比看，5月份CPI上涨1.5%，涨幅比上月扩大0.3个百分点。非食品价格上涨2.3%，影响CPI上涨约1.84个百分点。其中，医疗保健类价格上涨5.9%，教育服务类价格上涨3.3%，居住类价格上涨2.5%，交通类价格上涨2.3%。食品价格下降1.6%，影响CPI下降约0.32个百分点。其中，鸡蛋、猪肉和鲜菜价格同比下降较多，降幅分别为16.8%、12.8%和6.3%。三项合计影响CPI下降约0.61个百分点。

据测算，在5月份1.5%的同比涨幅中，2016年价格变动的翘尾因素约为1.0个百分点，比上月扩大0.4个百分点；新涨价因素约为0.5个百分点。

5月份，扣除食品和能源的核心CPI同比上涨2.1%，涨幅和上月相同。

二、PPI环比降幅略有收窄，同比涨幅继续回落

从环比看，5月份PPI继续下降，但降幅比上月收窄0.1个百分点。其中，生产资料价格下降0.4%，降幅比上月收窄0.2个百分点；生活资料价格下降0.1%，降幅与上月相同。在调查的40个工业大类行业中，20个行业产品价格环比下降，比上月增加6个。从主要行业看，价格环比降幅收窄的有黑色金属冶炼和压延加工、化学原料和化学制品制造、石油加工、石油和天然气开采业，分别下降1.3%、1.0%、0.4%和0.3%；环比降幅扩大的有黑色金属矿采选、有色金属冶炼和压延加工业，分别下降4.1%和0.9%；煤炭开采和洗选业价格环比由升转降，下降0.6%。

从同比看，5月份PPI上涨5.5%，涨幅比上月回落0.9个百分点。其中，煤炭开采和洗选业价格上涨37.2%，涨幅比上月回落3.2个百分点；石油和天然气开采业价格上涨27.0%，回落16.0个百分点；石油加工业价格上涨22.0%，回落5.5个百分点；黑色金属冶炼和压延加工业价格上涨17.7%，回落4.6个百分点；有色金属冶炼和压延加工业价格上涨13.6%，回落2.2个百分点；化学原料和化学制品制造业价格上涨7.7%，回落1.5个百分点。上述六大行业合计影响PPI同比上涨约4.1个百分点，占总涨幅的74.5%。

据测算，在5月份5.5%的同比涨幅中，2016年价格变动的翘尾因素约为4.5个百分点，新涨价因素约为1.0个百分点。

资料来源：国家统计局城市司高级统计师绳国庆解读2017年5月份CPI、PPI数据［EB/OL］. (2017-06-09)［2017-08-15］. http://www.stats.gov.cn/tjsj/sjjd/201706/t20170609_1501775.html.

(四) 国民（内）生产总值平减指数

国民（内）生产总值平减指数（Gross Nation Product Deflator）是指按当年价格计算的国民（内）生产总值与按固定价格计算的国民（内）生产总值的比率。其用公式表示如下：

$$\frac{国民（内）生产总值}{平减指数} = \frac{当年价格计算的国民（内）生产总值}{固定价格计算的国民（内）生产总值}$$

例如，某国1990年的国民生产总值按当年价格计算为9 000亿元，而按1970年固定价格（价格指数基期为1970年＝100）计算则为4 500亿元，则1990年的国民生产总值平减指数为9 000/4 500×100%＝200，则1990年与1970年相比，物价上涨了100%（200/100－1＝100%）。

该指标的优点是包括范围广，既包括商品，也包括劳务；既包括生产资料，也包括消费资料，因此能全面地反映一般物价水平的趋向。但编制这种指数的资料难以搜集，在一些国民所得统计制度不发达的国家，这一指数无法编制，而只能编制国内生产总值物价平减指数。在我国，国民生产总值与国内生产总值两者相差的是国外所得净额。正因为此，该指标公布的次数就不如消费物价指数频繁，多数国家通常一年一次，即使在国民所得统计制度最完善的国家，如美国，目前也只能做到每季度一次，因此不能及时反映通货膨胀的程度和动向。有些国家将此项指数与消费物价指数结合起来，以消费物价指数来弥补此项指数公布次数少的不足，但易受价格结构因素的影响。例如，消费物价指数上涨幅度比较大，但由于其他价格变动幅度不大，就会出现国民生产总值物价平减指数不大而消费物价指数高的情况，因此实际工作中要注意。

国民（内）生产总值平减指数，虽然范围较广，但不能反映所有资产价格的变动情况，如各种金融资产，这些金融资产在通货膨胀加速期间，其价格上涨幅度往往超过消费物价的上涨幅度。

此外，还有一个核心通货膨胀率。核心CPI（Core CPI）是指剔除受气候和季节因素影响较大的产品，如食品和能源价格之后的居民消费物价指数。核心PPI（Core PPI）则是将食物及能源剔除后的生产者价格指数。

新闻导读

美联储加息的"砝码"：美国核心CPI连续11个月高于2%

2016年10月18日公布的一份美国政府报告称，美国在2016年9月核心通货膨胀连续11个月高于美联储2%的目标水平，美联储加息的"砝码"似乎越来越重。

美国劳工部公布的数据显示，美国2016年9月消费物价指数年增长1.5%，创2014年10月以来最高水平，前值增长1.1%（见图9-4）。

数据还显示，美国2016年9月核心CPI年增长2.2%，连续11个月位于美联储制定的2%目标上方，不过低于前值的增长2.3%（见图9-5）。

数据出炉之后，路透社评论称，随着汽油和租金价格上扬，美国2016年9月CPI有所回升，未季调CPI年率创2014年10月以来最大增幅，虽然美国劳工部表示2016年5~8月处方药价格有误，已经修正，此次通货膨胀中医疗健康价格指数出现下滑，同时核心通货膨胀低于上月，但通货膨胀压力稳步筑高依然有利于美联储12月加息。

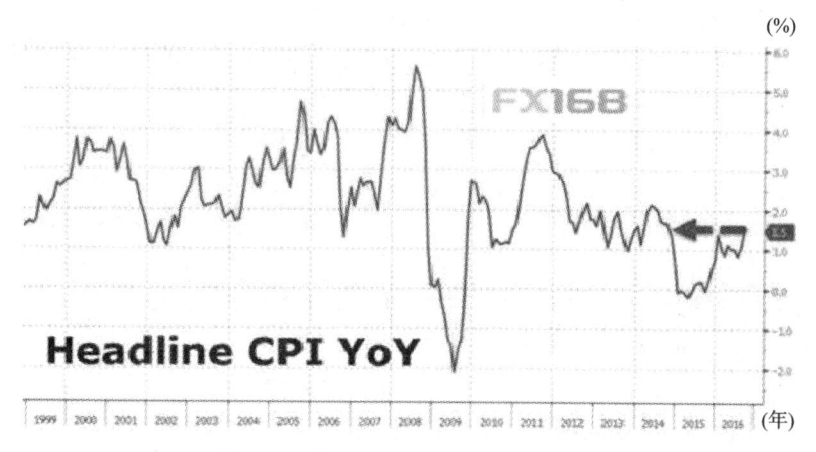

图 9-4　美国 1999—2014 年 CPI 情况

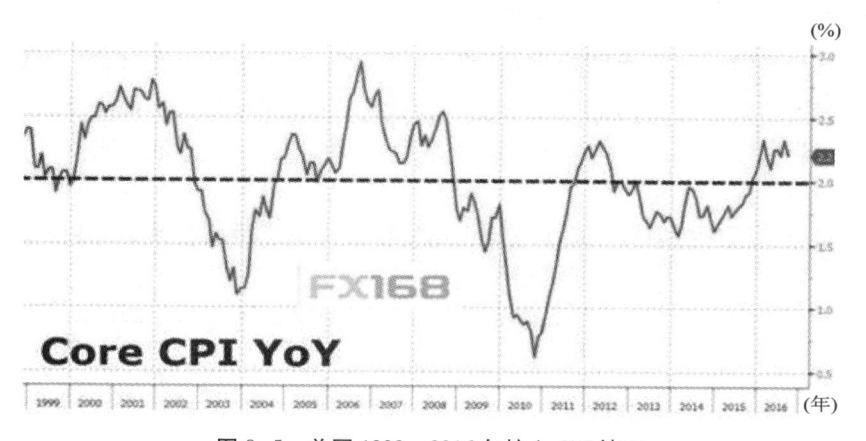

图 9-5　美国 1999—2016 年核心 CPI 情况

路透社公布的调查结果表明，美联储在 12 月加息的概率为 70%。根据彭博社数据，美国联邦基金利率期货合约显示，美联储 12 月加息的概率为 63.5%（见图 9-6）。

图 9-6　美联储加息概率

美联储主席耶伦在讲话中表示，要使经济从危机中完全复苏，可能需要"高压"政策，即以"貌似合理的方式"来维持低利率，通过刺激需求来吸引更多美国人加入劳动力队伍。这进一步暗示美联储倾向于在一段时间内让通货膨胀继续回升。

市场反应如何？

股市：美国 2016 年 9 月 CPI 数据发布后，道指期货涨超 100 点，标普 500 指数期货和纳指期货分别上涨 15 点和 39 点；

汇市：由于核心 CPI 低于预期，美元指数在下挫 10 余点至 97.66 后反弹，收复日内跌幅，跟随美债 10 年期收益率走高；欧元/美元跌至日内低位 1.098 0。

分析人士认为，数据将不足以明显影响市场对美联储年内加息概率的预期，并且对美元指数的打压作用有限。

资料来源：美联储加息的"砝码"：美国核心 CPI 连续 11 个月高于 2%［EB/OL］.（2016-10-18）［2017-08-15］. http://money.163.com/16/1018/21/C3MKBJO9002580S6.html.

第二节　通货膨胀的原因

一、直接原因：高货币供给增长率

美国经济学家、货币主义的主要代表人物、诺贝尔经济学奖获得者米尔顿·弗里德曼曾发表著名论断："通货膨胀永远而且到处是一种货币现象。"价格是商品价值的货币表现。没有过高的、持续不断的货币供给，价格水平怎么也不可能持续不断地涨上去。

我们可以从图 9-7 中直观地观察到，通货膨胀率与货币增长率具有相同的变化趋势。通货膨胀更多的是一种货币现象。

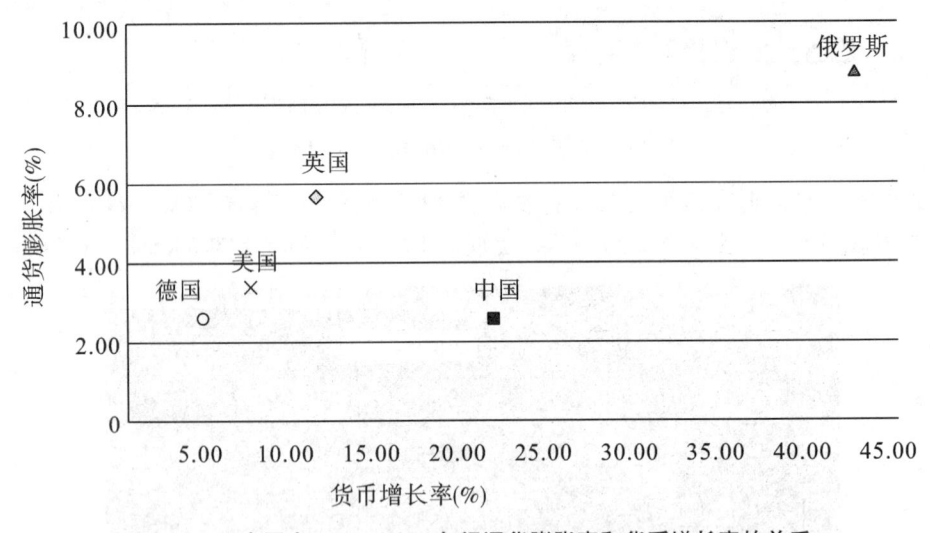

图 9-7　五个国家 1961—2016 年间通货膨胀率和货币增长率的关系

注：在图 9-7 中，阐述了五个国家 1961—2016 年间通胀率平均数和货币增长率平均数的关系。需要特别说明的是，德国的通货膨胀率数据从 1971 年开始，M2 增长率的数据从 2000 年开始；俄罗斯的通货膨胀率数据从 1990 年开始，M2 增长率从 1994 年开始；中国的 M2 增长率数据从 1978 年开始。

数据来源：世界银行。

那么，货币供给量的高速增长会不会自行发生呢？下面我们将考察为什么会有高的货币供给增长率。

二、深层根源：高就业率目标、政府政策与通货膨胀类型

如果通货膨胀不利于一国的经济发展，那为什么我们还会看到非常多的通货膨胀呢？既然通货膨胀没有任何好处，而且货币供给量的高速增长不会自行发生，那到底是什么诱发了高货币增长率？政府会不会采取通货膨胀性货币政策？如果回答是肯定的，那么政府一定是为了保证其他目标的实现，才会最终造成货币供给高增长和高通货膨胀的结果。现在来考察那些成为诱发通货膨胀最普遍原因的政府政策。

大多数政府追求的首要目标是高就业，而这往往会导致通货膨胀的结果。比如美国，依照其法律①的规定，美国政府负有提高就业水平的义务。尽管以上两个法案都要求政府承担相应义务，以保证在物价稳定的条件下实现高就业，但实践中政府通常单纯追求高就业目标，而不大考虑这些政策造成的通货膨胀的后果。特别是20世纪60年代中期和20世纪70年代，为了保持稳定的失业率政府开始采取更为积极的政策。政府为提高就业率而积极采取的稳定政策，可能会导致三种类型的通货膨胀，即需求拉动型通货膨胀、成本推动型通货膨胀和供求混合推进型通货膨胀。

（一）需求拉动型通货膨胀

需求拉动型通货膨胀是指由于社会总需求的过度增大，超过了现行价格水平下商品和劳务总供给的增长，致使"过多的货币追逐过少的商品和劳务"，从而引起货币贬值、物价上涨的经济现象。

在西方经济学中，"需求拉上"论是产生最早、流传最广，从而也是影响最大的通货膨胀理论。在20世纪50年代中期以后，尽管出现了许多新的理论，"需求拉上"论仍不失其原有的统治地位，只是其理论结构和分析方法有了很大变化。

"需求拉上"论是解释通货膨胀成因的早期学说，主要从总需求的角度寻找通货膨胀的原因。该学说认为，经济生活中之所以产生一般性物价上涨，其直接原因来自于货币因素，即货币的过量发行，如果政府采用了扩张性财政政策与货币政策，增加了货币供给量，导致了总需求膨胀。当货币需求大于商品供给时，就形成了膨胀性缺口，牵动物价上涨，导致通货膨胀。所谓膨胀性缺口，也就是一国总需求超过商品和劳务总供给的部分。"需求拉上"论是凯恩斯学派特别是现代凯恩斯主义的一个重要学说。

1. 政府为高就业率目标而采取积极的财政政策时的情形

个人为了弥补之前的支出，一般是通过工作提高收入，或者借钱。政府为了阻止失业上升而增加支出，可以征税或者发行政府债券，也可以创造货币，采用扩张性货币政策。如果是征税或者发行政府债券，通常不会造成总需求的扩大，因为只是改变了货币的使用者而已，并不会使货币总量增加。也就是说，政府赤字由公众持有的债券所弥补，基础货币不受影响，因此货币供给也不受影响。但如果政府赤字不是由公众持有的债券来弥补，基础货币量和货币供给都会增加。

有两种情形：一是政府有法定的权利去发行货币为赤字融资，即政府可以通过发

---

① 美国1946年的《就业法》和1978年的《汉弗莱-霍金斯法案》。

行货币来支付超过税收的支出。这样货币的增加直接增加了基础货币，基础货币增加，通过存款创造乘数机制，导致货币供给增加。央行超发货币来满足财政透支永远是恶性通货膨胀的根源。历史上有多次恶性通货膨胀，从第一次世界大战后的德国、第二次世界大战后的匈牙利，到20世纪70年代和20世纪80年代的南美洲和东欧地区，再到20世纪90年代初的俄罗斯及近些年的津巴布韦。所有这些恶性通货膨胀的背后都是政府以发行货币的方式来解决财政支出问题，而这实际上也就是一种变相的税收。历史上的恶性通货膨胀无一例外都是政府疯狂印钞的结果。①

多年来中国经济运行不断受到外部冲击，造成财政赤字的常态化（如表9-1与图9-8所示）。改革开放前后，很长一段时间，弥补赤字的主要方式是财政通过向中央银行透支和借款抵补来完成，一直到1995年出台的《中华人民共和国中国人民银行法》明确予以禁止，在制度设计上通过发行国债筹措资金成为弥补赤字的资金源泉。1979—1988年银行透支和借款占同期财政赤字累计数额的89%。靠银行透支和借款弥补财政赤字，在信贷资金也十分紧张的情况下，直接构成货币扩张的因素，从而给通货膨胀带来极大的压力。从表9-1与图9-8可以看到，1995年以前，赤字多的年份，往往伴随着货币供给量和通货膨胀率的大幅提升。

表9-1　　1980—1999年中国的财政赤字、货币供给量和通货膨胀率

年份	通货膨胀率（%）	货币供给量（M1）金额（亿元）	增长率（%）	财政赤字 金额（亿元）	增长率（%）
1980	6.0	1 315.74		68.9	
1981	2.4	1 636.56	24.4	-37.38	-154.3
1982	1.9	1 885.11	15.2	17.65	-147.2
1983	1.5	2 165.04	14.8	42.57	141.2
1984	2.8	2 845.24	31.4	58.16	36.6
1985	9.3	3 011.39	5.8	-0.57	-101.0
1986	6.5	3 856.03	28.0	82.9	-14 643.9
1987	7.3	4 481.67	16.2	62.83	-24.2
1988	18.8	5 490.17	22.5	133.97	113.2
1989	18.0	5 830.51	6.2	158.88	18.6
1990	3.1	6 950.7	19.2	146.49	-7.8
1991	3.4	8 633.3	24.2	237.14	61.9
1992	6.4	11 731.5	35.9	258.83	9.1
1993	14.7	16 280.4	38.8	293.35	13.3
1994	24.1	20 540.7	26.2	574.52	95.8
1995	17.1	23 987.1	16.8	581.52	1.2
1996	8.3	28 514.8	18.9	529.56	-8.9

---

① 戴险峰. 通胀的成因 [N]. 第一财经日报，2011-09-30.

表9-1(续)

年份	通货膨胀率（%）	货币供给量（M1）		财政赤字	
		金额（亿元）	增长率（%）	金额（亿元）	增长率（%）
1997	2.8	34 826.3	22.1	582.42	10.0
1998	-0.8	38 953.7	11.9	922.23	58.3
1999	-1.4	45 837.3	17.7	1 743.59	89.1

数据来源：①通货膨胀率（http://www.stats.gov.cn/tjsj/ndsj/zgnj/2000/I01c.htm），由于1980—1984年没有居民消费价格指数的统计数据，只有商品零售价格指数，因此1980—1984年的居民消费价格指数以商品零售价格指数代替。②货币供给量（M1）（https://zh.tradingeconomics.com/china/money-supply-m1）。③财政赤字（http://www.stats.gov.cn/tjsj/ndsj/zgnj/2000/H01c.htm）。

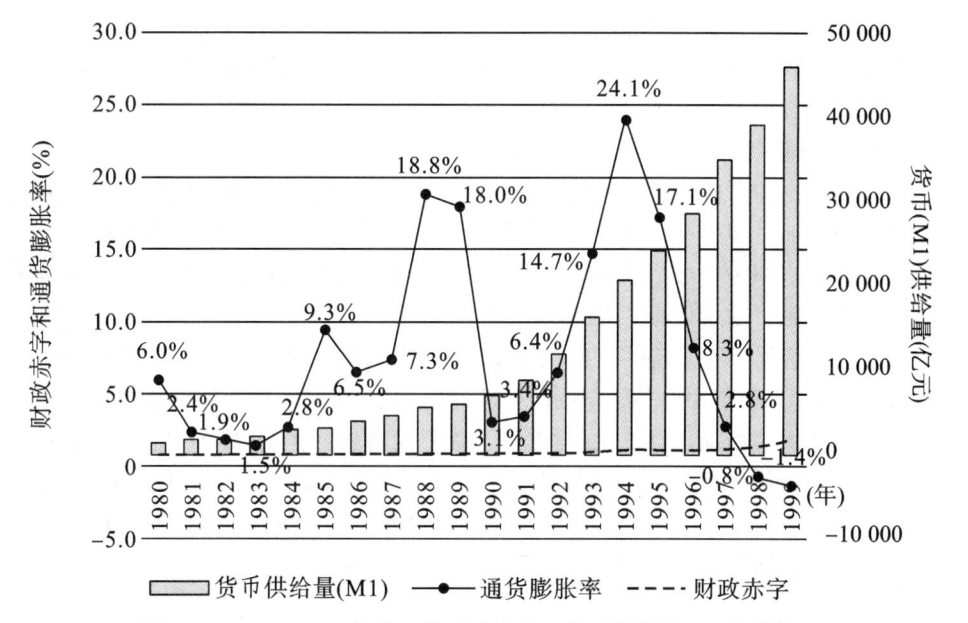

图9-8 1980—1999年中国的财政赤字、货币供给量和通货膨胀率

数据来源：同表9-1数据来源。

二是在美国和其他有些国家，政府没有发行货币来偿还债务的权力。在这种情况下，政府必须通过发行债券来弥补财政赤字。假如这些债券最终没有流入公众手中，中央银行必须进行公开市场操作，最终会导致基础货币和货币供给的增加。

因此，假如通过创造高能货币来融资，我们可以看到预算赤字能导致货币供给的上升。不过，因为货币数量论只能解释长期的通货膨胀，为了产生通货膨胀的效果，预算赤字必须是持续的，也就是持续足够长的时间。由此我们得出以下结论：为了弥补持续的赤字，通过货币创造的融资方式会导致持续的通货膨胀。

2. 政府为高就业率目标采取通货膨胀性货币政策的情形

我们知道，即使是在充分就业状态下，劳动力市场上的摩擦因素使得失业工人和雇主之间很难相互匹配，因此失业总是存在的，即存在摩擦性失业。如果政策制定者设定的失业率目标过低或产出目标过高，乃至低于自然失业率水平或超出潜在产出，就可能为实施扩张性的货币政策造成高货币增长率及随之出现的持续通货膨胀的发生创造条件。

凯恩斯从分析货币量变动影响物价的传导机制出发，认为货币量变动对物价的影响是间接的，而且影响物价变动的还有其他因素，如成本和就业量。凯恩斯认为，不是任何货币数量的增加都具有通货膨胀性质，也不能把通货膨胀仅仅理解为物价上涨。货币数量增加是否会产生通货膨胀要视经济是否达到充分就业。在经济达到充分就业后，货币增加就会引发通货膨胀。

新古典综合学派认为，需求创造供给的必要条件是资源的充分存在。一旦社会总需求超出了由劳动力、资本以及资源构成的生产能力界限时，总供给无法增加，这就形成了总需求大于总供给的膨胀性缺口。只要存在这一缺口，物价就必然上涨。由于此时总需求的增加对供给已失去了刺激作用，因此即使失业存在，物价也会上涨，失业就会与通货膨胀并驾齐驱。

需求拉动型通货膨胀可以用图9-9来说明。当总需求曲线AD_0与总供给曲线AS相交于E_0点时，经济处于均衡状态。总产出为2 000亿元，价格指数为100。当总需求曲线向右上方移动到AD_1时，新的均衡点为E_1，而在这一点上的产量和价格都高于E_0点上的数字，总产出由2 000亿元上升到2 100亿元，价格指数上升到102。这是由于社会上总需求的增加，包括政府支出、投资、消费、出口的增长，使得物价的水平也随之提高。这时候，因为社会尚存在闲置的资源，所以随着物价的上涨，总产出也有一定的增长。但随后，由于可动用的闲置资源的减少，总产出的增加越来越缓慢，总需求曲线从AD_1移动到AD_2，新的均衡点为E_2，总产出由2 100亿元上升到2 180亿元，价格指数上升到105。这时，若总需求继续膨胀，从AD_2移动到AD_3，而此时因经济中已无生产能力使供给增加，那么总产出就会趋于零增长，仍为2 180亿元，AS曲线成为一条垂直线，货币供给的增加只是使物价上涨，物价指数从105上升到108。总产出不变，仍为2 180亿元。这说明了需求是如何将物价拉上去的。在需求拉动的过程中，随着产出的上升，通货膨胀的程度取决于总供给曲线的斜率。

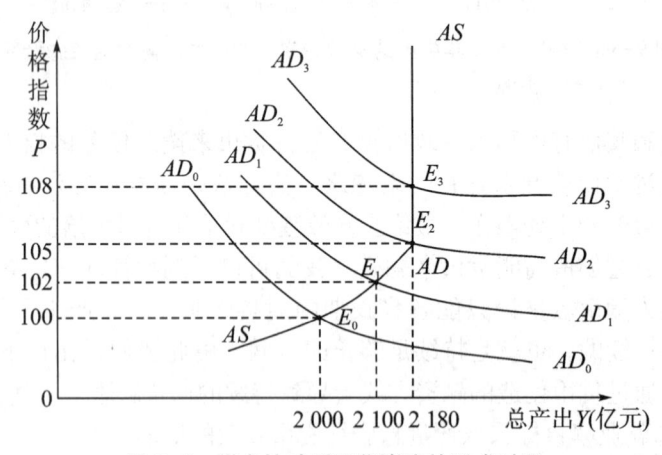

图9-9 需求拉动型通货膨胀的形成过程

(二) 成本推动型通货膨胀

需求拉动型通货膨胀理论在20世纪50年代以前在一定程度上反映了当时的实际经济情况，从而在一定程度上说明了当时的通货膨胀的原因。到了20世纪50年代后期，经济情况发生了变化，一些国家出现了物价持续上升而失业率却居高不下，甚至失业率与物价同时上升的情况。于是一些经济学家开始探讨其缘由，认为通货膨胀和物价上涨根源于供给或成本方面。

成本推进理论认为，存在两方面迫使生产成本上升的压力：其一是势力强大的工会，其强有力的活动迫使货币工资增长率超过劳动生产率的增加率；其二是垄断组织为追逐高额利润，通过制定垄断价格而人为地抬高价格。由此可见，供给或成本推进引起通货膨胀的原因，一是工资成本推进，二是利润推进。

1. 工资成本推进

工资的提高会引起生产成本的增加，导致物价上涨。而物价上涨后，工人又要求增加工资，从而再度引发物价上涨。如此反复，造成工资-物价螺旋上升。但这种工资推进通货膨胀发生的前提条件是工资的增长超过了劳动生产率的增长，只能发生在不完全的劳工市场，其最重要的特征便是工会的存在。由于工会可以将相当多的劳动力组织起来，通过强有力的工会斗争，使得货币工资的增长超过劳动生产率的增长，于是企业便减少对劳动力的需求并使就业量减少，而就业量的减少必将使产量降低，使总供给落后于总需求，导致物价上涨，进而引发通货膨胀。

2. 利润推进

利润引发通货膨胀，必须以商品和劳务销售的不完全竞争市场的存在为前提条件。因为在完全竞争的产品市场上，价格完全取决于商品的供求，任何企业都不能通过控制产量来改变市场价格。只有在不完全竞争的市场上，商品供应者才能操纵价格。垄断企业和寡头企业为了谋取高额利润，利用市场权利，操纵价格，使产品价格上涨速度超过其成本的增长速度，从而引发通货膨胀。

除了工资和利润两个因素以外，生产要素（原材料、中间产品等）也作为从供给方面引发通货膨胀的原因之一。因为生产要素价格的上涨（如原材料价格的提高、进口半成品价格的上涨等）必然导致生产成本的增加，并引发通货膨胀。

成本推动型通货膨胀可用图9-10来说明。

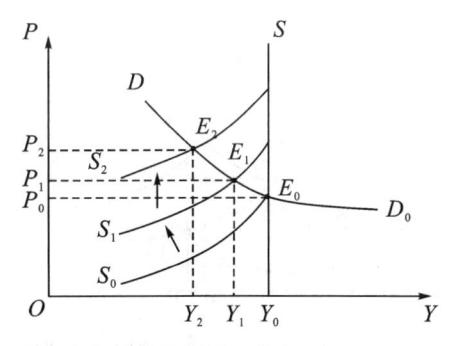

图9-10 成本推动型通货膨胀的形成过程（总需求水平不变）

在图9-10中，初始经济位于 E_0，即总需求曲线 DD_0 与短期总供给曲线 SS_0 的交点。假设工人要求提高工资，这可能是因为工人希望提高实际工资水平（以他们可以购买的商品和服务来计算的工资），也可能是由于工人预期通货膨胀率将会提高，因此希望工资水平的增长跟上通货膨胀率上升的步伐。工资增长（与负面供给冲击类似）

使得短期总供给曲线左移至 SS_1。如果政府的财政政策和货币政策都保持不变，经济将会移至 E_1，即新的短期总供给曲线 SS_1 与总需求曲线 DD_0 的交点。此时的总产出水平降至 Y_1，低于产出的自然水平，通货膨胀率则升至 P_1 水平，导致失业率提高。

假定在短期内，DD_0 曲线保持不变，那么价格上升是由成本推动造成的，而不是由货币供给增加造成的。在这种情况下，总需求的不变或下降使得产量下降。如果政府不接受这种滞胀的局面，就会给中央银行以压力实施扩张性的货币政策以增加货币供给，使需求曲线上升，此时产量和价格恢复到一个新的均衡水平，但是价格水平也将上升到一个新的高度。

（三）供求混合推进型通货膨胀

事实上，上述纯粹因成本推动的物价水平的上涨存续的时间并不会太长。面对产出下降、失业增加，政府不会袖手旁观，以高就业率为目标的政策制定者必然会实行扩张性的财政政策和货币政策，使总需求增加。

如图9-11所示，OF 是充分就业产量。在成本推进时，总供给曲线由 S_1 移动到 S_2 和 S_3，到达充分就业后，总供给曲线形成一条垂直线 S_0。如果总需求不变，总供给曲线上移会使物价上升。在这种成本推进的通货膨胀过程中，当物价上涨后，如果货币量不增加，则由于购买力下降而导致总需求降低，一部分产品滞销，最终造成生产衰退和失业增加。但在政府干预经济的情况下，尤其是在凯恩斯主义盛行的时代，面对产量下降，失业增加，政府不会袖手旁观，必然会实行扩张性的财政政策和货币政策，使总需求增加。这样失业率和产出量可以恢复到原来的水平，而价格则进一步上升，即"被推进的通货膨胀"。在图9-11中，因成本上升使 S_1 上升到 S_2，如果总需求不变，则价格由 P_0 上升到 P_1，产出量由 Y_1 减少至 Y_2。假设通过扩张政策，使 D_1 增加到 D_2，则产出将由 Y_2 恢复到 Y_1，而物价则进一步由 P_1 上升到 P_2，依此类推，在由成本增加和需求扩大的循环过程中，物价将通过 $a \to b \to c \to d \to e$ 这样一个过程而螺旋式上升。图9-11所示的通货膨胀是由总需求和总供给两个因素共同引起的，即供求混合推进型通货膨胀。

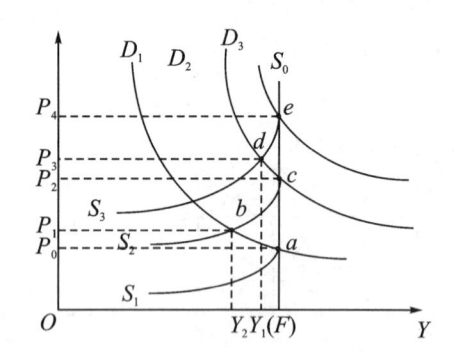

图 9-11 供求混合推动型通货膨胀的形成过程

参考解读

我们利用总需求和总供给分析来考察高就业目标如何导致这种类型的通货膨胀发生。

在图9-12中，初始经济位于点1，即总需求曲线 AD_1 与短期总供给曲线 AS_1 的交点。假设工人要求提高工资，这可能是因为工人希望提高实际工资水平（以其可以购买的商品和服务来计算的工资），也可能是由于工人预期通货膨胀率将会提高，因此希望工资水平的增长跟上通货膨胀率上升的步伐。工资增长（与负面供给冲击类似）使的短期总供给曲线左移至 AS_2。如果政府的财政政策和货币政策都保持不变，经济将会移至点 $2'$，即新的短期总供给曲线 AS_2 与总需求曲线 AD_1 的交点。此时的总产出水平降至 Y'，低于产出的自然水平，通胀率则升至 π_2' 水平，导致失业率提高。

以高就业率为目标的政策制定者会提高总需求，如减税、提高政府购买、自主地实行宽松的货币政策。这些政策会使图 9-12 中的总需求曲线移动到 AD_2，迅速地使经济回到潜在产出点 2，通货膨胀率提高到 π_2。工人最终会得到好处，不仅工资提高了，还获得了政府对失业的保护。尝到了甜头的工人也许会"故技重施"，以期得到更高的工资。此外，其他工人也会意识到相对于那些提高了工资的工友，他们的工资下降了，因此他们也会要求提高工资。结果是短期总供给曲线继续左移至 AS_3，当经济移至点 $3'$ 时，失业率又会上升，政府会再次采取积极干预政策，推动总需求曲线右移至 AD_3，从而使得在通货膨胀率水平 π_3 上重新回到充分就业状态。如果这个过程一直继续下去，就会造成物价水平的持续上升，即出现持续的成本推动型通货膨胀。成本推动型通货膨胀往往可能最初是从需求拉动型通货膨胀开始的。当需求拉动型的通货膨胀产生较高的通货膨胀率时，工人的预期通货膨胀率提高，为确保实际工资水平不降低，工人们会要求提高工资。最终，扩张性货币政策和财政性政策同时产生两种通货膨胀。

如果政策制定者设定的失业率目标为 4%，低于自然失业率水平 5%，那么其希望达到的总产出目标将高于产出的自然率水平。这个产出的目标水平在图 9-13 中用 Y^T 表示。假设初始经济位于点 1，此时总产出在自然率水平上，但是低于总产出目标 Y^T。为了达到 4% 的失业率目标，政策制定者将会采取刺激总需求的政策，如扩张性财政政策或宽松性货币政策，从而推动总需求曲线位移至 AD_2，经济也位移至点 $2'$。此时的总产出水平为 Y^T，4% 的失业率目标也实现了。

由于在 Y^T 的产出水平上，4% 的失业率低于自然失业率，因此工资水平将会升高，而短期总供给曲线将会左移至 AS_2，经济也将从点 $2'$ 移至点 2，经济又回到了潜在产出水平上，但此时通货膨胀率已升至更高的水平 π_2。由于此时的失业率水平再度高于目标水平，政策制定者将会再次采取刺激需求的政策，推动总需求曲线右移至 AD_3，以在点 $3'$ 达到预定的产出目标，整个过程将不断把经济推向点 3 以至于更远。最终的结果只能是价格水平持续地上升——通货膨胀的发生。

如果观察整个物价水平的上涨过程，就会发现，这两种情形下物价水平的上涨都呈现出螺旋式的上升特点，其原因并不是由需求或成本单个因素而为，而是既有需求也有供给或成本的共同作用。最终酿成的这种通货膨胀就是供求混合推进的通货膨胀（图 9-12 与图 9-13 实际上都表明了这种通货膨胀类型）。

以上的分析表明：政策制定者实行通货膨胀政策的首要理由是和高就业的目标或高产出目标密不可分的。高通货膨胀也可以是由持续的政府预算赤字所引起，赤字是政府为了提高基础货币而融资的结果。政府对过高的产出目标或相应过低的失业率目标的追求是通货膨胀性货币政策的根源,但对于政策制定者来说这样做似乎没有什么意义。他们并没有取得持久的高总产出水平,相反还加重了通货膨胀的压力。

如图 9-12 所示,成本推动型冲击(类似于暂时性负向供给冲击)让短期总供给曲线向左上方移动到 AD_2,经济移动到点 2'。为了维持总产出在 Y^P,降低失业率,政策制定者使总需求曲线移动到 AD_2,经济会迅速回到潜在产出点 2,通货膨胀率 π_2。进一步的短期总供给曲线向左上方移动至 AS_3 或者在更上方的位置,导致政策制定者继续提高总需求,引起持续上升的通货膨胀,即成本推动型通货膨胀。

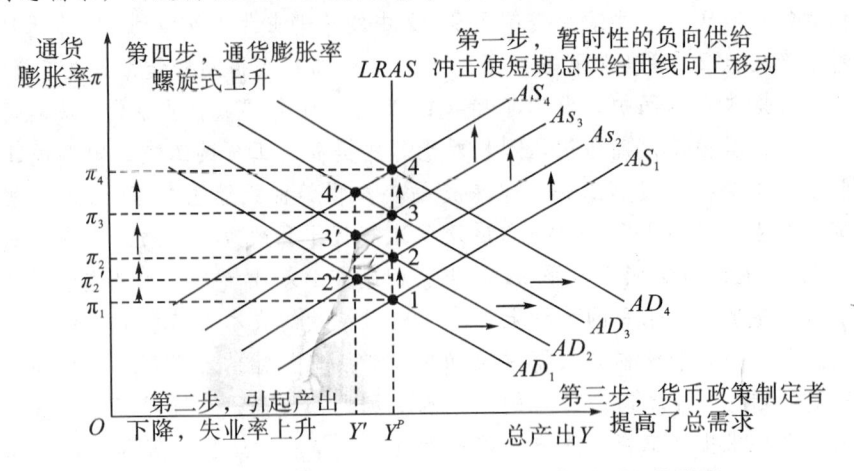

图 9-12 最初起因于成本推动的供求混合推进型通货膨胀

如图 9-13 所示,失业率目标过低(即总产出目标 Y^T 过高)会使得政府持续推动总需求曲线右移,从 AD_1 到 AD_2 再到 AD_3,等等。因为在 Y^T 点,失业率很低,低于自然失业率,工资会上升,短期总供给曲线会向左上方移动,从 AS_1 到 AS_2 再到 AS_3,等等。结果是价格水平不断上升,即所谓的需求拉动型通货膨胀。

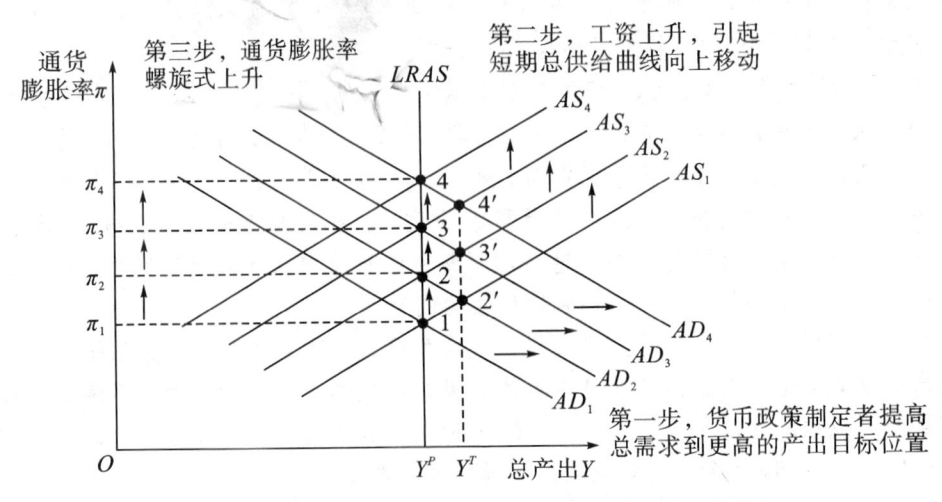

图 9-13 最初起因于需求拉动的供求混合推动型通货膨胀

资料来源:节选并改编自弗雷德里克·S.米什金.货币金融学[M].蒋先玲,等,译.北京:机械工业出版社,2016:492-494.

此外，还有一种通货膨胀，其与政府政策没有前述三种通货膨胀那样密切的关系，而是与经济结构有关。这种由经济结构不平衡等原因造成的通货膨胀，经济学家将其称为结构型通货膨胀。

结构失衡的核心思想是在一个经济的不同部门中，劳动生产率的增长率是不同的，而货币工资的增长率却是相同的。结构型通货膨胀理论的基本特征是强调结构因素对通货膨胀的影响。而所谓"结构"，在各种理论模型中又有不同的解释。换言之，各种模型对整个经济的划分是各不相同的。其主要有以下几种：

1. 鲍莫尔的不平衡增长模型

鲍莫尔将整个经济区分为两个部门，一个是进步的工业部门，另一个是保守的服务部门。这两个部门有着不同的劳动生产率，但却有着相同的货币工资率。随着工业部门劳动生产率的增长，其货币工资也增长，这就给服务部门造成了一种增加工资成本的压力，因为服务部门劳动生产的增长率比工业部门劳动生产的增长率要低，但两个部门的货币工资增长率却是一致的。在成本加成的定价规则下，这一现象必然使整个经济产生一种由工资成本推进的通货膨胀。

2. 希克斯和托宾的相对工资理论

希克斯和托宾认为，不同部门之间在生产率存在差异的条件下具有货币工资增长率的一致性，其主要原因是工人对相对工资的关心。所谓相对工资，是指本人或本行业的工资水平与别的行业的工资水平相比，在相对意义上的高低，或者说工资增长率在相对意义上的快慢。正因为存在着对这种相对工资的关系，所以某一部门的工资上升将导致其他部门的攀比，以致引起整个经济活动中的工资、物价的普遍膨胀。

3. 斯堪的纳维亚通货膨胀模型

因为提出和发展这一模型的主要是挪威、瑞典等斯堪的纳维亚地区的国家的经济学家，所以这一模型由此得名。该模型又称北欧模型，是结构型通货膨胀理论中影响最大的一种理论模型。

斯堪的纳维亚模型的分析对象是那些"小国开放经济"。所谓"小国开放经济"，是指这样一类国家：它们参与国际贸易，但其进出口总额在世界市场上所占的份额微乎其微、无足轻重，因而它们进口或出口某种商品对该种商品在世界市场上的价格不会产生任何影响。不过，世界市场上的价格变化对这样一种经济的国内价格水平却有着举足轻重的影响。因此，这些国家的通货膨胀在很大程度上要受世界通货膨胀的制约。

提出这一模型的经济学家们把这种"小国开放经济"大致分为两个部门：一个是开放部门，是指那些生产的产品主要用于出口的，或产品虽然用于国内消费，但有进口替代品与之竞争的行业，即那些易受到国外竞争压力的行业；二是非开放部门，是指那些因受政府保护或者因产品本身的性质而免受国外竞争压力的行业，当然，并不排除它们在国内市场上互相竞争的可能。

将一个小国开放经济划分为这样两个部门，主要有两个原因：一是这两个部门在产品定价方面有着显著的差别。小国开放经济是世界市场的价格接受者，因此开放部门的产品价格完全决定于世界市场的价格。如果这个部门的产品成本上升，则该部门的企业要么相应地减少利润，要么缩减生产，而不能通过提高价格来得到补偿。而非开放部门则由于它不受国外市场的竞争压力，其产品的价格是采取成本加成的办法来确定的，因此一旦成本上升，它可以马上通过提高价格的办法将上升的成本转嫁给消费者，而不必缩减生产，也不会影响利润。因为对这些部门来说，不存在因提高价格而失去市场份额的风险。二是这两个部门在技术进步及由此而引起的劳动生产率的增长方面存在很大的差异。这是由于开放部门为迫于国外市场的竞争压力，必须不断地增加投资，改进技术，因而其资本密集度明显地高于非开放部门，于是开放部门的劳动生产增长率要高于非开放部门的劳动生产增长率。

提出这一模型的经济学家们根据分析得出斯堪的纳维亚通货膨胀模型的基本结构，即小国开放经济的通货膨胀率取决于三个因素：一是世界通货膨胀率；二是开放部门与非开放部门之间劳动生产增长率的差异程度；三是开放部门与非开放部门在国民经济中各自所占的比重。由于开放部门劳动生产增长率高于非开放部门，因此在世界通货膨胀率一定时，若开放部门比重增加而非开放部门比重减少，则通货膨胀率下降；反之，若开放部门比重减少而非开放部门比重增加，则通货膨胀上升。由此可见，这一结构型通货膨胀模型，一方面强调了结构因素对一国通货膨胀的影响；另一方面还强调了世界通货膨胀对这些小国家的输入作用。

来源于结构性因素的通货膨胀不仅发生在发达国家，欠发达国家在实行扩张政策发展经济的过程中，由于多种原因导致的供求结构性失衡及部门间劳动生产率增长的差异较发达国家更易出现，因此发生这种通货膨胀的可能性更大。

第三节 通货膨胀的效应

关于通货膨胀对社会经济会产生什么样的影响，争论颇多，各持己见，可以将其粗略地归纳为两大效应，即经济增长效应与收入再分配效应。

一、经济增长效应

通货膨胀对经济增长的影响主要有两种针锋相对的观点：促进论与促退论。

（一）通货膨胀促进论

1. 凯恩斯的"半通货膨胀"论

凯恩斯认为，货币数量增加后，在充分就业这一关键点的前后，其膨胀效果的程度不同。在经济达到充分就业分界点之前，货币量增加可以带动有效需求增加。也就是说，在充分就业点达到之前，增加货币量既提高了单位成本，又增加了产量。之所以能够有双重效应，是因为这样两个原因：第一，由于存在闲置的劳动力，工人被迫接受低于一般物价上涨速度的货币工资，因此单位成本的增加幅度小于有效需求的增加幅度。第二，由于有剩余的生产资源，增加有效需求会带动产量——供给的增加，此时货币数量增加不具有十足的通货膨胀性，而是一方面增加就业和产量，另一方面也使物价上涨。这种情况被凯恩斯称为"半通货膨胀"。

当经济实现了充分就业后，货币量增加就产生了显著的膨胀效应。由于各种生产资源均无剩余，货币量增加引起有效需求增加，但就业量和产量将不再增加，增加的只是边际成本中各生产要素的报酬，即单位成本。此时的通货膨胀就是真正的通货膨胀。

由于在凯恩斯的理论中，充分就业是一种例外，非充分就业才是常态，因此增加货币数量只会出现利多弊少的通货膨胀。

2. 新古典综合学派的促进论

新古典综合学派认为，通货膨胀通过强制储蓄、扩大投资来实现增加就业和促进经济增长。强制储蓄是指政府通过向中央银行借款（透支或发行国债）的方式来筹集其生产性的财政资金，从而提高社会能够转化为投资的储蓄率水平。当政府财政入不敷出时，常常借助于财政透支来解决收入来源。如果政府将膨胀性的收入用于实际投资，就会增加资本形成，而只要私人投资不降低或者降低数额不小于政府投资新增数额，就能提高社会总投资并促进经济增长。

当人们对通货膨胀的预期调整比较缓慢，从而名义工资的变动滞后于价格变动时，收入就会发生转移，转移的方向是从工人转向雇主阶层，而后者的储蓄率高，因而增加一国的总储蓄。由于通货膨胀提高了赢利率，因而私人投资也会增大，这样政府与私人的投资都增加，无疑有利于经济增长。

3. 收入在工资和利润的再分配与通货膨胀促进论

在通货膨胀的情况下，由于商品价格的提高一般快于工资的提高，结果导致实际工资降低，企业的利润增加，这样就会刺激企业扩大投资，进而促进经济的增长。

在货币经济中，通货膨胀是一种有利于高收入阶层（即利润收入阶层）而不利于低收入阶层（即工资收入阶层）的收入再分配。由于随着人们收入的增多，人们用于储蓄的比率也会增多，也就是说，高收入阶层的边际储蓄倾向较高，因此通货膨胀会促进储蓄率的提高，从而有利于经济增长。

4. 收入在政府与私人部门的再分配与通货膨胀促进论

在经济增长过程中，政府往往扮演非常重要的角色。政府要建设社会基础设施、扶植新兴产业的发展、调整经济结构。政府的上述行为都依赖政府的投资，而政府筹资主要包括政府本身的储蓄、举借内债和外债。20世纪60年代以后，通过货币扩张或通货膨胀政策来筹集投资来源变得越来越重要。在货币扩张中，正常发行的货币量的一部分直接转化为财政收入。政府是这一政策的纯受益者，原因是货币贬值和物价上涨后，政府获得了对一部分资源的支配权，这实际上是政府向所有货币持有者非强迫征税——货币税或通货膨胀税。货币税的税基是实际货币余额（M/P），税率是货币贬值幅度，也就是通货膨胀率。货币税给政府带来的收入是税基乘以税率，即：

$$货币税 = (M/P) \times (dp/p)$$

如果物价上涨幅度与货币增发的量一致，那么政府的新增收入就等于新发行的货币量。

政府在收入中所占比重对一国储蓄率会有什么影响呢？从长期看，政府储蓄倾向高于私人部门平均的储蓄倾向，原因是公众因纳税而削减的消费支出要大于政府因增税而增加的消费支出。那么，通货膨胀时，政府占收入的比率增加，社会的储蓄率提高，有利于加快经济增长。这种有利影响主要表现在以下三个方面：

（1）降低资本-产出系数。政府在进行投资决策时可以更多考虑宏观经济平衡的需要，而宏观经济平衡能使生产能力得到更大限度的发挥。例如，政府可以向以下几方面增加投资：第一，向瓶颈部门进行投资，使生产中的短线部门迅速发展，带动其他一系列部门生产的发展。第二，向外部经济的部门进行投资改变整个生产结构。第三，吸收增加劳动密集型行业的技术，以减少资本投入，充分利用劳动力资源。政府的这些选择是私人投资无法做到的。

（2）改变投资结构。在经济发展时期，会出现许多新兴的产业部门，这些部门是经济起飞的基础。但由于其新兴的性质，向这些部门投资往往周期长、风险大，而且原始投资的数额也非常大。如果所有投资都依赖私人部门，那么新兴产业将是投资的空白。在这一方面，只有政府才能平衡投资结构。政府通过货币扩张政策增加投资的产业应该是基础设施和重工业，只有这样，才能维持经济长期稳定发展。政府投资表面上并不影响私人投资的总量和结构，但实际上却改变了社会投资的总量和结构。私人投资因货币扩张性政策而受到的损失会从长期发展的利益中得到补偿。

（3）促进对外贸易发展。在开放经济中，欲使计划投资超过计划储蓄，除国内实行温和通货膨胀外，还可以采取扩大进口来吸收国外储蓄的办法。但发展中国家往往缺少外汇，要保持较高的进口率，就要想办法通过各种途径弥补国际收支逆差。从国际金融关系上看，弥补逆差的资金可以来自国际金融市场和国际金融机构的借款，也可以来自外国私人资本的流入。除了这些有形的外汇收入之外，还有一种无形的外汇收入渠道，即实行本币贬值政策。本币贬值可以促进出口，限制进口，从而弥补前一时期进口扩张产生的外汇缺口。国内通货膨胀政策制造了这一个外贸的循环，其结果是既提高了国内储蓄总水平，又促进了对外贸易的发展。

促进论认为，通货膨胀如果作为政府的一项政策，获得直接利益的肯定是政府，获利大小完全取决于政府调控经济水平的高低。政府应努力提高自己的管理技能，最大限度发挥通货膨胀政策的积极作用，并把其带来的经济利益转化为经济增长的动力。

（二）通货膨胀促退论

促退论认为，通货膨胀的消极作用主要包括以下五个方面：

1. 通货膨胀降低储蓄

通货膨胀意味着货币购买力下降，减少了人们的实际可支配收入，从而削弱了人们的储蓄能力，造成本金贬值和储蓄的实际收益下降，使人们对储蓄和未来收益产生悲观的预期。为避免将来物价上涨造成的经济损失，人们的储蓄意愿降低，即期消费增加，致使储蓄率下降，投资率和经济增长率都降低。

2. 通货膨胀减少投资

首先，在通货膨胀环境下，从事生产和投资的风险较大，而相比之下，进行投机有利可图。这样，长期生产资本会向短期生产资本转化，短期生产资本会向投机资本转化。生产资本，特别是长期生产资本的减少对一个国家的长期发展是不利的。同时，短期资本，特别是投机资本增加会使各种财产价格上升，土地、房屋等所有者可以坐享其成，而对这类财产的过度投机于社会的利益要小于其害处。

其次，投资者是根据投资收益预期而从事投资的，在持续的通货膨胀过程中，各行业价格上涨的速度有差异，市场价格机制遭到严重的破坏。由于市场价格机制失去了所有的调节功能，投资者也无法判断价格上涨的结构，做出盲目的投资或者错误的投资决策，不利于产业结构的优化和资源的合理配置，使经济效率大大下降。

最后，在通货膨胀时期，会计标准可能还会沿用过去的标准，对折旧的提取还是按固定资产原值和一定的折旧率为计算标准。折旧提取大大低于实际水平，企业成本中的很大一部分转变成了利润，这种虚假利润也被政府征了税，企业未来发展的资金就将下降。

3. 通货膨胀造成外贸逆差

本国通货膨胀率长期高于他国，会产生两种影响：一是使本国产品相对于外国产品的价格上升，从而不利于本国的出口，但刺激了进口的增加。二是使国内储蓄转移到国外，势必导致本国国际收支出现逆差，并使黄金和外汇外流，给本国经济增长带来压力。

4. 恶性通货膨胀会危及社会经济制度的稳定，甚至令其崩溃

当发生恶性通货膨胀时，价格飞涨，已经不能再反映商品供给和需求的均衡，信用关系也会产生危机。这样就会危及社会经济制度的稳定，甚至令其崩溃。例如，第一次世界大战后的德国，德国的恶性通货膨胀始于1921年。当时正值第一次世界大战后不久，因战争赔款和重建经济的需要，政府支出大大超过了收入。德国政府本可提高税收以应付这部分增大了的支出，但这种解决办法在政治上不易被接受，而且需要很长时间才能落实。政府本来也可以向公众借款来筹集这笔费用，但所需金额远远超过了政府的借款能力。因此，剩下的只有一条路：开动印钞机。政府只需印刷更多的钞票（增加货币供应）就可以支付其费用，并用这些钱从个人和公司手中换取商品和劳务。1921年后期，德国的货币供应量开始迅速增加，物价水平也同样开始迅速上升。1923年，德国政府的预算状况进一步恶化，不得不以更快的速度印制钞票以应付财政危机。货币激增的结果是物价水平火箭式上升，从而使得1923年的通货膨胀率超过1 000 000%。恶性通货膨胀导致了严重的经济危机，使得经济制度崩溃，从而导致了政治危机。

二、收入再分配效应

（一）经济力量强的阶层得益，贫困阶层受损

在通货膨胀中最能得到好处的是利润获得者阶层，他们可以不断地从物价上涨中获得更多的超额利润。大部分雇员则发现在他们的货币工资没增加之前物价已经上涨了，而且货币工资刚增加，物价又上涨了。经过艰苦的奋斗才能补回一点损失，但其货币收入总是落后于物价上涨。而固定收入者的境况更糟，也许是通货膨胀已经发生了相当长的时间，或许已经有了几轮的物价上涨后，这些固定收入者的收入才增加。靠养老金生活的退休者和贫困者更是凄惨，他们既没有增加收入的希望，又得不到通货膨胀的好处。

（二）实物资产持有者得益，货币和固定收益资产持有者受损

通货膨胀对收入分配的影响会因持有财富形式的不同而不同。通常情况是，现金、

债券、存款等财富的实际价值随物价上涨而下降,而不动产、黄金、股票等财富的价值会随物价上涨而不同程度上升。

(三) 债务人得益,债权人受损

债务人得益,债权人受损是因为债务人偿还债务时的等额货币,已不具有借贷时的购买力了。

(四) 政府得益,居民受损

政府得益,居民受损一是因为政府是最大的债务人,其实际债务负担会减轻;二是因为政府财政收入因累进所得税基数增大而增加,居民则成为通货膨胀的最大牺牲者。

收入分配不公,会造成社会的不安定,而安定的社会秩序却是一个国家经济发展的重要保证。

第四节 通货膨胀的治理对策

一、紧缩政策

紧缩政策包括紧缩的财政政策和货币政策。一般认为,通货膨胀总是与货币供应量增长过快、总需求膨胀有关,因此紧缩政策也就成了治理通货膨胀最常用的手段。不少经济学家认为这是对付通货膨胀的最有效办法,正如弗里德曼所说:"我还没有看到任何例子,能够表明不需要通过一个增长缓慢和失业的过程而医治了相当程度的通货膨胀。"财政政策和货币政策都是从需求方面着手来治理通货膨胀的。财政政策通过直接控制或影响政府支出和居民个人的消费支出,最终达到压缩总需求的目的;货币政策则通过影响信贷、影响投资,从而影响市场货币供应量,最终达到压缩总需求的目的。

(一) 紧缩性的财政政策

紧缩性的财政政策主要是通过增加税收、减少财政支出等手段来限制消费和投资,抑制社会的总需求的。其主要手段如下:

1. 增加税收

税收的增加一方面可以增加政府的财政收入,弥补财政赤字,减少因财政赤字而增发的货币;另一方面又直接减少企业利润和个人的收入,从而减少企业投资,降低消费者的消费支出。

2. 削减政府支出,平衡财政预算

削减政府支出,一是削减购买性支出,包括政府投资、行政事业费等;二是削减转移性支出,包括各种福利支出、财政补贴等。削减政府支出可以尽量消除财政赤字,从而消除通货膨胀的隐患。

3. 发行公债

发行公债可以利用其"挤出效应",降低民间部门的投资和消费,以抑制社会总需求。

(二) 紧缩性的货币政策

在中国,紧缩性的货币政策在习惯上称为抽紧银根。其核心是降低货币供应量增长率，以抑制社会总需求。其主要手段如下：

1. 提高法定准备率

中央银行提高存款准备率，压缩商业银行的超额存款准备金，削弱其存款货币的创造能力，从而达到紧缩贷款规模、减少投资、压缩货币供应量的目的。

2. 提高再贴现率

中央银行提高再贴现率，有三方面的作用：一是抑制商业银行向中央银行的贷款需求，紧缩信用；二是增加商业银行的借款成本，促使其提高贷款利率和贴现率，导致企业利息负担加重、利润减少，从而达到抑制企业贷款需求、减少投资、减少货币供应量的目的；三是通过其"告示作用"，影响商业银行和公众预期，使商业银行和中央银行保持一致，并可以鼓励居民增加储蓄，以缓解和释放通货膨胀的压力。

3. 卖出债券

中央银行通过公开市场业务向商业银行或企业单位、居民个人出售手中持有的有价证券（其中主要是政府债券），以减少商业银行的存款准备金和企业单位、居民个人的手持现金或在商业银行的存款，从而达到紧缩信用、减少市场货币供应量的目的。

二、收入政策

收入政策是指政府在通货膨胀期间用来限制货币收入水平和物价水平的经济政策。收入政策的理论基础主要是成本推动型通货膨胀理论，因为成本推动型通货膨胀是由于供给方面的原因引起的。为此，通过对工资和物价进行管理，以阻止工会和垄断企业这两大团体互相抬价而引起工资、物价轮番上涨，其目的在于力图控制通货膨胀而又不致引起失业增加。

收入政策的主要内容如下（其中前三项为强制性的，后一项为非强制性的）：

第一，规定工资和物价水平增长率的标准。例如，规定工资增长率与劳动增长率保持一致。对于每个部门，由于劳动生产率与全国平均劳动生产率的差距引起的成本变动允许其通过价格浮动来消除。

第二，工资-物价管理，即对工资和物价实行强制性冻结，如有违反，政府予以处罚。

第三，以纳税为基础的收入政策，即政府以税收作为奖励和惩罚的手段来限制工资-物价的增长。如果工资和物价的增长保持在政府规定的幅度范围之内，政府就以减少个人所得税作为奖励，如果超出政府规定的界限，就以增加税收作为惩罚。

第四，工资-价格指导。这是指通过各种形式的政府说服工作，使企业和工会自愿执行政府公布的工资-价格指导线。工资-价格指导线是指政府当局在一定年份内允许货币收入增长的目标数值线，并据此相应地采取控制每个部门工资增长率的措施。

一些经济学家认为，如果一国的通货膨胀是由成本推动形成的，或由成本推动和需求拉动相互作用造成的，则非紧缩性的货币政策与财政政策所能克服。那么政府采取管制工资和物价尚不失为可行的办法。然而，也有一些经济学家反对实行收入政策。其主要理由为：物价工资管制使价格体系扭曲，降低资源配置效率；物价工资管制可能将公开的通货膨胀转为隐蔽的或抑制的通货膨胀；物价工资管制还可能影响劳动者的积极性。不过即使是持赞同意见的大多数经济学家也认为若是工资和物价非管制不可时,其时间应短,范围应窄。

三、供给政策

西方过去治理通货膨胀主要强调需求因素而忽略了供给因素。美国里根总统执政以后,主要吸收了供给学派的理论研究成果,对供给因素给予了足够的重视。实施供给政策的主要目的是刺激生产和促进竞争,从而增加就业和社会的有效供给,平抑物价,抑制通货膨胀。

里根经济改革的实践,标志着现代美国进入国家垄断资本主义阶段之后,在经济政策上摆脱了自罗斯福新政的凯恩斯主义的影响,开始了以务实的、自由主义的经济理论为指导的美国经济运行机制。

供给政策的第一个办法是放宽产业管制。政府放宽或取消对一些重要产业的各种约束和管制,可以刺激竞争,降低物价,从而抑制通货膨胀。里根政府签署的第一项行政法令是取消对石油和汽油的价格控制。

供给政策的第二个办法是减税和改税。里根政府在1983年和1984年财政年度分别减税927亿美元和1499亿美元。紧接着,美国参、众两院在1986年又通过了里根政府提交的新税收法案,同年10月22日由里根签署生效。根据新税法的规定,个人所得税最高税率从50%降到28%,税级从14级(单身为15级)简化为2级,即15%和28%;公司所得税最高税率从46%降为34%,公司所得在5万美元以下按15%征税,公司所得在7.5万美元以下按25%征税,公司所得超过7.5万美元按34%征税,公司所得超过10万美元再加征5%的附加税。上述规定的实施,极大地冲击了美国人民的生活,有近650万低收入者从纳税人名册上完全注销,有7630万人获得减税,平均每人减税801美元。

供给政策的第三个办法是严格控制货币供给,支持一切紧缩措施,使货币发行量与经济增长同步。美国联邦储备委员会1981年规定货币供应量增长指标为3%~6%,但实际执行结果只增长2.1%,低于指标下限。1982年,尽管美国经济危机十分严重,但仍进一步抽紧银根,把货币供应量增长指标紧缩到2.5%~5.5%。其结果对抑制通货膨胀起了十分明显的作用。消费物价上涨率在1980年高达12.4%,到1981年降为8.9%,再到1982年又降到3.9%。

概括地说,里根经济改革取得的主要成就有:第一,美国经济实现了低速、平稳发展。自1982年10月开始,美国经济持续增长6年有余。1988年,美国经济增长率为3.8%,是1984年以来最快的发展速度。第二,劳动就业情况显著改善。失业减少、就业增多是经济发展的明显标志。第三,通货膨胀得到有效控制。美国通货膨胀率自1982年降为4.3%以后,一直控制在5%以下的低水平上,1988年为4.2%。如此高增长、低膨胀的局面,标志着美国经济已摆脱"滞胀"困境。第四,高新技术产业的兴起。在实施"战略防御计划"("星球大战计划")推动下,美国的一大批尖端科学技术获得突破性进展,如信息技术、光导技术、激光技术、新材料技术、火箭推进系统技术等,都在世界上占有领先地位。

四、收入指数化政策

收入指数化是将工资、储蓄和债券的利息、租金、养老金、保险金和各种社会福利津贴等名义收入与消费物价指数紧密联系起来,使各种名义收入按物价指数滑动或根据物价指数对各种收入进行调整。这一政策措施在巴西、以色列、芬兰以及其他一些工业化国家被广为采用,也是 20 世纪 70 年代以后货币学派极力鼓吹的政策之一。

20 世纪 70 年代,为了对付"滞胀",西方各国都不同程度地推行了收入政策。弗里德曼对此强烈反对。他认为,制止通货膨胀的办法只有一个,即减少货币的增长。只有把货币供应增长率最终下降到接近经济增长率的水平,物价才可望大体稳定下来。而后政府采用单一规则控制货币供应量,就能有效地防止通货膨胀。至于其他制止通货膨胀的办法,如控制物价和工资都是行不通的。不仅因为药不对症而无效,反而会加剧病症。因为为了抑制通货膨胀的目的而控制物价和工资是不利于生产的。控制破坏了价格结构,降低了价格系统作用的有效性,引起生产下降,从而加重了而不是降低了医治通货膨胀的副作用。因此,制止通货膨胀不仅需要决心和适当的政策,还需要耐心和远见,要坚定不移地控制货币供应增长率。与此同时,如果采用减轻其副作用的措施,就能够更快地制止通货膨胀。措施之一就是收入指数化。弗里德曼认为,收入指数化有两个功效:第一,能够抵消物价波动对收入的影响,消除通货膨胀带来的收入不平等现象;第二,剥夺各级政府从通货膨胀中捞取的非法利益,从而杜绝人为制造通货膨胀的动机。

收入指数化政策也有其缺点,并且不能完全消除通货膨胀。有否定意见认为,第一,收入指数化政策在实施过程中存在指数选择的困难,即应该选择哪一种指数作为制定政策的依据,很难形成统一意见;第二,收入指数化政策会加剧通货膨胀,引起工资与物价交替上升。

五、其他政策

除了上述较常见的政策之外,还有以下一些反通货膨胀的措施:

(一)结构调整政策

由于通货膨胀会因为结构性因素而发生,因此一些经济学家认为应努力使各产业部门之间保持一定的比例,以避免某些产品特别是一些关键性产品因市场供求结构不合理而导致物价上涨。为此,一些经济学家主张实行微观的财政政策和货币政策去影响供求结构。

微观的财政政策包括税收结构政策和公共支出结构政策。前者是指在保证税收总量一定的情况下,对各种税率和实施范围进行调节等;后者是指在保证财政支出一定的情况下,对政府支出的项目及其数额进行调整。

微观的货币政策包括利息率结构和信贷结构政策,旨在通过调整各种利率、各种信贷限额与条件来影响存贷款的结构与总额,鼓励资金流向生产部门,增加市场供给。

(二)反托拉斯和反垄断政策

由于通货膨胀会因为垄断性工业部门操纵价格而发生,因此就有必要制定反托拉斯法来限制垄断高价；或者把某些较大企业分解成较小的企业，以便增加竞争；或者鼓励消费者成立保障消费者权益的团体，以便增加对物价任意上涨的抵抗力。

（三）人力政策

人力政策始于 20 世纪 60 年代的美国，主要包括对失业者进行重新训练和加强就业辅导以提高就业能力、提供就业信息、指导和协助失业者寻找工作、增大就业者的流动性、优先发展劳动密集型技术要求低的部门等，旨在改善劳动力市场的运行，消除其不完全性，促进人力资源的开发，防止劳动力市场的失衡、增加劳动力成本而引发通货膨胀。

六、改革货币制度

如果一国的通货膨胀已相当严重，整个货币制度已经处于或接近于崩溃的边缘，上述种种措施已是杯水车薪，无济于事了，此时，唯一的选择便是实行币制改革，即废除旧货币，发行新货币，并同时制定和实施一些为保持新货币稳定的政策措施，如紧缩财政支出、控制工资和物价、打击投机等，以消除旧货币流通的混乱局面，重振国民经济。

抗日战争时期，国民党统治区发生了恶性通货膨胀。据统计，从法币开始发行的 1935 年 11 月起到 1948 年 8 月法币正式宣告全部崩溃为止的 13 年间，法币的发行额共达 663 694.6 亿元。其中 1945 年 8 月至 1948 年 8 月三年间，法币发行额增长了 119.7 倍，而抗日战争期间发行增长了 394.8 倍。这时法币发行额比抗日战争前已增长了 470 705.39 倍，而物价则上涨了 4 927 000 倍。也就是说，这时的法币实际上已等于废纸了。

于是，1948 年 8 月，国民党政府实行了"金圆券"的币制改革，以应付严重的通货膨胀。币制改革的内容是：第一，"金圆券"的法定含金量为纯金 0.222 17 厘（约合 0.007 克），由中央银行发行"一圆""五圆""十圆""五十圆""一百圆"五种面额的"金圆券"。第二，按 1∶300 万的比率收兑法币黄金、白银、银币和外国币券，收兑后法币停止流通。第三，私人不能持有黄金及外汇，限期收兑黄金、白银、银币和外国币券，并登记人们存放在国外的外汇资产。第四，"金圆券"的发行采取十足准备制，发行准备金必须有 40% 为黄金、白银和外汇，发行额以 20 亿圆为限。第五，物价冻结于 1948 年 8 月 19 日的水平。但事实上，在 3 个月的时间内，"金圆券"的发行额就超过 20 亿圆，到 1949 年 5 月 25 日，发行额更增至 60 万亿圆。如果按粮食价格计算，则购买一粒米就要"金圆券"130 圆。国民党政府发行的法币 100 圆的购买力：1937 年为两头牛，1938 年为一头牛，1941 年为一头猪，1943 年为一只鸡，1945 年为一条鱼，1946 年为一个鸡蛋，1947 年为 1/3 盒火柴，1948 年连一根火柴都买不到了。

七、制度性对策

从各国实践看，保持物价稳定、防止通货膨胀已成为各国中央银行的重要职责。中央银行制度性防治通货膨胀的对策主要如下：

（一）加强中央银行的独立性与透明度

中央银行的独立性一般包括人事、财务和政策三方面的独立性。中央银行保持独立性的最重要原因是为了避免政府对其进行不恰当的行政干预，妨碍中央银行的行动。从已有研究看，绝大多数的研究结果表明，中央银行的独立性强弱与一定时期该国或地区通货膨胀程度为正相关关系。这为通过加强中央银行的独立性来防治通货膨胀提供了依据。增加政策的透明度主要是指中央银行应该向社会公众披露货币政策实施的依据、时间、执行情况、货币运行结果等相关信息。较高的透明度，有利于社会公众形成稳定的预期，有助于减少各种不确定性的发生，提高货币政策的实施效果。

（二）实施通货膨胀定标的货币政策操作范式

在经历了通货膨胀的困扰后，许多国家的中央银行都把物价稳定作为最主要目标，有的甚至以法律形式确定下来，并尝试采用新的货币政策操作范式。20世纪80年代，新西兰率先实施通货膨胀定标操作，向社会公众公布物价"目标走廊"，接受社会监督，收到了良好的效果。此后，众多发达国家与发展中国家纷纷效仿。实践证明此法行之有效。

第五节 通货紧缩

一、通货紧缩的实证考察、定义与度量

（一）通货紧缩的实证考察与定义

尽管在20世纪30年代以前，世界上很多国家多次发生过通货紧缩，其中最有影响的是1866—1896年发生在美国的长达30年的通货紧缩和1873—1896年发生在英国的长达23年的通货紧缩。但是，西方经济学家对通货紧缩的研究并不多。只有到了20世纪30年代世界经济出现大萧条后，通货紧缩才成为经济学研究的重要课题。然而，第二次世界大战以后因为很少发生通货紧缩，相反是持续发生通货膨胀，所以在20世纪60年代以后出版的西方经济学教科书及20世纪80年代或20世纪90年代不少流行的宏观经济学教程中有专章介绍通货膨胀理论，却连通货紧缩这个名词都几乎难以看到，即使有，也只是在论述通货膨胀时顺便提及，而未加以重点分析。20世纪90年代，日本出现了持续的比较严重的通货紧缩（如图9-14所示）。

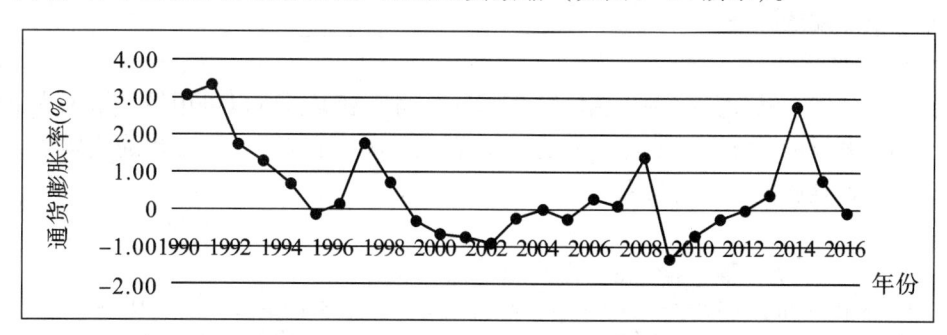

图9-14　1990—2016年日本的通货膨胀率

数据来源：世界银行（http://data.worldbank.org.cn/indicator/FP.CPI.TOTL.ZG）。

再后来就是 2008 年金融危机后世界范围内大多数国家相继出现了通货紧缩，可以从图 9-1 "1977—2015 年世界通货膨胀率" 和图 9-2 "2005—2016 年全球通货膨胀与预测" 看出。至此，人们对通货紧缩的关注才多起来。下面是一些西方经济学家关于通货紧缩的定义。

劳埃德·雷诺兹特：通货紧缩是价格水平的降低。[①]

D.莱德勒：通货紧缩是一种价格下降和货币价值的过程。它是和通货膨胀相对的。[②]

托宾：通货紧缩也是一种货币现象，它是每单位货币的商品价值和商品成本的上升（举个例子来说，1929—1933 年，价格水平平均每年下降 6.7%）。[③]

巴罗：通货紧缩是一般价格水平随时间而持续下降。[④]

萨缪尔森和诺德豪斯：通货紧缩是物价总水平的持续下跌。[⑤]

从上述经济学家对通货紧缩的定义，我们可以看出，西方经济学家对通货紧缩的解释类似于对通货膨胀的定义，是从价格总水平的变化来观察的，通货紧缩是指物价总水平的持续下降。

在其判断标准上，有单要素和多要素之说。前者认为，只要是普遍的、持续的物价下跌就可认为是发生了通货紧缩；后者认为，只有当物价水平和货币供给量持续下降，并伴随着经济衰退，才能认为是发生了通货紧缩。

此外，因为在判断通货紧缩时，物价水平是否为负数、下跌的幅度和时间长度上存在不同意见，所以就有一种折中的方法，即将通货紧缩区分为轻度、中度和重度三种程度。如果物价水平持续下降并转为负增长的时间在两年以内，就被称为轻度通货紧缩；如果持续时间超过两年以上而仍未见反转且物价指数降幅在两位数以内，则为中度通货紧缩；如果持续时间超过两年且物价指数降幅在两位数以上，则视为严重的通货紧缩。

（二）通货紧缩的度量

与通货膨胀同理，通货紧缩最终也是通过物价水平的下降表现出来的，因此物价总水平的下降幅度也成为度量通货膨胀程度的主要指标，即仍然可以用消费物价指数、批发物价指数、生产者价格指数和国民（内）生产总值平减指数来衡量。

由于在通货紧缩的判断标准上存在不同意见，因此在实践中，还用以下两个指标来衡量通货紧缩的程度：

1. 经济增长率

因为在实践中通货紧缩时往往伴随着经济萎缩或衰退，所以可用经济增长率下降来表示通货紧缩的程度。但要注意的是，经济增长率下降并不一定出现通货紧缩，因为还有其他因素影响经济增长率。

---

① 芬埃德·雷诺兹. 宏观经济学 [M]. 马宾, 译. 北京: 商务印书馆, 1983: 216.
② D.莱德勒. 新帕尔格雷夫财政金融大辞典: 第一卷 [M]. 伦敦: 麦克米伦出版社, 1992: 607.
③ 格林沃尔德. 经济学百科全书 [M]. 李滔, 等, 译. 北京: 中国社会科学出版社, 1992: 614.
④ 巴罗. 宏观经济学 [M]. 波士顿: 麻省理工学院出版社, 1997: 824.
⑤ 萨缪尔森, 诺德豪斯. 经济学 [M]. 16 版. 萧琛, 等, 译. 北京: 华夏出版社, 1999: 术语表.

2. 失业率

通货紧缩伴随经济增长率下降，也必然出现失业增加。同样，失业增加还有其他影响因素。因此，失业率不能单独用来衡量通货紧缩，必须有其他指标配合使用。

应用专栏9-1
工业生产者出厂价格指数及其变化

工业生产者出厂价格指数（Producer Price Index，PPI）是反映某个时期生产领域价格变动情况的重要指标，主要用来衡量工业生产者出厂价格变动趋势和变动幅度，包含了原油、铁矿石、钢铁等生产资料价格和衣着、耐用品、日用品等生活资料价格。近几年，PPI走势呈现出由持续下行到快速回升的转折性变化，成为宏观经济领域引人关注的现象。从走势变化看，PPI同比涨幅自2012年3月到2016年8月连续54个月运行在负值区间，尤其是在2014年7月到2015年10月降幅连续扩大。2015年11月以来，同比PPI呈现快速回升态势，并在2016年9月结束了连续54个月的负增长，从最低时的-5.9%回升至2016年12月的5.5%。

在PPI持续下行和在负值区间运行阶段，市场上曾出现关于通货紧缩风险的担忧。不过值得注意的是，较1997—2002年期间那一轮较为"典型"的通货紧缩（CPI和PPI走势一致，共向变化，1998年、1999年和2001年CPI和PPI涨幅均为负值，物价水平全面下降），2012年以后的物价变化则呈现出更为复杂的结构性特征。一是PPI长期在负值区间运行，但CPI涨幅一直保持正增长。若再观察房价变化，情况就更为复杂分化。二是PPI与CPI之间的缺口明显扩大。1997—2002年期间，CPI与PPI之差平均为1.5个百分点，但在2012—2015年10月期间，CPI与PPI之差的均值增大至4.7个百分点。有研究发现，劳动年龄人口增长趋缓后劳动力价格刚性的上升、全球大宗商品价格大幅下行以及国内较为突出的产能过剩矛盾等，可以较好地解释当时PPI长期负增长以及PPI与CPI缺口明显扩大等现象，相比而言这期间需求变化的影响和冲击并不很强。由于造成物价涨幅回落的原因是多方面的，在应对上坚持了区别对待、抓住重点、多措并举、统筹兼顾的原则。对需求面的过快收缩，货币政策给予必要的逆周期调节；对由供给改善、成本下降以及产能过剩导致的物价下行压力，总需求政策则保持一定克制；由于经济下行压力主要来自内生增长动力不足，根本上需要通过推动供给侧结构性调整和改革，培育和形成新的内生经济增长动力。

2015年年末，中央经济工作会议提出要在适度扩大总需求的同时，推进供给侧结构性改革，实施好去产能、去库存、去杠杆、降成本、补短板五大任务。在供求的共同作用下，PPI涨幅出现回升。去产能、去库存步伐加快，有助于从供给端解决产能过剩问题，加快结构调整和优化。同时，房地产销售逐步回暖，地方政府债务置换力度加大，M1增速持续回升，总需求企稳并有所回升，PPI与货物周转量、发电量增速变化等相关性较高，也表明由房地产、基建拉动的重化工业回暖可能是推升PPI回升的重要原因，PPI回升后企业加速补库存又进一步放大了需求。PPI回升一定程度上反映了去产能取得积极进展、经济景气回升，也有助于防止通货紧缩预期，改善企业利润。当然也要看到，PPI回升仍在较大程度上受到房地产、基建和重化工业回升的拉动，企业效益改善尚主要集中在煤炭、钢铁、化工等上中游行业，显示经济的结构性矛盾仍然比较突出。下一阶段，应继续实施稳健中性的货币政策，同时继续加快推进经济结构调整和改革，激发内生增长活力，促进经济更加平衡和可持续增长。

资料来源：中国人民银行货币政策分析小组《2016年第一季度中国货币政策执行报告》（2017年2月17日）。

二、通货紧缩的原因

如前所述，通货膨胀更多是一种货币现象，但纵观世界各国在各时期发生的通货紧缩，却更多是由非货币因素即实际因素引起的。可以发现导致通货紧缩发生的原因主要有如下几种：

（一）有效需求不足

在实体经济中，如果总需求持续低于总供给，往往就会出现通货紧缩。因为消费需求、投资需求、政府支出和出口等所构成的总需求不足时，正常的供给就会显得过剩，价格水平就会下跌，利润下降，投资就会减少，进而造成通货紧缩。在经济发展处于低谷，预期资本边际收益率下降时，需求不足的结果更甚。

（二）供给过剩

供给过剩，不管是相对过剩，还是绝对过剩，都会造成价格下降的压力，形成通货紧缩。各种新发明、新创造、新技术的应用会导致劳动生产率提高，单位商品成本降低或产量增加，生产能力过剩，从而使价格下降。管理创新或融资成本降低等也有助于降低商品成本。这种从供给方面来解释通货紧缩形成的观点常被归纳为重大技术进步论。在经济繁荣时，这种影响更甚。

（三）紧缩政策

弗里德曼认为，价格水平的变动是货币供给量变动的结果。货币供给量减少必然导致物价水平下降。一国采取紧缩性货币政策与财政政策，减少货币发行或压缩财政支出，会导致货币供给不足和需求下降，使部分商品和劳务不能实现其价值，使追加投资无法进行，最终形成通货紧缩。

（四）金融体系脆弱或效率低下

在某些特定时期，如经济低谷时，金融机构为了规避金融风险，不愿扩大贷款，结果造成信贷萎缩，进而形成通货紧缩。信贷收缩又会使利率提高，导致投资支出减少，并通过乘数效应抑制总需求，最终使产量和价格双双下降。

拓展阅读

通货紧缩理论

费雪、凯恩斯、弗里德曼等人的研究都与20世纪30年代的大萧条有关，而克鲁格曼等人的研究则更多的是针对当前世界的情况来探讨通货紧缩的原因、后果以及治理措施。

（一）费雪的债务-通货紧缩理论

费雪的债务-通货紧缩理论产生于他对20世纪30年代大萧条的解释。该理论至今仍然被大多数的金融危机研究者奉为圭臬。

费雪在1933年发表的《大萧条的债务-通货紧缩理论》一文中详细阐述了这一理论。他提出的债务-通货紧缩机制（Debt-Deflation）是关于大危机的非货币金融解释中较早和较成功的一种。他的理论分析是从某个时点经济体系中存在过度负债这一假设开始的。所谓债务-通货紧缩机制，是指通货紧缩导致债务负担加重，债务人被迫强制清偿债务又导致资产价格进一步下降这样一个恶性循环机制（正如费雪所言的"还得越多欠得越多"）。在这个过程中，信用关系恶化，经济活动萎缩，于是最初的金融危机就转化为实质的经济危机。

按照费雪的叙述，债务-通货紧缩是这样发生的：假如在某时刻存在过度负债，很可能就会出现由债务人、债权人的恐慌而导致的债务结算。这种结算会导致如下的因果链：清算债务引起抵押品出售（①），清偿银行贷款引起存款货币收缩、货币流通速度下降（②）。因抵押品出售而加剧的存款量及其流通速度下降，又引起价格水平下降（③），换言之，货币升值。若价格水平下降过程没有受到再通货膨胀（Reflation）或其他因素干扰，必有企业净值发生更大的下降（④），破产过程加速以及利润同样下降（⑤）。而在"资本主义"，即寻求私人利润最大化的社会中，将引起营业亏损的焦虑，这会导致生产、交换和雇佣劳动减少（⑥）。而上述亏损、破产和失业又导致悲观主义和丧失信心（⑦），进而导致窖藏及货币流通速度进一步下降（⑧）。以上八种变化导致利率发生复杂的波动（⑨），尤其是名义利率或货币利率下降，而实际利率或商品利率上升。

也就是说，依据费雪的观点，20世纪30年代美国大危机中的大批失业与严重的通货紧缩主要是起因于负债过度，大量资金被用于支付利息，企业的利息负担加重一方面迫使其举借新债还旧债，债务积累越来越多，难以偿还和解脱；另一方面迫使企业成本与费用升高，这在市场销售困难的条件下，必然发生亏损，又使企业经济效率下降，进而丧失了还债的能力。社会上绝大部分企业陷入"债务陷阱"，被纵横交错的债务链捆住，整个经济运行便进入恶性循环，市场物价水平不可避免地持续下跌。银行和企业债务危机→企业经济效率下降→通货紧缩，费雪以这种简明的逻辑清楚地解释了债务与通货紧缩是如何导致大萧条的。

(二) 货币主义的理论

以弗里德曼为首的货币主义并没有一个完整的通货紧缩理论。他们对通货紧缩的关注和论述，主要表现在以下两个方面：

其一仍然是与大萧条有关。弗里德曼和施瓦茨（1963）在其代表作《美国货币史：1867—1960年》一书中对大萧条做出了一个简明而有力的解释，即认为是货币量的外生性变动造成了空前的灾难，也就是说是货币方面的原因导致了大萧条。他们认为，1930年10月至1933年3月发生的银行危机（共4次）导致货币乘数和货币数量下降，而美联储未能及时地用扩大基础货币供给的办法抵消上述变动，因此引发了大危机。可见，依据货币主义的观点，通货紧缩的原因在于货币政策的失误，其例证是在危机期间美联储货币政策的逆向操作。由于实施紧缩的货币政策，货币供给大幅减少，使生产和消费支出大幅下降，尤其是当生产支出剧烈下降时，居民实际收入和预期收入也随之减少，而债务的实际利率有所上升，许多人发现他们已不可能再偿还债务了，货币总需求出现大幅下降。在这种情况下，通货紧缩主要是由于货币政策紧缩而引起。

其二是在弗里德曼表述货币供给变化对经济运行产生影响的传导机制中，也包含着从货币紧缩到价格下降结果机制的说明，即当货币紧缩时，货币的边际收益率上升，人们就会将全部资产和实物资产转换成货币资产，这就可能导致金融资产和实物价格的降低。

但是，弗里德曼也指出，货币存量的变动与价格的变动之间的关系虽然十分紧密，但并不是精确的或机械不变的，产量的变动与公众希望持有的货币数量的变动会造成货币存量变动与价格变动之间的不一致。而且由于从货币存量的变动到价格水平变动之间的传递需要一个过程，两者在时间上也存在不稳定的时间间隔，这种时滞往往又更加难以把握，这样货币存量的变动与价格的变动更加会出现差异。

(三) 凯恩斯的通货紧缩理论及其发展

凯恩斯的通货紧缩理论也与大萧条有关，而美国经济学家保罗·克鲁格曼（Paul R.Krugman）则是结合当代的经济发展新情况而发展了凯恩斯主义的通货紧缩理论。

1. 凯恩斯的通货紧缩理论

凯恩斯在《货币改革论》和《劝言集》中，多次提到通货紧缩，将通货紧缩的含义表达为价格水平的下降。不仅如此，他还对通货紧缩的危害进行了透彻的分析。

凯恩斯认为，通货紧缩将使社会生产活动陷于低落，不论是通货膨胀还是通货紧缩，都会造成巨大的损害。两者都会改变财富在不同阶级之间的分配。不过相比而言，通货膨胀更为严重一些。两者对财富的生产也同样会产生影响，前者具有过度刺激的作用，而后者具有阻碍的作用，在这一点上，通货紧缩更具危害性。

然而，作为大萧条时代的产物，凯恩斯经济学是以分析和解决失业与通货紧缩为宗旨的，凯恩斯的《就业、利息和货币通论》（以下简称《通论》）是论述通货紧缩的经典之作。他在《通论》中阐述的"有效需求理论"是在直接针对20世纪30年代大萧条中存在大量非自愿性失业和严重通货紧缩提出来的。尽管他在《通论》中更多地使用了"有效需求不足"这样的术语，但这首先是对大萧条中失业与通货紧缩的分析与机理判断。凯恩斯认为，资本主义经济之所以会发生世界生产过剩危机，产生失业与严重通货紧缩，根本原因在于社会有效需求不足。也就是说，发生有效需求不足时，物价往往是下降的。而发生有效需求不足的原因在于消费倾向下降导致消费需求不足，资本边际效率下降导致消费需求不足，资本边际效率下降导致投资需求不足，流动性偏好增强在减少了流通中的货币供给量的同时使利率上升，从而减少有效需求，降低就业水平，增加失业，使物价下降。

从上可见，凯恩斯从资本主义经济运行层面上如实地概括了社会有效需求不足的成因，进而在一定程度上科学地揭示了大萧条中通货紧缩的根本原因。其理论有着显而易见的政策含义：当经济衰退时，企业投资低落，可以通过增加政府支出来稳定有效需求，消除失业和通货紧缩。同时，由于在经济严重衰退时，企业家的利润预期非常之低，以至于任何正利率都显得太高，因此通过采用货币政策放松银根、降低利率来抑制衰退，效果不会明显。凯恩斯的理论及政策思路对于我们分析和研究当前的通货紧缩有着重要的借鉴意义和实用价值。

2. 克鲁格曼的通货紧缩理论

克鲁格曼对通货紧缩的研究可以说是独树一帜。他密切结合当代国际经济发展的新情况，创造性地发挥与发展了凯恩斯主义，主张推行"激进"的或"反传统"的货币政策主张，形成了一套"新凯恩斯主义"的通货紧缩理论。克鲁格曼的主要思想如下：

第一，当今世界上发生的通货紧缩不是由供给过剩造成的，而是起因于社会总需求的不足。在这一点上，克鲁格曼与凯恩斯的观点是相似的。而国际上现在最流行的观点是从供给的角度阐释通货紧缩的成因，认为二战后世界科学技术进步日新月异，新技术、新材料、新工艺不断涌现，使得全球生产力有了飞速发展，造成了全球性生产过剩，从而引发许多地区和国家发生通货紧缩，物价水平下降。克鲁格曼认为，仅从供给过剩这个角度来解释通货紧缩是不够的，起码不能说明如下事实：一是总供给的增加造成的物价水平下降，对人类的生活改善和经济增长都是有利的，而不能认为是有害的；二是仅凭生产过剩这一点尚不足以解释和证明日本、中国、新加坡、瑞典等国通过增加基础货币投放、扩大政府财政支出等手段来刺激社会总需求。上述情况说明：通货紧缩并不主要是供给方面"生产过剩"的原因，应该还有需求方面的原因，肯定有什么因素限制了需求的增加。如果需求相应地增长了，就不会发生大量"生产过剩"，通货紧缩便不会发生。因此，克鲁格曼认为，从日本、中国、新加坡和瑞典等国的实际来看，社会需求不足是当今通货紧缩形成的根本原因。他特别强调需求不足在不同的国家或在某一个国家的不同时期有着不同的社会制度根源。例如，当前日本经济面临的普遍需求不足主要是由人口因素造成的。中国多次降低利率，效果甚微，"流动性陷阱"作用明显。于是，克鲁格曼主张采用非传统的货币政策，即大量印制钞票，造成一个长达15年之久的4%的通货膨胀预期，使实际利率为负，以此来刺激投资需求和消费需求。由此可见，克鲁格曼对日本、中国、新加坡、瑞典等国的社会有效需求不足原因的解释并没有完全超出凯恩斯的"有效需求不足"理论，他仍是用资本边际效率递减和消费倾向递减原理来揭示问题。但把需求不足的成因侧重于人口因素的分析上，则是克鲁格曼的独到之处。

第二，通货紧缩，物价下跌是市场价格机制强制实现经济均衡的一种必然，更是"流动性陷阱"作用的结果。克鲁格曼认为，在信用货币的条件下，之所以发生通货紧缩而传统的货币政策对其无能为力，根本原因在于经济处于"流动性陷阱"状态；社会公众偏好于未来，即使短期名义利率降至很低的程度，甚至为零，储蓄倾向仍高于投资倾向。要消除储蓄与投资之间的缺口，只有两条路可走：一是当前的物价水平下降，使消费增加，储蓄减少；二是降低名义利率，使投资支出增加。由于名义利率不能为零以下，经济均衡（总需求与总供给均衡）所需要的负的真实利率难以实现，因而利率机制对经济活动的调节作用失去效力，这样通过第二条道路来刺激经济复苏与增长便行不通了。至此，实现经济均衡（总需求与总供给均衡）的唯一途径就是物价水平下跌。这是价格规律强制发挥作用的结果。要走出"流动性陷阱"，不能否定和违背价值规律，而只能遵从价值规律的要求，设法使社会公众提高投资收益预期和信心，使投资倾向大于储蓄倾向。

第三，必须对适度通货膨胀政策的可行性进行研究，克鲁格曼主张用"有管理的通货膨胀"来治理通货紧缩。

克鲁格曼的通货紧缩理论的缺陷在于过分偏爱"激进的货币政策",而忽视结构的调整与改革,认为结构的调整与改革无助于即期经济复苏,这无疑有失偏颇。

由上可见,克鲁格曼的以"有管理的通货膨胀"来"治理通货紧缩"的理论和政策主张既继承了凯恩斯通货紧缩理论的某些思想,又结合当代不断变化的新形势,提出了自己的独立见解,从而创造性地发展了凯恩斯的理论。

(四) 加利·西林的通货紧缩理论

加利·西林(A. Gary Shiling)在1998年出版的《通货紧缩》一书中认为是通货膨胀孕育了通货紧缩,通货紧缩具有自我强化性质,政府可以通过采取宽松的信贷支持、降低短期利率等一系列措施来治理通货紧缩。此外,加利·西林还经过比较分析历史上的通货紧缩后认为,通货紧缩是由于物品的普遍过剩造成的,但是有好坏之分。

好的通货紧缩是新技术的普遍采用、新投资领域的不断开发和劳动生产率的不断提高,造成了供给的大规模增加从而导致物价的普遍下跌。同时,由于新技术不断发明并被用于生产领域,新的投资项目不断出现,从而新的就业机会不断增多,人们的收入水平也因之增长,这样物价下跌便成为增加社会财富、普遍提高人类生活水平的积极因素。相反,坏的通货紧缩是由于旧技术和旧产品仍然在经济生活中占统治地位,投资领域不断缩小,劳动生产率也未能提高,以致旧产品大量过剩,引起物价下跌。同时,物价下跌又引起企业开工不足,导致失业增多,收入水平不断下降,形成恶性循环。在这种条件下出现的产品过剩和物价水平普遍下降将降低人们的生活水平。

(五) 理性预期理论[①]

这种观点主要是从公众心理角度,侧重于从金融市场微观主体的预期行为来分析通货紧缩的原因。G.莱斯特在《通货膨胀和通货紧缩的周期》一书中指出,通货紧缩是经济周期中的现象,而周期是由心理因素引起的。由于公众预期的变化,导致银行业恐慌,银行由于害怕倒闭而收缩贷款从而导致通货紧缩。

戴尔蒙德(Diamond)和戴布瑞格(Dybvig)认为,银行由于各种原因,可能将流动负债投向非流动资产,同时提供私人市场不能提供的有效的风险分担。但银行的这种行为亦受到公众挤兑的威胁,在遭到挤兑时,又非常脆弱。挤兑会由于某些偶然事件而发生,因为理性的存款者为避免银行倒闭而损失其存款,会争相把存款兑换为通货持于手中,使得银行发生金融危机,货币创造功能锐减,造成货币供应量急剧下降,引发通货紧缩。

杰克林(Jacklin)和布哈塔查亚(Bhattachnya)则从信息不对称的角度来解释银行业恐慌而引发的通货紧缩。他们认为,存款者和银行对银行资产的评估存在着信息不对称。当出现了新的信息,存款者认识到银行资产的风险增大时,会怀疑某些银行经营业绩低下,有可能知道某些银行将会失去支付能力但又不可能确切地知道是哪些银行。为防止损失,理性的储户会因避险而到银行提取存款,通过挤兑引发银行恐慌,造成大量的货币游离于银行业之外,货币供应量不断下滑,从而导致通货紧缩出现。

理性预期理论对于分析通货紧缩的形成机理、防范和治理都提供了新的观察角度和分析工具,有其特定的应用价值。

---

① 徐敏生. 通货紧缩问题研究 [M]. 北京:中国统计出版社,2004:60-62.

三、通货紧缩的效应

（一）产出效应

纵观历史上的通货紧缩，往往与产出减少、经济衰退相伴随，因而常被称为经济衰退的加速器。这是因为物价持续下降，其一会使市场销售困难，生产者利润减少，投资减缓。通货紧缩往往伴随证券市场的萎缩，使企业融资面临较大困难，企业减产或停产使就业下降，失业增加，经济增速受抑制。其二会使实际利率提高，加重债务人负担，还款难度加重，新的信用需求减少。债权收回遇困，使银行不良贷款增加，风险增大，经营环境恶化，不利于信贷规模扩大，货币供给增长减缓，货币政策传导出现困难，进一步加剧通货紧缩，从而对经济增长带来负面影响。其三使货币购买力提高。面对不断下降的物价，人们会增强对物价下降的预期，从而持币待购，增加当前储蓄，导致个人消费支出受限，阻碍经济增长。

（二）财富分配和再分配效应

在通货紧缩中，实物资产的价值会随物价水平下降而降低。金融资产中的股票由于其价值取决于市场价格，价格变化取决于多种因素，这样股票收益在通货紧缩中较难确定。而现金、存款和债券价值却会提高。因此，通货紧缩影响财富分配。

通货紧缩时就业减少，失业增加，人们的收入水平下降，从而使可支配财富减少。如果说通货膨胀是通过降低货币的购买力影响人们生活水平的话，通货紧缩则是通过减少人们可支配的社会财富影响人们的生活水平。

四、通货紧缩的治理

从各国实践看，针对通货紧缩采取的防治措施主要如下：

第一，扩大需求政策。这主要是实行适度宽松的财政政策与货币政策，鼓励消费、扩大投资、削减税率，增加政府公共支出和出口，促进产出增加，消除通货紧缩。

第二，实行产业结构优化升级，开发新的市场需求，提升需求档次。

第三，合理引导、科学利用预期行为，综合使用各种工具，防止经济发生大幅度波动。

第四，健全金融体系，提高金融机构防范金融风险的能力，合理安排信贷资金，支持实体经济发展。

从上面的分析可以看出，造成通货紧缩的因素既有货币方面的，也有实体经济内部的。各国采取的对策也因而是从货币与经济两方面入手的。但从实践来看，正是这种通货紧缩原因的极其复杂性，从而使得要治理它比治理通货膨胀更难，收效更慢。这意味着需要我们从更深层次地去认识和研究通货紧缩的形成原因、形成机理和社会经济效应，才能提出有效的防范和治理措施。

本章小结

1. 通货膨胀是指一般物价水平普遍的和持续的上涨过程。
2. 衡量通货膨胀程度的物价指数有消费物价指数、批发物价指数、生产者价格指数、国民（内）生产总值平减指数等。

3. 通货膨胀产生的原因多种多样。其直接原因是高货币供给增长率；其深层根源与政府为追求高就业率目标而实施的积极政策有关。由此会形成需求拉动型、成本推动型和供求混合推进型的通货膨胀。需求拉动型通货膨胀是由于社会总需求的过度增大，超过了现行价格水平下商品和劳务总供给的增长，致使"过多的货币追逐过少的商品和劳务"，从而引起货币贬值、物价上涨的经济现象。成本推动型通货膨胀是指生产成本上升而引起物价上涨的经济现象。在现实的经济生活中，纯粹的需求拉动或成本推动的通货膨胀非常少见，更多是在需求因素和供给因素的共同作用下产生的供求混合推进型的通货膨胀。结构失衡型通货膨胀是指在总需求和总供给处于均衡状态时，由于经济结构方面的因素变化，引起物价上涨，从而导致通货膨胀。

4. 关于通货膨胀的社会经济效应主要有两种观点：促进论和促退论。促进论认为，通货膨胀可以通过促进闲置资源的利用，或者通过强制储蓄和提高储蓄率来促进经济的增长。促退论认为，通货膨胀降低了人们储蓄的意愿，增加了短期资本的投机，并且不利于社会公平，从而导致对经济的不良影响。即使如此，大部分国家的中央银行把抑制通货膨胀放在首位。

5. 因通货膨胀产生的原因不同，采取的治理措施也不一样。这些措施主要有紧缩政策、收入政策、供给政策、收入指数化政策、结构调整政策、货币改革以及加强中央银行独立性、实行通货膨胀定标框架等制度性措施。

6. 西方经济学家对通货紧缩的研究没有对通货膨胀的研究那样多。一般将通货紧缩定义为一般物价总水平的持续下降。其度量指标类似于通货膨胀。通货紧缩通常由有效需求不足、供给过剩、紧缩政策、金融体系脆弱与效率低下为起因。通货紧缩会造成产出的减少与财富的重新分配。通货紧缩可以采取的防治措施主要是实行适度宽松的财政政策与货币政策以扩大需求；实行产业结构优化升级；合理引导、科学利用预期行为，综合使用各种工具；健全金融体系，提高金融机构防范金融风险的能力，合理安排信贷资金，支持实体经济发展。

重要概念

通货膨胀　消费物价指数　批发物价指数　生产者价格指数　国民生产总值平减指数　核心通货膨胀率　需求拉上　成本推进　供求混合推进　强制储蓄　收入指数化　预期通货膨胀　工资-价格指导线　通货紧缩

复习思考题

1. 举出几个你知道的通货膨胀与通货紧缩的例子。
2. 你知道的最严重的通货膨胀是在世界上哪个国家发生的？其年通货膨胀率是多少？
3. 哪些因素有可能导致通货膨胀？其与导致通货紧缩的因素有何不同？
4. 关于通货膨胀的社会经济效应，你有何看法？
5. 分析中国通货膨胀产生的原因及治理措施。
6. 据你分析，近些年世界是否出现过通货紧缩？如何判断？
7. 如何看待通货紧缩的社会经济效应？
8. 尝试分析一些国家的通货紧缩防治措施。

第十章 货币政策(一) 目标与工具

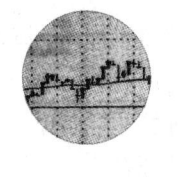

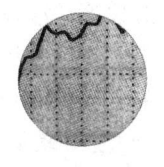

货币政策是一国重要的宏观经济政策之一,是一国中央银行对国民经济实施宏观调控的重要工具。从实践来看,货币政策一经实施,必然连带发生一连串诸如货币政策如何发生作用、如何有效地控制正确的政策方向以及此项作用是否能有效地影响现实的经济社会等问题。因此,货币政策涉及的内容和范围既有其所要达到的目标和可运用的手段,又有包括具体运用这些手段的传导机制、过程和据以进行监测、控制其进度的各种数量指标。一般说来,一项完善的货币政策包括最终目标、中间目标、政策工具、传导机制或作用过程和效果监控或评价。货币政策对经济发生作用,就是通过这五大要素的逐级传递关系来实现的。本章主要阐述货币政策目标与工具。

第一节 货币政策及其目标

一、货币政策的含义与特征

货币政策(Monetary Policy)是指一国中央银行为实现一定的宏观经济目标而采取的各种控制和调节货币供应量和信用量的方针和措施的总和。货币政策通常具有如下基本特征:

(一)货币政策是宏观经济政策

货币政策是涉及整个国民经济运行中的货币供应量、信用量、利率、汇率以及金融市场等宏观经济指标,进而涉及社会总需求与总供给的一项宏观经济政策,而不直接涉及单个银行或企业、个人的金融行为。

(二)货币政策是调节社会总需求的政策

任何现实的社会总需求,都是一种有货币支付能力的需求,货币政策调节宏观经济是通过调整社会总需求而实现的。货币政策通过对社会总需求的调整间接地影响社会总供给的变动,从而促进社会总需求与总供给的平衡。

(三)货币政策是以间接调控为主的政策

货币政策主要采用经济手段和法律措施,通过调整经济当事人的经济行为实施间接调控。只是在特定的经济和金融环境下,才采取必要的直接控制措施。

(四)货币政策是长期目标和短期目标相结合的经济政策

货币政策的最终目标是一种长期性的政策目标,而特定时期、特定条件下的货币政策却总是短期性的,不断变动的,但与最终目标是一致的。

实施合理的货币政策对于经济健康运行至关重要。过度扩张的货币政策将会导致较高的通货膨胀水平,导致经济运行效率的下降,从而阻碍经济增长。过于紧缩的货币政策将会产生严重的经济衰退,造成产出水平的下降和失业率的上升,还可能导致通货紧缩,即价格总水平的持续下降。

二、货币政策的目标

货币政策目标是指中央银行采取管制货币信用行为所要达到的目标。按时空和金融调控方式的不同要求，货币政策目标有不同的层次，由最终目标和中间目标组成。

（一）最终目标

货币政策的最终目标是中央银行在一定时期内长期相对稳定、最终所要达到的目标。由于宏观经济政策目标在不同的国家以及在同一国家的不同经济发展时期都是不同的，这就决定了货币政策的最终目标也因时因地而异。至于在某一时期应侧重哪一个或哪几个目标，则与当时出现的社会经济问题相关联。换言之，货币政策最终目标的选择依据应该是当时的社会经济急需解决的、人们最为关心的经济问题。

货币政策的最终目标的形成经历了一个逐步演化扩展的过程，是经济的发展对货币当局提出的客观要求的反映。发展至今，概括起来，货币政策的最终目标有四个：稳定物价、充分就业、经济增长、国际收支平衡。

1. 物价稳定

在过去的几十年里，各国政策制定者越来越意识到通货膨胀与通货紧缩的社会成本和经济成本，并且更加关注将稳定物价水平作为政策的一个目标。事实上，物价稳定越来越被视为最重要的货币政策目标。所谓物价稳定，就是防止物价水平发生显著的大幅度的波动，即保持低且稳定的通货膨胀水平。

从当代来说，因为各国普遍实行不兑现的信用货币制度，货币制度本身已不再存在那种诸如金币本位制下黄金的自动调节功能，因此维持货币价值的稳定成为各国经济政策的主要目标。但是，各国政府都希望经济发展。如果过于追求经济的发展速度，就可能导致政府以开动印钞机的方式来谋求其目标。然而，纸币又具有一经投入流通就滞留在流通中的特性，因此相对来说比较容易出现物价上涨的情况。我们看到的货币政策稳定物价水平的实践主要是解决物价水平的上涨问题。然而，20世纪90年代，日本较早出现了通货紧缩，后来相继有很多国家（比如在2008年金融危机后）也陷入不同程度的通货紧缩，使货币政策稳定物价水平的实践开始对物价水平下降问题加以关注与解决。

我们之所以希望物价保持稳定，是因为持续上升或下降的物价水平会增加经济生活中的不确定性，而这一不确定性可能会阻碍经济增长。例如，当整体物价水平不断变动时，商品和劳务的价格所传递的信息就更加难以解释，从而使消费者、企业和政府的决策更加错综复杂，并且可能会导致金融体系的低效率。目前已经得到证明，恶性通货膨胀或通货紧缩都会对经济运行带来巨大的损害。

按照现在西方流行的通货膨胀属性标准，年通货膨胀率在3%以下，就可视为低度通货膨胀。这也可作为物价稳定的数量界限。至于在具体执行时，各国中央银行的要求不尽相同，一般都根据各个时期的政治经济环境变通地加以确定。例如，在美国，1964年通货膨胀率的控制指标是2%以下，而到了20世纪70年代，实际通货膨胀率已达两位数，于是美联储不得以将目标上限提高至7%。而在欧盟内部，为了保证欧元启动后就具有稳定性，《马斯特里赫特条约》及其相关的议定书对申请加入欧洲经济和货币联盟（EMU）第三阶段的成员国规定了经济和金融状况的趋同标准，即加入欧元区必须具备的四个条件，其中列于首位的要求是具有高度稳定的物价，即直到1998年3月连续12个月的通货膨胀率不超过物价最稳定的三个成员国的平均通货膨胀率的1.5%。

2. 充分就业

由于高失业率会给很多人带来苦难，而且如果经济中既有赋闲的工人，又有闲置的资源（关闭的工厂和闲置的设备），就会导致产出的损失（较低的国内生产总值）。因此，很明显，高就业率是令人向往的，最好的情况当然是没有失业者。以失业人数与愿意就业的劳动力或整个社会的劳动力之比，即失业率来表示，则最好是该比率为零。然而，这只是理想状态。原因是在一个动态的经济中，由于科学技术的发展、行业的更替、劳动力本身拥有的技术与新兴行业的技术要求不相适应等，就难免有"摩擦性失业"①（Frictional Unemployment）和"自愿失业"② 存在，甚至还会出现失业与空位并存的局面。失业人员要经历一段时期的学习或等待后才能找到新的职位。工人决定暂时离开工作岗位去从事其他活动（抚养子女、旅行、返校学习）。此外，经济的发展也需要一定的失业人员作为劳动力后备，在客观上也要求中央银行只能确定一个反映近似充分就业的失业率界限。

但是就业率多高才算是充分就业呢？对此，经济学家也是各持己见。有的认为失业率应低于5%，也有的认为失业率应在2%或3%以下。20世纪60年代末，弗里德曼等人提出了"自然失业率"（Natural Rate of Unemployment）的概念。他们认为，资本主义经济在任何时候都存在着与实际工资相适应的某种均衡失业水平，即存在着所谓的自然失业率。政府可以充分发挥市场竞争的作用来降低自然失业率，但不可能用调节需求的货币政策来使实际失业率降低到自然失业率之下。因此，货币政策的充分就业目标只能确定为将实际失业率降低至自然失业率的水平。目前对自然失业率的合理估计在4.5%~6%，但是这一估计值也存在着很大的不确定性和争议。例如，政府适当的政策，提供更多关于空缺职位的信息和职业培训方案可能会降低自然失业率水平。现在西方经济学家较为流行的看法是，工厂开工率不低于96%，也就是说，包括机器、设备、工人在内的广义失业率不超过4%，就可大体认为是充分就业状态了。实际上，各国政府也是根据不同时期的政治经济形势而加以灵活确定失业率的标准的。

米什金提出高就业率目标可以用另一种方式来思考。因为失业率水平与该经济体的经济活动水平相联系，在自然失业率时产生一个特定的产出水平，被称为自然产出率（Natural Rate of Output），通常称为潜在产出（Potential Output）③。

3. 经济增长

稳定的经济增长目标与高就业率目标紧密相关，因为当失业率低的时候，企业更愿意进行资产设备的投资以提高生产率和促进经济增长。相反，如果失业率很高，工

---

① 艾奇安，克莱茵. 论通货膨胀的正确测度[J]. 货币、信用与银行杂志，1973(5): 173-191.

② 西方经济学家认为，充分就业并不是社会劳动力的100%就业，而应该把通常存在着的两种失业排斥在外。一是摩擦性失业，即由于短期内劳动力的供求失调，难以避免的摩擦而造成的失业。二是自愿失业，即工人不愿意接受现行的工资水平而造成的失业。这两种失业的存在是任何社会经济制度下都难以避免的，但是在社会中所占的比重非常小。凯恩斯学派认为，社会经济中除了摩擦性失业和自愿失业之外，还存在着非自愿失业，即劳动者愿意接受现行的工资水平和工作条件，但仍然找不到工作，即对劳动力的需求不足而造成的失业。只要消除了非自愿失业，社会就能实现充分就业。

③ 弗雷德里克·S.米什金. 货币金融学[M]. 蒋先玲，等，译. 北京：机械工业出版社，2016: 369.

厂闲置，企业再把钱投资在新厂房和新设备上就得不偿失了。

至于货币政策应当追求多高的经济增长速度，西方经济学家没有得出一个具体控制指标。因为经济增长受生产力各要素，如劳动力、土地、资源、资金来源等的制约，货币政策对这些因素的控制是心有余而力不足，只能对资源的合理配置产生一定的积极效果，对社会的投资率和储蓄率有直接的影响。除此以外，货币政策对劳动力及土地的运用却缺乏积极且直接的影响力。经济增长过程中产生的空气、水质的污染，影响了人类生存条件，应当算成负增长，但这同样是难以测定的。因此，经济增长率很难具体确定。即使是弗里德曼也认为，在一个自由的社会里，不能事先断定经济增长率为多少，也不能说增长率高就比经济增长率低好。他的意思是，只要经济增长能够提高社会公众的干劲，使社会资源得到充分的利用，那么这个经济增长率就是合理的、适度的。经济学家多马通过经济增长模型测算出一个国家至少能够实现3%~4%的经济增长率。然而，这些都仅仅是理论的分析与见解。实际上，各国政府为了政治、经济和军事上的需要，总是力求实现一定速度的经济增长，具体要求则视各个时期的政治、经济形势而定。

在现实经济社会里，大多数国家衡量经济增长的指标一般采用人均国内生产总值的增长率。实际上，作为中央银行的货币政策来说，则更多地只能通过创造一个适宜于经济增长的货币金融环境，以促进经济增长。

4. 国际收支平衡

国际收支既是一国国民经济的一个重要组成部分，反映该国经济结构的性质、经济活动的范围和经济发展的趋势，同时又反映一国对外经济活动的规模和特点以及该国在世界经济中所处的地位和所起的作用。一国的国际收支是一国同其他国家之间在一定时期（通常为一年）全部经济交往的货币价值记录，它通过经常账户、资本账户和黄金账户来反映一国商品、劳务、利息、长短期投资和黄金的流入流出情况。由于黄金通常是作为国际结算的最后手段，因此国际收支平衡主要是指经常账户和资本账户的收支平衡。而这两个账户的平衡与否主要反映在国家外汇和黄金储备数量的是否变动上。一国国际收支如果出现失衡，无论是顺差或逆差，都会对本国经济造成不利影响。国际收支平衡实际上是指一国对其他国家的全部货币收入和货币支出持平或略有顺差、略有逆差。

此外，当中央银行讨论货币政策目标时，总是还会不断地提到金融市场稳定、利率稳定和外汇市场稳定等目标。

（二）最终目标的权衡与取舍

虽然货币政策所要追求的目标有多个，而且中央银行通常宣称要以某种货币政策同时实现两个以上的目标。但是，事实上若干货币政策目标彼此间相互存在着矛盾和冲突，在短期内，要以某项货币政策工具实现一项目标，常会干扰其他目标的运作，甚至导致该目标情况的恶化。因此，虽然我们不能不承认若干目标间也存在着互补性，比如充分就业与经济增长可齐头并进、相互支持，但是我们也不能短期内忽视货币政策目标冲突性的存在，比如稳定物价与充分就业的冲突。最先在理论上总结、分析稳定物价与充分就业方面矛盾的经济学家是威廉·菲利普斯（Willian Phillips）。根据他提出的菲利普斯曲线（见图10-1），通货膨胀率和失业率成反比函数关系。换句话说，为维持物价的稳定，降低通货膨胀，那就得牺牲失业率，允许失业的一定程度的上升；若要实现充分就业，必然要以牺牲若干程度的物价稳定作为代价。这种矛盾性就成为1960年以来著名的目标抉择（Trade-off）。由于经济增长与充分就业之间存在着一致性，因此稳定物价与充分就业之间的矛盾也表现或反映了稳定物价与经济增长之间的矛盾。从各国经济发展的历史经验看，当经济增长水平较高且失业率较低时，物价水平却常常出现上涨。在一定时期若以物价稳定为目标，却往往要以经济增长损失或某种程度的失业率为代价。稳定物价与经济增长和充分就业之间存在着矛盾，在一定条件下是毋庸置疑的。

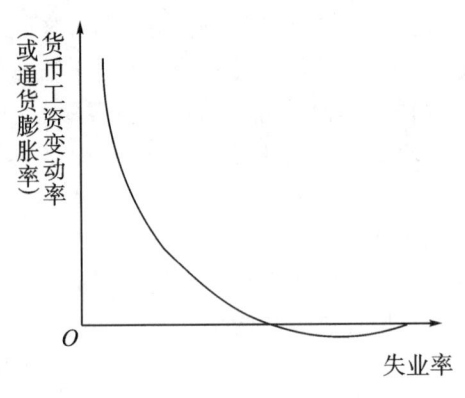

图 10-1　菲利普斯曲线

如何在这些冲突中做出最佳选择，是各国金融当局所要面对的重要问题，也因此长期存在着激烈的争论，无法实现完全的统一。各国在货币政策最终目标选择的方式方法上都存在着差异，一般有双重使命与层级使命两种模式。

1. 双重使命

要求同时实现两个平等的目标——物价稳定和充分就业（产出稳定）的模式被称为双重使命模式（Dual Mandate）或双重目标论。例如，中国人民银行货币政策的目标在1995年以前是"稳定币值，发展经济"。又如，法律规定的美国联邦储备体系的任务是联邦储备理事会和联邦公开市场委员会应保持货币和信贷总量的长期增长与经济的长期潜在产出增长水平相一致，以便有效地实现充分就业、物价稳定以及适度的长期利率等目标。在具体操作上，这种模式更多地进行相机抉择，即根据具体经济情况机动地决定和选择。由于各国的经济情况不同，在一个时期内，通常选择一个或两个目标作为优先目标，以解决面临的重大问题。

2. 层级使命

长期来看，物价稳定对于经济的长期健康发展至关重要，会促使经济增长、就业增加以及金融和利率的稳定。将物价稳定这一目标放在首要位置，只有在物价稳定实现的前提下，才会去追求其他政策目标的实现，这类目标模式被称为层级使命模式（Hierarchical Mandate）或单一目标论。这种模式明确指出物价稳定应该是中央银行首要的长期目标。它是控制诸如英格兰银行、加拿大银行、新西兰储备银行以及欧洲中央银行等中央银行行为的官方指导性原则。例如，创建欧洲中央银行的《马斯特里赫特条约》明确指出：欧洲中央银行体系的首要目标应是保持物价稳定。在不影响物价稳定这一目标的前提下，欧洲中央银行体系应支持区域内的总体经济政策。其中包括高就业水平、可持续和无通货膨胀的增长等政策目标。又如，1995年通过的《中华人民共和国中国人民银行法》明确规定中国货币政策的最终目标是保持货币币值的稳定，并以此促进经济增长，采用的是单一稳定币值的目标。但是，中国理论界对于中国货币政策应选择怎样的目标问题，一直存在着争论。

3. 物价稳定应该是货币政策的首要目标吗？

在实践中，上述两种模式之间的差别往往很大，因为公众和政治家可能认为层级使命模式过分强调控制通货膨胀，而对稳定产出水平相对重视不足。

由于低而稳定的通货膨胀率可以促进经济增长，中央银行已经认识到物价稳定应该是货币政策首要的长期目标。然而，由于产出波动也应该是货币政策关注的对象，因此物价稳定只应被视为长期的首要目标。试图在短期内保持相同的通胀水平而忽视外部条件，可能会导致产出的过度波动。

只要将物价稳定作为一个长期目标而非短期目标，中央银行就可以允许通货膨胀率在短期内偏离其长期目标而专注于减少产出的波动，这样中央银行就可以在双重使命模式下运行了。但是，如果双重使命模式下中央银行实施旨在增加产量和就业机会的短期扩张性政策，而完全忽视通货膨胀的长期后果，其结果实际上是顾此失彼。中国1987—1988年、1992—1994年的比较严重的通货膨胀就证明了这一点。担心双重使命模式可能会导致过度扩张性政策，使中央银行的决策者往往偏向于采用层级使命模式的一个关键原因，在这一模式下追求物价稳定居于优先地位。对于中央银行来说，选择哪种类型的任务模式更好最终取决于实践中该模式将如何运作的种种细微之处。只要把物价稳定作为长期而非短期内的首要目标，无论哪种类型的任务模式都是可以接受的。

实际上，在具体操作上，也有如下做法：根据"临界点原理"选择，即结合本国社会对某一问题所能承受的限度，找出临界点来选择货币政策最终目标。临界点的理论依据是菲利普斯曲线。在制定货币政策时，寻找社会可接受的失业率和通货膨胀率。政府和中央银行可根据菲利普斯曲线表示的关系来对经济进行调节。或采取轮番突出，即根据不同时期的经济状况，轮番采取不同类型的货币政策，以实现其政策目标。这是当前各国较为常用的方法。由于中央银行不论采用信用扩张政策抑或信用紧缩政策，对经济过程的影响都是矛盾的，因此中央银行只能根据不同时期的特点，采取信用扩张或信用紧缩交替使用的办法来实现货币政策目标。一般情况是，在经济衰退时期，刺激经济增长，维持就业就成为主要目标，于是就应选择信用扩张的货币政策；在经济高涨时期，稳定物价和国际收支平衡则成为主要政策目标，于是就应选择信用紧缩的货币政策。

第二次世界大战后，西方各国中央银行根据本国的具体情况，在不同的时期对货币政策的最终目标有不同的选择：或选择单一目标，或选择多重目标，但不同的时期有不同的侧重点（见表10-1）。

表10-1　　　第二次世界大战后西方各国货币政策最终目标选择比较

国别	20世纪50~60年代	20世纪70~80年代	20世纪90年代后
美国	以充分就业为主	以稳定货币为主	以反通货膨胀为唯一目标
英国	以充分就业兼顾国际收支平衡为主	以稳定货币为主	以反通货膨胀为唯一目标
加拿大	充分就业，经济增长	以物价稳定为主	以反通货膨胀为唯一目标
德国	以稳定通货，兼顾对外收支平衡为主		
日本	对外收支平衡，物价稳定	物价稳定、对外收支平衡	
意大利	经济增长，充分就业	货币稳定兼顾国际收支平衡	

从表10-1可见，西方各国第二次世界大战后货币政策的最终目标有所不同，而且同一个国家在不同时期都发生了很大的变化。这主要源于各国面临的历史背景、经济形势和任务、政府和中央银行所奉行的理论各异。也可以看出，对货币政策目标应以稳定货币为主，只有在稳定货币的前提下才能有经济的较快增长已形成共识。

二、货币政策中间目标：操作目标与中介目标

（一）为什么要有中间目标

中间目标是中央银行为了实现货币政策最终目标而设置的可供观测和调整的中间性或传导性的金融变量。为什么要建立货币政策的中间目标呢？

首先，从总体来说，在宏观经济政策中，货币政策对宏观经济的间接调控的传递过程具有时间上的漫长性和空间上的复杂性。具体表现在如下两方面：其一，在空间上，货币政策必须通过金融市场才能发挥作用。这就意味着，货币政策的传导过程较其他政策要复杂得多。由于参与金融市场的经济主体种类繁多，影响其行为的因素错综复杂，这就使得金融市场上非政府所能控制的各项变量对货币政策的干扰和影响往往难以预料，从而使货币政策具有很大的不确定性。其二，与此相对应，在时间上，货币政策必须经过相当长时间的"时滞"才能发挥作用。也就是说，从货币政策开始启动到最终目标发生变化为止（如物价变动、经济增长率和失业率变动），需要一个相当长的"时间差"。一般说来，西方国家货币政策"时间差"都在9~12个月。如果等货币政策最终目标发生变化再来调整货币政策工具，那么有可能已经时过境迁了。这样，在跟踪目标和校正工具过程中，就会使中央银行陷于十分被动的境地，不能有效地使货币政策达到理想的境界。

其次，货币政策不可能"毕其功于一役"，而只能演进为一条由许多个拐点组成的渐近线。货币政策目标不可能一蹴而就或径情直遂，但是它有可能逐渐逼近最终目标。有效地检测这种逼近的程度和方向，一是可以体现市场信息的反馈，灵敏地透视最终目标能否实现及其实现程度；二是可以为实现宏观经济的间接调控提供优越的"参照系"，既可执行事前监督，防患于未然，又可进行事后调整，易策于中途；三是可以借此缩短最终目标在决策心理和社会心理上的遥远感，从而不断地激发起创新和拓展的内在动力。为此，各国中央银行都设置一些能够在短期内显现出来，并可与货币政策最终目标高度相关的指标，作为调整货币政策工具时用于观测和控制的标的。

概括起来，货币政策中间目标的作用主要有三：第一，表明货币政策实施进度；第二，为中央银行提供一个追踪的指标；第三，便于中央银行随时调整货币政策。

(二) 中间目标选择的标准

中间目标的选取通常认为主要符合三个标准，即可控性、可测性和相关性。

1. 可控性

可控性，即用作中间目标的变量要能为中央银行的各种货币政策工具有效地控制和调节。如果中央银行不能够控制这个变量，即使知道它已经偏离轨道也无济于事，因为中央银行没有办法使它重新回到正确的道路上来。

2. 可测性

可测性，即用作中间目标的金融变量必须要有明确和稳定的内涵和外延，信息易得并能量度。这种可测性，应当包括准确与迅速两个层次。所谓准确，就是该金融变量的含义要明，不允许有多种似是而非的解释。它的变动要能比较准确地反映货币政策的贯彻情况，不受或少受非货币政策因素的干扰，避免造成假象，引起货币政策的失误。所谓迅速，就是该金融变量的数据资料等信息要容易收集，时间要快，周期要短，以便中央银行及时分析、观察和监测。

3. 相关性

相关性，即用作中间目标的金融变量必须与货币政策的最终目标高度相关。只有两者存在稳定的关系，才能被当成货币政策的监测标准，才能使中央银行据以判断最终目标的变化情况及其趋势，才能实现货币政策的最终目标。由于对任何中间目标而言，其影响最终目标的能力是十分关键的，因此对准备金或者货币总量同最终目标（产出、就业和物价水平）之间联系的紧密程度，或者利率同这些目标之间联系的紧密程度，人们讨论得很多。近年来，大多数中央银行发现，利率和最终目标（如通货膨胀）之间联系的紧密程度高于总量的通货膨胀之间的联系。出于这个原因，全世界的中央银行现在一般采用短期利率作为其中间目标。

(三) 中间目标的种类与选择

作为货币政策的传递媒介，中间目标[①]从时间序列和传递层次上可进行一级与二级之分，即远期目标和近期目标之分。前者指受货币政策工具间接冲击、距最终目标较近的中间目标，又称战术目标或中介目标（米什金称之为中介指标）；后者指受货币政策工具直接冲击、距最终目标较远的中间目标，又称操作目标，更着重于监控远期目标的实现（米什金称之为政策工具）。货币政策工具、操作目标、中介目标以及最终目标之间的关系可以用图10-2描述出来。

---

① 弗雷德里克·S.米什金是这样表述的：政策工具（Policy Instrument）也称为操作工具（Operating Instrument）是一种能够对中央银行工具做出反应并且能够表明货币政策立场（宽松或紧缩）的变量。诸如联邦储备体系之类的中央银行拥有两种基本类型的政策工具：准备金总量（准备金、非借入准备金、基础货币以及非借入基础货币）和利率（联邦基金利率或者其他短期利率）。政策工具与中介指标（Intermediate Target），比如货币供应总量（M2）或者长期利率相联系。中介指标位于政策工具和货币政策目标（比如物价稳定、产出增长）之间；它们不受货币政策工具的直接影响，但是却与货币政策目标具有更加紧密的联系。(弗雷德里克·S.米什金. 货币金融学［M］. 蒋先玲，等，译. 北京：机械工业出版社，2016：384.)

货币政策工具	操作目标	中介目标	最终目标
公开市场操作 贴现政策 法定存款准备金率 准备金支付利息 大规模资产购买 前瞻性指导	准备金总量(存款准备金、超额准备金、非借入准备金、基础货币、非借入基础货币) 利率(短期利率，如联邦基金利率)	货币总量 (M1、M2) 利率(短期和长期)	物价稳定 充分就业 经济增长 国际收支平衡 金融市场稳定 利率稳定 外汇市场稳定

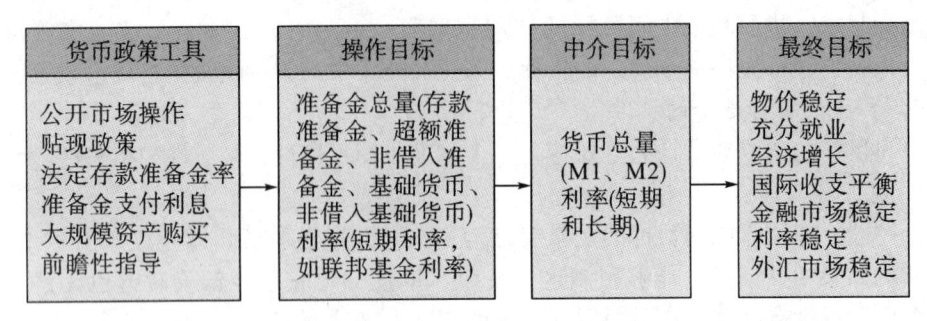

图 10-2 货币政策工具、操作目标、中介目标以及最终目标之间的关系

1. 操作目标

（1）超额准备金。中央银行以超额准备金作为货币政策的中间目标，其主要原因是无论中央银行运用何种政策工具，必先行改变商业银行的超额准备金，之后对最终目标产生影响。因此可以说，变动超额准备金是货币政策传导的必由之路。由于超额准备金对商业银行的资产业务规模有直接决定作用，因此商业银行超额准备金增加被认为货币市场银根放松，准备金减少则意味着市场银根紧缩。

（2）基础货币。基础货币也被称为强力货币或高能货币，这表明了其在货币供应量创造中的主要作用。基础货币是商业银行的存款准备金和流通中的现金之和，构成了货币供应量多倍扩张和收缩的基础。作为变量指标，基础货币符合中间目标的几个标准。首先，从可测性来看，基础货币表现为中央银行的负债，其数额多少随时反映在中央银行的资产负债表上，中央银行很容易掌握这些资料。其次，向社会注入的现金量中央银行是可以直接控制的；金融机构的存款准备金则取决于中央银行的再贴现和再贷款以及法定存款准备金比率水平，有较强的可控性。最后，根据货币乘数理论，基础货币与货币乘数的乘积构成货币供应量，因此基础货币与货币供应量为明显的正相关关系。

2. 中介目标

（1）利率。利率之所以成为货币政策中介目标，是因为利率不但能够反映货币与信贷的供给状态，而且能够表现供给与需求的相对变化。当经济增长时，对信贷的需求量就会增加，利率水平相应地就会提高；反之，当经济停滞或下降时，对信贷的需求就会减少，利率水平又会相应下降。这样中央银行可以根据利率的升降变化，确定对社会的货币供应量，扩大或收缩银根，以适应经济的发展。中央银行可以通过变动利率水平来调节经济。当货币供给过多引致通货膨胀时，中央银行可以通过提高利率紧缩银根，稳定币值与物价；而当经济不景气时，中央银行可以通过降低利率，刺激需求，刺激经济的增长。

（2）货币供应量。以弗里德曼为代表的现代货币主义认为，应该选择货币供应量或其变动率作为货币政策中介目标。其主要理由是：首先，货币供应量的变动能直接影响经济活动。其次，货币供应量增减变动能够为中央银行所直接控制。最后，货币供应量与货币政策关系密切。增加货币供应量，表示中央银行实施宽松的货币政策；减少货币供应量，则表示中央银行实施紧缩的货币政策。

第二次世界大战后西方各国货币政策中介目标的变化（见表 10-2）呈现出明确的

阶段性，并且呈相同趋势，但控制指标各有侧重。

表 10-2　　　　第二次世界大战后西方各国货币政策中介目标选择比较

国别	20 世纪 50~60 年代	20 世纪 70~80 年代	20 世纪 90 年代后
美国	以利率为主	先以 M1 为主后改为以 M2 为主	放弃以货币供应量为中介目标，在政策实施上监测更多的变量，但主要以利率、汇率等价格型变量为主
英国	以利率为主	先以 M3 为主后改为以 M0 为主	
加拿大	先以信用总额为主，后改为以信用条件为主	先以 M1 为主后改为以一系列"信息变量"为主（主要是 M2 和 M2+）	
德国	商业银行的自由流动准备	先以中央银行货币量 CBM 为主，后改为以 M3 为主	
日本	民间的贷款增加额	M2+存款证书（CD）	
意大利	以利率为主	国内信用总量	

应用专栏 10-1
资产价格、货币政策与住房金融宏观审慎政策

关于货币政策与资产价格的关系一直存在争论。本轮国际金融危机前相对主流的观点认为，货币政策不应关注资产价格，除非资产价格变动会影响到通货膨胀预期，央行只是在泡沫破灭后履行最后贷款人职责，维护市场稳定，即所谓的事后清理（Mop up After）。当然也有观点认为，当存在资产价格泡沫迹象等金融稳定风险时，央行宜采用比维持价格稳定所需更紧一些的货币政策，以避免风险积聚，也就是所谓的逆风干预（Lean Against the Wind）。

本轮国际金融危机揭示出全球经济的新特征对宏观政策的挑战，经济学界对货币政策与资产价格的关系有了更进一步的认识。从全球来看，近年来房地产市场的重要性不断上升，发达国家财富增量中房地产占绝大多数，在财富总量中房地产的占比也超过一半，大多数信贷也投向房地产。在此背景下，一方面，房地产价格变动会对经济和金融稳定产生较大影响，即使 CPI 保持基本稳定，房地产市场、金融市场波动仍可能较大；另一方面，传统上作为总量政策的货币政策也可能会产生比较明显的结构效应。国际上有研究显示，虽然货币政策目标是保持宏观经济稳定，但宏观经济状况会对分配结果产生间接影响，由于微观经济主体存在非同质性，货币政策还可能会通过影响收益率曲线和资产价格产生更直接的收入和财富分配效应。

为应对资产价格对金融稳定的影响，一个重要手段就是强化宏观审慎政策框架，有针对性地防范房地产金融市场可能形成的系统性风险。从各国实践看，房地产市场的宏观审慎政策工具主要有针对房地产的资本充足率（Sectoral Capital Requirements，SCR）、贷款价值比（Loan-To-Value Ratio，LTV）和债务收入比（Debt Service-To-Income Ratio，DTI）等。其中，SCR 作用于银行部门，DTI 作用于借款人部门，而 LTV 则对两者都起作用。国际上多项实证研究表明，尽管在不同经济周期阶段，不同工具效果存在差异，但总体看宏观审慎政策工具有助于抑制房地产周期波动。

当然仅依靠宏观审慎政策，可能还不足以抑制资产泡沫。宏观审慎政策作为新生事物，尚有一个逐步完善的过程。国际货币基金组织（IMF）研究也指出，由于存在

金融市场摩擦和各种约束条件，单靠某一项政策很难达到完美效果，货币政策和宏观审慎政策的协调配合有助于提高调控有效性。货币政策可以通过影响经济主体关于杠杆率、资产负债总量和结构的决策对资产价格乃至金融稳定产生一定影响。稳健的货币政策有助于保持流动性合理适度，为维护价格和产出稳定、金融稳定营造适宜的货币金融环境。防止资产价格泡沫离不开宏观审慎政策和货币政策的配合，需要更好地发挥"货币政策+宏观审慎政策"双支柱政策框架的作用。

我国一直重视加强对房地产金融市场的宏观审慎管理，综合运用贷款价值比（LTV）、债务收入比（DTI）等工具对房地产信贷市场进行逆周期调节。近年来在总结经验基础上，我国进一步改进房地产调控，强调因城施策原则，在国家统一政策基础上，由各省级市场利率定价自律机制结合所在城市实际自主确定辖区内商业性个人住房贷款的最低首付比例。货币政策在保持流动性合理适度的同时，也更加注重抑制资产泡沫和防范经济金融风险。

需要看到，我国房地产市场具有一定特殊性。一是结构性特征较为明显，一线城市与三四线城市房地产价格走势差异较大；二是供需具有一定刚性，住房是基本生活需求，其供给受土地供给限制，相关政策都会对房地产市场产生影响。2016年12月召开的中央经济工作会议指出，要综合运用金融、土地、财税、投资、立法等手段，加快研究建立符合国情、适应市场规律的基础性制度和长效机制，既抑制房地产泡沫，又防止出现大起大落。下一阶段，我国要贯彻中央经济工作会议精神，落实好各项制度和机制建设，宏观上管住货币，微观信贷政策要支持合理自主购房，严格限制信贷流向投资投机性购房，更为重要的是从完善财税制度、改进土地占补平衡等方面入手，从供给端解决房地产供需错配问题，构建房地产市场健康发展的长效机制。

资料来源：中国人民银行货币政策分析小组《2016年第一季度中国货币政策执行报告》（2017年2月17日）。

第二节 常规货币政策工具

为了实现货币政策的目标，中央银行必须有足够的工具供其操作。而货币政策的目标与经济情况却有着十分密切的关系。经济情况不同，决定了货币政策目标的不同，也从而决定了货币政策的工具及其有效性出现差异。因此，随着经济情况的不断发展变化，有关货币政策工具的争论不断涌现，而且新的政策工具的主张与运用也屡见不鲜。

中央银行的货币政策工具主要有常规货币政策工具和非常规货币政策工具。常规货币政策工具是通过影响准备金市场及其利率[①]，影响和调节社会货币供应总量及金融机构的信贷活动来起作用，即帮助最终目标的实现。这些工具主要是一般性货币政策工具，也叫传统的政策工具，俗称"三大法宝"，即再贴现政策、存款准备金政策和公开市场业务。本节主要阐述常规货币政策工具。

---

① 弗雷德里克·S.米什金. 货币金融学［M］. 蒋先玲，等，译. 北京：机械工业出版社，2016：346-350.

一、再贴现政策

再贴现政策（Rediscount Rate Policy）也称银行利率政策（Bank-rate Policy），是中央银行最先采用的用于控制货币供给量的货币政策工具。再贴现政策最初确立于 1833 年英国的《银行特许法》（Bank Charter Act）。这一法案规定，期限在 3 个月以内的票据可申请贴现，贴现行可持这些贴现票据不受任何限制地向英格兰银行申请再贴现，并且再贴现率可以不受《高利贷法》（Usury Law）的限制。这样，英格兰银行就可自由地调节社会的货币供给量和影响市场上的利率水平。经过 100 多年的发展和完善，这一货币政策工具逐渐被其他国家效法和采用。例如，美国在 1913 年的《联邦储备法》（Federal Reserve Law）中也将该政策（也叫贴现窗口政策，即"Discount Window"）确立为美联储的货币政策工具之一。

（一）再贴现政策的运用

该工具是央行通过提高或降低再贴现率，影响商业银行等存款货币机构从央行获得再贴现贷款的能力，进而达到调节货币供应量和利率水平的目的。

在中国，中国人民银行通过适时调整再贴现总量及利率，明确再贴现票据选择，达到吞吐基础货币和实施金融宏观调控的目的，同时发挥调整信贷结构的功能。再贴现可采取回购和买断两种方式，最长期限 6 个月。自 1986 年中国人民银行在上海等中心城市开始试办再贴现业务以来，再贴现业务经历了试点、推广到规范发展的过程。再贴现作为中央银行的重要货币政策工具，在完善货币政策传导机制、促进信贷结构调整、引导扩大中小企业融资、推动票据市场发展等方面发挥了重要作用。此外，该政策工具还有中央银行对金融机构的贷款，简称再贷款[①]（包括扶贫再贷款、支农再贷款和信贷资产质押再贷款等）。借鉴国际经验，中国人民银行于 2013 年年初创设了常备借贷便利（Standing Lending Facility，SLF）。它是中国人民银行正常的流动性供给渠道，主要功能是满足金融机构期限较长的大额流动性需求。其对象主要为政策性银行和全国性商业银行，期限为 1~3 个月，利率水平根据货币政策调控、引导市场利率的需要等综合确定。常备借贷便利以抵押方式发放，合格抵押品包括高信用评级的债券类资产及优质信贷资产等。2014 年 9 月，中国人民银行又创设了中期借贷便利（Medium-term Lending Facility，MLF），这是中央银行提供中期基础货币的货币政策工具，对象为符合宏观审慎管理要求的商业银行、政策性银行，可通过招标方式开展。发放方式为质押方式，并需提供国债、央行票据、政策性金融债、高等级信用债等优质债券作为合格质押品。

在美国，美联储给银行的贴现贷款有三种类型：一级信贷、次级信贷和季节性信贷。一级信贷是在货币政策中发挥最重要作用的贴现贷款。健康的银行可以在短期内（通常是一个晚上）通过一级信贷方式借贷任意数量的资金，因此一级信贷也被称为经常性贷款便利（Standing Lending Facility），也就是中国的 SLF。次级信贷是发放给出现财务困境、遭遇严重流动性困难的银行。次级信贷的利率被定为高于贴现率 50 个基

[①] 参见中国人民银行网站（http://www.pbc.gov.cn/zhengcehuobisi/125207/125213/125437/index.html）。

点（0.5个百分点）。这一利率被设定为一个更高的惩罚利率，以反映这些借款人欠佳的经营状况。季节性信贷用于满足那些位于度假或农业地区、具有季节性特点的少数银行的需求。季节性信贷利率与月度平均的联邦基金利率以及定期存单的利率挂钩。由于信贷市场的不断完善，美联储开始质疑季节性信贷存在的必要性，因此正考虑在将来取消这一工具。

拓展阅读

美国联邦储备体系的操作手法是如何限制联邦基金利率波动的

目前，美联储经营贴现窗口和为准备金支付利息这一操作手法的主要优点之一，就是限制了联邦基金利率的波动。我们可以利用对准备金市场的供给和需求分析模型来了解这一优点。

假设最初的均衡联邦基金利率位于图10-3中的联邦基金利率目标 i_{ff}^T 处。如对存款准备金的需求突然大幅增加，需求曲线向右移动到 R_d''，在这里与存款准备金供给曲线的水平部分相交，均衡联邦基金利率 i_{ff}'' 与贴现率 i_d 相等。无论存款准备金的需求曲线向右移动多大幅度，均衡的联邦基金利率 i_{ff}'' 将始终停留在 i_d 这一水平，这是因为借入准备金数量会持续增加，与存款准备金的需求增量相匹配。同样，如果对存款准备金的需求突然大幅减少，使需求曲线向左移动到 R_d'，需求曲线的水平部分就会与供给曲线相交，这样均衡的联邦基金利率 i_{ff}' 与为存款准备金支付的利息率 i_{or} 相等。无论存款准备金的需求曲线向左移动多大幅度，均衡的联邦基金利率 i_{ff}' 将始终停留在 i_{or} 这一水平，因为超额准备金数量会持续减少，以使得存款准备金的需求量与非借入存款准备金的供给量相等。

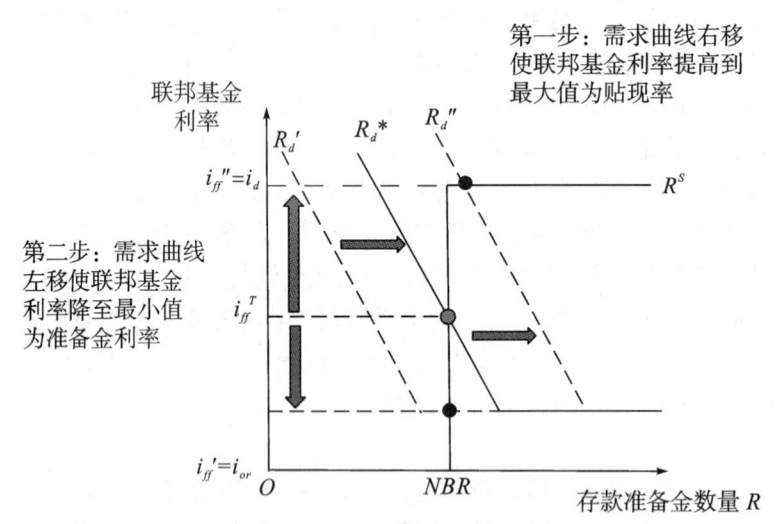

图10-3 联邦储备体系的操作手法如何限制联邦基金利率的波动

注：存款准备金需求曲线向右移动到 R_d'' 会将均衡的联邦基金利率提高到其最大值 i_{ff}''，而存款准备金需求曲线向左移动到 R_d' 会将均衡的联邦基金利率降低到其最小值 $i_{ff}' = i_{or}$。

因此，我们的分析表明，美联储的操作手法能够将联邦基金利率的波动范围限制在 i_{or} 和 i_d 之间。如果 i_{or} 和 i_d 之间的距离被设定得足够窄，那么围绕联邦基金利率目标的波动会很小。

资料来源：弗雷德里克·S.米什金. 货币金融学［M］. 蒋先玲，等，译. 北京：机械工业出版社，2016：350-351.

除了使用贴现贷款作为影响存款准备金、基础货币和货币供给工具之外，贴现贷款对于防止金融危机发生也很重要。当联邦储备体系建立起来的时候，其最重要的作用就是充当最后贷款人（Lender of Last Resort）角色。为防止银行倒闭失去控制，美联储要向银行提供存款准备金，从而阻止发生金融恐慌。贴现贷款是在银行业危机期间向银行体系提供存款准备金的特别有效的方法，因为存款准备金可以立即被注入最需要它的银行。[①] 中国人民银行也为帮助发生支付危机的城市商业银行、城市信用合作社和农村信用合作社等金融机构缓解支付压力、恢复信誉，防止出现系统性或区域性金融风险而发放人民币贷款。[②] 但中央银行的最后贷款人功能和存款保险一样，会引起严重的道德风险问题。

（二）再贴现政策的作用

（1）再贴现率的升降会影响商业银行持有准备金或借入资金的成本，从而影响商业银行的贷款量和货币供给量。当贴现率提高时，取得贷款的成本相应增加，这将起到抑制信贷需求、减少货币供给的作用；反之，中央银行若降低贴现率，商业银行的借款成本相应减少，会使信贷需求增加，达到货币供给扩张的效果。作为一个重要的宏观政策变动信号，中央银行的再贴现率变动不仅对借款机构的行为有重要影响，也能对企业和个人的借款行为产生间接影响。

（2）再贴现政策对调整信贷结构有一定的效果。其方法主要有两种：一是中央银行可以规定并及时调整可用于再贴现票据的种类，从而影响商业银行的资金运用方向。二是对再贴现的票据进行分类，实行差别再贴现率，从而使货币供给结构与中央银行的政策意图符合。

（3）再贴现政策具有告示效应和货币政策导向作用。再贴现率的变动会产生预告效果，使金融机构和社会公众明了中央银行货币政策的变化意图，从而在某种程度上影响人们的预期。同时，中央银行的再贴现率作为基准利率，表明国家的利率政策动向，对短期市场利率常常起到导向作用。

（三）再贴现政策的局限性

（1）在实施再贴现政策过程中，中央银行处于被动的地位。这是因为再贴现率的变动对商业银行准备金的增减只能产生间接效果，能否成功主要取决于商业银行的反映与配合。商业银行可能由于种种原因而不愿向中央银行借款。其一，由于融资渠道日益广泛，商业银行可以通过同业拆借活动、发行存单等途径获得准备金，而无须向

---

① 案例可参见：弗雷德里克·S.米什金. 货币金融学［M］. 蒋先玲，等，译. 北京：机械工业出版社，2016：355-356.

② 参见中国人民银行网站（http://www.pbc.gov.cn/zhengcehuobisi/125207/125213/125437/125815/2835315/index.html）。

中央银行再贴现。其二，中央银行种种带有限制性的再贴现制度及对商业银行业务活动的密切注视，也是造成商业银行不愿办理再贴现的重要原因之一。其三，在中央银行降低再贴现率时，若商业银行增加准备，或商业银行已有大量准备金，则中央银行就无法达到增加货币供给量的目的。

（2）由于再贴现政策具有的"告示效应"，再贴现率不宜经常调整，否则会引起市场利率的经常性波动，使商业银行和公众无所适从。

上述中央银行贴现政策与信用扩张速度、货币供给量变动以及其他利率的关联只是理论上的。在实践中，改变贴现率并不会自动、立即地引起货币存量和其他利率的变动，因为这种预期变动的发生，不仅需要一定的时滞，而且还需要其他政策手段相配合。

二、存款准备金政策

法定存款准备金要求（Reserve Requirement）是商业银行等存款机构必须按照中央银行的规定，将存款按法定比率保持存款准备金。准备金不准动用，也没有利息。这个制度的最初目的是为了保持银行资产的流动性，加强银行的清偿力，防止银行大批倒闭，以维持整个金融体系的正常运行，以后才被用于控制银行信贷的工具。具体来说，自1935年《美国银行法案》（《联邦储备法》）规定，联邦储备委员会享有调整会员银行法定存款准备率的权力开始，这才成为控制货币供给量的工具。中央银行改变存款准备率都是出于货币政策的目的。

（一）存款准备金政策的运用

该工具是中央银行在法律所赋予权力的范围内，通过规定或调整商业银行等金融机构缴存中央银行的法定存款准备金比率，以改变商业银行等金融机构的准备金数量和货币扩张乘数，从而达到间接控制金融机构的信用创造能力和货币供应量的目的。

例如，美国1980年《存款机构放松管制和货币控制法》规定了设定法定存款准备金率的一个较简单的方案。所有的存款机构，包括商业银行、储蓄和贷款协会、互助储蓄银行以及信用合作社，都遵循相同的法定存款准备率。所有支票存款[包括非付息支票账户、NOW账户、超级NOW账户以及ATS（自动转账储蓄）账户]的法定存款准备金率，低于1 330万美元的部分为0，1 330万~8 900万美元的部分为3%，超过8 900万美元的部分为10%，并且设定的10%可以根据美联储的判断在8%~14%变动。在特别的情况下，这个比率可以高达18%，但现在很少被使用。

美联储现在已把在2008年12月开始的准备金利息作为一个工具来使用了。此前，美联储对准备金是不付利息的。在全球金融危机发生之后，银行积累了大量的超额准备金。在这种情况下，增加联邦基金利率将需要大量的公开市场操作，以此从银行系统消除这些准备金。准备金利息工具可用来求助，因为其可以提高联邦基金利率。事实上，当美联储要提高联邦基金利率，并退出维持零利率政策时，这个货币政策工具将被广泛使用。

中国的存款准备金制度是1984年中国人民银行专门行使中央银行职能时开始启用的。当时中国人民银行按存款种类规定法定存款准备金率：企业存款20%，农村存款

25%，储蓄存款 40%。1985 年，中国人民银行将法定存款准备金率统一调整为 10%。1998 年 3 月 21 日，中国人民银行对存款准备金制度进行改革，将法定准备金账户和备付金账户合并为准备金账户，将法定存款准备金率由 13%下调至 8%。中国人民银行借鉴国际上依据金融机构风险状况区别对待和及时校正措施的做法，从 2004 年 4 月 25 日起对金融机构实行差别存款准备金率制度，金融机构适用的存款准备金率与其资本充足率、资产质量状况等指标挂钩。金融机构资本充足率越低、不良贷款比率越高，适用的存款准备金率就越高；反之，金融机构资本充足率越高、不良贷款比率越低，适用的存款准备金率就越低。中国人民银行对存款准备金率的调整频繁，目前的存款准备金率是大型金融机构 16.5%，中小金融机构 13%。[①] 中国人民银行一直都对存款准备金支付利息，目前法定准备金为 1.62%，超额准备金为 0.72%。[②]

（二）存款准备金政策的作用

根据货币供给基本模型 $M_s=mB$，货币供应量的改变取决于货币乘数与基础货币的调整。而调整法定存款准备金比率直接影响货币乘数，两者之间成反比变化。以中央银行实施紧缩政策为例，当法定存款准备金比率提高时，一方面，使货币乘数变小；另一方面，由于法定存款准备金比率的提高使商业银行等金融机构的应缴法定存款准备金增加，超额准备金则相应减少，从而降低了商业银行创造信用与派生存款的能力，信用规模和货币供应量成倍收缩。根据同样的道理，降低法定存款准备金比率会使信用规模和货币供应量得以成倍扩张。

存款准备金政策具有较强的控制货币供给和信贷规模的能力，只要变动比率的半个百分点，都会对超额准备和货币扩张倍数产生很大的影响，而且中央银行操作这一工具极其简便。

（三）存款准备金政策的局限性

存款准备金政策作为一种强有力政策工具具有很强的局限性。主要表现如下：

（1）如果中央银行经常提高法定存款准备率，会使商业银行和金融机构感到难于迅速调整准备金以符合提高的法定限额。因为商业银行一般只保留少量超额准备金，即使法定准备金略有变动，也会使银行的超额准备金大为减少或准备金达不到法定比率的要求，这时商业银行将被迫重新调整其资产项目，从而对商业银行产生很大的强制力，甚至极大地影响到商业银行的利润等。

（2）由于调整法定存款比率产生的效果和影响巨大，使其不具备充分的伸缩性，因此其不能作为一项日常的调节工具，无法供中央银行频繁运用。

三、公开市场业务

公开市场业务（公开市场操作）是最重要的常规性货币政策工具，因为公开市场业务是利率和基础货币变动的主要决定因素，而基础货币又是货币供给波动的主要原因。目前在西方发达国家中，公开市场业务已成为中央银行执行货币政策的主要工具。

---

① 参见南方财富网（http://www.southmoney.com/lilv/zhunbeijinlv/201608/652627.html）。
② 参见中国人民银行网站（http://www.pbc.gov.cn/zhengcehuobisi/125207/125213/125440/125838/125885/125896/2890656/index.html）。

(一) 公开市场操作的目的与类型

一般情况下，中央银行利用公开市场操作要达到两个目的：一是积极性的调节目的。为达到此目的的操作称为主动型公开市场操作（Dynamic Open Market Operation），即主动变动存款准备金和基础货币水平。二是防御性的中和目的。为达到此目的的操作称为防御型公开市场操作（Defensive Open Market Operation），即被动抵消其他影响存款准备金和基础货币的因素的变动。例如，美联储想抵消财政部在其存款及在途资金的变动等；又如，中国人民银行想抵消太大的外汇顺差对准备金和基础货币的影响。公开市场购买使存款准备金和基础货币增加，进而增加货币供给，降低短期利率。公开市场出售则使存款准备金和基础货币减少，进而减少货币供给，提高短期利率。

(二) 公开市场操作的证券与方式

美联储对美国财政部及政府机构的证券，特别是美国国库券实施常规性公开市场操作。美联储大部分的公开市场操作是针对国库券实施的，因为美国有一个庞大的国库券市场。这些证券最具市场流动性，并且交易量最大，有能力吸收美联储巨大的交易额，而不会出现可能导致市场混乱的价格过度波动。其公开市场操作的决策机构是联邦公开市场委员会，是该委员会为联邦基金利率设定了政策目标。然而，这些操作的实际实施则由纽约联邦储备银行的交易室来进行。

如果只是需要进行短期的调节或防御性的操作，公开市场的买卖证券活动就大都以回购协议的方式进行。所谓回购，是指证券卖出商向中央银行卖出证券后承诺在未来的某一天按固定价格重新买回这些证券。例如，在回购协议（Repurchase Agreement，通常称为"repo"）中，美联储购买证券，同意出售者在短期内（从购买之日起，1~15天之内）买回这些证券。由于回购协议对存款准备金的影响在协议到期当天是相反的，因此回购协议实际上只是暂时性的公开市场操作，特别适用于要立刻反向操作的防御型公开市场操作。当美联储想要实施一项短期公开市场出售时，就参与再买回交易 [Matched Sale-purchase Transaction，有时也称反向回购协议（Reverse Repo）或对冲协议]。在该交易中，美联储出售证券，购买者同意在不远的将来将其回售给美联储。

如果需要处理长期性的存款准备金短缺或过剩问题，希望安排一次能对存款准备金供给产生持久影响的主动公开市场操作。那就采取直接交易，包括购买或出售证券，但不包括相反的交易，即买断与卖断，不带回购条件。

应用专栏 10-2

中国的公开市场操作

中国公开市场操作包括人民币操作和外汇操作两部分。外汇公开市场操作1994年3月启动，人民币公开市场操作1998年5月26日恢复交易，规模逐步扩大。1999年以来，公开市场操作发展较快，目前已成为中国人民银行货币政策日常操作的主要工具之一，对于调节银行体系流动性水平、引导货币市场利率走势、促进货币供应量合理增长发挥了积极的作用。

中国人民银行从1998年开始建立公开市场业务一级交易商制度，选择了一批能够承担大额债券交易的商业银行作为公开市场业务的交易对象。近年来，公开市场业务一级交易商制度不断完善，先后建立了一级交易商考评调整机制、信息报告制度等相关管理制度，一级交易商的机构类别也从商业银行扩展至证券公司等其他金融机构。

从交易品种看，中国人民银行公开市场业务债券交易主要包括回购交易、现券交易和发行中央银行票据。其中，回购交易分为正回购和逆回购两种。正回购为中国人民银行向一级交易商卖出有价证券，并约定在未来特定日期买回有价证券的交易行为。正回购为央行从市场收回流动性的操作，正回购到期则为央行向市场投放流动性的操作。逆回购为中国人民银行向一级交易商购买有价证券，并约定在未来特定日期将有价证券卖给一级交易商的交易行为。逆回购为央行向市场上投放流动性的操作，逆回购到期则为央行从市场收回流动性的操作。现券交易分为现券买断和现券卖断两种，前者为中国人民银行直接从二级市场买入债券，一次性地投放基础货币；后者为中国人民银行直接卖出持有债券，一次性地回笼基础货币。中央银行票据，即中国人民银行发行的短期债券，中国人民银行通过发行央行票据可以回笼基础货币，央行票据到期则体现为投放基础货币。

根据货币调控需要，近年来中国人民银行不断开展公开市场业务工具创新。2013年1月，立足现有货币政策操作框架并借鉴国际经验，中国人民银行创设了短期流动性调节工具（Short-term Liquidity Operations，SLO），作为公开市场常规操作的必要补充，在银行体系流动性出现临时性波动时相机使用。这一工具的及时创设，既有助于中国人民银行有效调节市场短期资金供给，熨平突发性、临时性因素导致的市场资金供求大幅波动，促进金融市场平稳运行，也有助于稳定市场预期和有效防范金融风险。

资料来源：中国人民银行货币政策司. 概述［EB/OL］.（2013-11-29）［2017-08-16］. http://www.pbc.gov.cn/zhengcehuobisi/125207/125213/125431/125463/2881199/index.html.

应用专栏10-3

建立公开市场每日操作常态化机制

公开市场操作是各国央行实施货币政策日常操作的主要工具，操作频率较高。目前美联储、日本央行等均每日开展公开市场操作；欧洲央行每周定期开展公开市场主要再融资操作，同时不定期开展微调操作；澳大利亚央行、瑞典央行等则每日多次开展公开市场操作。国际上，货币当局根据形势变化和调控需要对公开市场操作的频率进行适当调整是常见做法。

以往中国人民银行在每周二、周四定期开展公开市场操作。在过去较长一段时期里，在外汇大量流入导致流动性总体偏多的情况下，公开市场操作主要是回笼流动性，以保持银行体系流动性松紧适度和货币信贷合理增长。随着国际收支逐步趋于均衡，我国银行体系流动性供求格局从总体偏多向供求大体平衡转变，在某些时段还存在一定的流动性缺口，中国人民银行需要适时适度投放流动性，以满足银行体系随着货币信贷扩张自然增长的流动性需求。同时，随着利率市场化改革加快推进和货币政策更加注重价格型调控，需要培育合适的市场基准利率指标，而金融市场的快速发展又使得影响银行体系流动性供求和市场利率变化的因素更加复杂，这些都要求中国人民银行进一步提高流动性管理的前瞻性和有效性，连续稳定释放政策信号，合理引导市场预期，以更好地实现货币政策目标。

基于上述考虑，近年来中国人民银行不断完善公开市场操作机制。2013年年初，中国人民银行推出了短期流动性调节工具（SLO），主要在公开市场常规操作间歇期若市场出现波动时相机使用，同时抓紧研究提高公开市场操作频率的制度安排。2016年春节前，受现金大量投放、外汇阶段性流出等因素影响，银行体系流动性供求波动加大，货币市场利率面临一定上行压力，中国人民银行开始尝试每日开展公开市场操作，及时缓解市场资金供求压力，收到了较好效果。在此基础上，中国人民银行宣布从2016年2月18日起建立公开市场每日操作常态化机制，根据货币政策调控需要，原则上每个工作日均开展公开市场操作。自每日操作常态化机制建立以来，市场运行更为平稳，货币市场利率的波动性进一步降低，存款类机构隔夜和7天期质押式回购加权平均利率波幅下降了50%左右。

总体来看，建立公开市场每日操作常态化机制是进一步完善货币政策调控机制的现实选择。一方面，该机制有利于提高央行流动性管理的精细化程度，从制度上保障央行能够及时应对多种因素可能对流动性造成的冲击，保持流动性总量合理充裕，促进货币市场平稳运行；另一方面，该机制也有利于强化央行的利率信号，进一步提高政策传导效率。央行利率信号如"投湖之石"，若湖面震荡，投石激起的涟漪很容易被湮没，传导可能是散乱的；若湖面平静，投石激起的涟漪就会非常清晰，传导效果会更加明显。公开市场每日操作机制的建立在促进银行体系流动性总体平稳的同时，对于培育央行政策利率体系，提高利率市场化背景下货币政策传导的有效性具有积极意义。

需要注意的是，公开市场每日操作常态化机制的建立，既为金融机构流动性管理提供了更好的市场环境，也对金融机构加强流动性管理提出了更高要求。在金融市场化改革不断推进、金融创新快速涌现的背景下，公开市场业务一级交易商等市场主要金融机构应进一步加强自身流动性管理，既要做好长期流动性安排，也要充分关注短期因素变化，并主动发挥货币政策传导桥梁和市场"稳定器"的作用，共同维护货币市场平稳运行。

资料来源：中国人民银行货币政策分析小组《2016年第一季度中国货币政策执行报告》（2016年5月6日）。

（三）公开市场业务的作用

（1）公开市场业务可以调控商业银行等金融机构准备金和货币供应量。当经济出现萧条，金融市场上资金比较匮乏时，中央银行在公开市场买进有价证券，实质是注入一笔基础货币，商业银行在新增超额准备金的同时也增加了放款，其结果必然是信用规模的扩大和货币供应量的增加。反之，当市场货币量过多，中央银行可以出售有价证券以减少商业银行的超额准备金，使商业银行减少或收回贷款，货币供应量也相应减少。

（2）公开市场业务可以影响利率水平和利率结构。中央银行通过公开市场业务影响利率水平有两个渠道：当中央银行购入有价证券时，一方面，证券需求增大，从而推动证券价格上升，利率则下降；另一方面，商业银行超额准备增加，货币供给增加，引起利率下降。反之则反是。此外，中央银行在公开市场买卖不同期限的证券，可以直接改变社会公众对不同期限证券的需求额，则使利率结构发生变化。

（四）公开市场业务的相对优势

公开市场业务被视为最重要的常规性货币政策工具，因为和其他工具相比，公开市场业务具有以下四个优点：

（1）主动性。公开市场业务由中央银行主动进行，它能够完全控制交易的规模，而贴现贷款操作就不能完全实现这种控制。中央银行可以通过改变贴现率鼓励或限制银行获得贴现贷款，但是不能直接控制贴现贷款的规模。

（2）及时、灵活且精确。中央银行可以根据当时经济金融形势的需要，及时操作公开市场业务，并完全可以自主决定其买卖证券的规模，从而能非常精确地控制银行体系的准备金和基础货币，使之达到合理的水平。不论要求存款准备金或基础货币变动幅度多么小，公开市场业务都可以通过购买或出售少量证券来实现。相反，如果存款准备金或基础货币要发生很大的变化，公开市场业务工具也足够强大，能通过大规模购买或者出售证券来实现目标。

（3）可逆性，容易对冲。例如，如果在实施公开市场业务中出现错误，美联储可以立即实施对冲。如果美联储认为联邦基金利率太低是因为进行了大量的公开市场购买，那么就可以立刻实施修正，进行公开市场出售。

（4）快速执行，不会有行政性的延误。当中央银行决定变动基础货币或存款准备金时它只要向证券交易商下达指令，这一交易就立刻被执行。

但公开市场业务的随时发生和持续不断，使其告示效果较弱，而再贴现政策与存款准备金政策则具有明确的政策导向和告示效果；各种市场因素的存在及各种民间债券的增减变动，也会减轻或抵消公开市场业务的影响力。

四、其他货币政策工具

（一）选择性货币政策工具

常规性货币政策工具主要是对货币供应总量进行调节，此外还有一些选择性政策工具，这类工具在修正或强化货币政策的过程中可以在某些特殊领域产生作用。选择性政策工具主要有证券市场信用控制、消费信用控制、不动产信用控制和优惠利率等。

1. 证券市场信用控制

证券市场信用控制是中央银行对以信用方式购买股票和证券实施的一种调节措施。中央银行通过规定保证金比率（按百分比表示的，购买人对所购证券支付的最低现款比率）来控制以信用方式购买股票或证券的交易规模。例如，保证金比例若为40%，即若购买10万元的证券，就必须支付4万元的现金，其余的6万元可向银行或证券公司借贷。

在证券市场上，证券交易绝大部分是由商业银行向证券购买商或经理人提供贷款来进行的。保证金比率越高，商业银行向其提供的贷款就越少；反之，提供的贷款就越多。中央银行实施证券市场信用控制的目的在于通过调整证券信用保证金比率以控制证券市场的最高放款额，防止有价证券价格的不正常波动和投机活动，促进信贷资金的合理运用。最高放款额公式如下：

$$最高放款额=(1-法定保证金比率)\times 交易总额$$

2. 消费信用控制

消费信用控制是指中央银行对不动产以外的各种耐用消费品的销售融资予以控制。其内容包括：

（1）规定分期付款购买耐用消费品首次付款的最低金额。

（2）规定消费信贷的最长期限。

（3）规定可用消费信贷购买耐用消费品的种类。

消费信用控制可以抑制消费需求，抑制消费品价格上涨。

3. 不动产信用控制

不动产信用控制是指中央银行对金融机构在不动产方面进行贷款限制，以抑制房地产投机。例如，中央银行对金融机构的不动产贷款规定最高限额、最长期限以及首次付款最低额和分期付款的最长期限等。

4. 优惠利率

优惠利率是指中央银行对国家产业政策所要重点扶持和发展的部门、行业和产品规定较低的利率，以鼓励其发展。实行优惠利率有两种方式，即制定较低的贴现率和规定较低的贷款利率。

（二）直接信用控制

直接信用控制是指中央银行依据有关法令，对银行创造信用的活动施以各种直接的干预。直接信用控制的措施主要有信用分配、利率最高限额、流动性比率等。

1. 信用分配

信用分配是指中央银行根据金融市场状况及宏观经济形势，权衡客观需要的轻重缓急，对商业银行的信用创造加以合理分配和限制的措施。在限制信用方面，主要是对商业银行向中央银行提出的贷款申请，以各种理由拒绝，或者给予贷款，但规定不得用于某些用途。在支持商业银行对某个领域的信贷时，中央银行可以设立专门信贷基金以保证某个项目的特殊需要。

2. 利率最高限额

利率最高限额是指中央银行依法规定商业银行和储蓄机构的存款所能支付的最高利率。例如，美国曾长时间实施的"Q条例"。实施利率最高限额的主要目的是为了防止少数商业银行大幅度提高存款利率争夺存款的过度竞争，避免造成资金成本过高而使银行风险增大，造成金融混乱。

3. 流动性比率

流动性比率是流动资产对存款负债的比率。一般来说，流动性比率与收益率成反比关系。中央银行为了保障金融机构的清偿能力，除了规定法定存款准备金比率之外，还规定商业银行和金融机构对其资产必须维持某种程度的流动性。商业银行和金融机构为保持中央银行规定的流动性比率，必须减少长期投资和放款，扩大短期贷款和增加应付提现的资产。

（三）间接信用控制

1. 道义劝告

中央银行运用自己在金融体系中的特殊地位和威望，通过对银行或各个金融机构实施劝告，影响其放款数量和投资方向，以达到控制信用的目的。道义劝告作为一项

货币政策工具,一般来讲应具备以下三个条件:
(1) 中央银行具有较高的威望和地位。
(2) 中央银行拥有控制信用的足够的法律权力和手段。
(3) 该国具有较高的道德水准和遵纪守法的精神。

道义劝告被认为有以下政策效果:
(1) 运用这种方式,较少采用强制性信用控制所带来的令人不愉快的心理反应,有助于中央银行与商业银行以及各种金融机构的长期密切合作关系。
(2) 由于中央银行的利益常常与金融机构的长期利益相一致,因此在某些情况下,道义劝告的方式就表现得非常有效。例如,在通货膨胀时期,中央银行可以劝说放款人更为谨慎地实施其信贷政策,而放款人很可能会把这一劝告视为一种比其自己的预测更准确的权威的经营建议。道义劝告在质和量两方面均能起作用。例如,中央银行可以根据经济发展情况,把自己的货币政策意向及根据向金融机构说明,劝告其注意限制放款和投资的数量,这属于对信用总量的控制;而当中央银行通过分析,鉴于某一方面的信用或投资增加过分,劝告金融机构注意减少这方面的放款和投资,这是控制信用的构成,属于质的控制。

道义劝告是一种重要的辅助货币政策工具,在某些情况下可能十分有效,但由于没有可靠的法律地位,因此并不是强有力的控制措施。

2. 窗口指导

窗口指导是日本和其他一些发达国家的中央银行间接控制信用的一种政策工具。"窗口指导"这个名词来自日本的中央银行——日本银行。其主要内容是日本银行根据市场情况、物价的变动趋势、金融市场的动向、货币政策的要求以及前一年度同期贷款的情况等,规定民间金融机构按季度提出贷款增加额计划,以削减的方式在金融紧缩期内设置贷款额增加的上限,并要求各民间机构遵照执行。实行窗口指导的直接目的是为了使同业拆放市场利率保持稳定。日本银行利用其在金融体系中的威信和日本民间金融机构对其较强依赖关系,通过与民间金融机构的频繁接触,劝告民间金融机构自动遵守日本银行提出的要求,从而达到控制信用总量的目的。有时,窗口指导也指示贷款的使用方向,保证经济优先发展部门的资金需要。

窗口指导产生于20世纪50年代的日本,此后也主要应用于日本,这由日本特殊的条件所致。第一,日本政府对经济的干预程度比西方国家高,因此中央银行在宏观控制上更倾向于对量的直接控制。第二,由于历史及传统原因,日本更倾向于用行政和法律手段进行直接干预和控制,不像美国等侧重于间接的经济手段。第三,日本的金融及证券市场较美国、英国等西方发达国家相对逊色,因此传统的三大货币政策工具在日本不易收到预期效果。

第三节 非常规货币政策工具

通常在经济低迷情况下,实施常规货币政策是重要的宏观调控手段。常规货币政策通过调整基准利率进行价格性调控,通过公开市场操作、调整法定存款准备金率进行数量性调控。因为这些常规的货币政策工具能够扩大货币供应量并降低利率,所以足够用来稳定经济。然而，当经济经历全面的金融危机（如2008年发生的次贷危机）及其不断蔓延，传统货币政策工具的作用被大大削弱甚至失效。

这主要有两个原因：第一，银行在危机中受到重创，银行体系功能下降，货币政策传导机制被破坏，金融体系失灵，货币供应量急剧紧缩，加剧了资金的紧张状况，以至于无法分配资本的生产性用途，因此投资支出和经济崩溃。第二，对经济的负面冲击会导致零下限问题（Zero-lower-bound Problem），即中央银行无法进一步降低短期利率（因为短期利率已经在2008年年底触底为零）。零下限问题的发生是因为人们总是在持有债券比持有现金中赚取更多，因此名义利率不能为负。这时，中央银行需要非利率工具称为非常规货币政策工具（Nonconventional Monetary Policy Tools）来刺激和稳定经济。这些非常规货币政策工具有以下三种形式：流动性供给、资产购买以及未来货币政策行动承诺。

一、流动性供给

供给流动性的方式主要是通过特别贷款（Special Loan），即在金融系统正常的信贷功能紊乱的情况下，中央银行通过直接或间接的方式向特定的金融机构、企业或其他投资者提供贷款；或通过外汇宽松（Foreign Exchange Easing），即中央银行通过购买外汇资产的形式向市场注入流动性和中央银行间进行货币互换安排，以缓解国际储备货币较少国家在国际贸易方面的困境。例如，美联储在全球金融危机期间创建了大量的贷款项目（见表10-3）。

表10-3　　　　　　　　全球金融危机期间美联储贷款项目

贷款项目	创建日期	功能
短期拍卖工具（TAF）	2007/12/12	为增加美联储贷款，TAF扩大固定金额的银行贷款，其利率由竞争性拍卖决定，并非像一般贴现贷款一样由美联储设定
短期证券借贷工具（TSLF）	2008/03/11	为提供充足的国债作为信贷市场的抵押品，TSLF向初级市场交易商提高比对广泛的抵押品隔夜贷款更长时期的国债
互换协议	2008/03/11	向外国央行借美元以换取外币，由此央行可以向本国银行提供美元贷款
摩根大通收购贝尔斯登贷款计划	2008/03/14	通过向摩根大通的无追索权贷款购买贝尔斯登300亿美元的资产，以促进摩根大通对贝尔斯登的收购
一级交易商信贷工具（PDCF）	2008/03/16	向一级交易商（包括投资银行）提供贷款，以使其能以与银行从传统贴现窗口工具借款类似的条件借入资金
向美国国际集团（AIG）提供贷款	2008/09/16	向AIG提供850亿美元贷款
资产支持商业票据	2008/09/16	向初级市场经销商提供贷款，以使其可以从货币市场共同基金购买资产支持商业票据，由此这些基金可以出售票据来满足投资者的赎回
货币市场共同基金	2008/09/19	

表10-3(续)

贷款项目	创建日期	功能
流动性工具（AMLF）		
商业票据融资项目（CPFF）	2008/10/07	为从发行人处购买商业票据提供资金
货币市场投资者投资项目（MMIFF）	2008/10/21	贷款能够购买更大范围货币市场共同基金资产的专用工具
短期资产支持证券贷款（TALF）	2008/11/25	贷款给资产支持证券发行人，反对将这些证券作为抵押品，以提高市场运作

资料来源：弗雷德里克·S.米什金. 货币金融学［M］. 蒋先玲，等，译. 北京：机械工业出版社，2016：358.

欧洲中央银行通过设定目标融资利率（Target Financing Rate），并据此确定隔夜现金利率（Overnight Cash Rate，即隔夜拆借利率）向市场表明其货币政策意向；通过利率走廊机制调控短期市场利率和银行体系流动性。利率走廊的下限为存款便利（Deposit Facility）利率，即欧洲中央银行主动吸纳银行隔夜存款的利率；利率走廊的上限是边际贷款便利（Marginal Lending Facility）利率，即欧洲中央银行向金融机构提供有抵押隔夜流动性支持的利率；主要再融资（Main Refinancing Operations，即公开市场操作的主要形式，类似于美联储的回购交易）利率为基准利率。

欧洲中央银行在对付危机、实施货币政策的过程中也使用了银行贷款这个工具。贷款由各个国家中央银行执行，正如美国的贴现贷款是由联邦储备体系内的各个储备银行提供的一样。这种贷款的发放通过边际贷款便利的常设贷款工具进行。在这一机制下，银行可以从各国家中央银行以边际贷款利率（Marginal Lending Rate）借入隔夜贷款（提供合格的抵押品）。这一边际贷款利率通常比目标融资利率高出100个基点，为欧洲货币联盟的隔夜现金利率设定了上限，就类似于贴现率在美国的作用。和美国、加拿大、澳大利亚以及新西兰一样，欧元体系还有另外一种常备便利，即存款便利，在这一机制下，银行存款可以获得一个固定的低于目标融资利率100个基点的利率。这一预先确定的存款便利利率设定了隔夜拆放市场利率的下限，而边际贷款利率则为其设定了上限，这样就建立起了通道或走廊机制，在其两侧各有100个基点的较宽的波动范围。欧洲中央银行也于2011年12月21日和2012年2月29日实施了两轮无限量的长期再融资操作（Longer-Term Refinancing Operations，LTROs），共向市场注入了10 185亿欧元的流动性。[①]

二、资产购买

资产购买在这次非常规货币政策的运用中占有非常重要的地位，不论是欧洲中央银行还是美联储等都进行了大量的操作。

（一）欧洲中央银行的操作

欧洲中央银行实施了资产担保债券购买计划，其目的是改善债券市场的流动性，

---

① 中国人民银行货币政策分析小组《中国货币政策执行报告2012年第一季度》（2012年5月10日）.

鼓励金融机构扩张信贷供给。该计划分两期实施,第一期从2009年7月2日至2010年6月30日,共购买合格担保债券600亿欧元;第二期从2011年11月至2012年10月,直接购买400亿欧元区债券。欧洲中央银行表示,所有购入的债券都将持有到期。欧洲中央银行推出了证券市场计划(Security Market Programme,SMP),购买欧元区的政府债和合格的市场化私人债务工具。截至2012年3月30日,欧洲中央银行买入政府债券数量达2 142亿欧元。[①] 2015年1月22日,欧洲中央银行召开首次由19个成员国组成的理事会会议,为实现价格稳定目标,决定推出"欧版"量化宽松政策。其主要内容包括:一是继续扩大资产购买计划的规模。从2015年3月起每月资产购买规模提升至600亿欧元,持续至2016年9月或中期通胀率接近2%,总资产购买规模达1.1万亿欧元。二是扩大资产购买计划的范围。在此前购买资产支持证券和担保债券(每月约110亿欧元)的基础上,将购买范围扩大到投资级的成员国政府机构债券和欧盟机构发行的债券(每月约490亿欧元)。[②]

日本中央银行在2012年五次放松货币政策,将资产购买规模从2012年年初的55万亿日元扩容至2012年年末的101万亿日元(约合1.15万亿美元),资产购买规模频繁大幅扩容。

(二) 美联储的操作

美联储公开市场运作通常只涉及购买政府证券,尤其是短期政府证券。然而,在危机期间,美联储开始了两个新的大规模资产购买计划(通常称作LSAP),以降低特定类型的信贷利率。[③]

(1) 2008年11月,美联储建立政府资助实体购买计划,其中美联储最终购买由房利美和房地美保证的1.25万亿美元抵押贷款支撑证券(MBS)。通过这些收购,美联储希望提振MBS市场和低利率住宅抵押贷,以此来刺激房地产市场。

(2) 2010年11月,美联储宣布,以约每月750亿美元的利率,购买6 000亿美元的长期国债。该大规模收购计划被称为"QE2"(即量化宽松Ⅱ),目的在于降低长期利率。虽然短期国债利率在全球金融危机期间降至零,但长期利率并没有变化。由于投资项目存续期长,长期利率比短期利率与投资决策更相关。美联储通过降低长期利率来购买长期国债可能有助于刺激投资支出和经济。

(3) 2012年9月,美联储宣布第三个大规模资产购买计划——"QE3",结合了"QE1"和"QE2"的要素。通过"QE3",美联储购买了400亿美元的抵押支持证券和450亿美元的长期债券。然而,"QE3"与此前的量化宽松项目主要的不同之处在于其目的并不是要增加固定美元数量的资产而是开放式的,伴随着采购计划继续,但前提是"如果劳动力市场的前景并没有大幅改善"。

---

① 中国人民银行货币政策分析小组《中国货币政策执行报告2012年第一季度》(2012年5月10日)。
② 中国人民银行货币政策分析小组《货币政策执行报告2015年第一季度》(2015年5月8日)。
③ 弗雷德里克·S.米什金. 货币金融学[M]. 蒋先玲,等,译. 北京:机械工业出版社,2016:358-359.

三、量化宽松与信贷宽松及其比较①

上述流动性供给和大规模资产购买计划使中央银行的资产负债表翻番,这是前所未有过的。例如,从 2007 年 9 月的金融危机开始之前至 2014 年年底,美联储资产的数量从 8 000 亿美元上涨到超过 4 万亿美元,这种资产负债表的扩张被称为量化宽松(Quantitative Easing),即通过增加超额储备存款的规模而使其资产负债表得到扩张,使其超过维持零利率所需的水平,从而影响金融市场上的资产价格和经济产出。这种做法导致了基础货币的巨幅增长。因为基础货币的这样大幅度的增长,通常会导致货币供应量的扩大。这是否可能刺激经济在短期内产生通货膨胀呢?

事实是并没有产生通货膨胀。根据米什金的分析②,这是因为:第一,美联储的资产负债表和基础货币的巨大扩张并没有导致货币供应量的大幅度增加,因为大部分增加的基础货币只流入超额准备金的储备。第二,由于联邦基金利率已经降到了零下限,资产负债表和货币基础的扩张不能进一步降低短期利率以刺激经济。第三,基础货币的增长并不意味着银行将增加放贷,因为银行可以增加持有的超额准备金而非贷款。事实上,这似乎正是在全球金融危机期间发生的事情,当时基础货币的大量增加主要导致超额准备金大规模上升,而银行贷款并没有增加。在 20 世纪 90 年代股市和房地产市场泡沫破灭后,日本央行进行量化宽松政策时,似乎已经出现了类似的现象。日本经济至今不仅没有复苏,而且通货膨胀甚至变为负值。

这是否意味着美联储量化宽松的非常规货币政策措施对刺激经济无效呢?美联储前主席伯南克认为,答案是否定的,因为美联储政策的目的并不是扩大美联储的资产负债表,而在于信贷宽松(Credit Easing)或称为性质宽松(Qualitative Easing),即改变美联储资产负债表的构成,改变私人部门持有的各类资产的比例来影响各类资产的相对价格,以提高信贷市场特定领域的正常运作,从而对实体经济产生影响。事实上,伯南克一直坚持美联储的政策不应被定性为量化宽松政策。

美联储资产负债表构成的改变可以刺激经济。首先,当美联储向已冻结的信贷市场某个特定领域提供流动性,即可以帮助解冻市场,并使资本配置于生产性用途,从而刺激经济。其次,当美联储购买特定证券时,会增加对这些证券的需求,降低该证券相对于其他证券的利率,从而刺激消费。例如,购买 GSE 抵押贷款支持证券表现出降低这些证券的利率,导致住房抵押贷款利率大幅下降。购买长期国债也可能降低其相对于短期的利率,因为长期利率可能与投资决策更相关,这些资产市场的购买可能会促进投资支出。有研究结果支持这一观点,原因是根据估计,随着美联储的资产购

---

① 量化宽松政策扩大了市场中的货币基础,其重点在于负债方,是通过影响金融机构的超额存款准备金水平的变化而发挥作用;性质(信贷)宽松政策则是在中央银行的资产总规模基本不变的情况下,其资产组合发生变化,一般是由于购买了私人部门流动性较差和风险较高的资产使央行资产负债表中的资产组合发生变化(在这一过程中,私人部门所持有的各类资产的比例及相对价格也发生了变化)。在实际操作中,一般将中央银行购买政府债券或私人证券的行为视为数量宽松政策,而将中央银行购买私人资产(如"有毒资产")的行为视为性质宽松政策。

② 弗雷德里克·S.米什金. 货币金融学 [M]. 蒋先玲,等,译. 北京:机械工业出版社,2016:359-360.

买计划，长期利率会下降约 100 个基点（一个百分点）。[1]

四、未来政策行动承诺[2]

为应对 2008 年的国际金融危机对主要经济体经济逐步加深的影响，各中央银行在创新多种信贷工具向各类机构提供流动性的同时，努力降低利率（如 2009 年 3 月 5 日，英格兰银行宣布将政策利率进一步降低 50 个基点至历史最低的 0.5%；2009 年 3 月 12 日，瑞士国家银行宣布下调其政策利率区间上限 25 个基点至 0.75%），并承诺利率在很长一段时间内会维持零的状态。这种做法被称为承诺效应（Commitment Effect），即中央银行向投资者提供清晰的承诺，确保短期利率在相当长的时期内维持在较低的水平。例如，美联储在 2008 年 12 月 16 日联邦公开市场操作委员会（Federal Open Market Committee，FOMC）会议后，不仅使联邦基金目标利率降低至 0~0.25%，而且"委员会遇见疲弱的经济状况可能会使一段时间内需要非常低水平的联邦基金利率"。美联储之后好些年都继续使用 FOMC 声明中的这种表现形式，甚至在 2011 年 8 月 FOMC 会议上，保证维持联邦基金利率接近于 0，直至 2013 年中的一个具体日期。2009 年 3 月 18 日，日本中央银行宣布维持 0.1% 的政策利率不变。

这种做法是否能起作用？根据利率期限结构的预期理论，长期利率将等于市场预期发生在长期债券期限内的短期利率平均水平。中央银行通过承诺未来将利率在延长期维持为零的政策行动，可能会降低市场对未来短期利率的期望，从而造成长期利率下降。哥伦比亚大学的迈克尔·伍德福德将这一种战略称为期望管理（Management of Expectations），但它更常被称为前瞻指引（Forward Guidance）。

对未来政策行动有两种类型的承诺：有条件和无条件的。有条件的承诺是指基于经济持续疲软的预测。如果经济环境改变，FOMC 表示可能放弃承诺。无条件的承诺是只需声明将在一段延长期内保持利率为 0，而不必表明这个决定基于经济状况可能改变。无条件承诺比有条件承诺更可靠，因为没有表示承诺将被废弃，并因此可能对长期利率有较大影响。

在 2014 年 3 月的会议上，由于美国失业率接近 6.5%，FOMC 放弃了基于失业率和通货膨胀率阈值的前瞻指引。相反，会议宣布将评估保持联邦基金利率接近于零的承诺，即通过考虑到各种各样的信息，包括劳动力市场状况的度量指标、通货膨胀压力和通货膨胀预期指标以及关于金融发展读物。

学习与应用 10-1

中央银行沟通与预期管理

2008 年全球金融危机之后，一些非传统货币政策工具逐渐进入公众视野，其中之一就是前瞻性指引（Forward Guidance）。"前瞻性指引"是个新名词，但其背后的经济学思想却有悠久的渊源。与之相关的是两个更广泛的概念——预期和中央银行的沟通。近 20 年来，随着对预期管理认识的深入，同时也伴随着中央银行独立性的提高和问责

---

[1] 弗雷德里克·S.米什金. 货币金融学 [M]. 蒋先玲，等，译. 北京：机械工业出版社，2016：360.
[2] 弗雷德里克·S.米什金. 货币金融学 [M]. 蒋先玲，等，译. 北京：机械工业出版社，2016：360-361.

的需要，中央银行神秘的面纱被一点点撩开，沟通日益成为重要的货币政策工具。

理论和实践的发展促进了对中央银行沟通及预期引导重要性的认识。有关中央银行透明度和沟通的研究在20世纪90年代中期逐渐展开。尤其是在货币形态与金融资产日趋复杂、规模不断扩大的情况下，稳定预期对于货币政策调控的作用就显得更加重要。1996年，阿兰·布林德尔（Alan Blinder）提出更多沟通有利于中央银行提升政策效果。2001年麦克尔·伍德福德（Michael Woodford）提出货币政策的精髓就是管理预期，其在2003年出版的著作《利息与价格》中指出货币政策的有效性取决于其影响政策利率未来路径的市场预期的能力，而不仅仅是当期的政策利率水平本身。如果市场参与者更多了解有关货币政策意图和未来可能的政策路径，其行为就可能向调控所希望的方向趋同，从而提高政策调控的有效性。这意味着现代的货币政策调控不仅要靠操作，还要靠对预期的引导。还有一些文献从学习角度对预期管理和沟通进行了研究，提出由于经济环境或者政策规则的动态变化，公众的预期并非完全理性，中央银行和公众之间存在信息不对称，公众通过学习来了解中央银行，因此中央银行需要通过沟通建立与公众之间的桥梁，帮助公众正确理解中央银行的意图，从而有效地达到政策效果。

基于上述理论研究和实践发展，中央银行不断改进和完善沟通。首先，中央银行披露总体目标和策略；其次，中央银行公布决策结果，如目标利率水平等；最后，中央银行在决策结果之外，还公布决策的原因以及对经济的展望。近年来，面临零利率下限约束，一些中央银行尝试引进前瞻性指引，即中央银行直接发布利率的未来预期路径，但这并非是一种政策承诺，而是表明如何就未来的形势发展做出合理的政策反应。总体来看，货币政策调控框架的演进更加强调了透明度和规则性，这本身就是强化沟通的一种重要方式，通过有效的沟通，可以更好地帮助公众形成对未来政策路径的合理预期，并据此做出经济决策。中央银行的沟通经历了一个发展的过程。以美联储为例，20世纪80年代至20世纪90年代初，美联储在明确政策目标和策略上做出了一些尝试。1994年，美联储开始在联邦公开市场操作委员会（FOMC）例会之后发布公告，最开始的公告只有一个政策方向性的信息，之后内容逐渐扩展，逐步公布利率调整的幅度、决策的原因、对风险的评估等。2012年，美联储开始引入前瞻性指引。一些对中央银行沟通实践的实证研究也表明，有效的沟通能够影响金融市场，提高货币政策的可预测性，帮助货币当局实现宏观经济目标。

总体来看，各方对预期管理和沟通在中央银行政策中的重要作用已基本达成共识，但仍然有许多开放性的问题值得进一步研究和讨论。

一是如何把握沟通的程度，是否透明度越高越好？比如披露决策细节，虽然可能有助于提高透明度并对决策者形成激励，但也有可能使之屈从各方面压力而从众；披露的细节过多，由于经济形势复杂多变可能导致前后信息不一致，或者不同渠道发布内容表述不完全一致，反倒可能损害中央银行信誉，并且过多信息也可能成为噪音。此外，正如前文提到的，中央银行透明度与独立性也有关联，一般而言，独立性越强，对透明度的要求越高，否则做法上可能会不一样。

二是如何提高沟通的有效性？很多因素，包括公众的理解能力、媒体的倾向性报道都可能影响沟通的有效性。例如，在一些新兴市场经济体和发展中国家，因制度建设有待完善，中央银行不一定有优势来指导市场参与者。如果沟通并未包括很多有用的信息，对于指导市场参与者的意义并不大。

三是有没有最优的沟通策略。由于各国情况不同，各国采取的沟通策略存在差异，目前尚未有所谓的最佳实践。特别是围绕最近发展起来的前瞻性指引还有不少争论。例如，通过设立单一指标简化经济模型，对货币政策设置门槛值，虽然方便了中央银行与公众的沟通，但宏观经济形势与市场发展瞬息万变，过于简化的做法可能影响货币政策的连续性。此外，前瞻性指引是在面临零利率下限、传统货币政策操作空间有限情况下的一种尝试，经济环境不同的国家还应根据本国情况谨慎使用。

资料来源：中国人民银行货币政策分析小组《中国货币政策执行报告2015年第一季度》。

学习与应用 10-2
非传统的货币政策和量化宽松

在零利率下限时，货币政策当局不能够降低政策利率，常规扩张型货币政策不再成为一种政策选择。因此，中央银行需要转向非常规政策来刺激经济。在这里，我们将研究这些非常规的政策如何在导致经济扩张的同时避免产出和通货膨胀率的螺旋式下滑[①]。

从前述可知，非常规的货币政策共有三种形式：提供流动性支持、资产购买（量化宽松）以及预期管理。要注意投资的实际利率 r_i 不仅反映了短期的银行实际利率 r，也反映了一个附加变量，即我们前面提到的金融摩擦。这个关系式可以表示成：

$$r_i = r + \bar{f}$$

这其中每一种非常规货币政策措施都是通过降低 AD-AS 模型中的 $\bar{f}$ 来提高总产出和通货膨胀的。接下来让我们逐一讨论这几种措施。

流动性供给

图 10-4 描述的是零利率下限的情形，这经常出现在信贷市场失灵或市场上突然出现流动性短缺的情况下，正如全球金融危机中发生的那样。流动性短缺会造成金融摩擦的急剧增加，而这将导致图 10-4 中的总需求曲线 AD_1 与总供给曲线相交于 1 点，在这一点政策利率已经达到最低的 0 并且实际产出低于潜在产出。为了给有缺陷的市场提供更多的流动性，以此帮助市场恢复正常的功能，并降低变量，中央银行通过提供贷款便利的方式直接降低金融摩擦。金融摩擦的减少降低了投资的实际利率，$r_i = r + \bar{f}$，并因此提高了投资支出和在一定通货膨胀率下的总产量的规模。接下来总需求曲线右移至 AD_2，经济的实际均衡移至 2 点，在这一点产出和通货膨胀率都有所提高。当然，如果流动性支持能够有效保证的话，经济均衡可以移至充分就业时的水平。在这一点，如图 10-4 中 2 点所示，实际产出会回到潜在产出水平。

资产购买和量化宽松

货币当局也会通过私人资产的购买降低信用利差从而降低 $\bar{f}$。当货币当局购买了私人证券，这样的购买会抬高证券的价格，可以因此降低利率，于是信用利差降低，导

---

① 弗雷德里克·S.米什金. 货币金融学 [M]. 蒋先玲, 等, 译. 北京：机械工业出版社, 2016：498.

致了f和投资的实际利率降低。在任意给定的通货膨胀率下，投资的实际利率降低会引起总需求曲线向右移动，产出和通货膨胀率同时增加。

因为投资和长期的项目是典型相关的，投资的实际利率和短期实际利率 r 大小不同。因此公式 $r_i = r + f$ 中的 f 项不仅可以反映金融摩擦和信用利差，还可以反映长期利率和短期利率的利差。这就意味着长期政府证券的资产购买也能降低投资的实际利率。例如，美联储购买了长期美国国债，就会抬高国债价格，降低长期利率。结果 f 降低了，在给定的通货膨胀率水平下，投资实际利率也会降低，总需求曲线会向右移动到图 10-4 中的 AD_2 位置，产出和通货膨胀率增加。

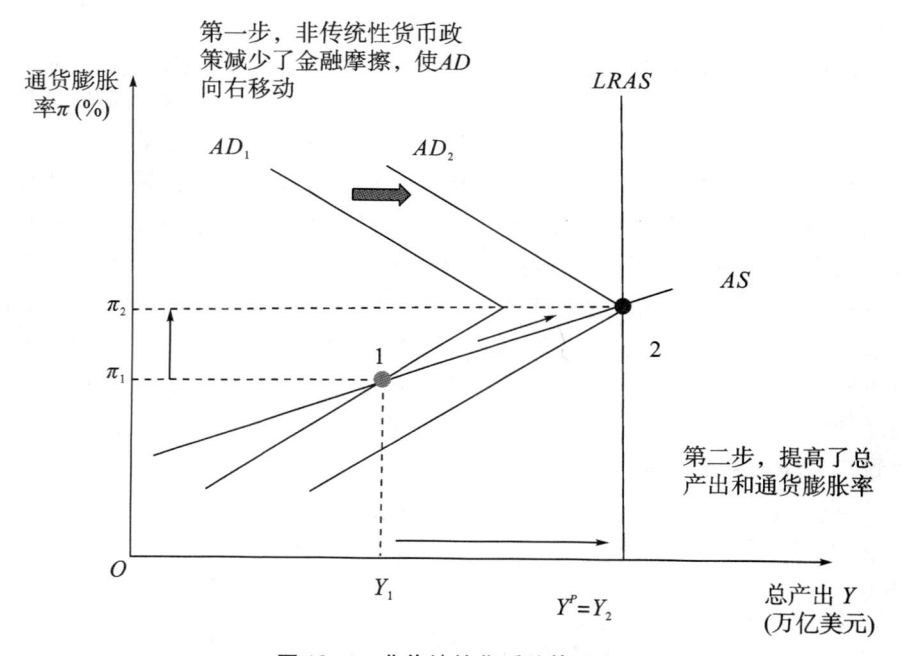

图 10-4 非传统的货币政策反应

注：非传统的货币政策，无论它是否包含流动性供给、资产购买以及预期管理，都会降低 f，f 降低反过来又会降低在任意通货膨胀率水平下的投资的实际利率，于是总需求曲线会移动到 AD_2 的位置。经济移动到 2 点，产出和通货膨胀率会相对地提高到 Y_2 和 π_2。

当中央银行提供流动性供给或者资产购买时，资产负债表的规模必定会扩大。例如，在金融危机开始前的 2007 年 9 月到 2014 年年底，美联储拥有的资产价值从 8 000 亿美元增加到 4 万亿美元。这种资产负债表规模的扩大就是量化宽松，因为这导致了经济流动性的巨幅增加，可以强有力地在短时间内刺激经济，并且随后会产生通货膨胀的效果。

不过，单纯通过中央银行资产负债表的规模扩大来刺激经济是不够的。如果量化宽松不能够降低投资实际利率，实现美联储前主席伯南克所说的信贷宽松（Credit Easing），那么总需求曲线不会移动，因此对产出和通货膨胀也没有影响。如果资产购买只涉及短期政府债券，那么就不可能影响信用利差或者长期利率和短期利率的差，f 和投资的实际利率也会保持不变，结果对总体经济只会有微小的影响。确实，历史上，日本曾经大规模地购买以短期政府债券为主的资产，结果就是不仅经济没有恢复，通货膨胀率也变为负值。

预期管理

前瞻性指引是中央银行承诺在一段长时间内将政策利率维持在低水平的一种方法，它使长期利率相对于短期利率保持在一个更低的水平上，从而降低f及投资的实际利率。因为投资者可以选择投资长期债券而不是一系列的短期债券，市场预期贯穿整个长期债券的存续期，所以长期利率会非常接近短期利率的平均值。通过承诺未来长时间内将联邦基准利率保持在零水平的政策行动，美联储可以降低市场对未来短期利率的预期，从而引起长期利率下降。结果将是f和投资实际利率的下降，这将使总需求曲线右移，如图10-4所示，并提高总产出和通货膨胀率。

目前，该种非传统型货币政策的效用机制已经通过f和右移的总需求曲线实现了操作，如图10-4所示。另外，预期管理也可以通过移动短期供给曲线来操作，而提高预期通货膨胀率能够做到这一点，如图10-5所示。预期通货膨胀率的提高是一个假设，因为中央银行承诺会不惜一切代价来提高未来通货膨胀率，将使短期供给曲线上移至AS_2，如图10-5所示，使经济状况移动至2点，总产出和通货膨胀率分别上升至Y_2和π_2。这个结果背后的原因是很显而易见的：随着政策利率下降至零，预期通货膨胀率的提高将会导致实际利率的下降，从而引起投资支出和总产出的提高，同时经济状况沿着总需求曲线从1点上移至2点，如图10-5中所展示的那样。然而，这个策略存在一个问题，即公众必须非常相信预期通货膨胀率一定会上升。如果中央银行对提高未来通货膨胀率的承诺是不可信的，那么预期通货膨胀率将可能不会上升，而这种典型的预期管理也将不起作用。

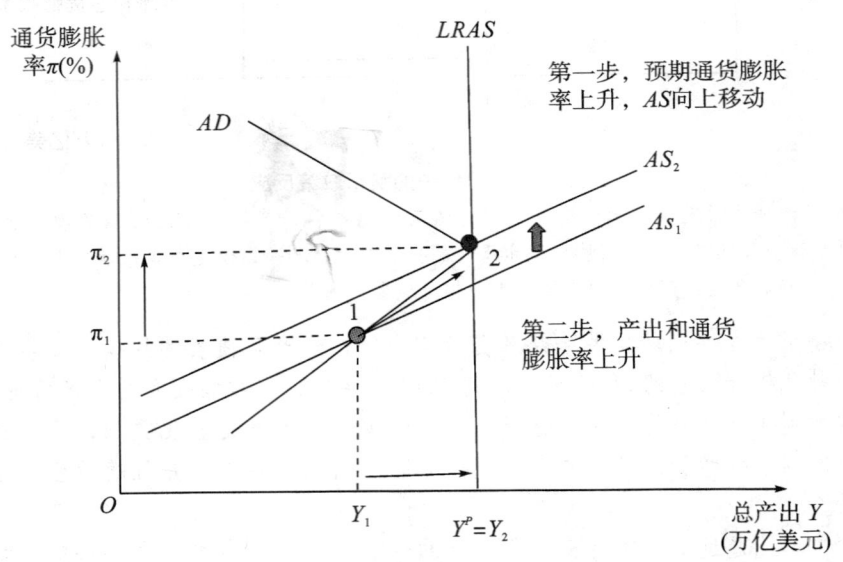

图10-5 对于通货膨胀预期的反应

注：通货膨胀预期提高会引起短期总供给曲线上移到AS_2，经济会移动到点2，相对地，产出增加到Y_2，通货膨胀率增加到π_2。

资料来源：弗雷德里克·S.米什金.货币金融学［M］.蒋先玲，等，译.北京：机械工业出版社，2016：498-500（编者略作改动）.

本章小结

1. 中央银行货币政策的最终目标和中间目标共同构成货币政策的目标体系。最终目标主要包括稳定物价、充分就业、经济增长和国际收支平衡。最终目标之间存在着一定程度的互补性，但也存在着一定的冲突，因此需要进行权衡与取舍。其方式一般有双重使命与层级使命两种模式。

2. 货币政策中间目标的选择标准主要是可控性、相关性和可测性。20世纪70年代以前，西方各国中央银行选择的中介目标主要是利率；20世纪70年代以后，西方各国中央银行对中介目标的选择转到了货币供应量上；进入20世纪90年代以后，由于经济、金融环境的变化，西方各国中央银行先后放弃货币供应量，改以调整利率作为货币政策中介目标。

3. 中央银行的货币政策工具有常规货币政策工具、非常规货币政策工具及其他政策工具。常规性货币政策工具主要是再贴现政策、存款准备金政策和公开市场业务。前两种在实施过程中由于冲击较大和缺乏足够的灵活性，中央银行在日常操作过程中不能经常运用。公开市场业务既能直接影响整个银行系统的准备金水平，又具有较大的灵活性，因此成为中央银行最重要也最常使用的政策工具。此外，还有其他一些货币政策工具，包括选择性货币政策工具、直接信用控制工具和间接信用控制工具。

4. 非常规货币政策工具是在当经济经历全面的金融危机及其不断蔓延，传统货币政策工具的作用被大大削弱甚至失效，中央银行需要非利率工具来刺激和稳定经济时使用的工具。非常规的货币政策工具主要有以下三种形式：流动性供给、资产购买以及未来政策行动承诺。

重要概念

货币政策　菲利普斯曲线　层级使命　双重使命　货币政策中间目标
常规性货币政策工具　再贴现政策　存款准备金政策　公开市场业务
直接信用控制　信用分配　非常规性货币政策工具　量化宽松　信贷宽松
前瞻性指引

复习思考题

1. 对《中华人民共和国中国人民银行法》中关于货币政策目标的规定，你是如何理解的？
2. 什么是双重使命与层级使命？
3. 为什么要设立货币政策中间目标？中间目标的选择标准如何？
4. 中央银行应该如何应对资产价格泡沫？
5. 试述再贴现政策、存款准备金政策、公开市场业务三大政策及其作用，并比较其优缺点。
6. 试比较常规与非常规货币政策。
7. 非常规货币政策工具有哪些？怎样看待这些工具的作用？
8. 目前中国公开市场操作的交易方式有哪些？

第十一章 货币政策(二) 实施与效应

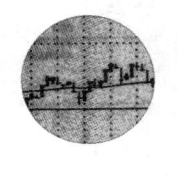

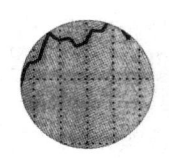

货币政策是一国通过中央银行为了实现一定的经济目标而在金融领域内所采取的调节和控制货币供给量等方面的各种方针和措施。那货币政策具体如何实施呢？货币政策能否生效、怎样生效呢？本章主要阐述货币政策的操作规范、传导机制和政策效应。

第一节 货币政策操作规范

货币政策的操作规范是指中央银行制定和实施货币政策时遵循的行为准则，是影响货币政策效果的重要因素。从19世纪中叶通货学派和银行学派之争开始，经过20世纪20年代芝加哥学派的价格稳定论到凯恩斯主义与货币主义的论战，直至20世纪80年代论述中央银行最优合约设计文献的激烈争论至今未果。这种争论也构成了实施货币政策的理论依据。从各国货币政策操作实践来看，主要有两种范式，即相机抉择与规则。

一、相机抉择

相机抉择（Discretion）是指中央银行在操作政策工具以实现既定目标时，不受任何固定程序或原则的束缚，而是依据经济运行状况灵活地选择其最优的行动。

相机抉择是凯恩斯学派的主张。相机抉择论是基于其对市场经济的特点分析而提出的，其隐含的前提是，一国中央银行可以根据具体的经济情势，机动灵活地制定和实施货币政策来调节有效需求，可以熨平经济的周期性波动。相机抉择的货币政策具有灵活性的优势，能够针对意外的冲击，采取迅速的应对措施。

1929—1933年经济大危机时期，许多国家对于如何摆脱经济危机束手无策。后来罗斯福新政取得了较好的效果。受此启发，凯恩斯认为，政府不应对宏观经济无所作为，应该根据具体的经济状况，灵活地制定和实施货币政策调控经济，采取"逆风向而行事"，从而熨平经济的周期性波动。从此，相机抉择被西方国家用来作为需求管理的重要方法，并广为流行。

进入20世纪70年代以后，西方世界出现的"滞胀"给凯恩斯主义理论与政策带来了巨大的挑战，相机抉择这种操作范式也受到了很大的质疑。弗里德曼在1960年出版的《货币稳定计划》中指出，很多时候美联储本身就是经济不稳定的一个根源，并且中央银行容易受到公众意见和政治压力（利益集团）的干扰，再加上由于评判业绩的标准非常不精准，中央银行权变操作的权力使之能够避开社会公众的严厉追究，从而主张实行货币增长率固定不变的单一规则。

进入到20世纪70年代后期，更多的经济学家认为相机抉择这种操作范式具有时间非一致性（Time Inconsistency）或动态非一致性（Dynamic Inconsistency）的缺陷。时间非一致性是指如果一项政策在制定初始满足最优原则，然而随着政策实施，从未来观点看即便没有新的信息出现，政策也已经不再最优。相机抉择缺乏纪律的约束，具有很大的主观随意性，由于货币政策时滞长且不稳定，往往导致过头的政策行为，加深对经济的干扰。时间非一致性具有内在的通货膨胀偏向，即使中央银行意识到相机抉择的政策将导致不良后果（高通货膨胀率的同时产出水平并没有提高），也仍然无法执行控制通货膨胀率这一更好的政策，因为政治家会对中央银行施压，试图通过实施过度扩张的货币政策以刺激产出增加。因此，按规则行事，有助于防止货币政策的时间不一致问题。

二、规则

货币政策规则是指在货币政策实施以前，事先确定操作货币政策工具的程序和原则并据以进行实际的操作。其核心是在方法上遵循计划，而不是偶然或随机地采取行动，结果表现出政策操作的系统性。规则具有预承诺机制，从而可以解决货币政策决策的时间不一致问题。货币政策操作规则包括工具规则（Instrument Rules）和目标规则（Targeting Rules）。工具规则，即通常所说的政策规则。目标规则是指货币当局公开宣布一个目标变量的值作为名义锚，使得一个相应的损失函数最小化的一种特殊的安排。规则的具体形式与实践主要有以下四种：

（一）货币数量单一规则

货币数量单一规则是一个目标规则，是排除利息、信贷流量、超额准备金等因素，而以一定的货币供给量作为唯一因素支配的货币政策，即保持稳定的货币增长率的规则。货币主义选择货币数量单一规则的理由是能避免货币政策受政治因素所左右、提供判断中央银行业绩的标准和确保经济主体享有稳定的货币政策环境预期。20世纪70年代，货币数量单一规则被一些国家用来治理"滞胀"，收到较好的效果。

（二）泰勒规则

泰勒规则也称利率规则，是在不忽略长期物价稳定目标的情况下，中央银行如何基于目标实际利率和目标通货膨胀率利用利率对本国货币供求进行调控的货币政策规则。可见，泰勒规则是一个工具规则。泰勒通过对美国、英国以及加拿大等国的货币政策实践的细致研究发现，在各种影响物价水平和经济增长率的因素中，实际利率是唯一能够与物价和经济增长保持长期稳定相关关系的变量，调整实际利率应当成为货币当局的主要操作方式。

泰勒指出，联邦基金利率应该等于通货膨胀率加上一个"均衡"的实际联邦基金利率（实际联邦基金利率在长期内与充分就业相适应）再加上两个缺口的加权平均值：第一，通货膨胀缺口，即当前的通货膨胀率减去目标通货膨胀率；第二，产出缺口，即实际GDP与在充分就业水平条件下的潜在GDP估计值之间的百分比偏差。泰勒以美国为研究对象，认为这个规则可以写成：

$$联邦基金利率 = 通货膨胀率 + 均衡的实际联邦基金利率 + \frac{1}{2}通货膨胀缺口 + \frac{1}{2}产出缺口$$

假定均衡的实际联邦基金利率为2%，适当的目标通货膨胀率也是2%，通货膨胀缺口和产出缺口的权重都是1/2。如果通货膨胀率是3%，从而形成了正的通货膨胀缺口 1%（3%-2%），而实际 GDP 比潜在 GDP 水平高出 1%，因此就有正的产出缺口 1%。这样，联邦基金利率水平就应该设定在 6%（=通货膨胀率 3%+均衡的实际联邦基金利率 2%+1/2 通货膨胀缺口 1%+1/2 产出缺口 1%）。

泰勒规则的政策含义是联邦基金名义利率要顺应通货膨胀率的变化以保持实际均衡利率的稳定性。如果产出的增长率超过潜在水平或失业率低于自然失业率以及预期通货膨胀率超过目标通货膨胀率，从而使实际利率偏离实际均衡利率，货币当局就应运用政策工具调节名义利率，使实际利率回复到实际均衡利率。例如，通货膨胀缺口的系数为正，并且等于 1/2。如果通货膨胀率上升 1 个百分点，联邦基金利率的目标就要提高 1.5 个百分点，其正常幅度超过了 1∶1 的水平。换言之，通货膨胀率上升 1 个百分点会导致实际的联邦基金利率上涨 0.5 个百分点。这种货币当局应该将名义利率提升至高于通货膨胀率升高幅度的水平的原则，称为泰勒原理（Taylor Principle），它对于货币政策的成功发挥着至关重要的作用。从效果看，美国经济自 20 世纪 90 年代以来出现了高增长率、低通货膨胀率、低失业率并行的良性发展态势。如果没有遵循泰勒原理，名义利率提高的幅度低于通货膨胀率的上升幅度，那么在通货膨胀率上升的情况下实际利率就是下降的。由于在此情况下通货膨胀率的上升将会导致实际上出现了宽松的货币政策，这将在未来导致更高的通货膨胀水平，因此这种情况会导致严重的经济动荡。从图 11-1 可以看到，在 20 世纪 70 年代，政策效果很差，表明当时并没有遵循泰勒规则，从而解释了当时货币政策效果低下的原因；而由格林斯潘和伯克南领导下的联邦储备理事会设定美国联邦基金利率方面，泰勒规则的效果很好。但这并不意味着泰勒规则就十分完美。因为经济是动态的，一直都在不断地发生变化，泰勒规则系数不可能在任何情况下都保持不变，因此不太可能在任何时候泰勒规则都能产生最佳的货币政策效果。例如，发生在 2007—2009 年的全球金融危机，需要复杂的货币政策行动，因为信用利差的变化（有信用风险和没有风险证券的利率差异）可能会以此改变联邦基金利率影响投资决策及经济活动的方式。

图 11-1　1960—2014 年联邦基金利率的泰勒规则

资料来源：弗雷德里克·S.米什金. 货币金融学 [M]. 蒋先玲，等，译. 北京：机械工业出版社，2016：388.

（三）麦考勒姆规则

麦考勒姆规则也称名义收入规则，是一个目标规则。麦考勒姆主张货币政策以名义收入为预定目标，同时以基础货币规划进行操作。麦考勒姆规则与泰勒规则的区别在于操作工具和目标变量的不同。根据这一规则，基础货币增长率依照名义 GDP 增长率与设定的目标之间的离差而变动。两种规则中，究竟选哪一种，依赖具体的经济环境。

（四）通货膨胀定标规则

1. 通货膨胀定标规则的含义及其要素

通货膨胀定标规则也称通货膨胀目标制（Inflation Targeting），是中央银行直接以通货膨胀为目标并对外公布该目标的货币政策操作制度。在该制度下，传统的货币政策体系发生了重大变化，在政策工具与最终目标之间不再设立中间目标，货币政策的决策依据主要依靠定期对通货膨胀的预测。政府或中央银行根据预测提前确定本国未来一段时期内的中长期通货膨胀目标，中央银行在公众的监督下运用相应的货币政策工具使通货膨胀的实际值和预测目标相吻合。

通货膨胀定标规则在实施过程中呈现出以下特点（详见表 11-1）：第一，承诺维持一个具体的长期通货膨胀水平，长期价格稳定将是压倒一切的首要的政策目标。第二，中央银行短期内拥有采取灵活政策的权力——这就是"弹性通货膨胀目标"这一术语的真正含义。第三，要求货币政策决策者保持实质性的开放和透明。例如，应定期公布通货膨胀形势报告。

1990 年，新西兰率先正式采用通货膨胀目标制，随后加拿大在 1991 年、英国在 1992 年、瑞典和芬兰在 1993 年以及澳大利亚和西班牙在 1994 年，先后采用了通货膨胀目标制。此后，以色列、智利和巴西等国家也纷纷采取了某种形式的通货膨胀目标制。美国是缓慢推进通货膨胀目标制的国家。1987—2006 年，由艾伦·格林斯潘任美联储主席，他比较主张采用泰勒规则，实现了良好的宏观经济表现（包括低而稳定的通货膨胀），但也存在缺乏透明度和较低的职责约束要求使得美联储易于受到时间不一致问题干扰的缺点，从而促使其转而追求以牺牲长期目标为代价的短期目标。因此，当本·伯南克 2006 年成为美联储主席后，增加美联储透明度及通货膨胀目标制获得了拥护。联邦公开市场委员会最终走向了通货膨胀目标制，是在 2010 年 1 月 25 日发布了"关于长期目标和货币政策战略的文件"。在这份每年 1 月更新一次的文件中，联邦公开市场委员会同意通货膨胀目标单一数值以 PCE 平减指数记为 2%，但这份文件中明确声明美联储将寻求一种灵活的通货膨胀目标制形式，与其双重使命一致，因为美联储将不止寻求实现其目标通货膨胀，还会聚焦于促进最大可持续就业。欧洲中央银行同样遵循着一种弱形式的通货膨胀目标制。不过，欧洲中央银行奉行的是一种混合货币政策操作，包含一些通货膨胀目标制内容的要素。在 2003 年 5 月，欧洲中央银行宣布了一个中期的通货膨胀目标：低于但是接近 2%。欧洲中央银行的这项战略具有两个"支柱"。首先，以"对于未来的通货膨胀和经济增长的影响"为标准，对货币和信贷总量进行评价；其次，在评价未来的经济前景时使用许多其他的经济变量。

表 11-1　　　　　　　　　　　　　通货膨胀定标的基本要素

国家/指标	通货膨胀目标	期限	剔除内容	时期	采取时期	通货膨胀报告	谁设定目标	出版报告
澳大利亚 CPI	平均为 2%~3%	周期	抵押利率 政府控制价格 能源价格	是	1994/1/1	否	政府	否
加拿大 CPI	1992 年：2%~4% 1993—2001 年：1%~3%	年	直接税 食品与能源价格	否	1991/2/26	是	共同	否
芬兰 CPI	1995 年以来：2%	年	建筑成本 直接税 政府补贴	是	1993/2/2	否	中央银行	否
新西兰 CPI	1990 年：3%~5% 1991 年：2.5%~4.5% 1992 年：1.5%~3.5% 1993 年：0~2% 1994 年以来：0~3%	年	商品价格 政府控制价格 利息、信贷成本	是	1990/3/2	是	共同	是
波兰 CPI	1999 年：8%~8.5% 2003 年：低于 4%	年	对通货膨胀有害的信息	是	1999/1/1	是	中央银行	否
西班牙 CPI	1996 年：3.5%~4% 1997 年：3%~3.25% 1998 年：2%	年	抵押利息	是	1995/1/1	是	中央银行	否
瑞典 CPI	1995 年以来：1%~3%	年	直接税 补贴	否	1993/1/15	是	中央银行	是
英国 RPI	到 1997 年 6 月：1%~4% 1997 年 6 月以来：2.5%	年	抵押利率	否	1992/10/8	是	政府	是

资料来源：钱小安．货币政策规则［M］．北京：商务印书馆，2002 年：322．

案例 11-1

新西兰：采用最优中央银行合同的国家

1989 年，新西兰决定进行一场雄心勃勃的中央银行法改革。当时，新西兰被视为是采用最优中央银行合同的样板国家。新西兰政府与中央银行的协议于 1990 年 2 月 1 日生效。政府明确地委托中央银行，在一个过渡期之后要把通货膨胀率控制在 0~2% 的目标走廊里，中央银行可以自由决定为此想运用的货币政策工具（政策工具独立性）。但根据议会决议，政府能为中央银行确定一个偏离价格稳定的目标值。

如果实际通货膨胀率超过规定的幅度，中央银行首脑必须接受惩罚——在最严重的情况下他可能被免职。对目标值的偏离只能在特定的严重冲击下才是允许的。这个规定被解释为条件合同，它明确规定一个通货膨胀目标以及只在公众可观察到的外生供给冲击下所允许的偏离幅度。为了实施稳定激励，事先按名义值确定中央银行 5 年期的预算。

衡量通货膨胀率的标准是经修正的消费品价格指数。在计算这个"基础通胀率"时，由间接税的变化而引起的价格影响、利率影响以及食品与能源部门的价格上涨要被剔除在外，其理由是货币政策不应对因这些要素而引起的短期强烈波动做出反应。

这些例外规定应该允许在出现供给冲击时采取灵活性做法（如因汇率变动而引起的贸易条件的变化或者引起牲畜存栏严重下降的自然灾害）。如果对基于官方消费价格指数的目标走廊的偏离能被明确证明是由于特殊要素所致，那么形势无疑会更为透明。

为实现预定的目标，新西兰中央银行对预期价格发展进行持续分析。中央银行定期公布其预测并以多种方式向公众提供信息。一旦预测的通货膨胀率超出目标走廊，就采取严格的货币政策措施。

1992年，新西兰的通货膨胀率已降到1.0%。不管是直接归功于新的合同还是更一般的是由于政策的转换而带来更大的稳定（与全世界范围内的通货膨胀趋势回落阶段相吻合），这个成就都使得新西兰模式备受关注。

后来的发展已经提出疑问：由于中央银行在1993—1994年度低估了景气繁荣从而推行了一项更宽松的货币政策，结果在1995—1996年度通货膨胀率超出了2%的限度。到1996年年末，该范围又扩大到0~3%。之后，通货膨胀率只有在2000年、2006年、2008年和2011年短暂地超出过范围，幅度也都很小，并且在2013年暂时性地轻微降低到目标范围以下（根据《新西兰储备银行法》的规定，储备银行行长应该被免职，但是经过议会讨论，他每次都继续留任）。这是由于存在很长的时滞，因此几乎没有任何有效的激励来对这种失误行为进行事后的惩罚，尤其是因为预测失误在事后大都是可原谅的。自1992年以来，新西兰的经济增长率一直保持高位，有些年份甚至超过5%，失业率也显著下降。

2. 通货膨胀定标规则的优点

从实际效果来看，通货膨胀定标规则在稳定经济方面已取得了显著效应，采用该体制的国家不仅保持了产出的平稳增长，而且使长期以来居高不下的通货膨胀率控制在合理的水平。通货膨胀定标规则的优点主要体现在如下几个方面：

第一，具有前瞻性。该规则表明货币政策工具的调整以预期未来通货膨胀率偏离目标值的变化为基础，因此对未来预测区间的选择至关重要。目前这些国家对未来预测区间的选择为2年，但人们仍在对最优的预测区间选择做进一步研究，同时关注其他指标，如要考虑时滞。

第二，增加透明度。通货膨胀目标制十分重视政策制定的透明度，经常与政府进行沟通，并且与公众定期进行交流，其方式有中央银行的官员利用一切机会向公众发表有关货币政策策略的演讲、参与包括分发精美的小册子之类的扩大信息公开的活动，而且还发行如英格兰银行的《通货膨胀报告》一样的出版物，图文并茂，用生动形象的数据、图表来吸引公众的视线，通俗易懂。公布和解释的内容主要是：货币政策的目标和局限性，包括通货膨胀目标的基本原理；通货膨胀的目标值及其决定依据；价格指数、目标期限和目标区的类型；在当前的经济环境下，如何实现通货膨胀目标；偏离通货膨胀目标的原因；等等。这样做使公众能及时获取货币政策决定、决策依据的原则以及对未来发展前景评估等相关信息。这些沟通与交流降低了货币政策、利率以及通货膨胀的不确定性，从而使私人部门能够更好地制订计划；帮助公众了解什么是中央银行能做到的、什么是中央银行做不到的；沟通还有助于澄清中央银行和政治家在货币政策实施过程中的责任。

第三，提高稳定性与可靠性。通货膨胀定标明确提出了货币政策目标，使通货膨胀预测成为中介目标。通货膨胀定标作为对目标规则的一种承诺，货币当局可以自由选择合适的工具实现这一目标规则。定标会带来更低的通货膨胀易变性，中央银行的承诺使在货币政策执行过程中得以体现其可信程度。当中央银行具有可靠性时，通货膨胀的实际成本有所下降，即可靠性津贴（Credibility Bonus）。

第四，增强责任约束。通货膨胀目标制具有增强中央银行责任的趋势。事实上，透明、沟通与增强责任是齐头并进的。在实行通货膨胀目标制的国家中，具有最强职责约束要求的国家是新西兰。如果没有达到通货膨胀目标，即使只是一个季度，新西兰政府都有权解雇储蓄银行行长（不过，实际上没有发生过。因为很长的时滞，预测失误在事后大都能被原谅）。在其他实行通货膨胀目标制的国家，中央银行的责任则远不及此。但是，通货膨胀目标制强调的政策透明度往往能够促使中央银行对公众和政府高度负责。用预先公布的、明确的通货膨胀目标作为衡量指标，在货币政策实施中不断取得的成功，能够促使公众支持中央银行的独立性及其政策。即使对绩效评价和惩罚并没有一个严格的规定和法律标准，这种公众的支持和责任感也会产生。

第五，增强中央银行的独立性，减少时间不一致问题。通货膨胀目标制因为是事先确定目标并对外公布，可以增强对中央银行的职责约束，从而避免中央银行试图为了在短期内扩大产出、提高就业率而施行过度扩张的货币政策，因此可以降低中央银行陷入时间不一致问题的可能性；也可以减轻中央银行受其他政府部门的影响、指挥或控制以及追求扩张性货币政策的政治压力，从而降低发生时间不一致问题的可能性，有助于提高中央银行实现价格稳定的可靠性。

第六，提高货币政策效率。货币政策目标单一，不需要对多重目标之间加以权衡和协调；公开通货膨胀目标值，可以引导公众形成合理的通货膨胀预期，有利于提高货币政策的执行效率；具有较高的独立性，自主运用政策工具，增加了政策操作的灵活性，有利于提高货币政策的操作效率。从采用通货膨胀目标制的国家可以看到似乎都显著降低了通货膨胀率和通货膨胀预期，如果没有通货膨胀目标，通货膨胀率和通货膨胀预期很可能上升。此外，这些国家的通货膨胀率一旦下降，就往往一直保持在较低的水平。在经济周期中，即使在通货紧缩后的扩张性周期中，采用通货膨胀目标制国家的通货膨胀率也没有出现反弹（如图11-2）。

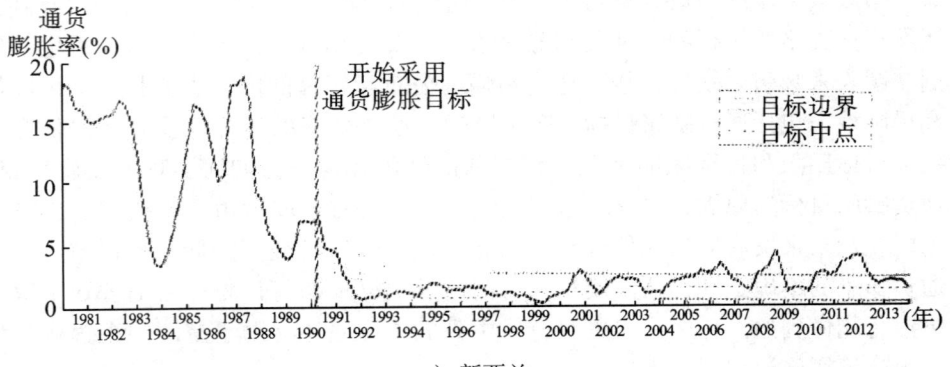

a）新西兰

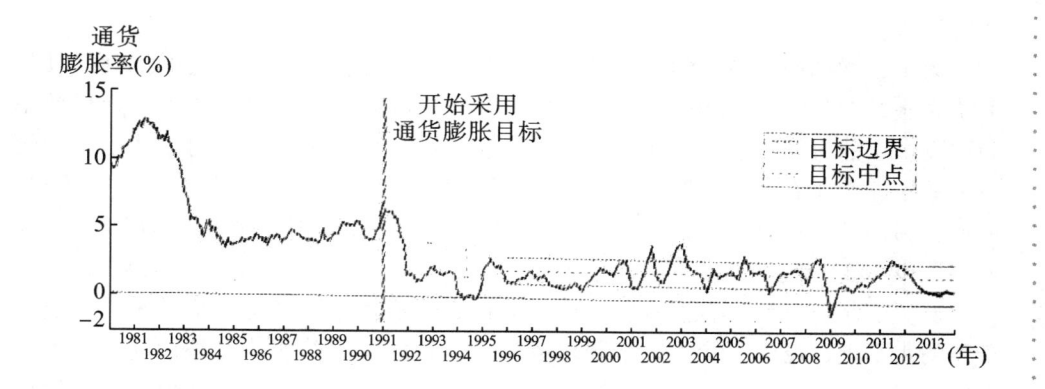

b) 加拿大

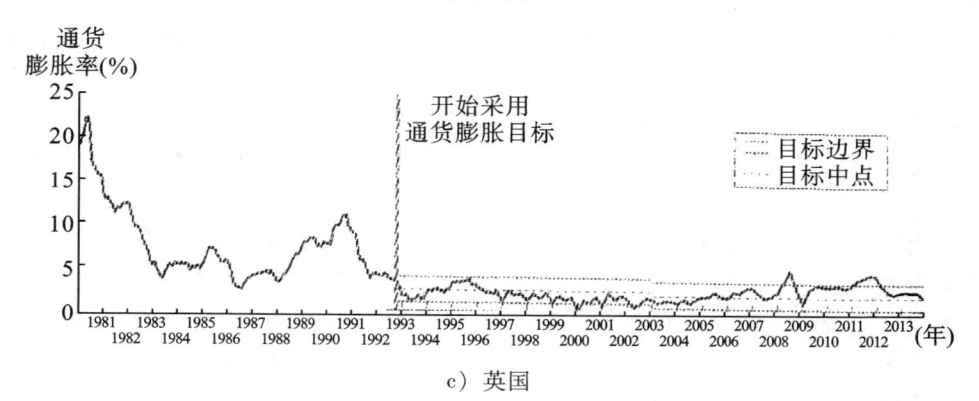

c) 英国

图 11-2　1980—2014 年新西兰、加拿大与英国的通货膨胀率和通货膨胀目标

资料来源：弗雷德里克·S.米什金. 货币金融学 [M]. 蒋先玲，等，译. 北京：机械工业出版社，2016：372.

3. 通货膨胀定标规则的不足

通货膨胀定标规则的反对者认为，通货膨胀定标规则主要有四个缺点：信号迟滞、过于僵化、增加产出波动的潜在可能以及缓慢的经济增长。我们将依次考察这些缺点，并探究这些批评是否合理。

第一，信号迟滞。货币当局较难控制通货膨胀，而且由于货币政策具有很长的时滞，因此通货膨胀的结果通常需要比较长的时间才会出现。这样，通货膨胀目标就不会及时向公众和市场传递有关货币政策立场的信号。

第二，过于僵化。一些经济学家认为，规则产生的任何约束都是高成本的，它削弱了中央银行处理突发事件和应对经济结构变革的能力。实际上，从各国的操作来看，通货膨胀目标制并不是僵化刻板的，并没有对中央银行如何实施货币政策设定简单机械的规定，而是要求中央银行利用所有可得的信息来确定合适的政策行动，以期到达通货膨胀目标。如前所述，要求货币政策具有前瞻性，中央银行不能仅仅关注于一个重要变量，应当同时关注更多变量；通货膨胀目标也可以根据经济形势进行修正，在很大程度上包括了政策酌情权，因此该规则不是"严格的规则"，而是属于"灵活的通货膨胀目标制"。

第三，增加产出波动的潜在可能。对于通货膨胀目标制最严厉的批判是其只关注通货膨胀，在实际通货膨胀率超出目标的时候，可能会导致过于紧缩的货币政策，从而引发产出的大幅波动。事实是，采用通货膨胀目标的中央银行对于产出波动给予了极大的关注，所有通货膨胀目标制定者都将通货膨胀率目标设定在高于零的水平上。例如，新西兰、加拿大、英国和瑞典目前将通货膨胀目标中间点设定为2%，而澳大利亚将此设为2.5%。

通货膨胀目标制定者没有忽视传统的稳定性目标，选择把通货膨胀目标设定在高于零的水平上，反映了货币政策制定者对低通货膨胀率给实体经济活动带来严重负面效应的担忧，尤其对通货紧缩的担忧，因为这可能会增加金融的不稳定性，促使经济陷入严重的紧缩状态。近年来，日本的通货紧缩就是日本金融体系和经济疲软的重要因素。目标通货膨胀率高于零，降低了出现通货紧缩的可能性。也正是因为这个原因，日本国内外一些经济学家呼吁日本银行将通货膨胀目标设定在2%的水平上，而日本银行最终于2013年实现这一目标水平。

第四，缓慢的经济增长。普遍认为，通货膨胀目标制会导致产出和就业率增长缓慢。尽管通货膨胀目标制下，在抑制通货膨胀的阶段，通货膨胀的降低伴随着低于正常水平的产出。一旦低通货膨胀率的目标实现了，产出和就业至少会恢复到先前的水平。因为实行通货膨胀目标制国家的中央银行十分关注产出和就业率的波动，都想通过逐步降低中期通货膨胀目标而朝着长期目标迈进，以使产出的下降达到最小的程度。从很多实行通货膨胀目标制的国家在抑制通货膨胀以后的强劲经济增长（比如新西兰）现实可以得出一种结论，即通货膨胀目标制在有效控制通货膨胀以后，还能促进实体经济增长。

第二节　货币政策传导机制

中央银行确定货币政策目标之后，为了实现这些目标，达到影响整个社会经济活动的目的，就必须采取各种方针和措施。而无论是采用何种方针和措施，最终都必然反映在货币供给量和利率的变动上。那么，货币供给量和利率的变化是怎样影响总需求从而使实际经济活动发生变化呢？货币政策影响总需求的各种渠道，就是货币政策传导机制（Transmission Mechanism of Monetary Policy）。货币政策传导机制理论是分析和说明货币政策措施变动之后，中央银行操作适当的政策工具调控货币供应量，货币供应量的变动如何诱发和影响微观经济主体的消费和投资行为，从而导致宏观经济总量发生变化的一整套机制的理论。西方经济学家在构造其各自的货币理论时无不提出自己的货币政策主张，而在论述这些主张时又无不详尽地阐述货币政策影响实际经济活动的传导过程。由于其各自所处的经济情况和所坚持的基本货币理论不同，各派经济学家对货币政策传导机制问题也就因此而有差异，尤其是金融市场日趋复杂，实证研究盛行，争论更为激烈。

一、利率传导渠道

（一）维克塞尔的观点

货币政策传导的利率渠道理论最早应追溯到19世纪末维克塞尔的自然利率说。维克塞尔认为，自然利率是借贷资本的需求与供给完全一致所形成的利率。经济扩张与经济收缩的原因在于货币利率与自然利率的偏离，从而导致经济上升或收缩的累积过程。

在古典经济学的绝大多数文献中都不存在货币政策传导机制分析。因为在许多经济学家看来，货币不过是罩在实体经济之上的一层面纱，对就业量、产量等实际经济变量并不产生影响，货币数量变动只影响物价水平而不影响实际经济活动。在货币政策传导机制理论方面做出开拓性研究工作的是瑞典学派的创始人维克塞尔。维克塞尔通过引入"自然利率"把货币分析与实物经济活动相结合，深入研究了货币政策影响经济活动的过程。维克塞尔认为，中央银行实施货币政策以扩大或收缩货币供给量，必先增加或减少商业银行的准备金。而商业银行则根据其准备金的多少来调整利率，即在准备金过多时降低利率以扩张信用，而在准备金不足时则提高利率以收缩信用。随着商业银行的利率调整，货币利率与自然利率就将背离。一般物价水平和社会经济活动都将发生变动，从而引起经济扩张或经济收缩的累积变动过程。因此，维克塞尔的货币政策传导机制可以概括为：

货币政策→商业银行准备金→货币利率→货币利率与自然利率的背离$\xrightarrow{累积过程}$一般物价水平和社会经济活动 (11-1)

（二）凯恩斯学派的观点

1. 凯恩斯的观点

凯恩斯认为，扩张性货币政策或紧缩性货币政策导致实际利率水平下降（$r\downarrow$）或上升（$r\uparrow$），这会降低或提高资金成本，进而引起投资支出的增加（$I\uparrow$）或减少（$I\downarrow$），并最终导致总需求的增加或减少和产出水平的上升或降低。这一传导机制可以表示为：

$$M\uparrow(\downarrow)\to r\downarrow(\uparrow)\to I\uparrow(\downarrow)\to AD\uparrow(\downarrow)\to Y\uparrow(\downarrow) \quad (11-2)$$

最初是凯恩斯强调这一传导渠道主要是通过企业的投资支出决策发挥作用，后来又出现了新的货币传导机制研究结果。

2. 托宾的"q"理论

托宾坚持凯恩斯关于货币供给通过利率影响收入的基本观点，托宾认为，由利率变化到收入变化，其中有一个股票市价或企业市价变化的问题和一个固定资本重置价格变化的问题。因为利率升降的反面就是债券市价的跌涨，而债券又是可以同企业股票相替代的，所以债券市价的跌涨必然牵动企业股票的市价或企业财产市价（P_s）的跌涨。当企业财产的市价上涨时，资本家可能要卖掉原有企业而另建（重置）新企业，但这只有在另建（重置）新企业的成本依旧未涨时才有可能。如果企业重置成本与企业（股票或财产）市价同比例上涨，那就不会有上述弃旧置新的行为发生。托宾在这里引出了一个新概念"q"，指的是企业（股票或财产）市价与企业重置成本之比。如果$q>1$，资本家便会投资于另建新企业（I），于是便有国民收入（Y）的增加；

如果 $q\leq 1$，就不会有投资的发生和收入的增长。因此，托宾所描述的货币政策传导机制可以表述为：

$$M\uparrow \to r\downarrow \to Ps\uparrow \to q\uparrow \to I\uparrow \to Y\uparrow \qquad (11-3)$$

托宾指出，20世纪30年代大危机之所以久久未能复苏，是因为当时企业市价惨跌（甚至跌到原价的1/10），"q"极低，所以尽管大量增加货币供应，也引不起资本家的兴趣。显然，托宾的"q"理论，不仅在传导环节的数目和过程的复杂性上超过了凯恩斯，而且还隐含着对货币政策效力的两个极重要的新的限制因素：第一，价格，主要是生产要素的价格，它影响企业重置成本；第二，利率结构的变化，它可以在货币供给量和利率一般水平不变时，通过各产业"q"的变化来影响投资和收入。

3. 莫迪利安尼的财富效应

莫迪利安尼（Franco Modigliani）在货币政策传导机制问题上补充了货币供给变化对私人消费量的影响。这里的消费（Consumer）是指消费者在非耐用品和服务上的支出，它与不包括消费者在非耐用品和服务上支出的消费支出（Consumer Expenditure）不同。莫迪利安尼在《货币政策与消费》中认为，影响人们消费的，不是他一时的收入，而是他一生的财富。由于人们常常是在一生的各个时期都保持均匀消费，而构成一生财富的最重要的组成部分是金融资产（尤其是股票），因此货币供给量的增加，将通过压低利率或提高股票市价（Ps）而影响消费者的金融资产（FW）和一生财富量（LR），再进而影响其消费支出（C）和国民收入（Y）。莫迪利安尼的货币政策传导机制可以写成：

$$M\uparrow \to r\downarrow \to Ps\uparrow \to FW\uparrow \to LR\uparrow \to C\uparrow \to Y\uparrow \qquad (11-4)$$

显然，莫迪利安尼的货币政策传导机制比凯恩斯的只注意投资多了一个消费途径，因此提高了货币政策在影响收入上的作用。

新的货币传导机制研究发现，消费者的房产和耐用消费品支出（Consumer Durable Expenditure），即消费者在汽车和冰箱等耐用消费品上的支出决策也属于投资决策。因此，（11-2）式描述的货币传导的利率渠道也同样适用于消费支出，即（11-2）式中的 I 也包括消费者购买住房和耐用消费品的支出。

（三）货币主义的观点

货币主义的货币政策传导机制与凯恩斯学派的货币政策传导机制不同。

第一，弗里德曼不重视利率在传导机制中的作用，认为增加货币在开始时会使利率低，但不久就会因货币收入增加和物价上涨而使名义利率上涨。而实际利率则可能回到并稳定在原来的水平上。因此，货币政策的影响主要不是通过利率而间接地影响投资和收入，而是因货币数量超过了人们所需要的真实现金余额，从而直接地影响社会支出和货币收入。

第二，弗里德曼认为，货币供给的变化影响的不仅是投资，而且还有消费，并因为后者在国民总产值中所占比重更大，所以通过其对收入产生的影响也许更重要。

第三，弗里德曼认为，货币供给量的变动是通过多种复杂的途径而影响支出的，要把这些途径一一找出，不但徒劳无功，而且会低估货币对收入的全部影响。因此，弗里德曼满足于从实证上找出货币与收入的相关性，而不深究货币政策的传导过程。

弗里德曼认为，更便捷而概括的办法是观察货币和收入这两个量在变动时间上的先后规律，计算两个变量的相关系数，并找到足够的历史事实来证明。这样就可以断定两者的因果关系以及这种关系的密切程度和可预测程度。弗里德曼和施瓦茨在1963年发表了一篇著名的论文[①]《货币与经济周期》。在该文中，他们根据约100年的统计资料，得到的结论是：在每个周期中，货币供给的增长率总是先于产量而下降，具体地说，货币增长率的最高峰平均比产量水平最高峰早到16个月，而最短的只有几个月，最长的可达两年多。他们还是认为，货币增长率的变动是造成经济周期波动的原因。因此，他们描述的货币政策传导机制就非常简单，可以表述为：

$$M \to Y \tag{11-5}$$

弗里德曼等人的这种论证方法，受到许多人的质疑，即认为其用一个"黑箱"把货币政策的传导机制掩盖起来了。虽然他们颇有根据地算出了货币量增长率变化与产出变化的高度相关以及两者变化的时差规律，但是相关研究不说明因果关系，变化的时序也不一定意味着先变者是因，后变者是果。可见，弗里德曼的货币政策传导机制理论比起凯恩斯主义的货币政策传导机制理论要逊色得多。为了弥补这些缺陷，有些货币主义者（如勃伦纳、梅尔泽）对传导机制做了更精细的分析。经过货币主义者的努力探索和实证研究，发现货币数量变动对真实所得有影响，并且影响过程极其复杂，货币主义的货币政策传导机制理论已变得完善一些。如果以 M 表示货币供给量，以 A 表示各种金融资产，以 B 表示银行的放款和投资，以 C 和 I 代表消费品和投资品，我们则可以将其理论概括表述为：

$$M \to B \to A \to C(I) \to Y \tag{11-6}$$

(11-6) 式是说中央银行调整货币政策后，商业银行准备金受到增减变化的影响，为增加或减少其放款和投资，商业银行必须改变其资金融通条件——提高或降低利率。这种融资条件的改变，自放款而影响其他金融资产的价格，并且扩散而影响真实资产的价格，最后才促使名义所得发生增减变化。

（四）汇率效应

随着全球范围内经济国际化的发展和浮动汇率制度的确立，货币政策如何影响汇率，进而影响净出口和总产出水平，越来越受到人们的关注。

例如，在开放经济条件下，当国内的实际利率水平下降时，相对于外币资产，本币资产的吸引力会有所下降。结果是相对于其他外币资产，本币资产的价值下降，本币贬值（表示 $E\downarrow$）。本币价值的下降会使得国内商品相比于国外同类商品而言变得更便宜，因此会导致净出口的增加（$NX\uparrow$）和总产出水平的提高（$Y\uparrow$）。这种利率渠道通过汇率发生作用的货币政策传导机制可写为：

$$货币政策(M\uparrow) \to 短期利率(r\downarrow) \to 短期汇率(E\downarrow) \to 净出口(NX\uparrow) \to Y\uparrow$$
$$\tag{11-7}$$

[①] M.弗里德曼，A.施瓦茨. 货币与经济周期 [J]. 经济学与统计评论，1963 (2)：32-64.

（五）利率传导机制的主要特点[①]

第一，利率传导机制强调影响消费者和企业决策的是实际利率（而不是名义利率）。

第二，对支出有主要影响的通常是长期实际利率（而不是短期实际利率）。

那么由中央银行的行为引起的短期名义利率的变化是如何使债券的短期和长期实际利率发生相应改变的呢？理解这个问题的关键在于价格粘性。所谓价格粘性，是指总体价格水平随时间的推移调整非常缓慢，这就意味着扩张性货币政策在降低短期名义利率水平的同时，也会使短期实际利率随之降低。根据利率期限结构预期假说的观点——长期利率等于预期的未来短期利率的平均值，如果短期实际利率水平持续下降的话，长期实际利率水平也下降。实际利率水平的降低又会导致总产出水平的提高。

是实际利率而不是名义利率影响支出的结论，为利用货币政策刺激经济提供了一条重要的传导机制，即使是在通货紧缩时期名义利率水平接近于零的情况下该机制仍然能够发挥作用。当名义利率水平接近于零时，对未来扩张性货币政策的承诺会提高预期通货膨胀率（$\pi^e\uparrow$），进而降低实际利率水平（$r=i-\pi^e$），即使当名义利率水平固定为零时也是如此，最终通过下面的利率途径刺激总支出的增加：

$$\pi^e\uparrow \to r\downarrow \to I\uparrow \to Y\uparrow \tag{11-8}$$

这一传导机制表明，即使在名义利率已被货币当局下调至零的情况下，货币政策依然是有效的。事实上，这一传导机制解释了为什么美国联邦储备理事会在2008年12月采用非传统货币政策，承诺在较长一段时间将联邦基金利率保持在零的水平。通过这样做，美联储试图阻止通货膨胀预期下降，以确保实际利率保持在低位从而刺激经济。此外，在较长一段时间保持低利率将有助于降低长期利率，也将导致更多的支出。

在货币政策实践中，是否发生了如理论所分析的情况呢？为此，一些经济学家进行了大量的实证研究。例如，斯坦福大学的约翰·泰勒认为，有强有力的实证证据表明利率通过改变资金成本对消费和投资支出产生影响，从而使货币传导机制的利率渠道在现实中发挥重要作用。但是他的观点颇具争议，曾任美联储主席的本·伯南克和纽约大学的马克·格特勒等一些研究人员就认为，实证证据并不能证明利率水平可以通过改变资金成本来发挥重要作用。可见，这些研究人员认为传统的利率传导机制实证方面不足。这就为寻求其他货币政策传导机制的研究提供了动力。

二、信用传导机制

20世纪80年代以来，随着信息技术的发展，关于货币政策传导机制的研究又有了许多新的发展。其主要思想是由于信息是不对称的、金融市场是不完善的，因此货币政策对于实际经济活动是有效的。一些经济学家认为，传统的货币传导机制忽略了信贷潜在的重要影响，将货币政策的作用完全归功于货币供给量的变化，即通过货币供给量的变化改变了利率，从而改变支出。也就是说，传统理论假设金融市场是完善的，个人和企业的各种资金来源可以方便地相互替代。事实上，由于信息的不对称性，

[①] 弗雷德里克·S.米什金. 货币金融学［M］. 蒋先玲，等，译. 北京：机械工业出版社，2016：507-508.

金融市场是不完善的，在金融市场上，由于资金贷出者不了解借款人的情况，信息不对称性催生了金融中介机构。金融中介的作用在于：专门从事信息收集工作；通过非价格机制筛选掉不良借款人；设计各种机制，激励借款者履约。因此，信贷作为商业银行的产品很难被其他资金来源取代。到了20世纪90年代，这些思想得到了许多经济学家的重视。随着对于市场缺陷的认识和对利率作用的反复检讨，信贷在货币政策传导中的作用开始得到加强，并逐渐形成了银行贷款渠道和平衡表即资产负债表渠道（包括非对称信息效应、流动性效应、现金流效应、预料之外的价格水平效应）两种信用传导理论。

（一）银行贷款渠道

这种观点认为，在信息不对称环境下，商业银行的资产业务与负债业务一样，具有独特的政策传导功能。也就是说，银行贷款与其他金融资产（如债券）不可完全替代，特定类型的借款人的融资需求只能通过银行贷款得以满足，从而使得货币政策除经由一般的利率机制传导外，还可通过银行贷款的增减变化进一步强化其对经济运行的影响。首先是格林沃尔德和斯蒂格利茨（1987）在《不完全信息、财务约束与商业波动》中强调了信贷在经济周期中，尤其是在货币政策向经济的传导中的作用。其后不久，伯南克与布林德（Bernanke & Blinder，1988）在《信用、货币与总需求》中率先对货币政策如何经由银行信贷传导进行了正式探讨。

随着货币政策紧缩，银行资金来源（如存款）减少，从而当银行资产结构基本不变时，银行贷款的供给也被迫削减，结果在因利率普遍提高而抑制投资的基础上，还致使那些依赖银行贷款融资的特定借款人进一步削减投资，国民收入随之减少。反之，随着货币政策扩张，比如增加公开市场购买，增加了银行贷款的可供量。如果某些特定的借款人只能从银行而不能从其他来源借款，银行贷款对经济活动具有特殊的作用，那么贷款的增加将引起投资支出（也可能是消费支出）的增加。因此，可将该传导机制表述为：

$$公开市场购买或出售 \rightarrow M\uparrow(\downarrow) \rightarrow 贷款\uparrow(\downarrow) \rightarrow I\uparrow(\downarrow) \rightarrow Y\uparrow(\downarrow) \quad (11-9)$$

银行信贷渠道的重要含义在于：其一，即使存在如凯恩斯所述的流动性陷阱，导致传统的利率传导机制根本无效，货币政策也可通过信用供给的变动从而继续发挥作用。其二，货币政策对小企业的影响要大于对大企业，因为小企业更依赖于银行贷款，而大企业可以直接通过股票、债券市场而不必通过银行进入信用市场。其三，利率和货币供给不是货币政策紧缩或扩张的唯一指标，银行贷款数量也可以是一项指标。

尽管这一结论已经为相关研究所证实，但是理论界也对银行贷款渠道提出了许多质疑。因为中央银行影响商业银行贷款供给的能力一般取决于如下几个因素：一是非银行中介机构的作用。借款人的融资需求并非必须依赖银行，而可以通过更为广泛的非银行金融机构得以满足。二是商业银行通过对资产结构调整抵消准备金变动的能力。如果商业银行能通过资产结构的调整，来抵消准备金的变动，中央银行就可能无法影响商业银行的贷款供给能力。三是法定风险资本比例的影响。近年来，国际强化金融体系监管与风险防范的普遍趋势是实行风险资本比例控制（Risk-Based Capital Requirement），比如巴塞尔协议。一般来说，风险资本比例控制的引入会削弱中央银行扩张银行贷款供给的能力,这是因为一旦银行达到法定风险资本比例的下限,扩张的货币政策也无法促使银行增加贷款,而只会使不受风险资本比例要求约束的证券持有额上升;此时即使不是所有银行都受法定风险资本比例约束,但由于锁定效应的存在,货币政策经由银行信贷机制传导的效力也将大大降低(Kashyap & Stein,1994)。由此可见,尽管有确凿证据表明商业银行在中介融资活动中具有不可替代的独特作用,但关于中央银行是否能影响商业银行贷款供给能力这一点,论据不充分。因此,银行信贷观点还有待进一步研究。不过许多经济学家认为,银行贷款渠道在2007—2009年衰退后的美国经济缓慢恢复过程中起到重要的作用。

(二)平衡表渠道

1. 企业平衡表渠道(非对称信息效应)

企业平衡表渠道也是源自信贷市场上的信息不对称问题。信息不对称的存在,导致了逆向选择和道德风险问题。如果逆向选择和道德风险恶化,则会使得金融市场难以向有生产投资机会的人们提供资金,并导致经济活动急剧萎缩。而企业净值的增加,则会使逆向选择和道德风险变小。因为较高的净值意味着借款人的贷款实际上有较多的担保品,风险选择的损失减少。净值的增加,可以鼓励对投资支出的融资贷款。同时,企业较高的净值也意味着所有者在企业投入了较多股本,减轻了道德风险问题。股本投入越多,所有者从事风险投资项目的意愿越低,一般不会将公司的资金投资于个人有利但不能增加公司利润的项目。也就是说,借款人较少为个人利益而从事风险较高的投资,贷款收回的可能性变大。因此,企业净值的增加会引起贷款增加,投资支出增长。

货币政策可以通过多种渠道影响企业的资产负债状况。扩张性货币政策会导致股票价格的上升($Ps\uparrow$),从而提高企业的净值。因为净值增加,逆向选择和道德风险问题减少,投资支出会增加($I\uparrow$),总需求水平随之上升($Y\uparrow$)。货币政策传导的资产负债表渠道可描述为:

$$M\uparrow \to Ps\uparrow \to 净值\uparrow \to 逆向选择\downarrow 道德风险\downarrow \to 贷款\uparrow \to I\uparrow \to Y\uparrow \quad (11-10)$$

2. 家庭平衡表渠道(流动性效应)

因为耐用消费品(如汽车等)的流动性太弱,而金融资产(如银行存款、股票或债券)的流动性很强。当预计会遇到财务上的困境时,人们通常是愿意持有流动性强的金融资产而不愿意持有流动性弱的耐用消费品。因此,如果财务困境的可能性增大,消费者的耐用消费品支出就会减少;反之,如果财务困难的可能性降低,耐用消费品支出就会增大。

如何估计是否会遭受财务困境的可能性大小?这主要取决于消费者的资产负债情况。具体说来,当消费者持有的金融资产与其债务相比为数很多时,其对财务困难可能性的估计会很低,从而较为乐意去购买耐用消费品。当股票价值上升时,金融资产的价值也会提高,从而耐用消费品支出也会增加,因为消费者的财务状况更为稳妥,遭受财务困难的可能性估计也很低。这种分析也适用于对住宅的需求,因为住宅如同耐用消费品,属于不动产。股票价格的提高会改善消费者的资产负债状况,降低遭受财务困难的可能性,提高消费者购买新住宅的欲望。可见,货币与股票价格之间存在比较密切的关联。它们之间的关联及对经济的影响过程也就是货币政策的传导过程。这一过程被弗雷德里克·S.米什金（Frederic S. Mishkin, 1977）在其《什么原因使消费者财务窘迫？家庭资产负债状况与1973—1975年的经济萧条》一文中描述为：

$$M\uparrow \to Ps\uparrow \to 金融资产的价值\uparrow \to 财务困难的可能性\downarrow \to 耐用消费品支出和新住宅支出\uparrow \to Y\uparrow \tag{11-11}$$

上述分析表明，货币政策对消费者资产负债的影响可能会对总需求有较大的影响，尤其是在大危机时期，这些影响会更为重要。因此，消费者的资产负债表也是货币政策的传导途径之一。

3. 现金流效应

现金流是指现金收入与支出的差额。扩张性货币政策会降低名义利率水平，企业（或家庭）的现金流会因此增加，从而改善企业（或家庭）的资产负债表。现金流增加会提高企业（或家庭）的流动性，并使得贷款人可以更加容易地了解企业（或家庭）能否履行偿债义务。结果是逆向选择和道德风险问题得以减轻，从而贷款总量增加，并使经济活动更为活跃。现金流渠道可描述为：

$$i\downarrow \to 公司现金流\uparrow \to 逆向选择\downarrow 道德风险\downarrow \to 贷款\uparrow \Rightarrow I\uparrow \to Y\uparrow \tag{11-12}$$

传统利率传导机制与现金流渠道的不同之处在于，前者重视实际利率水平影响投资支出，后者重视名义利率水平影响企业现金流，而且短期利率起着特殊的作用，因为通常短期（而不是长期）负债的利息支出对家庭和企业的现金流影响最大。

现金流效应与家庭平衡表渠道的唯一区别是导致支出增加的不是贷款人贷款给消费者的意愿，而是消费者的支出意愿。

4. 预料之外的价格水平效应

平衡表渠道还通过货币政策对一般价格水平的影响来发挥作用。因为在工业化国家中，债务总是以固定的名义利率计息，预料之外的价格水平的上升会降低企业负债的实际价值（减轻债务负担），但是企业资产的实际价值不会下降。导致物价水平出现预料之外上升（$P\uparrow$）的货币扩张，会提高企业的实际净值，减少逆向选择和道德风险问题，从而使投资支出和总产出增加。整个过程可描述为：

$$r\downarrow \to \pi\uparrow \to 预料之外的价格 P\uparrow \to 公司实际净价值\uparrow \to 逆向选择\downarrow 道德风险\downarrow \to 贷款\uparrow \to I\uparrow \to Y\uparrow \tag{11-13}$$

信用渠道之所以重要，是因为它进一步阐明了为什么货币政策对经济有着潜在的影响。尽管信贷渠道的重要地位还未充分确立，但对货币如何影响经济的研究，极大地丰富了有关货币政策传导机制的理论，为货币政策的实施与效应提供了有力的支持。

综上所述，货币政策传导途径一般可概括为三类：第一类是通过投资支出起作用，第二类是通过消费支出起作用，第三类是通过国际贸易起作用。如图11-3所示，在考察货币政策对经济的影响时，不仅要关注名义利率，而且要关注实际利率；不仅要关注实物商品的价格，而且要关注其他资产的价格；货币政策能减少未来价格水平的不确定性；即使短期利率水平已经接近于零，货币政策的实施也能通过这些传导途径而有效地重振疲弱的经济。

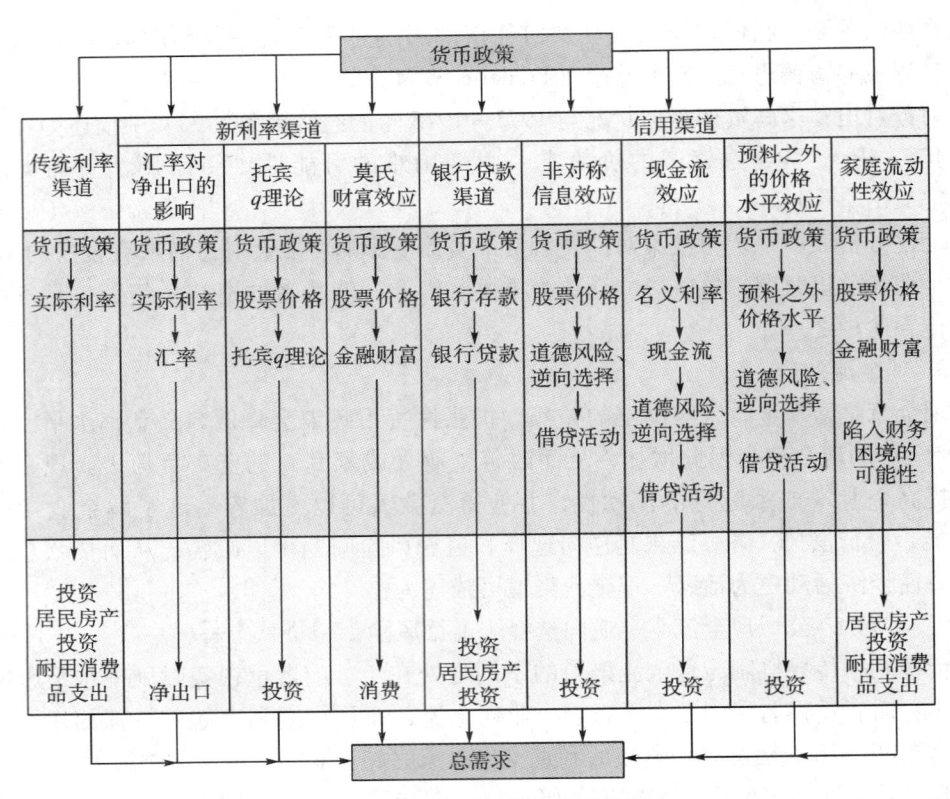

图 11-3 货币政策传导机制

资料来源：弗雷德里克·S.米什金. 货币金融学 [M]. 蒋先玲，等，译. 北京：机械工业出版社，2016：508（引者略作改动）.

应用 11-1

次贷危机后的经济衰退

随着 2007 年夏天次贷危机的爆发，美联储开始采取非常积极、宽松的货币政策。从 2007 年 9 月至 2008 年 12 月的 15 个月间，美联储将目标联邦基金利率由 5.25% 下调至 0。起初，美联储的行动看上去实现了经济增长的温和下降，并阻止了衰退的发生。但是经济走势比美联储和非官方的预测人员期望的都要弱，2007 年 12 月衰退开始了。为什么在美联储货币政策工具如此非同寻常地快速降低利率的情况下，经济表现仍然如此疲软呢？

次贷危机通过我们之前提出的多条渠道对经济产生负面影响。次级抵押违约率的提高，导致抵押支持证券和担保债务凭证（CDO）的价值下降，从而使金融机构出现巨大的账面损失。由于资产负债状况恶化，这些金融机构开始去杠杆化并大量削减贷款。由于没有其他机构搜集信息和发放贷款，信贷市场上的逆向选择和道德风险问题增加，从而导致经济的下滑。由于出现如此多金融市场失败的情况，不确定性的提高导致息差急剧升高。股票市场的低迷和房价的下降使得家庭财富减少，从而削弱了整体经济。家庭财富的减少抑制了消费者的消费支出，并通过使托宾提出的"q"下降减少了投资支出。

正是由于以上这些传导机制的作用，尽管美联储积极的货币政策降低了联邦基金利率，经济仍然受到了很大的冲击。

资料来源：弗雷德里克·S.米什金. 货币金融学［M］. 蒋先玲，等，译. 北京：机械工业出版社，2016：513.

第三节 货币政策效应

影响货币政策最终收效的因素有很多，主要是货币政策时滞、微观经济主体的预期、货币流通速度、金融创新和其他政治经济因素。

一、货币政策时滞

一个国家的中央银行根据当时的经济金融情况，运用适当的货币政策工具去实现其所期望的目标。但是，货币政策实施后，究竟要多长时间才能产生效果？这段时间的长度可否进行预测？这就涉及货币政策的时间差，即时滞（Time Lag）问题。

研究和判断货币政策的时滞，对于研究货币政策的有效性具有非常重要的意义。倘若货币政策的时滞长度有限，并且非常均匀，可进行较为准确的预测，那么货币政策自然能够发挥应有的作用。但倘若货币政策有长期且飘忽不定的时滞，那么由于时滞难以预测，货币政策要么将在错误的时间内发生作用，要么将使经济形势更加恶化，这样相机抉择的货币政策自然不能信赖。因此货币政策的时滞及其可测性与货币政策的有效性有着密切的关系。

所谓货币政策时滞，是指从经济形势发生变化出现问题，客观上需要调整货币政策，到货币政策的调整对国民经济产生效力，实现预期目标所需的时间。简言之，货币政策时滞是指货币政策从认识、制定到获得主要的或全部的效果所必须经历的一段时间。对此，许多经济学家都做过分析，粗略的概括如图11-4所示。由图11-4可以看出，货币政策时滞主要包括内部时滞和外部时滞。

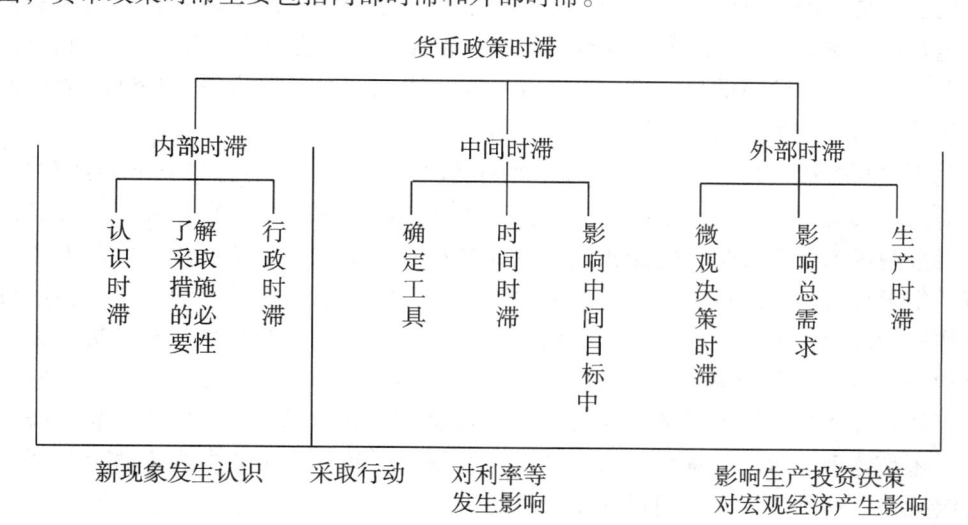

图 11-4 货币政策时滞的内容

（一）内部时滞

内部时滞（Inside Lag）是指自经济现象发生变化，需要采取对策加以矫正开始直到中央银行实施货币政策工具为止的这段时间。内部时滞又由两部分构成：第一，认识时滞（Recognition Lag），即当经济现象发生变化时，由于经济资料缺乏或决策者反应较慢，不能明确判断此种经济形势变化的意义及其可能产生的影响，直到经过若干时间后，中央银行才能获取准确资料，取得明确认识，决定开始研究对策，这段时间即是认识时滞。例如，为了减少误差，美国国民经济研究局（正式确定经济周期转折点的机构）至少要在确定衰退已经开始 6 个月以后，才正式宣布经济处于衰退之中。第二，行政时滞（Administrative Lag）或行动时滞（Acting Lag），即中央银行明确经济形势变化的性质及其将产生的影响后，将立即对该种经济形势研究可行的对策，但研究与行动都需要耗费时间，在决定实施何种政策工具之前的时间过程，称为行政时滞。整个内部时滞的长短取决于中央银行对经济形势发展的认识和预见能力、制定政策的效率和行动的决心。

（二）外部时滞

外部时滞（Outside Lag）又称影响时滞，是货币政策时滞的主要部分，是指从中央银行采取行动开始直到对政策目标产生影响力为止这段过程。外部时滞既包括微观主体在新货币政策出台后的决策过程，也包括了微观主体的行为对储蓄、投资、消费、货币需求、产出和物价等重要经济变量的影响过程。也就是说，这段时滞又包括两部分：一是决策时滞（Decision Lag）。中央银行采取行动会促使金融机构改变其利率和信用供给量，利率和信用条件改变后，个人与厂商面对新形势，改变自己的投资决策或支出决策，在采取行动之前，这段时间称为决策时滞。二是生产时滞（Production Lag）。个人与厂商决定其支出意向后，对整个社会的生产和就业将产生影响，这段影响过程所需要的时间称为生产时滞。外部时滞的长短主要由客观的经济和金融条件决定，可以说是由实质经济部门的政策反应行为决定，因为不论是货币供给量还是利率，它们的变动会立即影响到政策目标。而且由于经济结构、经济主体及其行为因素都不是稳定且可预测的，因此时间长度变异很大，正如货币政策的质量效果所表明的那样，各经济部门对货币政策的反应不一，所受影响有很大差异。这也说明外部时滞是整个货币政策时滞中最为复杂的问题。

关于中间时滞（Intermediate Lag），严格地说，中间时滞属广义的外部时滞的一部分，但由于其情况较特殊，单独加以讨论。所谓中间时滞，是指自中央银行采取行动以至对金融机构发生影响，使金融机构改变其利率或其他信用情况，以便对整个社会经济产生影响力的时间过程，实际就是中央银行选定的政策工具变量在货币信用市场上起作用的过程，因此有时也称为信用市场时滞。这段时间的长短主要取决于金融中介机构及其他微观金融主体的政策反应行为及金融市场的敏感程度。如果金融资产丰富、市场条件发达，宏观经济政策的扩张或收缩无论是体现在货币供给增长速度的调整上，还是体现在短期市场利率的变动上，都是要引致一连串的微观主体金融资产结构重组行为，这种行为对中间目标预期值的实现发生作用时，由当时的经济条件决定，其各自时滞也会有所不同。总之，这段时间的长短已非中央银行所能操纵的了。

关于货币政策时滞的长度，一般来说，外部时滞总要长于内部时滞。这是因为宏观经济政策的重点大都是短期总量调节，其相应要求决策过程尽可能短，换言之，决策者的灵敏度要高一些。如果即使是一项短期调节的宏观经济政策也要历经冗长的讨论、繁琐的制定程序，那么就容易错过良好的调节时机。而外部时滞相对长些，这是因为在工具变量和目标变量之间还有一个迂回曲折的传导过程，而且货币政策的目标不是单一、固定不变的，在不同时期有不同的政策目标。这样不同的经济制度条件、不同的政策工具以及不同的政策目标之间，自然就形成不同的且复杂的传导机制。例如，在货币政策工具体系中，有的工具调节效力较强，但效果常常难以预测；有的工具虽然效力不够强，但效果却很容易预知。在不同的经济条件下，选择的最终目标不同，即使采用相同的政策工具和调节度，也会产生极不相同的调节效果。所有这些差别，如果从时间的角度去分析，都可以直接或间接地表现为时滞问题。

尽管人们还难以准确把握时滞，但作为一种客观存在，时滞不仅左右着货币政策产生效力的时间及程度，而且在很大程度上决定着货币政策对宏观经济运行的影响是否有利。如果为遏制某一经济现象发展而采取的货币政策能够在较短时间内生效，那么该货币政策对宏观经济的运行是有利的。但是，如果货币政策需要较长时间方能生效，而在这段时期内国民经济的运行又受其他因素影响，出现了与制定该货币政策完全不同的形势，那么该货币政策便可能对宏观经济的运行产生不利影响。如图11-5所示，假定货币当局在经济繁荣时期制定并推行了一项政策（A点所示），旨在抑制经济的过热势头，如果该政策在1年半后方能发挥其主要的效力（B点所示），那么这项政策便会使正常的经济周期（实线所示）的波动幅度（虚线所示）增大。这显然是货币当局不愿看到结果。因此，这些时滞的存在削弱了相机抉择主义的理论。例如，当失业率很高的时候，相机抉择政策目的在于让总需求曲线向右方移动，让经济达到完全就业状态，但是最后不一定能达到预期的效果。的确，如果上述的政策时滞时间很长，在总需求曲线向右移动之前，自我调节之际也许就让经济回到了完全就业的状态。然后，当相机抉择政策开始实施的时候，也许会引起产出移动到潜在产出上方，导致通货膨胀率提高。当政策时滞比自我调节机制的作用时间长的时候，非相机抉择政策也许会产生较好的效果。

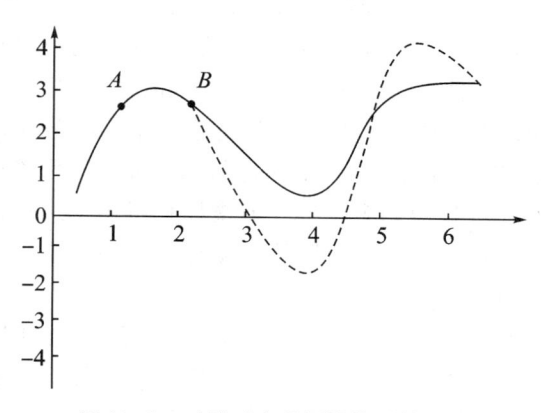

图11-5　时滞对宏观调控格局的影响

二、微观经济主体的预期

兴起于20世纪70年代,以美国芝加哥大学的罗伯特·卢卡斯和斯坦福大学、芝加哥大学的托马斯·萨金特等经济学家为代表的理性预期学派,完全服从于古典经济学的三个基本信条(完全竞争、信息充分、要素自由流动),始终如一地运用古典主义原理(或者说是微观经济学原理)来分析宏观经济过程,试图从经济人理性预期的角度为宏观经济学建立一个微观基础。该学派也因此被称为新古典主义。理性预期学派重新确认古典经济学关于经济生活中的主体是"理性人"的假设。所谓"理性人",是指人们都会尽力收集有关信息,进行合理的预测,并按效用最大化和利润最大化的原则做出决策。政策制定者(中央银行)与政策调节对象(公众)的决策行为之间的相互依赖和相互影响,即"理性人"的预期存在,使货币对于经济中的实际变量并没有什么有规则的影响,其唯一具有的有规则的影响就是对名义变量,即价格的作用。只有在没有预期到货币数量变动或社会对通货膨胀的预期错误时,货币政策才能对失业率、产量和实际收入等实际变量产生短期的影响。

由于人们对未来经济行情的变化已有周密的考虑和充分的思想准备,在货币政策公布的前后,人们就会采取相应措施,从而使政策的预期效果被理性预期的作用抵消。例如,政府拟采取长期的扩张政策,人们通过各种信息预期社会总需求会增加,物价会上涨,在这种情况下,工人会要求增加工资,企业会因预期工资成本的增大而不愿扩展经营。最终结果是只有物价的上涨而没有产出的增长。鉴于微观主体的预期,似乎只有在货币政策的取向和力度没有或没有完全为公众知晓的情况下才能生效或达到预期预果,但是这样的可能性不大。货币当局不可能长期不让社会知道其要采取的政策。实际上,公众的预期即使是非常准确的,实施对策即使很快,其效应的发挥也要有个过程。也就是说,货币政策仍可奏效,但公众的预期行为会使政策效果大打折扣。

三、货币流通速度

货币流通速度之所以会成为货币政策有效性的限制因素,是由于其与流通中的货币量之间的关系。货币政策主要是通过增减货币供给量来实现其目标的。因此,即使货币流通速度只有一个相当小的变动,如果政策制定者未能预料到或在估算这个变动时出现小的差错,都有可能使货币政策效果受到严重影响,甚至还有可能使本来正确的政策走向反面。例如,在预测的年度,GDP将增长某一百分比,按以往规律货币供应量等比增加即可满足GDP增长对货币的追加需求,如果货币流通速度在预测的期间加快(或减慢)了,货币当局应相应减少(或增加)货币供应量,否则将会给经济带来严重不利影响。因此,要使货币供给量的增减趋于合理,使货币政策有效,就必须正确估测货币流通速度的变化。

在实际生活中,影响货币流通速度的因素很多,既有政策因素,也有市场因素,还有社会制度因素,任何一个因素发生变化都有可能引致货币流通速度发生变动且难以控制。因此,对货币流通速度变动的估算,很难做到不发生误差,货币政策的有效性就必然受到影响。正因为这样,有人主张采取变通的手法,即将中央银行货币政策的管制范围扩大至商业银行以外的金融机构,甚至进一步主张将货币定义扩宽至全体金融机构的各种存款,以消除或减轻上述因素所致货币流通速度变化给货币政策效应带来的影响。还有的国家在实践中更是通过考虑更多的对货币供给量有影响的因素,再结合货币流通速度的变化来灵活有效地运用货币政策。例如,德国联邦银行主要通过生产能力的预期增长率、生产能力利用率的预期变化、不可避免的物价上涨率和货币流通速度的预期变化四个基本因素来确定一定时期货币供给量的增长率。正因如此,二战后德国较成功地控制了货币供给量的增长,保持低水平的通货膨胀。

四、金融创新

(一) 金融创新削弱了中央银行控制本国货币供给的能力

由于金融创新使货币供给主体扩展为中央银行、商业银行和非银行金融机构三级,商业银行地位下降。商业银行地位的不断下降,必然使以控制商业银行货币派生乘数为中心设计的传统货币控制方法难以奏效,从而给中央银行货币政策的实施带来难度。

(二) 金融创新削弱了货币政策的效力

金融创新对货币政策的最大困扰,莫过于使货币的定义与计量变得困难和复杂以及使得货币总量变化及其含义越来越不明朗。现在,很难有哪个中央银行能确切地解释货币量变化的真实含义,这必然给中央银行货币政策的制定和执行带来混乱并削弱其政策效果。

金融创新使货币政策工具部分失灵,使传统的货币政策效力大打折扣。第一,存款准备金政策效力弱化。因为金融机构可以通过回购协议、货币市场共同基金账户等方式筹集的资金不算作存款,所以无需缴纳法定存款准备金,这就扩大了金融机构资金使用量,削弱了中央银行通过调整存款准备金比率控制派生存款的能力。第二,再贴现政策作用下降。金融创新后,金融机构融资渠道多样化,融资方式更加灵活,使金融机构对中央银行再贴现融资渠道的依赖性大大降低,贴现政策的作用受到限制。第三,规避管制型金融创新,使利率限制、法定保证金等传统的选择性货币政策工具失效。运用选择性货币政策工具越来越困难,迫使中央银行不得不放弃对它们的使用。

总体说来,金融创新降低了货币政策的有效性。

五、其他政治经济因素

除了时滞、微观经济主体的预期、货币流通速度和金融创新等因素外,其他或来自于实体经济或来自于政治方面的因素也对货币政策的有效性产生影响。

(一) 实体经济条件的变化

在实施货币政策的过程中,生产和流通领域出现了一些货币政策不能解决的问题或某些意料之外的情况,而货币政策又难以做出相应的调整时,就可能出现货币政策效果下降或失效的后果。例如,货币当局实施了一项扩张性的货币政策。在此过程中,生产领域出现了生产要素的结构性短缺。这时,尽管货币资金的供给充裕,但因为瓶颈部门的制约,实际的生产也难以增长,扩张的目标便不能实现。

(二) 其他政治性问题

由于任何一项货币政策的实施都可能给不同阶层、集团、部门或地方的利益带来一定的影响。这些主体如果在自身利益受损时，做出较强烈的反应，就会形成一定的政治压力。当这些压力足够有力时，就会迫使货币政策进行调整。例如，失业影响的是少数人，中央银行对失业率可能采取漠不关心的态度，于是货币政策就存在多数人压倒少数人的合法利益问题。然而，事实上，中央银行不会采取这种态度，因为碍于政府某种压力会去关注失业率，并调整其货币政策。又如，某特殊利益集团可能趁社会大众缺乏对货币政策的关注时，迫使中央银行采取不反映社会大众利益的货币政策。这些特殊利益集团可能是产业企业或金融机构，如受到利率上升影响最大的住房建筑业可能对中央银行施加压力。其或者通过国会的力量，或者通过舆论，迫使中央银行执行过于扩张的货币政策，以延缓名义利率的上升。这种政策的效果必然扩散到整个国民经济，其短期效果更为集中。

不过，对于政治性问题妨碍货币政策效果的严重性如何，西方经济学界并无定论。不少学者认为肯定会导致社会利益一定的损失，但也有学者认为这些因素不至于妨碍货币政策对国民经济产生的净效果。

阅读与思考
对付通胀持续下降：许多中央银行面临的挑战

国际货币基金组织的一项研究指出，在货币政策被认为受到限制的国家，长期低通胀的风险在增大。

国际货币基金组织在2016年10月期《世界经济展望》公布的研究指出，"大衰退"之后，通胀处于低水平且不断下降，这是各个国家、各个部门按不同指标衡量都普遍存在的现象。可贸易消费品（如汽车和电视机）的价格比服务（如通信和金融服务）的价格更明显地体现出通胀的这种下降。此外，通胀水平的下降主要是由本国经济产能持续闲置（因需求和增长疲软）和大宗商品价格下跌导致的。这项研究还发现，大型出口国的工业产能闲置可能压低了全球可贸易品的价格，从而导致通胀下降。

但这不是问题的全部。到2016年9月底为止，对未来价格路径的预期（通胀预期）尚未显著下降。尽管如此，这项研究发现，在利率接近或低于零的国家，通胀预期对意料之外的通胀变化的反应程度（显示通胀预期在多大程度上得到有效"锚定"的指标）已经上升。这表明，在这些经济体，人们认识的货币政策对付通胀持续下降的能力可能在减弱。

通胀普遍下降

广泛的国家和地区都出现了通胀下降的情况。截至2015年年底，在由120多个经济体组成的广泛样本中，85%以上的经济体的通胀率都低于中期预期水平，其中有20%的经济体实际上处于通缩状态。2014年以来石油价格的大幅下跌是部分原因，但在多数发达经济体，最近也包括许多新兴市场经济体，核心通胀（剔除食品和石油价格）也降到中央银行的通胀目标以下。尽管所有部门的通胀水平都已下降，制造业生产者价格比服务业价格下降幅度更大。

近期通胀下降的驱动因素

在发达经济体和一些新兴市场经济体，需求疲软和持续的经济产能闲置导致了通胀下降。但进口价格低迷也对压低通胀起着重要作用。这在一定程度上反映了石油和其他大宗商品价格的下跌，但这项研究指出，进口价格下降对国内通胀的影响还与主要大型经济体的工业产能闲置有关。

的确，在一些大型经济体（特别是中国），可贸易品部门的投资在全球金融危机之后强劲增长，这是基于对全球和国内需求的预测，尽管事后证明这种预测并未实现。这些经济体由此产生的过剩产能对可贸易品的国际价格造成下行压力，总体上意味着世界其他地方的进口价格下降。

我们是否应担忧通胀下降？

一般来说，短暂的通胀下降不是一个值得担忧的问题。例如，供给因素驱动的能源价格下跌或生产率提高引起的通胀暂时下降可能是有益的。然而，如果通胀不断下降导致企业和住户下调其对未来价格的预期，其就可能推迟支出和投资决定，这会引起需求收缩，加剧通缩压力。最终，"持续"的通胀下降可能导致代价高昂的通缩周期。正如日本发生的情况，即需求疲软和通缩相互强化，最终加重债务负担并抑制经济活动和就业创造。

通胀预期的作用

应考虑的一个关键因素是人们对未来价格路径的预期。今天的价格下跌可能是人们形成未来价格预期的一个因素。因此，中央银行以其通胀目标为支点锚定中期通胀预期的能力有助于避免高成本的通胀下降现象。

到2016年9月底为止，多数衡量通胀预期的现有指标尚未显著下降。但这项研究表明，在利率处于或接近零的国家，中央银行可能被认为没有多少空间来促进经济活动和提高通胀。事实上，这项研究发现，通胀预期对意料之外的通胀变化的敏感度（在通胀预期得到完全锚定的情况下应当为零）在上升（见图11-6）。这意味着，在这些国家，通胀预期正与中央银行的目标"脱锚"。尽管这种"脱锚"的经济程度仍相对较小，但确实表明，在一些国家，人们所认识的货币政策对付通胀持续下降的能力可能在减弱。

保证通胀预期得到有效锚定的政策行动

需要采取大力度的政策行动，避免出现通胀长期低于目标水平、货币政策可信性受到侵蚀的风险，特别是在发达经济体。

由于许多经济体的政策空间有限，当前需要以综合、协调的方式运用所有可利用的政策手段，以促进需求和稳固通胀预期。总体来说，这意味着在继续采取宽松货币政策的同时，实施有利于经济增长的财政政策、收入政策（在工资增长停滞的国家）和支持需求的结构性改革，同时解决危机遗留问题（债务积压和大量银行不良贷款）。

当前通胀普遍下降转化成破坏性通缩陷阱的风险依然较小，但事实已证明，通缩动态一旦形成，就非常难以逆转，因此各国不能掉以轻心。

图 11-6

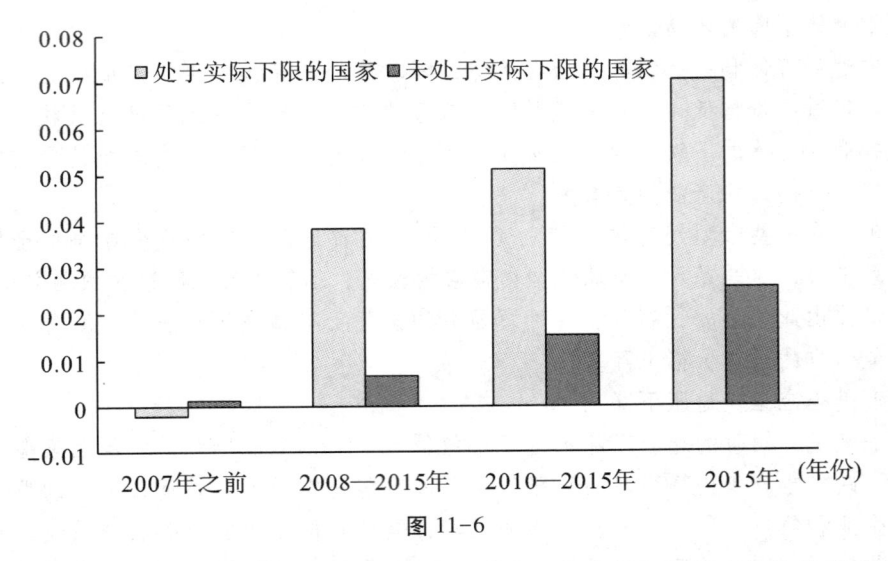

资料来源：国际货币基金组织. 对付通胀持续下降：许多中央银行面临的挑战［EB/OL］. (2016-09-27)［2017-08-16］. http://www.imf.org/zh/news/articles/2016/09/26/na092716-combating-persistent-disinflation#.

本章小结

1. 货币政策的操作规范主要有相机抉择和按规则行事两种。

2. 相机抉择是中央银行在操作政策工具以实现既定目标时，不受任何固定程序或原则的束缚，而是依据经济运行状况灵活地选择其最优的行动。相机抉择具有灵活性的优势，能够针对意外的冲击，采取迅速的对策反应。但时间非一致性的缺陷使其具有内在的通货膨胀偏向。

3. 货币政策规则是在货币政策实施以前，事先确定操作货币政策工具的程序和原则并据以进行实际的操作。规则具有预承诺机制，从而可以解决货币政策决策的时间不一致问题。货币政策规则包括工具规则和目标规则。泰勒规则是工具规则；货币数量单一规则、麦考勒姆规则和通货膨胀定标规则属于目标规则。遵循简单规则会限制中央银行对新形势做出反应的能力。

4. 相机抉择和规则各有优势与不足。寻求规则与相机抉择之间的均衡或两者的兼顾就成为对货币政策操作规范研究的最新挑战。

5. 货币政策传导机制主要有利率传导和信用传导。利率传导理论是指一切以完善的金融市场结构为基础，从私人经济部门的资产结构调整效应和财富变动效应角度分析货币政策传导渠道的理论的总称。信用传导是指货币政策通过影响货币供给作用于信贷的可得性，从而影响信贷供给并进一步影响投资和消费需求。

6. 利率传导包括维克塞尔的"自然利率说"、凯恩斯的利率影响收入理论、托宾"q"效应、莫迪利安尼的财富效应、货币主义的直接传导观点和汇率效应。信用传导包括银行贷款渠道和平衡表即资产负债表渠道（包括非对称信息效应、流动性效应、现金流效应、预料之外的价格水平效应)。

7. 货币政策能否起效还受到货币政策时滞、货币流通速度、微观经济主体的预期、金融创新、客观经济条件的变化以及政治性经济周期等因素的影响。

重要概念

货币政策操作规范　相机抉择　规则　时间不一致性　泰勒规则
货币数量单一规则　麦考勒姆规则　通货膨胀定标规则　货币政策传导机制
利率传导　信用传导　托宾"q"效应　财富效应　汇率效应　银行贷款渠道
平衡表　非对称信息效应　流动性效应　现金流效应　价格水平效应
货币政策时滞　内在时滞　外在时滞　金融创新

复习思考题

1. 怎样看待相机抉择和规则这两种操作规范？
2. 怎样看待2%左右水平的通货膨胀目标水平？
3. 举例说明现实中的利率传导和信用传导。
4. 分析信用传导在金融危机中以及危机后经济恢复中的作用。
5. 分析微观主体预期对货币政策效应的抵消作用。

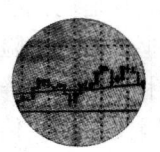

第十二章　金融危机与金融监管

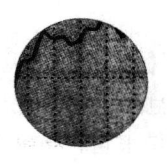

金融是现代经济的润滑剂，是优化资源配置的重要途径和手段。然而不定期发生的金融危机给全球经济造成严重的影响。鉴于此，一直以来金融业是受政府监管最严格的经济部门之一。金融监管的主要内容包括有为防止银行遭遇风险、保证银行稳健经营的预防性管理；为保护存款者利益而提供的存款保险；为避免银行遭遇流动性困难，货币当局在其非常状态下提供的紧急援助；等等。

第一节 金融风险与金融危机

一、金融风险的含义、特性和分类

（一）金融风险的含义

金融业是现代经济的核心，是现代经济的高增长行业，但金融业同时也是一个高风险行业。所谓风险，就是不确定性（Uncertainty）。金融风险就是指金融机构的经营活动产生收益的不确定性及金融机构作为风险承受者由于决策失误、客观情况变化或其他原因使资金、信誉等遭受损失的可能性。

（二）金融风险的特性

金融风险是以货币信用混乱为特征的风险，不同于普通意义上的风险，具有一定的特性。

1. 社会性

金融机构不同于其他行业，自有资金占全部资产的比重一般较小，绝大部分营运资金都是来自存款和借入资金，因此金融机构的特殊地位决定了社会公众与金融机构的关系，是一种依附型、紧密型的债权债务关系。如果金融机构经营不善，无偿债能力，就会导致客户大量挤提存款，损害公众利益，结果会破坏信用体系和经济秩序的稳定。

2. 可传递性

现代金融业的发展，使得一个国家内部各家金融机构紧密相连、互为依存。例如，同业拆借、清算、票据贴现和再贴现、金融债券发行和认购以及信用工具的签发使用等，都是在多家金融机构间进行的，一家银行发生问题，往往会使整个金融体系运转不灵乃至诱发信用危机。此外，金融创新推动了金融自由化和国际化，使得本国金融机构与外国金融机构之间、国内金融市场与国际金融市场之间的相互依赖性大大增加，金融体系中出现的任何差错，都会涉及整个金融体系的稳定。这就是所谓的"伙伴风险"。

3. 可控制性

尽管金融风险不可能完全避免，但金融风险对金融机构和社会的巨大破坏力是可以控制和防范的。金融风险的影响力和破坏力取决于金融风险的性质和累积程度，只要金融机构加强自律性管理，金融管理当局注重日常监管，就可以把金融风险带来的损失和破坏力控制在较低的限度内。

（三）金融风险的分类

金融风险一般可以划分为以下几类：

1. 信用风险

信用风险是指债务人一方不履行合约，不按期偿还本金和利息而造成的风险。信用风险是金融风险最基本的形式，这种风险在很大程度上主要受债务人的信誉、经济能力和经营能力以及经营环境的改变等因素的影响。

2. 流动性风险

流动性风险是以高负债水平为特征的金融机构的共同难题。流动性风险是指金融机构不能如期满足客户提款取现，或不能如期偿还流动负债而导致的风险。银行如果出现债务危机，存款不能自主提取、利息不能按时解付，那么不仅使其信誉、实力受到损害，而且对全部经营活动也将产生极大影响，轻则限制经营活动的扩展，重则会造成银行倒闭、破产。

3. 操作风险

操作风险，即因人为错误、交易系统或清算系统故障而造成损失的风险。操作风险本质上属于管理问题，并在无意状态下引发市场信用风险，这些问题的出现会导致交易者损失，安排交易的机构形象受损。

4. 利率风险

利率风险是指市场利率变动而产生的风险。银行在市场利率发生变化时所承担风险的大小可用利率风险率反映。其测算公式为：利率风险率＝可变利率资产／可变利率负债。如果银行拥有可变利率资产和可变利率负债一样多，并且又能相互匹配，那么两者比率就等于1，风险也等于零，即当市场利率变化时，负债增加或减少的利息支出可以由资产利息收入的相应增加或减少来抵补，这样银行的收益就不会因为市场利率的变化而受任何影响。如果比率大于1，就说明可变利率资产大于可变利率负债，当市场利率下降时，由于利息收入的减少大于利息支出的减少，银行收益就会相应降低，从而使银行风险增加；反之，当市场利率上升时，银行的收益将增加。如果比率小于1，就说明银行可变利率资产小于可变利率负债，当市场利率上升时，由于利息收入的增加小于利息支出的增加，银行的收益将会减少，就面临新的风险；反之，当市场利率下降时，银行收益将增加。

5. 汇率风险

汇率风险是指在国际经济交往中，以外币计价的资产或负债因货币汇率发生变动而引起其价值升跌，给交易双方中任何一方带来损失的可能性。汇率风险主要有三种类型：第一，转换风险。转换风险又叫会计风险，是指企业在进行会计处理或债权债务清算时，在评价本币对外币的交易时出现账面上的损益差异。因为企业会计是以本币表示一定时期的经营成绩和财务状况，在决算时对外币交易的资产和负债必须以本币计，其换算结果将因汇率不同而导致损益状况不一，资产负债各异。虽然转换风险造成的是账面损失，并不是真实的损失，但是账面损失要记在股东权益项下，因此可能不利于股票价格。第二，交易风险。交易风险是指由于两国货币汇率的变动，使外汇交易者与外汇借贷者蒙受损失的可能性。如果买入外汇多于卖出外汇，这个差额称为长头寸（Long Position），当外币贬值时，长头寸会遭受损失。如果买入外汇少于卖出外汇，这个差额称为短头寸（Short Position），当外币升值时，短头寸会遭受损失。

外币借贷业务不同于外币交易业务，但其头寸情况是一样的。外币资产大于外币负债称为长头寸，外币负债大于外币资产称为短头寸。在外币借贷中，长、短头寸可能引起的风险主要来源于不同币种的兑换。借入一种外币，将其兑换成另一种外币贷出就会产生外汇风险。例如，借入10亿日元，将其兑换成欧元贷出，并未予保值。当日元升值、欧元贬值时，回收的贷款不足以抵偿日元债务，便会产生亏损。

6. 政策风险

政策风险是指国家宏观经济政策不当造成的金融风险。宏观经济政策决策失误或执行不当会造成金融业经营发展的不稳定性。

7. 通货膨胀风险

通货膨胀风险是指在物价普遍、持续上涨情况下，金融机构的收益率和负债成本的变化而给金融机构带来损失的可能性。在通货膨胀时期，金融机构的资产利息收入会下降，尽管负债的实际成本率也会相应下降，但由于金融机构资产期限普遍长于负债结构，因此负债的成本会先于资产收益随货币市场利率上升而调整，从而对金融机构的利润带来压力。

上述金融风险可以概括为非系统性风险和系统性风险两大类。非系统性风险包括信用风险、流动性风险和操作风险，这类风险通过金融机构加强内部管理是可以控制或者减轻的。系统性金融风险包括政策风险、通货膨胀风险、利率风险、汇率风险，这类风险金融机构本身难以改变，但可以利用创新工具来规避风险。然而，任何一个社会，通过金融机构的内部管理来控制风险，其作用是有限的，因此金融管理当局的外部监管就显得十分重要。

二、金融危机的定义及演化路径

金融危机是指一个国家或几个国家与地区的全部或大部分金融指标的急剧恶化。其具体表现为金融资产价格大幅下跌，或者金融机构倒闭、濒临倒闭，或者某个金融市场（如股市或债市）暴跌，等等。

2008—2009年的全球金融危机的产生原因主要是由于美国的房地产泡沫及金融衍生工具的杠杆造成的。金融危机的演化路径一般具有三个阶段：

第一，金融危机的发端。经济体信贷规模激增，导致大量的信贷增量资金流入股票市场和房地产市场，导致股票市场和房地产市场出现虚高的资产价格泡沫。一旦泡沫破灭将会造成金融机构资产负债表恶化，贷款违约风险加剧，最终导致银行缩减信贷。

第二，银行危机。银行资产负债表的恶化，可能使得一些小银行无法继续经营而面临倒闭。在经济不景气时，这很有可能导致银行挤兑事件，引发大规模银行破产。

第三，金融危机的后期还会引发债务紧缩及信贷中介成本提高。金融危机期间，经济衰退导致物价急剧下降，通货紧缩会通过引起企业的实际债务负担加重，导致公司净值进一步恶化，进一步导致逆向选择和道德风险问题加重。

三、金融危机的国际传导机制

金融危机不仅会在危机发生国内部传导，最终抑制实体经济增长，严重的金融危机还会进行跨国传导，对其他国家和地区产生重要影响。金融危机的国际传导渠道主要有贸易渠道、金融传导渠道以及基于预期的传导渠道。

（一）贸易渠道

如果两国之间有很强的外贸联系，那么一国发生金融危机，会通过进口的减少影响其他国家出口的相应减少。国际贸易中，贸易伙伴国之间存在收入效应，即一国经济的发展会通过提高进口，进而带动贸易伙伴国的出口，从而提高均衡国民收入水平。美国长期以来保持对外贸易逆差，主要依靠进口来维持国内消费。2008年金融危机发生之后，美国国民财富大幅缩水，导致经济减速，产出和需求下降，由此引起美国从包括中国在内的国外市场进口的消费品、资本货物、农矿产品以及其他原材料减少。据测算，美国经济增长率每下降1%，中国对美国出口就会下降5%~6%。

（二）金融传导渠道

金融传导渠道包括金融机构传导渠道和资本流动传导渠道。在全球范围内，金融机构间的资金关联越来越紧密。关联的主要形式包括金融机构间相互持股、跨国同业存款、跨国金融机构母子公司、金融衍生工具、同业拆借等。当银行在面临流动性不足问题时，会提出其在其他银行的同业存款或者通过同业拆借来应对挤兑危机，最终会导致国际金融市场整体流动性的降低。

与外资银行的相关研究发现，当母国发生金融危机时，母国银行会撤回东道国外资银行分支机构的可贷资金，缩减信贷，以支持母国银行流动性不足的问题。资本自由流动也是金融危机传导的重要渠道。根据资产选择理论，资产投资者一般都会将其资金分散投资于不同的资产，实现在风险水平一定条件下，收益的最大化。金融危机期间，由于美国国内资本市场流动性严重不足，美国调整投资组合，将大部分海外的资本撤回，加剧了全球短期资本流动的波动性。

（三）基于预期的传导渠道

即使国家之间不存在紧密的贸易或金融联系，金融危机也可能会发生传导。这一传导渠道就是预期作用渠道。研究发现，投资者的心理预期和投资情绪的变化在国际金融危机的传导中起到不可忽视的作用。从众心理导致的"羊群效应"很可能加剧金融危机的国际传导。金融危机导致市场投资者对国家金融市场的恐慌，增加了金融市场的不确定性。因此，政府在处理金融危机时起到关键作用，如果投资者预期政府的救助将起到有效作用，则预期作用渠道将减弱；如果投资者认为政府的救助作用无法达到预期效果，则预期作用渠道将加剧金融危机的国家传导。

第二节　金融监管的内容

一、金融机构体系的内在脆弱性：信息经济学的解释

不少金融危机的爆发都以某些金融机构的倒闭为征兆，而金融机构在金融动荡中的脆弱性又往往使得局部的金融市场扰动演变为全面的金融危机。金融机构具有的内在脆弱性及其积累构成了金融体系面临的一个主要的金融风险。信息经济学的发展使人们可以更深刻地认识到为什么金融中介机构在金融环境的变化面前如此脆弱。

(一) 信息不对称性对金融机构的特殊意义

所谓信息不对称,是指交易双方对所要交易的对象拥有的信息在量上和质上不相等,信息优势的一方有可能凭借信息获利。在社会经济交往中,信息不对称是普遍存在的现象。信息不对称的主要影响是降低市场的运作效率。信息不对称的存在,导致了逆向选择和道德风险问题。

1. 逆向选择(Adverse Selection)

逆向选择是指市场上那些最有可能造成不利(逆向)结果(即造成违约风险)的融资者,往往就是那些寻求资金最积极而且最有可能得到资金的人。逆向选择是交易发生前由于信息不对称产生的市场失灵。

2. 道德风险(Moral Hazard)

道德风险指的是交易发生后,由于一方监督对方履行交易合约的成本太高而产生的违约风险,由于监督成本太高以至超过监督收益,信息优势一方有可能按照使自身利益最大化的目标来履行合约,采取不利于他人的行动,侵占对方的利益。

信息不对称性导致的逆向选择和道德风险,在决定金融机构的性质和金融机构的脆弱性方面具有特殊的重要性,斯蒂格利茨与魏斯(Stiglitz & Weiss, 1981)的研究表明,相对于贷款人,借款人对其借款投资的项目的风险拥有更多的信息,而最终的债权人——储蓄者对信贷用途则缺乏了解,从而产生了信贷市场上的逆向选择和道德风险。如果不存在金融中介,由储蓄者和借款人进行直接的交易,逆向选择和道德风险就会变得相当严重,信贷市场就会萎缩乃至完全消失;金融中介机构的产生可以在一定程度上降低信息的不对称。当最终贷款人(储蓄者)将其资金集中到以商业银行为代表的金融中介机构手中时,其事实上委托了金融机构作为代理人对不同的借款人实施差别对待,即根据相对风险大小来对贷款进行定价,这样可以降低借款人的逆向选择风险。由于相对于零散的储蓄者,金融中介机构处于更有利的地位来监督和影响借款人在借款后的行为,这样也限制了道德风险。然而,以商业银行为代表的金融中介机构积极作用的发挥受到两个前提条件的限制:一个条件是储蓄者对银行的信心,只有储蓄者不同时提款,才能保证金融机构将其对零散储户的流动性负债转化为对借款人的非流动性债权;另一个条件是金融机构对借款人的筛选和监督是高效率的,并且是无成本或至少是低成本的。由于不对称信息的存在,这两个条件的成立并不是绝对的,这样便产生了金融机构的内在脆弱性。

当前提条件之一不成立时,就会出现对银行的挤兑。可以说,自从银行业产生开始,挤兑就相伴而存在了。但只是借助于不完全信息理论和博弈论的发展,人们才得以对这一现象背后的微观行为机制做出了清晰地描述。

商业银行抵御挤兑的脆弱性源于其把对零散储户的流动性负债转化为对借款人的非流动性债权。在储户的提款随机发生而且银行将资产都持有至其到期日时,商业银行的经营地位是稳定的,因为大数法则保证了储户不会同时提款,只要有稳定的存款基础,商业银行便可以在保持足够的流动性应付日常提款的基础上,将其余的资金投资于非流动性、具有较高收益的资产上。但如果意外事件使存款的提现速度加快,那么对每一个储户而言,最明智的行为都是赶紧加入挤兑的行列。即使银行的经营是稳健的，即使所有的储户都能够认识到如果他们不进行挤兑更有利于整体利益，挤兑行为仍然会发生。其中的原因在于一旦金融机构的经营发生微小的意外扰动，其储户将面临个体理性行为和储户集体行为的非理性的冲突。这也就是说，如果其他储户的策略是挤兑，那么某一储户不挤兑时将可能丧失所有储蓄，而参与挤兑时可能减少自己的损失，则此时他的较佳策略是挤兑；如果其他储户的策略是不挤兑，某一储户则认为自己挤兑与否均不对其储蓄的安全构成影响，因此无论其他储户的行为是怎么样的，对某一储户而言其最佳选择是参与挤兑。即使全体储户事先达成共谋，即在金融机构遇到一般风险事件时不参与挤兑以提高共同的利益，储户也不会有主动执行这类共谋的内在动机，单个储户的理性行为还是趁着银行还有支付能力时抢先提款。因此，在现实生活中，挤兑具有爆发性发生的巨大可能，而金融机构对此是无能为力的，这意味着在市场信心崩溃面前，金融中介机构是非常脆弱的。通过由国家出面提供存款保险可以减少挤兑的发生，但一来存款保险不可能覆盖所有的金融机构；二来存款保险也带来新的问题，如它会反过来恶化金融市场上的逆向选择。

当前提条件之二不成立时，就会导致金融机构对借款人筛选和监督的失败，从而使其资产质量趋于恶化。导致金融机构对信贷资金难以进行有效分配的根源仍在于信息的不对称性，即其对投资项目风险和收益的了解肯定不如借款人，或者受资金存贷利差制约，金融机构无力支付随时监督借款人财务运行情况的高额信息获得费用。但现实金融机构的关键问题在于是什么促使金融机构向那些高风险的项目提供大量的贷款，从而使自己陷入呆坏账的困境？最易使金融中介陷入困境的是那些在经济繁荣时收益丰厚、在景气消失时风险激增的特殊项目，这就需要金融机构对灾难性事件的发生概率进行估计。但实际情况表明，要对此做出有价值的概率判断不大可能。

委托-代理理论能够有效地解释导致金融资产质量恶化的制度性原因。首先，金融机构从现代金融实践中得出的理论是金融机构的灾难并不可怕，因为灾难越严重，政府采取援救行动的可能性就越大。也正因为如此，在信贷膨胀时期"从众行为"对金融机构而言是不确定性下的理性选择，如果单个银行出现困难，政府可能听之任之，如果所有的金融机构都陷入困境，政府就不能不进行拯救。此外，竞争压力也迫使它们继续其错误决策，否则就可能失去市场占有率。其次，金融资产质量的突然恶化与管理者在经营业绩上获得奖励和受到处罚的不对称性有关。管理者的某种风险性决策一旦成功，其将获得极大的奖励；即使失败，其最坏的结果也不过是暂时失业而已，因此金融机构管理者的理性行为总是倾向于做一些风险较高的（同时对金融机构和对决策者都是高收益的）信贷决策。金融机构不同于生产企业，其资产选择有着很大的负的外部效应（即其对策对外部人产生很大的成本）。这是因为银行的自有资金只占其资产的很小一部分，而其净值越小，所有人从错误决策中招致的损失就越小，他们就越倾向于从事那些风险较高、一旦成功便会产生丰厚收益的信贷活动。再次，虽然金融机构在对借款人的监督上较零散的储户有很大优势，但完全的事后监督却是不可能的，这使得信贷市场上的不确定性并不能得以彻底解决。如果贷款方与借款方的信贷交易没有成本，而且所有的意外事件都可以被充分鉴别出来并写入合同之中，那么事前的信息不充分就没有太大的影响。然而实际情况是当事人不可能将所有意外事件都写进合同，设计这样的合同及审查对方是否满足了合同条款需要大量的时间和资源，金融机构对借款人的监督相当有限。最后，与发达国家奉行的"积极的不干预"政策不同，发展中国家或经济转轨国家的政府更倾向于进行直接金融调控，政府代替市场要求金融机构进行特定的金融资产微观配置，最终导致政府从金融系统中攫取"租金"（Rent）和金融资产质量低下。

尽管前面指出金融中介机构的产生本身是对信息不对称的一种回应，是有助于解决逆向选择和道德风险的一种机制，我们在进一步分析后发现这种机制存在着缺陷，储户的信心及金融机构资产选择中的内在问题使得金融风险不断产生和积累，最终可能引发金融危机。密希金（F. Mishkin, 1991）从这一角度出发对现代金融体系的危机进行了定义：所谓金融危机，就是一种因逆向选择和道德风险问题变得太严重以至于金融市场不能够有效地将资源导向那些拥有最高生产率的投资项目而导致的金融市场崩溃。

（二）金融资产风险的传染性

几乎所有的金融危机都与金融资产价格的过度波动相关，股票、汇率等金融资产价格的巨跌也是金融危机的一个重要标志，造成金融资产价格具有较强波动性的一般性原因也与信息不完全性有关。金融资产的定价受到不完全信息的制约，即金融市场据以对某种金融资产价值进行贴现的是该资产的未来收入流量及影响这一流量变化的各种因素，而这两者都难以为零散的资产持有人所知。这样便造成了金融资产价格常常处于动荡之中，而金融资产风险具有极强的传染性，结果可能引发体系性的危机。

由于金融机构之间存在密切而复杂的债权债务联系，因此金融资产风险具有很强的传染性（Financial Risk Contagiosity），一旦某个金融机构的金融资产价格发生贬损以至于其不能保证正常的流动性头寸，则单个或局部的金融困难很快便演变成了全局性的金融动荡。金融资产风险传染性的原因在于以下几个方面：

金融机构破产的影响和扩散与普通企业是不同的。普通企业的破产也会通过乘数效应而扩展，但每一轮的次级效应都是递减的。而金融体系内的各个金融机构之间是以信用链互相依存的，如果一家金融机构发生困难和破产，就会影响到它的存款人完成各自商业义务的能力，影响到同破产机构有业务联系的其他金融机构，还会影响到它的借款人（使借款人不得不提前偿还贷款或者得不到本来预料中的追加贷款）。其负面影响会随着每一轮的次级效应而增强，少数金融机构的破产会像滚雪球一样越滚越大，直至酿成金融体系的危机。这样金融体系的风险就变得越来越大，金融危机便会爆发。

银行同业支付清算系统把所有的银行联系在一起，从而造成了相互交织的债权债务网络，这不允许金融机构出现流动性不足，更不用提其在汇市或股市的资产贬损，因为基于营业日结束时的多边差额支付清算系统使得任何微小的支付困难都可能酿成全面的流动性危机。曾有过模拟试验来测算其中一家参与者无力支付引起的挤兑对其他机构产生的连锁反应，结果表明一家参与行暂时丧失支付能力时将最终导致其他近一半参与者无力支付的结果。同时，信息的不对称使债权人不能像对其他产业那样根据公开信息来判断某个金融机构的清偿能力，因此债权人便会将某一个金融机构的困难视为其他所有具有表面相似业务的机构发生困难的信号，从而引发对其他金融机构的挤兑行为。

金融创新和金融国际化的发展加重了金融资产风险的传染性，金融创新在金融机构之间创造出远比过去复杂的债权债务链条。如果对一个国家的金融系统发生了普遍的不良预期，那么国际金融机构在面对完全不确定型信息时的唯一理性选择，就是更谨慎地从事与该国有关的金融活动，结果该国将因这种急剧紧缩的国际金融环境而导致其金融资产风险的全面上升。而金融国际化的发展则使得单个国家或某个地区的金融风险迅速、剧烈地传播到全世界的范围。金融资产风险的积累具有了全球性的性质，这是墨西哥和泰国的汇市风险最终演变为区域性金融危机的基础，也是像中国香港、新加坡等具有无比稳健的金融基础和基本经济因素的地区也未能逃脱危机传染的本质。

鉴于金融机构的内在脆弱性，金融管理当局必须采取所有可能的措施和方法，来防范和减少金融体系风险的产生和积累，并使其在各种外部冲击下保持稳定。通过金融监管保证金融业的稳健运行成为经济与社会健康发展的关键。

二、金融监管

金融监管是指一国金融管理当局为实现宏观经济目标，依据法律、条例对商业银行及其他金融机构的金融活动进行决策、计划、协调、监督的约束过程。

（一）金融监管的目的

在经济和金融发展的不同历史阶段，金融监管的目的、方式和宽严程度都不尽相同。在金融监管发展的最早阶段，金融监管远未形成明确的管理目的，因此监管一般只限于注册登记等行政管理。随着金融业的发展，在许多国家的金融领域出现了货币发行分散、发行数量失控等货币紊乱现象。这个时期，金融监管所要解决的主要问题是控制商业银行过度发行银行券和发行准备不足的问题。当货币发行随着历史的演变由中央银行垄断之后，金融监管的重点开始逐渐转移到对商业银行和其他非银行金融机构的信贷扩张和清偿能力等安全稳定性方面的控制。在现阶段，随着世界经济全球化和国际化的发展，现代科技的发展和金融创新的不断涌现，金融业务之间的界限不断被打破，各国尤其是市场经济国家在金融监管的目的和内容上越来越趋同。

概括这些国家现代金融监管的目的，可以表述为：通过执行国家的金融法规和实施管制，最大限度地清除信息不对称问题，维护金融体系的安全与稳定；保护存款人和公众的利益；保证金融机构之间竞争的有效与公平，从而促进经济与社会的稳定发展。

（二）金融监管的模式

金融监管的模式是指金融监管的组织结构和金融监管的制度结构。金融监管的模式按照不同的标准有不同的分类。根据金融监管主体设置的数量的不同，可以把金融监管的模式分为两种：统一监管模式和分业监管模式；根据确定监管对象的不同，可以把金融监管的模式分为两种：机构监管模式和功能监管模式。

1. 统一监管模式和分业监管模式

统一监管模式又称全能监管模式，是由一个统一的机构对所有的金融机构、金融产品和金融市场实施监管，绝大多数国家通常是由中央银行来承担这一职称。这种模式下，监管者不仅要对金融产品和金融市场稳定负责，还要对金融机构的审慎经营、商业行为进行全面的监管。这一模式最为典型的代表是1997年英国金融体制改革后建立的监管模式。

分业监管模式是指银行、证券和保险三个业务领域分别设立一个专职的监管机构，负责各行业的审慎监管和业务监管。中国目前实行的就是分业监管模式。

统一监管模式的优点是：第一，从规模经济角度考虑，具有成本优势；第二，具有一致性和协调性，能有效利用监管资源；第三，避免重复监管、交叉监管、监管真空等问题；第四，有利于金融创新，可迅速适应新业务，减少多重监管制度对金融创新的阻碍。统一监管模式的缺点是：缺乏竞争性，易导致官僚主义，监管目标不明确。

分业监管模式的优点是：第一，分工细致，职责明确，有利于发挥专业化监管优势；第二，具有竞争优势，由于存在不同监管主体的压力，有利于提高监管效率。分业监管模式的缺点是：机构重叠，成本较高；监管机构协调难度大，不利于金融创新；容易导致多头监管和监管真空。

统一监管模式与分业监管模式各有利弊。为了更好地取长补短，在两种监管模式中平衡，近些年来，在上述两种监管模式的基础上派生出三种具体的监管模式，即"牵头"监管模式、"双峰式"监管模式和"伞形+功能"监管模式。

（1）"牵头"监管模式。在实行分业监管的同时，随着金融业综合经营的发展，可能存在监管真空或相互交叉，几个主要监管机构为建立及时磋商机制，相互交换信息，以防止监管机构之间相互推诿，特指定一个监管机构为牵头监管机构，负责不同监管主体之间的协调工作。

（2）"双峰式"监管模式。这种监管一般是设置两类监管机构，一类负责对所有金融机构进行审慎监管，控制金融体系的系统性风险；另一类负责对不同金融业务进行监管，从而达到双重保险作用。

（3）"伞形+功能"监管模式。这是美国自1999年《金融服务现代化法》颁布以来，在改进原有分业监管体制的基础上形成的监管模式。根据该法的规定，对于金融控股集团实行"伞式"监管制度，即从整体上指定美联储为金融控股集团监管人，负责该公司的综合监管；同时，金融控股集团又按其经营业务的种类接受不同行业主要功能监管人的监督。

2. 机构监管模式和功能监管模式

机构监管模式是指由不同的监管主体对不同的金融机构分别实施监管的一种金融监管方式。机构监管模式适用于分业经营，并由专门的金融监管法规对金融业中的银行、证券、信托以及保险进行调整。

功能监管模式是指为依据金融体系的基本功能和金融产品的性质而设计的监督，具体来讲，就是将金融监管从通常针对特定类型的金融机构，转变为针对特定类型的金融业务。

机构监管模式的优点在于金融监管专业化和细致化，有效防范金融风险。较之机构监管模式，功能监管模式能够实现对金融业跨产品、跨机构、跨市场的协调。功能监管模式的优点表现在：第一，有效解决金融综合经营条件下金融创新产品的归属问题，避免监管真空和多重监管问题；第二，功能监管一般主张设立一个统一的机构实施监管，有利于从整体上把握金融业的风险，从而更好地维护金融体系的安全和稳定；第三，有利于金融创新，避免了机构监管而导致的协调难等问题。

扩展阅读

中国努力平衡防风险与保发展

近年来，中国政府加大了防范金融风险的努力，但也明白整肃力度过大可能酿成债务危机或导致 GDP 增速急剧下滑。"如果银行业搞得一塌糊涂，我作为银监会主席，我就要辞职！"据悉中国银行业监督管理委员会（CBRC）主席郭树清最近做了这样的表态。他说出这番话，无疑表明北京方面约束金融体系不当行为和抑制巨大信贷泡沫的意愿明显增强。据财新传媒（Caixin）报道，郭树清是在 2017 年 4 月 21 日银监会一季度经济金融形势分析会上做出上述表述的。但在投资者看来，问题比郭树清所警告的要微妙得多。中国影子金融的灰色世界是如此巨大，被郭树清当成整顿目标的欺诈活动是如此盛行，以至于任何治理努力都可能动摇中国金融体系的根基。"很明显，'不当'交易和金融套利是遍及中国整个金融体系的现象，而不是少数孤立实体的行为。"龙洲经讯（Gavekal Dragonomics）的经济学家陈龙说，"现在被监管机构瞄准的活动可以列成一份长长的清单，而基本上中国每家商业银行都至少参与了其中的部分活动。"

分析人士表示，这意味着监管机构明白，其在打击违规者方面不能走得太远以致酿成债务危机或导致 GDP 增速急剧下滑，但也绝不能好像什么事都不会发生。目前已出现了一些连锁反应。流动性短缺导致银行和企业进行融资的货币市场利率升高。隔夜的上海银行间同业拆放利率（Shibor）飙升至两年来的高点，而 3 个月期借款利率则从半年前的 2.8% 上升至 4.3%。官方有关严厉打击金融违规行为的一系列讲话加剧了流动性紧张，是导致上证综指下跌 2% 以及铁矿石等大宗商品价格下跌的因素之一。这种局面也加剧了中国国内债市的压力。其中原因就在于中国政策的先发制人特点。虽然监管机构尚未发布公告，确切说明要如何清理郭树清所说的银行体系"乱象"，但内部会议通报的消息的力度，已促使国有机构变得自我克制。比如说，银行知道，对非银行金融机构（NBFI）贷款激增的行为——这些机构通常把资金转投影子金融、股市、债市或楼市——将成为被整顿的一个对象。因此，银行已开始减少对 NBFI 贷款，这类贷款余额高达 26.5 万亿元人民币（合 3.8 万亿美元），占到企业和家庭贷款总额的 23%。龙洲经讯的数据显示，2017 年 3 月份银行对 NBFI 贷款的增长率从 2016 年 12 月的 50% 下降至 24%。

由银行发行、为规避资本监管而不列入资产负债表的"理财产品"的总额估计达 29 万亿元人民币（相当于 40% 的 GDP）的理财产品，也被视为是导致影子金融领域欺诈现象频发的主要因素。很少有人会认为，对于债务负担最重、杠杆率最高的中国企业部门而言，这些目标不应作为优先事项。然而，治理手法如何还要看实施。曾赴牛津大学（Oxford）进行访问研究的郭树清发现自己肩负着既要缩小泡沫，又不能刺破泡沫的艰巨任务。新华社称，习近平在中央政治局某会议上明确表示，中国需要"防范金融风险……加大对市场违法违规行为的处罚力度"。但习近平也说，必须在"维持经济平稳健康发展"的同时做好这一切。专业人士认为，问题是现在这种严厉态度是只会持续到 2017 年秋季召开十九大的时候呢，还是说这就是一个开头，监管层要动真格着手解决金融业的所有棘手问题。但在十九大召开前这段时间，肯定流动性会更加紧张。

资料来源：金奇. 中国努力平衡防风险与保发展 [N]. 何黎，译. 金融时报，2017-05-04.

（三）金融监管的基本原则

各国金融监管当局对监督管理都规定有若干基本原则。在监督管理的各个环节和整个过程中都必须贯彻这些原则。

1. 依法监管原则

各国金融监管体制不尽相同，但在依法进行监督管理这一点上却是共同的。依法监管的主要内容如下：

（1）金融机构必须接受金融管理当局的监督管理，不能有例外。

（2）金融监管必须依法而行。只有依法进行监督管理，才能保证管理的权威性、严肃性、强制性、一贯性和有效性。

2. 适度竞争原则

适度竞争原则是各国金融监管的一项基本原则。依据这项基本原则，金融管理当局的监管重心是创造适度竞争的环境；保持适度竞争的格局；避免造成金融高度垄断而失去竞争，进而失去活力和生机；防止出现过度竞争、破坏性竞争，从而危及金融业安全与稳定。

3. 安全稳健与风险预防原则

安全稳健与风险预防及风险管理是密切相连的。安全稳健是金融监管的主要目的。而要做到稳健就必须进行自觉的、系统的风险监测和管理。因此，所有监管技术手段指标体系，无一不是着眼于金融业的安全稳健及风险性预防管理。不管是注册登记监管、资本充足条件的规定、银行清偿力监管以及业务活动限制，还是对外汇交易的监管，都是必不可少的风险监管手段。存款保险制度和最后贷款、紧急救助，则更是针对特殊情况下产生的风险而设置的安全防线。

4. 内部自我约束与外部监管相结合的原则

在内部约束和外部监管两者相结合方面，西方国家金融监管的风格差异较大。传统上美国和日本以外部强制监管为特征，而英国等西欧国家则更强调内部自律。在当代，由于国际金融环境发生了重大的变化，西方各国越来越注重内部约束与外部监管的结合。因为如果强调外部监管而缺乏内部约束，外部监管即使再严厉、缜密，被监管对象不配合，而是设法逃避、应付、对抗，那么外部监管难以取得预期的效果。同样，如果缺乏严格的外部监管，而单靠金融机构自身自我约束，则难以避免金融机构受自身利益驱动而出现不负责任的冒险经营和道德风险，难以保证金融业的稳健安全。

5. 社会经济效益原则

一般来讲，安全、稳健是金融监管的中心目的，但并不是金融业存在与发展的终极目的，也不是金融监管的终极目的。金融业发展和金融监管的终极目的是满足社会经济的需要，促进社会经济的稳定发展。因此，金融法规和金融监管必须考虑严格管理同促进金融机构效益的协调关系，必须以保证社会经济效益作为终极目的。

（四）金融监管的内容

金融监管的主要内容归纳起来可分为以下三方面：为防止银行遭遇风险、保证银行稳健经营的预防性监管手段；为保护存款者利益而提供的存款保险制度；为避免银行遭遇流动性困难，货币当局在其非常状态下提供的紧急援助。

1. 预防性监管手段

预防性监管手段构成各国金融监管技术手段体系的主体。这是为了限制由银行本身经营管理不善而引起的种种风险，目的在于确保银行完全、稳定发展。其主要内容如下：

（1）对银行准入和退出的监管。在预防性监管手段中，最初的手段就是登记注册。如果把一系列预防性手段比喻为金融监管体系网络中第一道安全防线的话，那么登记注册管理就是这道防线的大门。登记注册的目的在于把不合格的和素质低的金融从业申请者拒绝于金融业大门之外。西方国家金融业市场准入管制的内容通常包括最低的资本限额、合格的管理人员、金融服务设施和设备等项目。此外，监管当局还会考虑金融服务市场的供求是否平衡，以确定新开银行是否适应公众需求；考虑银行业竞争程度，新开银行对现有银行的经营活动是否会产生影响等问题。银行退出管制是通过制定破产标准，使那些经营失败的金融机构退出市场竞争，以保障银行业运作的高效率，并有助于强化社会风险意识。

（2）对银行资本充足度的监管。所谓资本充足，是指银行资本（自有资本）能经受住坏账损失，能正常运行，谋取利润的水平。除最低资本要求外，一般各国监管当局还要求银行自有资本与资产总额、自有资本与存款总额、自有资本与负债总额以及与风险资产之间保持适当的比例。目前，《巴塞尔协议》提供的一系列为防范信用风险、市场风险而必须保持的资本充足率最低要求，已逐渐成为各国普遍接受并采纳的资本充足率标准。

（3）对银行资产流动性的监管。各国对银行资产流动性监管同对资本充足度监管一样重视。银行的资产流动性是衡量其应付客户提现能力的尺度，其大小直接影响到银行的清偿能力。因此，对银行资产流动性进行监管，是防止银行出现挤提甚至倒闭，进而引起金融恐慌和社会动荡的一项极其重要手段。监管当局主要通过对银行资产与负债分别规定若干比率，来监管银行的清偿能力。这些比率主要有现金比率、流动比率等。

（4）对银行业务活动范围的监管。这主要是指对银行的业务活动领域的限制。这一问题是各国金融制度结构中一个重要而敏感的业务种类分工模式选择问题。这一选择受到各国经济和金融发展历史传统的制约和影响。从金融监管当局对金融机构业务活动管理的角度讲，是对银行业务活动范围的某种限制问题，而从一国金融制度结构模式角度讲，则是一个业务分工制度的全局性问题。这主要涉及以下几个方面：长期性金融业务和短期性金融业务的限制规定；银行业务与证券业务是分业经营，还是混业经营的规定；银行经营性业务与政策性业务的规定，等等。这大体上就是通常所讲的职能分工型银行组织制度和全能型银行组织制度涉及的问题。

（5）对银行贷款集中程度的监管。对个别客户的贷款过分集中，是世界上大多数银行危机发生的经常原因。这一监管主要是限制银行对个别借款者的贷款，不能超过贷款银行资本的一定百分比，从而限制风险的集中。各国金融监管当局一般都对各商业银行的贷款集中程度加以明确规定。例如，荷兰规定，如果一家银行对一个借款者的贷款超过了贷款银行资本的15%，该银行就必须满足额外的清偿能力需求量，而当这一比例超过25%时，就必须有中央银行的批准方可贷款。

（6）对外汇交易的监管。一般来说，金融机构从事外币业务的复杂程度与承担的风险，比从事本币业务的复杂程度与承担的风险高得多。金融当局的外汇风险管理，一方面是为了降低因银行过多参与外汇交易而面临的外汇风险；另一方面则是由于外汇风险也是一种国家风险，对一国的国际收支、外汇储备产生重大影响，因此监管当局也需要加以监管。自布雷顿体系解体以来，各国汇率水平一直处于较大的波动之中，但各国在外汇风险监管方面，管理的程度有所不同，管理的内容也不尽相同。20世纪70年代以后，有许多西方国家逐渐放松了外汇管制，如美国、加拿大、法国等。

（7）对银行的检查。银行现场检查是一项综合、系统、专业技术性较强、工作量较大、较为有效的检查手段。具体到检查的方法，各国有所不同。在美国，中央银行对商业银行定期的现场检查是监督制度的核心，而且要求检查者按统一标准提供对每家银行的综合评价。在英国，对银行的检查避免对银行进行直接检查，可以采用与经理会谈的监督制度。有些国家对银行的现场检查限制在银行总部，有些国家则从分支行中进行抽检。

2. 存款保险制度

存款保险制度是指一国金融监管当局为了维护存款者的利益和金融业的稳定安全，规定本国经营存款业务的金融机构必须按其吸收存款的一定比例，向专门的存款保险机构缴纳保费，以保证一旦因金融机构经营失败不能支付存款人的本息时，存款人可以从保险机构获得一定补偿的一种制度。美国在20世纪30年代经济大危机的教训基础上建立了存款保险制度，以后许多市场经济国家都建立了本国的官方或行业性的存款保护体制，如美国、日本、加拿大都建立了存款保险公司，德国建立了存款保险基金，法国则有存款担保体系。我国自2015年5月1日起施行《存款保险条例》。该条例规定存款保险最高偿付限额为人民币50万元。

在解决金融机构危机方面，存款保险制度可以发挥以下作用：

（1）对陷入危机的金融机构提供流动性支持，缓解其面临的支付压力，使其有时间得以喘息，采取措施改革内部管理、调整经营方向、追付逾期贷款以及将抵押品以较好的价格变现。如果措施得力、效果明显，则银行可以凭借自身后来的赢利承担起不良资产损失，从而使得风险与损失在时间上得到分散与吸收，减缓对经济的震动。

（2）按规定的限额赔偿存款人的损失，从而维持公众信心以防止挤兑。在银行自身无法承担损失，被迫清盘的时候，在一定条件下保证对存款人的支付，将该银行倒闭的部分损失在金融体系内进行横向的分散与吸收，同样起到了维护存款人信心，发挥减缓由于银行倒闭而产生"溢出效应"的作用。

（3）促进和监督经营困难的金融机构实施并购或资本重组。存款保险公司可以提供某些优惠条件，鼓励有实力的银行对困难银行的并购，实现损失的业内分担与资源的优化配置。

（4）良好的存款保险制度作为一个有效的"减震器"，为金融监管当局采取果断措施消除了后顾之忧，使那些低效率的银行退出金融体系，提高市场运作效率。

当然也应看到，存款保险制度在发挥上述积极作用的同时，也会在无"后顾之忧"的情况下，诱导有的投保银行从事高风险的业务，不能审慎地发放贷款，从而加大了银行经营的风险，也损害了一些坚持稳健经营的银行机构。因此，一些建立了存款保险制度的国家，正着手对其进行改革，如增加存款者分担的风险份额及按银行风险的程度和特点收取相应的差别费率。但这些方法在实际操作中都比较困难，存款保险制度还需进一步完善。

3. 紧急援助

金融机构的破产倒闭会引起巨大的经济损失和社会动荡。因此，当发生这种情况时，各国金融监管当局都毫不例外地在事实上承担了紧急援助的责任。金融监管当局提供紧急救援的方法主要有由中央银行直接对处于困境的银行进行贷款支持，由存款保险机构提供资金，由一些大银行在官方的支持下提供援助。

（五）金融监管的收益与成本

从经济学的角度审视，金融市场的不完全性和市场失灵现象的存在，要求政府有必要提供一种具有纠正效应的金融管理制度，对金融机构和市场体系进行外部监管，以保护公众利益，防范金融风险。从该意义讲，金融监管就具有帕累托改进的性质，可提高金融效率，增进社会福利。但金融监管也存在成本。当监管不当或过度、监管成本超出监管收益时，就会放大管制对金融业的危害性，降低社会福利。因此，监管当局把握好金融监管的度十分重要。

1. 金融监管的收益

金融监管的收益是指如果金融监管当局不实施监管，则金融体系不稳定，并由此所造成的损失。从这一定义中可以看出，金融监管的收益是一种预期收益，由于不实施金融监管的后果有多种，那么可以说金融监管的收益就等于无监管造成的损失的期望值。

2. 金融监管的成本

金融监管的成本是指金融监管部门为了实施有效监管，而对监管工作从组织、运行、实施所做的必要投入和由于金融监管而使金融业在遵循监管方面的投入及业务发展和金融创新上受到一定程度的遏制而产生的损失。金融监管的成本可以分为直接成本与间接成本。

直接成本也称行政成本，是指制定执行金融监管政策本身所需花费的成本，包括监管当局制定监管制度和实施监管活动需要耗费的人力和物力资源以及被监管对象因遵守监管法规而需要建立新的制度、提供信息和培训人员等配合监管的活动所花费的人力和物力资源。间接成本也称间接效率损失或市场负效应，是指由于监管行为干扰了市场机制对资源的自动配置作用，限制了充分竞争，抑制了金融创新，影响了市场激励机制而导致有关经济行为主体改变其行为方式造成的间接效率损失，使整个社会的福利水平下降。产生间接成本的渠道有：第一，监管措施的存在可能会引发道德风险，如因为存款保险制度的存在，银行的经营管理者可能会趋向于冒更大的风险去进行贷款或投资，因为其知道即使投资失败也会有存款保险机构在最后关头进行救助。第二，监管措施较为严厉，有可能阻碍金融创新，削弱竞争并导致金融服务产品单一而价格提高，如利率管制措施等。第三，金融监管中的歧视性措施会使某些金融机构处于不利地位。

三、宏观审慎监管

（一）宏观审慎监管的定义

早在 20 世纪 70 年代末，国际清算银行（BIS）就清楚地意识到对单个金融机构的监管不足以维持整个金融体系的稳定，因此要从整个金融体系的角度进行监管。20 世纪 80 年代，国际清算银行的文件中首次公开出现"宏观审慎监管"一词。2001 年，国际清算银行正式定义了宏观审慎监管。宏观审慎监管是指在考虑单个金融机构风险的同时，从整个系统性角度，对金融体系进行风险防范以实现金融稳定，是微观审慎监管的有效补充。

（二）宏观审慎监管与微观审慎监管的关系

长期以来，以《巴塞尔协议》为代表的微观审慎监管，主要是通过对资本充足率、存贷比、大额风险暴露、不良贷款率、拨备率等一系列指标的跟踪来监控单个金融机构存在的风险，以保证每个金融机构的正常运营。2007 年次贷危机的爆发，让监管当局意识到，单靠微观审慎监管是不足以保证整个金融系统的稳定的，于是加强宏观审慎监管被重新提出。

1. 宏观审慎监管与微观审慎监管的区别

宏观审慎监管与微观审慎监管两者之间的区别主要表现在：第一，在监管目标上，微观审慎监管理念认为，金融体系是众多金融机构的组合，只要每个金融机构稳健运营，整个金融体系就是稳定的。因此，微观审慎监管的目标是防范单个金融机构的风险，以达到保护消费者、存款者以及投资者的权益。宏观审慎理念强调整个金融体系的系统性风险，会带来宏观经济产出上的损失，因此宏观审慎监管的目标是防范金融系统性风险，以避免宏观经济波动。第二，在监管方式上，微观审慎监管以单个金融机构风险为根据，采取自下而上的监管模式，依赖会计准则，对每个金融机构的相关风险指标进行跟踪以保证单个金融机构的稳定；宏观审慎监管以金融系统性风险为依据，采用自上而下的监管模式，通过一系列工具的使用来保证金融系统的稳定。

2. 宏观审慎监管与微观审慎监管的联系

宏观审慎监管与微观审慎监管两者之间的联系主要表现在：第一，两者的根本目标相同，都是防范金融风险，维护金融体系、金融机构的稳健运行。第二，宏观审慎监管是需要通过微观审慎监管辅助的，可以说宏观审慎监管是以微观审慎监管为基础的。第三，宏观审慎监管与微观审慎监管的手段工具相互渗透融合。宏观审慎监管与微观审慎监管两种方式缺一不可，只有相辅相成、相互配合，才能保证整个金融系统的稳定。

（三）宏观审慎监管的核心：防范系统性风险

金融稳定委员会（FSB）对于系统性风险的定义是由经济周期、宏观经济政策变动、外部冲击等一系列风险因素引起的一国乃至整个全球金融体系发生激烈动荡的可能性，其具有极强的积累性、传染性和隐匿性，会对国际金融体系和全球实体经济造成巨大的负外部性效应，并且系统性风险不能通过一般的风险管理办法抵消或是削弱，即我们只能防止其积聚乃至爆发，不能从根本上消除。

微观审慎监管理论认为，只要每个金融机构保持稳定，整个金融体系就会保持稳定，但是这种理论没有考虑到金融机构之间的相关性，某个金融机构为了自身的稳健运营而采取的审慎措施可能会给其他机构带来风险，并由此可能造成系统性风险的聚集，这就是微观审慎监管最主要的不足。

（四）宏观审慎监管对系统性风险的监测

近20年来随着金融自由化和金融全球化的演进，境外系统性金融风险跨国传染的趋势不断增强，使金融监管面临严峻的挑战。特别是2007年始于美国的次贷危机以及随后爆发的欧债危机对世界经济发展造成严重损害。金融系统性风险再次引起各国政策制定者及学者的关注，对于金融系统性风险的监测成为研究的焦点。

根据国际金融稳定理事会、国际货币基金组织和国际清算银行联合发布的报告，金融系统性风险是指因外部因素的冲击或内部因素的牵连而发生剧烈波动、危机或瘫痪，使单个金融机构不能幸免，从而遭受经济损失的可能性。

早在2006年，有学者（Illing & Liu，2006）就提出"金融压力"的概念，用来刻画金融失衡状态，并构建金融压力指数量化金融系统性风险。金融压力指数一般是由一系列反映金融体系各个子系统压力状况指标合成的一个综合性指数。相较于用单个具体变量来衡量金融市场的状态，金融压力指数更具有一般性意义。堪萨斯州金融压力指数（KCFSI Index，Hakkio & Keeton，2009）（见图12-1）以及芝加哥联邦储备银行构建的国家金融状态指数（ANFCI Index）都是用来监测美国金融系统性风险状况的重要指数。此外，美国圣路易斯联邦储备银行也开发出衡量美国金融市场压力状态的指数（STLFSI Index）。考虑到美国金融市场在国际金融市场中的重要地位，不少研究用美国的金融压力指数作为国际金融市场压力状态的代理变量。堪萨斯州金融压力指数采用银行、国债市场、公司债市场、股票市场4个子系统的变量，并用因子分析法构建压力指数。这一指数一共包括11个变量：TED利差、掉期利差、10年期国库券旧券与新券利差、3A级公司债与10年期国债利差、Baa级公司债与Aaa级公司债利差、高收益率债（垃圾债券）与Baa级债券利差、消费资产抵押证券与5年期国库券利差、股票收益率与国债收益率相关系数、股票价格隐含波动率、银行股的特质波动率以及典型银行收益率离差。该金融压力指数被标准化为平均值为0，标准偏差为1的连续变量，当处于正值时，意味着经济主体的风险感知和不确定性较高，信用配置中断，金融体系配置资源功能丧失而处于失衡状态，甚至表现为金融危机的爆发；当处于负值时，意味着经济主体的风险感知和不确定性较低，信用配置合理，金融体系配置资源功能正常发挥。总之，金融压力指数越大，意味着金融系统性风险越高，金融失衡状态越严重。

美国堪萨斯州金融压力指数(1990—2016年)

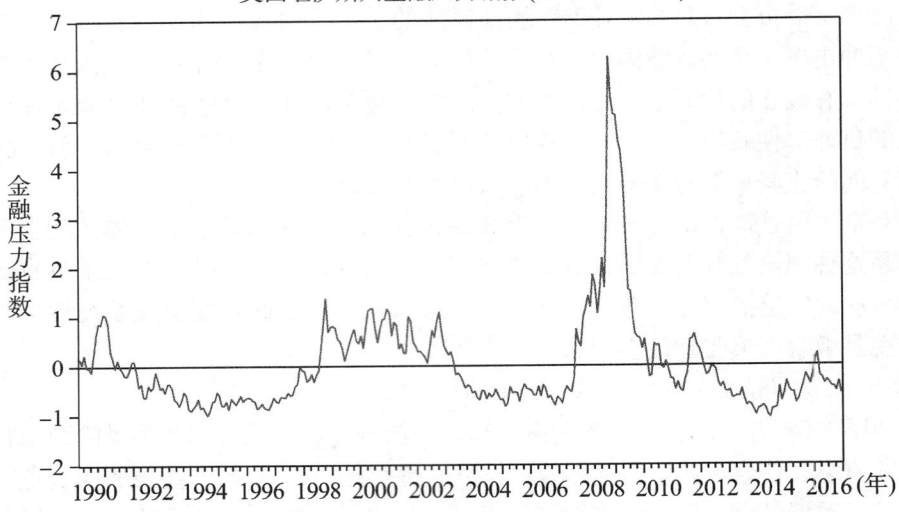

图 12-1　美国金融压力指数

数据来源：美国堪萨斯州联邦储备银行（https://www.kansascityfed.org/research/indicatorsdata/kcfsi）。

相比较国外学者对金融压力指数的构建，国内学者关于金融压力度量研究的相关文献也不少。陈守东和王妍（2011）从银行、证券、外汇以及保险四个部门选择了9个指标运用等方差加权平均法构造了金融压力指数。孙立新（2014）提出通过等方差加权法构造包括银行间市场、证券市场、外汇交易市场以及债券市场在内的 8 个指标的金融压力指数，通过压力期的识别来衡量金融体系的稳定性状况。目前国内外对金融压力指数的应用已有较为丰富的研究成果。巴拉（Balakrishnan）等（2011）研究发现，金融压力可以从发达国家转移给新兴市场国家。巴克萨（Baxa）等（2013）转向研究金融压力对货币政策的影响。研究表明，国家对外开放程度越高，金融压力冲击对央行货币政策的影响越明显。有学者（Hubricha & Tetlowb，2015）研究表明，金融压力对美国的宏观经济活动产生重要影响，而且在金融压力严重时，传统货币政策的效果非常有限。王妍和陈守东（2012）研究表明，我国金融压力与实体经济之间存在双向因果关系。顾洪梅和汪蓉（2016）测度我国 2002—2013 年的金融压力，进而运用 VaR 模型研究金融压力与工业增长之间的关系。研究表明，金融压力是工业增长的格兰杰原因，工业增长不是金融压力的格兰杰原因，并且金融压力对工业增长的冲击具有显著的负效应和较长的持续效应，因此不能割裂金融压力与工业增长之间的关系。朴基石（2016）对 2002—2015 年我国金融压力对我国实体经济、通货膨胀率以及货币政策的影响进行定量分析。研究结果表明，金融压力对我国实体经济、通货膨胀率以及短期利率均存在显著的负影响。此外，研究结果还表明金融压力对通货膨胀的影响大于对实体经济和货币政策的影响，表明可能存在金融压力对通货膨胀的直接作用机制。

第三节　国际银行业监管及其趋势

一、《巴塞尔协议》及其发展

（一）《巴塞尔协议》

20世纪80年代以来的金融国际化趋势，使得跨国银行和国际资本的规模及活动日益扩大，呈现纵横交错、无所不及的格局。随之而来，银行业风险的国际扩散威胁着各国的金融稳定。然而，对跨国银行的国际业务，单单依靠母国管理当局的监管实难完全奏效。对此，大力推动金融监管的国际合作，制定国际统一的银行监管标准，加强银行风险管理，成为迫切需要。

早在1975年，由十国集团国家的中央银行行长建立了巴塞尔银行监管委员会。1987年12月，国际清算银行召开中央银行行长会议通过"巴塞尔提议"。在"巴塞尔提议"的基础上，1988年7月由巴塞尔银行监管委员会通过的《巴塞尔协议》（全称是《关于统一国际银行的资本衡量和资本标准的协议》），就是国际银行监管方面的代表性文件。虽然协议中的规定只适用于所有从事国际银行业务的各国银行，但是由于《巴塞尔协议》的权威性及银行风险管理的日益重要性，该协议逐渐成为世界各国银行业进行资本管理监督的统一标准。

《巴塞尔协议》的主要内容如下：

（1）资本的分类及构成。银行的资本组成应分为核心资本和附属资本两部分，两部分之间应保持一定的比例。一家银行的核心资本主要由其实收资本和公开储备组成。实收资本包括已发行和缴足的普通股与永久非累积性优先股。这些核心资本应占整个资本的一半，作为资本基础的第一档。附属资本作为资本基础的第二档，其规模不能超过核心资本。附属资本主要包括未公开的储备、资产重估储备、普通准备金或一般贷款损失准备金等。各国银行管理当局可根据本国的会计和管理条例做出取舍。

（2）风险加权的计算。《巴塞尔协议》制定了对资产负债表内各种资产和各项表外科目的风险度量标准，并将资本与加权计算出的风险挂钩，以评估银行资本所应具有的适当规模。

（3）标准比率的目标。《巴塞尔协议》要求银行经过5年过渡期逐步建立和调整所需的资本基础。到1992年年底，银行资本对风险加权资产的标准比率目标为8%，其中核心资本至少为4%。

（二）《有效银行监管的核心原则》

20世纪90年代中期以来，由于国际银行业的经营环境发生了较大变化，尽管《巴塞尔协议》关于资本充足率的规定已经在一定程度上降低了银行信贷风险，但国际银行业的信贷风险远未消除。更为重要的是，即使是在银行资本与风险资产比率基本正常的情况下，以金融衍生品为主的市场交易风险仍屡屡发生。这种情况表明，仅仅依靠资本充足率，已经不足以保证银行充分防范金融风险。有鉴于此，1997年9月，巴塞尔委员会推出了《银行有效监管核心原则》（以下简称《核心原则》），将风险管理领域扩展到银行业的各个方面，以建立更为有效的风险控制机制。

这个原则涉及面广，确定了一个有效监管系统所必备的25项基本原则，共分7大类：有效银行监管的先决条件、获准经营的范围和结构、审慎管理和要求、银行业持续监管手段、信息要求、监管人员的正当权限、跨国银行业务。

这些条款着力于对银行业进行全方位风险控制，并注重建设银行自身的风险防范约束机制，提出了对银行业持续监管的方式，强调建立银行业监管的有效系统，同时进一步重申对跨国银行业务实施全球统一监管。

《核心原则》强调，在新的全球金融形势下，金融运行的最大风险仍然是信用风险。

(三)《新的资本充足率框架》

20世纪90年代三次大的金融危机（欧洲货币危机、墨西哥金融危机、亚洲金融危机）更刺激了各国政府及金融机构在宏观经济和金融体系中不断寻求合理、高效的风险管理方法，以完善和巩固本国的金融体系，增强抵御金融风险的能力。巴塞尔银行监管委员会考虑到当今世界经济和金融的巨大变化，认为有必要对《巴塞尔协议》进行重大的修改与扩展，并准备出台新的协议来重新考虑资本充足率的确定。为此，巴塞尔委员会于1999年6月首先提出了一个《新的资本充足率框架》（以下简称《新框架》）准备执行新的资本充足率标准，以便使协议不仅具有普遍的适应性，而且具有特别的适用性。

1.《新框架》的主要特点

《新框架》仍以保证金融体系的安全性和稳健性为其主要目标。为达到这一目标，《新框架》考虑了三个方面的主要内容：最低资本要求的确定、对资本的监督检查和市场纪律。巴塞尔委员会把这三方面的内容看成有效地确定资本充足率的必不可少的三大支柱，并认为每一个支柱对监督整个金融业和单个金融机构的发展都是必需的。通过集中关注风险和风险管理，新的框架可以对付由越来越复杂的金融市场所产生的各种金融创新带来的挑战。

《巴塞尔协议》及后来的补充与修改对强化国际金融体系的稳健性和安全性，加强国际银行间的平等竞争起了重要作用。但是在过去的10多年间，世界经济形势和金融环境发生了巨大的变化，银行对衍生市场的介入使衍生市场正成为全球更加复杂的金融市场，因而经常会产生一连串的违约风险。在这种情况下，若再根据《巴塞尔协议》计算资本充足率就不能很好地反映银行面临的金融风险状况，这是因为据其计算的风险资产的加权结果也只能成为对金融风险的粗略估计，难以对不同债务人或缔约方违约的信用风险暴露程度做出比较具体的充分的预测。另一个日趋严重的问题是，就国际范围来说，在越来越复杂的金融市场上，利用法定资本进行套利的行为使银行可能更倾向于资产质量较差的资产组合。另外，《巴塞尔协议》对某些类型的交易并没有提供减轻风险的适当的技术和方法。因此，《巴塞尔协议》必须随着市场的变化进行调整，为此巴塞尔委员会提出了一个新的综合性的确定资本充足率的框架。就监管的目的而言，《新框架》集中考虑了以下几个方面的问题：协议要不断推动金融体系的安全性和稳健性；不断强化银行间的平等竞争；建立更加综合的方法来解释风险；协议的基本原则要适用于所有银行，但集中考虑国际上业务活跃的大银行。

2.《新框架》的三个主要组成部分

(1) 最低资本要求的确定。《新框架》对资本的定义没有修改，仍分为核心资本与附属资本，《巴塞尔协议》对银行资本定义的依据是银行资本的构成，取决于资本吸收银行损失的能力，而不是资本的不同表现形式。我们按照《新框架》对银行资产的不同风险分类来考察最低资本要求的确定。

第一，信用风险。巴塞尔委员会认为《巴塞尔协议》中计算信用风险资本要求的方法不够精确，而且金融创新与金融交易的复杂性降低了原方法的适用性。因此，巴塞尔委员会提出多种方法以使《巴塞尔协议》对于信用风险的度量更加精确，其中提出对信用风险进行度量的主要方法有三个：标准化方法、银行内部评级方法、资产组合信用风险模型。

第二，市场风险与其他风险。《新框架》增加了市场风险与其他风险，并寻求量化与管理这些风险的办法，以对这些风险在资本要求中直接指定风险资本费用。目前对市场风险进行度量应用较好的是 VaR 技术，该技术在 1993 年 4 月颁发的建议中第一次用于分别计算利率风险、汇率风险、股权风险和商品风险等不同风险类型内的组合风险，这是一种比较精确的测量市场风险的标准方法。《新框架》在其他风险类中特别考虑了操作风险，并寻求对该风险的度量以设置风险资本费用来抵御此类风险。目前操作风险也是银行业内部存在的一个很大的风险，已经引起世界银行业的极大关注。

(2) 对资本充足率的监督检查。《新框架》认为监督检查是整个资本充足率框架的一个重要组成部分，而且是对其余两个部分的补充。监督者的目标是检查银行的资本头寸，确保该头寸与银行的风险管理和战略一致，并能在银行的资本不足以抵挡风险的情况下及时对银行进行干涉。这种干涉应当遵循以下几个基本原则，即监督人员应该希望银行在其最小法定资本充足率基础上进行经营，并有能力使银行持有的资本超过最低资本要求；银行要有用来估计它的整个资本充足率及维持这一资本要求水平的办法；监管人员应该检查和评估银行的资本充足率是否遵从法定资本充足率标准；监管人员应当注意早期的干预，防止资本低于审慎经营的水平。监督人员不仅要现场检查和场外监督资本充足率，而且要监督内外审计人员，要考虑到银行的风险欲望和风险管理记录，市场特征，收入的质量、可靠性和波动性，对合理估价及会计标准的坚持情况，经营的分散性及与国际市场的相关性等。监督人员应有办法识别和干预那些资本出现问题但无能力抵抗风险的银行。

(3) 市场纪律。市场纪律具有加强银行内部自动进行资本调节配置的作用和其他的监督作用，市场纪律可以刺激银行保持雄厚的资本基础以防范潜在的风险损失，推动银行和金融体系有效、安全、稳定和健康发展。监管在这方面虽然可以发挥积极的作用，但是监管不能代表市场纪律，因此有效的监管和市场纪律都是必需的。由于各银行所处的金融市场和自身的资本结构经常存在着明显的差异，这意味着市场纪律发生作用的潜力不论在国内还是在国外都是不同的。有效的市场纪律需要可靠的、及时的信息，以使银行的订约方有根据地做出风险防御，银行要及时地公开披露所持有的有关资本的各方面关键信息及引起潜在损失的风险暴露的特征，从而使市场参与者能估计银行的风险管理状况及清偿能力。这些信息至少应在每年的财务报告中体现出来，这些信息包括银行当前的资本充足率、财务状况、经营活动、经营业绩、风险预测以及风险管理战略等。这显然有助于银行内部不断强化自身的风险管理机制。

（四）《新巴塞尔资本协议》

巴塞尔银行监管委员会在2004年6月份公布了《新巴塞尔资本协议》。《新巴塞尔资本协议》（BaselⅡ）对原有协议的框架进行了诸多修改，新协议的主要内容可以总结为三部分：最小资本要求、资本充足性的监管约束和市场约束。

《新巴塞尔资本协议》继承了之前各协议的一系列监管原则，延续了以资本充足率为核心，以信用控制为重点，将市场风险和操作风险纳入资本约束的范围。其核心内容包括商业银行风险监管的三大支柱：资本充足率、外部监管和市场约束。信用风险、市场风险和操作风险在第一支柱中计量监管，流动性风险等通过第二支柱、第三支柱进行监管。可以说，《新巴塞尔资本协议》标志着现代商业银行风险管理从单一的信用风险管理转向信用风险、操作风险、市场风险、流动性风险等全面风险管理的时代。

（五）《巴塞尔协议Ⅲ》

2008年国际金融危机的爆发，充分暴露出此前的资本充足率监管体系中存在的诸多不足，甚至有些观点认为《新巴塞尔资本协议》的实施加重了危机的效应。《新巴塞尔资本协议》虽然在制度设计层面比旧资本协议更进一步，但是由于资本吸收能力较弱，风险计量的顺周期性、对系统性风险关注不够等方面的缺陷，使得其在此次金融危机中并未发挥应有的风险规避作用。鉴于此，巴塞尔委员会在金融危机后制定了以《巴塞尔协议Ⅲ》（又称第三版资本协议）为核心的金融监管改革方案，确立了新的国际监管标准与规则框架。

第三版资本协议由微观审慎监管框架和宏观审慎监管框架组成。在微观审慎监管框架方面，强化了《新巴塞尔资本协议》的监管要求，包括显著提高银行资本的数量和质量，风险覆盖面扩大到交易对手信用风险、资产证券化等方面，加强风险管理和风险披露，并提出了全新的国际流动性监管标准；在宏观审慎监管框架方面，力求确保银行资本的稳定性，弱化资本充足率的顺周期性，提出了保护缓冲资本的概念，实施动态风险拨备，引入了逆周期资本监管指标、杠杆率等监管要求，并对系统重要性银行做出特别规定等。《巴塞尔协议Ⅲ》规定：资本充足率下限为8%，要求为10.5%；保护缓冲资本比例要求为2.5%；逆周期资本缓冲区间幅度为0~2.5%。

从《巴塞尔协议Ⅲ》的规定可以看出，监管部门将更为关注银行的资本质量和抗周期性风险能力，这将有利于减少银行承担过多风险的行为，降低危机发生的可能性和严重性，有助于增加金融系统的稳定性。

二、21世纪国际银行业监管的新趋势

（一）从注重传统银行业务监管向传统业务和创新业务监管并重转变

20世纪末，金融市场复杂多变，金融创新产品层出不穷，在以下三个方面表现得尤为突出：一是金融衍生产品交易。较之传统银行业务，上述创新业务在收益更大的同时，风险也更大，并且更易扩散，对金融市场造成的冲击也更加直接和猛烈。因此，

只注重传统银行业务的监管已经不能全面、客观地反映整个银行业的风险状况。只有"双管齐下",监管传统业务和创新业务并重,才能有效地防范和化解银行业的整体风险。

从 20 世纪 80 年代后期开始国际监管组织和各国监管当局对金融创新产品和电子银行都给予了高度关注。1986 年,巴塞尔委员会发表了《银行表外风险管理的监管透视》,对表外业务的风险种类、风险评估以及管理控制等提出了初步的意见。随着金融衍生交易产品的发展,巴塞尔委员会又发布了《衍生产品风险管理准则》《关于银行和证券公司衍生产品业务的监管信息框架》。针对金融衍生产品风险对资本的潜在威胁,巴塞尔委员会又发表了《巴塞尔资本协议市场风险补充规定》《关于市场风险资本要求的内部模型法》等。与此同时,美国、欧盟等国家的监管当局也在监管实务中,针对创新业务和市场条件制定了一系列的监管法规与操作指引,以加强对银行新业务的监管。

(二)从注重合规性监管向合规性监管和风险监管并重转变

合规性监管是指监管当局对商业银行执行有关政策、法律、法规情况所实施的监管。风险性监管是指监管当局对商业银行的资本充足程度、资产质量、流动性、盈利性和管理水平所实施的监管。传统上,监管者认为只要制定好市场"游戏规则",并确保市场参与者遵照执行,就能实现监管目标。因此,监管当局过去一直将监管重点放在合规性方面。但是,随着银行业的创新和变革,合规性监管的缺点不断暴露,这种监管方法市场敏感度较低,不能及时全面反映银行风险,相应的监管措施也滞后于市场发展。

在上述背景下,国际银行监管组织和一些国家的监管当局相继推出了一系列以风险监管为基础的审慎规则。例如,巴塞尔委员会发布的《大额信用风险的衡量和管理》《银行国际信贷和管理》《银行外汇头寸的监管》《利率风险管理原则》《计量与管理流动性的框架》《计算机和电信系统中的风险》《有效银行监管核心原则》;美国联邦金融机构检查委员会制定的银行综合评级体系;等等。风险性监管在识别、度量银行风险的基础上,按照审慎监管原则,提出防范和化解银行风险监管措施。其更注重银行本身的风险控制程序和管理水平,能够及时反映银行经营状况,预测潜在风险。

(三)从分业监管向统一监管转变

监管模式是随着银行业的发展变化而不断调整的。20 世纪 30 年代大危机后,以美国、日本和英国为主要代表的西方国家实行了分业经营体制。混业经营体制传统上主要以德国、瑞士等国家为代表。英国、日本分别于 1986 年和 1996 年通过相关法律,打破分业经营界限,实行混业经营体制。美国在 1999 年通过了《金融服务现代化法案》,也开始进入混业经营时代。与此相适应,一些国家调整了监管机构,实施了统一监管。例如,英国、澳大利亚、日本、韩国、卢森堡、匈牙利和墨西哥等。统一监管体制是指由统一的监管主体对从事银行、保险、证券不同类型业务的金融机构实施统一监管的一种制度。实行统一监管体制有多方面的原因:其一是金融机构的多元化发展程度;其二是金融监管水平;其三是金融自由化和金融创新的发展程度。总之,监管模式是根据本国的国情决定的。分业经营和监管有其长处,混业经营和监管也有其优势,一切都以时间、地点、条件为转移,采取何种模式都不能离开本国国情。

(四)从一国监管向跨境监管转变

为了有效监管商业银行的境外业务和离岸业务,各国监管当局逐步实施了跨境监管。跨境监管是指将一家银行的境内外机构、境内外业务进行并表监管。根据巴塞尔委员会有关文件规定,对一家跨境银行的监管必须在母国监管当局和东道国监管当局之间进行合理的监管分工和合作。一般地,母国监管当局负责对资本充足性、最终清偿能力等实施监管,东道国监管当局负责对所在地分支机构的资产质量、内部管理和流动性等实施监管;同时,两国监管当局要就监管的原则、标准、内容、方法以及实际监管中发现的问题进行协商和定期交流。经验表明,加强跨国监管可以有效地防止出现银行监管的真空。

第四节 金融发展与经济发展

一、"金融压制"理论和"金融深化"理论

1969年,戈德史密斯(Goldsmith)开创性地提出了关于金融发展与经济增长关系的研究结论。之后,有许多学者从事这方面的研究,其中以发展中国家金融和经济状况为研究对象的"金融压制"理论和"金融深化"理论最具有代表性。

"金融压制"和"金融深化"的概念最初是由美国经济学者 E.S.萧(E.S.Shaw)和 R.I.麦金农(R.I.Mckinnon)提出的。1973年,萧和麦金农在他们先后出版的《经济发展中的金融深化》和《货币、资本与经济发展》这两本著作中,对金融制度与经济发展之间的相互关系,和发展中国家所应采取的金融体制及其改革,提出了许多独到的见解。在这两本书及之后的一些文献中,他们两人分别提出了"金融深化"理论和"金融压制"理论,受到了国外理论界和实务界的重视。过去,经济学家对金融与经济发展的关系虽也有论及,但对发展中国家的特殊情况并未进行分析。萧和麦金农的著作在经济学界引起了重大的和广泛的反响。后来有人在他们两人的理论基础上,做了进一步的发展,以至形成了颇有影响的经济学流派。

(一)"金融压制"理论

"金融压制"理论(Financial Repression)是指发展中国家政府过分干预金融,人为压低利率和汇率,使两者无法真实地反映资金和外汇的供求情况,而政府又不能有效地抑制通货膨胀,从而造成经济的恶性循环。金融业的落后阻碍了经济的增长,经济的停滞又制约着金融业的发展。

萧和麦金农认为,金融制度与经济发展之间本来存在着相互促进、相互影响的关系。一方面,健全的金融体系能有效地动员社会储蓄,并将其投入到生产中去,对经济的发展有促进作用;另一方面,随着经济的发展,人们收入的增加和随之对金融服务需求的增长,对金融业的发展又有着刺激作用,经济与金融发展处于一种良性循环之中。但在许多发展中国家,金融和经济的发展却存在一种恶性循环的现象:一方面,由于本国金融制度落后和缺乏效率,不能积极推动经济增长;另一方面,经济发展的呆滞又不利于金融业的发展。

萧和麦金农认为，造成发展中国家存在金融压制的根本原因，在于制度上的缺陷和当局政策上的失误。他们认为，发展中国家要想使经济得到发展，就要重视金融对国民经济的影响，要发挥金融对经济发展的促进作用，就应放弃其奉行的"金融压制"，实现"金融深化"。

（二）"金融深化"理论

"金融深化"理论（Financial Deepening）是指政府放弃对金融市场体系的过分干预，使利率和汇率能充分反映资金和外汇的供求状况。在有效地控制通货膨胀之后，金融体系，特别是银行体系，一方面能以合理的利率来吸收大量储蓄资金，另一方面也能在合理的贷款利率水平上满足实体经济各部门的资金需求。这样，金融体系本身既能发展，也能推动实体经济的增长。

金融深化与金融压制相比较，具有几个明显的特征：

第一，存、贷款的利率不是人为的，而是由资金的供求状况决定的。由于通货膨胀受到控制，利率不再受人为压制，因此实际利率必为正数。如果这种利率是存款利率的话，就可以刺激国内的储蓄增加；如果这种利率是贷款利率的话，就可以真实地反映货币的时间价值和货币使用的真实成本，从而使利率真正成为一种在经济活动中比较可靠的资金价格的信号，合理引导资金流向，并通过这种资金流向而使资源得以合理地配置和有效利用。

第二，汇率由市场供求决定，因此黑市活动和利用官价牟利的不合理现象也不存在。

第三，放松对金融机构和金融活动的管制，并且特别鼓励民营金融机构的发展。因此，各种非银行金融机构也能适应金融服务需求的增长而蓬勃发展。

金融深化的经济是货币化程度相当高的经济。在这种经济中，金融资产的存量相当大，具体表现为金融资产与这个经济积聚的国民财富的比率相当高，并且这种比率在不断上升。金融资产的流量也相当大，具体表现为金融资产与该经济国民收入之间的比率相当大，并且这种比例也在不断上升。在金融深化的状态下，金融机构是多元化的，既有银行也有各种各样的非银行金融机构；既有国家（政府）的金融机构，也有众多的民间金融机构。金融市场也是多元化的，既有各种各样的提供短期融资服务的货币市场，也有提供长期性融资服务的资本市场。换言之，在金融深化的状态下，货币金融活动的主体（机构）及货币金融活动的客体（市场）都是多元化的。在这种多元化的货币金融体系中，为了适应整个经济发展以及货币金融活动本身发展的需要，不断地出现金融创新。金融活动方式在更新变化，金融工具的种类也在不断地增多。同时，作为经济活动主体的工商企业，和兼具消费者与投资者多重身份的社会公众，有了比较广泛的对金融资产的选择机会和投资机会。金融资产的价格已基本上不受人为控制，而开始真正成为资源调配和投资方向的指示器。金融资产价格中的两个最为重要的价格——利率和汇率，开始接近货币的真正价值，并由在资产形式不断转换过程中出现的供求状况决定。

二、金融压制向金融深化的转变

从金融压制转向金融深化，实际上是进行金融体制改革。发展中国家在金融改革过程中采取的金融政策着重于以下几个方面：

第一，金融体制彻底改革，使银行制度和金融市场能真正执行吸收和组织社会储蓄资金，将之引导至生产性投资的功能。

第二，撤销政府当局对存贷款利率的人为干预，利率应正确反映资金供求和资本的匮乏性。在发展中国家，真正的均衡实际利率，应该是正数而非负数。只有"正实际利率"才能吸收大量社会储蓄资金和促进资本形成。

第三，政府当局不应采取通货膨胀的方式来刺激经济增长。相反，政府当局应尽力抑制通货膨胀，通过稳定物价形成良好的金融环境以促进经济发展。

第四，调整汇率水平，放弃高估本币币值的做法。在发生金融压制的国家和地区，普遍存在着高估本币币值的现象，而且这种现象往往是人为造成的。高估本币币值，虽然可以降低进口成本，但这种做法严重地抑制了出口，造成一个国家的经济出现严重的对外不平衡。因此，必须采取积极而又比较稳妥的办法与措施，对汇率进行调整，以体现本币的真实对外价值。

第五，克服国家银行对金融业务的垄断。在金融压制的国家或地区，往往由一家或少数几家国有银行垄断了全部金融业务。这种垄断，不仅造成了所谓"非法"融资活动的产生，而且使非银行融资处于高成本、高风险的状态，十分不利于经济活动的正常运转。金融改革应允许其他金融机构的存在，特别是民间金融机构的存在，实现金融机构多样化。

第六，开放金融市场，形成货币-资本市场体系。在金融压制的国家中，政府一方面限制非银行金融机构和民间金融机构的建立；另一方面通过强制的办法压低利率水平和高估本币的对外价值，从而限制了金融市场的发展。通过银行这个单一的渠道，用低利率成本吸纳社会资金，通过银行按政府的意图投资资金，并为政府利用通货膨胀的办法弥补财政赤字提供方便。因此，金融改革，除提高利率、调整汇率和放松对金融机构的控制之外，还应包括开放金融市场，即建立和完善短期资金营运的货币市场，建立和完善以股票与债券为主要融资工具的资本市场，为企业和社会公众提供投资机会与在多种资产形态中进行选择的机会。

从金融压制转向金融深化，不仅是货币领域的深刻变化，而且是整个经济生活的深刻变化，在经济发展过程中具有十分重要的意义。在金融深化过程中，普惠金融和互联网金融起到重要作用。

从金融发展的国际经验上看，由于金融排斥的存在，社会中的特定群体没有能力进入金融体系，不能以恰当的形式获得所需的金融服务，导致了金融资源配置的严重失衡，众多的机构和个人发展不善，经济落后。这不仅仅是出现在发展落后的地区，甚至也出现在经济繁荣的地区中的落后区域。基于这一问题的存在，联合国在2005年的"国际小额信贷年"上正式提出"普惠金融"这一概念。根据世界银行的定义，"普惠金融"（Inclusive Finance）是指能够广泛获得金融服务且没有价格、非价格方面的障碍，能够为社会所有阶层和群体提供合理、便捷、安全的金融服务的一种金融体系。2005年，联合国在"国际小额信贷年"活动中首次提出了"普惠金融"概念，呼吁在全球范围内建立普惠金融部门。此后十年间，包括联合国和世界银行在内的多家国际组织在全球范围内致力于推动普惠金融的发展，力图通过发展小额信贷和微型金融等金融模式来扩展现有金融服务的覆盖范围，尽可能为全社会所有阶层和群体提供合理、便捷、安全的金融服务，以支持实体经济发展和消除不平等。2013年，中共十八届三中全会明确提出"发展惠普金融"，普惠金融的发展已经成为未来中国金融改革的方向。

拓展阅读

积极促进普惠金融发展

中国一直高度重视推动普惠金融发展。党的十八届三中全会正式提出"发展普惠金融"。2015年11月，《中共中央关于制定国民经济和社会发展第十三个五年规划的建议》发布，提出"发展普惠金融，着力加强对中小微企业、农村特别是贫困地区金融服务"。2015年12月31日，国务院印发《推进普惠金融发展规划（2016—2020年）》，勾勒出未来五年中国普惠金融发展蓝图。

相关部门已采取多项措施，积极推动普惠金融发展。一是实施激励性的货币信贷政策。通过差别化存款准备金率政策、"支农""支小"再贷款和再贴现政策，引导地方法人金融机构扩大涉农、小微企业信贷投放，降低社会融资成本，促进农村中小金融机构提高普惠金融服务水平。二是出台支持性的财政政策。发挥财政资金的杠杆作用，出台税收优惠政策，支持和引导金融机构及社会资金支持小微企业和"三农"服务发展。三是加快金融基础设施建设。推动建立了有利于实施各项惠农政策的银行账户服务体系，基本实现了家家有账户、补贴能到户。四是规范发展征信体系建设。人民银行金融信用信息基础数据库为国内每一个银行信用活动的企业和个人建立了信用档案，数据质量稳步提升，功能日益增强。五是支持建立多元化的金融组织体系。支持民营银行、村镇银行、小额贷款公司等发展。六是引导互联网金融等新业态规范发展。近年来，农村地区移动互联网网民规模庞大并快速增长，金融机构服务半径进一步扩展，有助于改变农村地区金融服务薄弱和竞争不足的现状。七是鼓励面向弱势群体、欠发达地区和中小企业的金融产品创新。在农村地区开展林权抵押贷款、农村承包土地经营权抵押贷款、农村住房财产权抵押贷款等各类农村产权的抵押贷款创新试点。积极拓宽涉农企业的多元化融资渠道，鼓励涉农企业通过短期融资融券等非金融企业债务融资工具融资。八是推动普惠金融综合示范区试点。批准宁波开展普惠金融综合示范区试点，选取青海、陕西宜君开展普惠金融综合示范区试点筹备工作，探索普惠金融促发展的有效路径，构建符合地方特色的普惠金融体系。九是加强金融消费者权益保护和教育。

资料来源：中国人民银行金融稳定分析小组《中国金融稳定报告2016》。

随着互联网信息技术的不断发展，越来越多的先进互联网技术，如大数据、社交网络、第三方支付等为传统金融服务业发展提供了有力的支持，各行业不断将业务从线下搬到线上，大大提升了工作效率。互联网金融是指传统金融机构与互联网企业利用互联网技术和信息通信技术实现资金融通、支付、投资和信息中介服务的新型金融业务模式。互联网金融具有以下两个优点：

第一，交易成本低。互联网金融模式下，资金供求双方可以通过网络平台自行完成信息甄别、匹配、定价和交易。一方面，金融机构可以避免开设营业网点过程中投入的资金成本，如人力成本、时间成本、固定资产投入成本、监督成本、谈判成本、信息搜集成本等。另一方面，消费者可以在开放透明的平台上快速找到适合自己的金融产品，大大降低了时间成本。与传统贷款的众多且繁琐的程序相比较，互联网金融拥有非常简洁的操作程序，贷款者足不出户，不需要繁杂的资料审批，只需通过网络达成一致协议即可。

第二，金融资源分配效率的提高。一直以来，中小企业融资问题成为中国的一个亟待解决的问题。中小企业融资的显著特点是信息不对称问题的存在，由此带来信贷市场的逆向选择问题和道德风险问题，商业银行为降低贷款违约风险，必须加大审查监督的力度，因此中小企业贷款额度小。传统金融机构倾向于将资金批发给大企业，而不是零售给中小企业。互联网金融弥补了传统金融机构在中小企业融资上的不足，使得金融资源分配效率更高。而且互联网金融的交易不受地域的限制，互联网金融平台可以将不同地区资金提供者的资金集中起来，发放给不同地区的资金需求者，使资源分配效率更高。

虽然互联网金融在提高金融服务效率、满足多元化投融资需求、提升金融服务普惠性和覆盖面等方面发挥了积极作用，但在其发展过程中也积累了一些问题和风险隐患，引起社会普遍关注。李克强总理在2017年《政府工作报告》中指出，2017年深化金融体制改革的重点工作中，需要"规范互联网金融发展"。

阅读与思考

互联网金融风险和防范的几点思考

互联网金融风险的微观和宏观思考

互联网金融没有改变金融的本质，具有微观和宏观的风险特征。

从微观角度看，首先，金融行业的传统风险没有消失。信用风险、流动性风险、法律合规风险、操作风险等传统金融风险依然存在。例如，信用风险指交易对象没有能力继续履约而给其他交易对手带来的风险。大部分互联网金融网贷平台对投融资双方的资质审查不严格，准入门槛要求低，而且信息披露制度普遍不够完善。互联网上的融资方经常在高杠杆比率下经营，无抵押、无担保状态下的借款现象比较多。加上我国征信机制不够完善，网络数据的数量不够、质量不高。在这些条件下，互联网交易双方地域分布的分散化使得信息不对称问题更加严重，甚至加剧了信用风险。又如，为了吸引更多投资者，互联网金融平台纷纷推出高收益、高流动性的产品，看似诱人的回报背后实际隐藏着期限错配问题，容易导致流动性风险。其次，互联网金融具有一些新的风险特征，风险更加多样，技术风险比较突出。金融与互联网技术结合后，一些带有互联网特色的技术风险也随之而来。例如，终端安全风险、平台安全风险、网络安全风险等。终端安全风险主要指进行互联网金融交易的电脑、移动设备等存在漏洞而带来的风险；平台安全风险指互联网金融平台存在的安全威胁；网络安全风险指互联网金融交易依托的数据传输网络带来的隐患。技术风险带来的最大问题是信息安全问题。技术的不成熟，会导致信息泄露、丢失、被截取、被篡改，影响到信息的保密性、完整性、可用性。这些信息安全问题进而又会造成用户隐私泄露，威胁用户资金安全。最后，与传统金融风险相比，互联网金融因为拓展了交易可能性边界，服务了大量不被传统金融覆盖的人群，具有长尾效应。风险主要表现在互联网金融服务人群的金融知识、风险识别和承担能力相对欠缺，容易遭受误导、欺诈和不公正待遇。同时，由于其投资额小且分散，互联网金融风险一旦爆发，社会外部性影响很大。

从宏观角度看，互联网金融是一个分散的体系，严格意义上不可能发生系统性风险。一是互联网金融不吸收存款，吸收存款从理论上讲不是互联网金融。二是互联网金融不介入银行同业市场。基于这两点，一般讲互联网金融发生风险只是个案，不可能有区域性和系统性风险。严格意义上的互联网金融，是P2P，即需求者和供给者直接交易。无论是众筹、支付、网贷、互联网保险，还是各种各样互联网金融的业务形态，都是平台模式，如果不吸收存款，没有资金池，不参与银行同业市场，就不可能有传染机制。当然，在实际中，由于金融风险的隐蔽性和突发性，系统性风险仍然值得关注。

此外，在考虑互联网金融风险时，有必要把互联网非法集资和互联网金融区别开来。例如，近期出现的"e租宝"和"中晋系"非法集资等全国性风险事件，涉及面广，涉案金额巨大。这些企业在宣传中都标榜自己是互联网金融创新，使互联网金融的名声受到了很大影响。但实际上，这些案例不是互联网金融的代表，而是非法集资平台。

互联网金融风险的防范

防范互联网金融风险需要采取针对性措施，关键在于制度建设。互联网金融监管是一个新的课题。在互联网金融快速发展的过程中，存在监管制度和法律法规相对滞后、监管思路和方式有待创新、监管人才不足等问题。对互联网金融监管需要加强分工合作，实施市场化监管。我国已成立中国互联网金融协会，将逐步完善自律管理制度框架，充分发挥行业自律机制在规范从业机构市场行为、推动业务交流和信息共享、保护行业合法权益等方面的积极作用。

总之，防范互联网金融风险的目的在于规范发展，措施要适度，要在保证互联网金融健康环境的前提下鼓励有益的创新行为。

资料来源：互联网金融风险和防范的几点思考［EB/OL］. （2016-05-19）［2017-08-16］. http://www.financialnews.com.cn/if/201605/t20160509_96753.html.

本章小结

1. 金融危机是指一个国家或几个国家与地区的全部或大部分金融指标的急剧的恶化。金融危机具体表现为金融资产价格大幅下跌，或者金融机构倒闭或濒临倒闭，或者某个金融市场（如股市或债市）暴跌，等等。金融危机不仅会在危机发生国内部传导，最终抑制实体经济增长，严重的金融危机也会进行跨国传导，对其他国家和地区产生重要影响。金融危机的国际传导渠道主要有贸易传导渠道、金融传导渠道以及基于预期的传导渠道。

2. 金融风险可以概括为系统性风险和非系统性风险两大类。对于前者，金融机构本身难以改变；对于后者，金融机构通过加强内部管理是可以控制或减轻的。任何一个社会，通过金融机构的内部管理来控制风险，其作用是有限的。因此，金融管理当局的外部监管的作用显得越来越重要。

3. 信息不对称引致的逆向选择和道德风险，在决定金融机构的脆弱性方面具有特殊重要性。同样，信息不对称、逆向选择和道德风险的概念对于理解金融监管也具有十分重要的意义。

4. 金融监管模式的划分按照不同的标准有不同的分类。金融监管的主要内容包括预防性监管、存款保险以及紧急援助。21世纪国际银行的新趋势是：从注重传统银行业务监管向传统业务和创新业务监管并重转变，从注重合规性监管向合规性监管和风险监管并重转变，从分业监管向统一监管转变，从一国监管向跨国监管转变。

5. 金融发展和经济发展之间存在着一种相互刺激和影响的关系。美国经济学者萧和麦金农以发展中国家金融和经济状况为研究对象提出"金融压制"理论和"金融深化"理论。金融深化与金融压制相比较，具有几个明显的特征：一是利率不是人为的，而是由资金的供求状况所决定的。二是汇率由市场供求决定。三是放松对金融机构和金融活动的管制，鼓励民营金融机构的发展。

6. 在金融深化过程中，普惠金融和互联网金融起到重要作用，但也必须重视其风险的防范。

重要概念

金融危机　金融监管　金融监管模式　资本充足　存款保险制度　金融压制
金融深化　普惠金融　互联网金融

复习思考题

1. 试述加强金融监管对于保障现代市场经济稳定发展的意义。
2. 怎样观察和度量金融发展的水平？
3. 金融深化的内容是什么？发展中国家金融深化的经验和教训有哪些？
4. 试述普惠金融在我国具有的现实意义。
5. 互联网金融相较于传统金融业务具有什么优势？
6. 如何看待互联网金融的风险？

参考文献

［1］BALAKRISHNAN R，DANNINGER S，ELEKDAG S，et al. The Transmission of Financial Stress from Advanced to Emerging Economies［J］. Emerging Markets Finance and Trade，2011，47（2）：40-68.

［2］BAXA J，et al. Time Varying Monetary Policy Rules and Financial Stress：Does Financial Instability Matter for Monetary Policy？［J］. Journal of Financial Stability，2013，9（1）：117-138.

［3］BECK T，et al. A New Database on the Structure and Development of the Financial Sector［J］. The World Bank Economic Review，2000，14（3）：597-605.

［4］HAKKIO C S，KEETON W R. Financial Stress：What Is It，How Can It be Measured，and Why Does It Matter？［J］. Economic Review Federal Reserve Bank of Kansas City，2009，94（2）：5.

［5］HUBRICH K，TETLOW R J. Financial Stress and Economic Dynamics：the Transmission of Crises［J］. Journal of Monetary Economics，2015，70：100-115.

［6］ILLING M，LIU Y. Measuring Financial Stress in a Developed Country：An Application to Canada［J］. Journal of Financial Stability，2006，2（3）：243-265.

［7］PORTER N，et al. Interest Rate Liberalization in China［Z］. IMF Working Papers，2009：1-28.

［8］TAN Y，JI Y，HUANG Y. Completing China's Interest Rate Liberalization［J］. China & World Economy，2016，24（2）：1-22.

［9］XU B，VAN RIXTEL A，VAN LEUVENSTEIJN M. Measuring Bank Competition under Binding Interest Rate Regulation：the Case of China［J］. Applied Economics，2016，48（49）：4699-4718.

［10］弗雷德里克·S.米什金. 货币金融学［M］. 蒋先玲，等，译. 北京：机械工业出版社，2016.

［11］黄达. 金融学［M］. 3版. 北京：中国人民大学出版社，2012.

［12］迪恩·克罗绍. 货币银行学［M］. 吕随启，译. 北京：中国市场出版社，2008.

［13］弗里德曼，施瓦茨. 美国货币史：1867—1960［M］. 巴曙松，等，译. 北京：北京大学出版社，2009.

［14］格雷德. 美联储［M］. 耿丹，译. 北京：中国友谊出版公司，2013.

［15］朱新蓉. 货币银行学［M］. 北京：中国金融出版社，2010.

[16] 周骏,王学青. 货币银行学 [M]. 3版. 北京：中国金融出版社,2011.

[17] 陈守东,王妍. 金融压力指数与工业一致合成指数的动态关联研究 [J]. 财经问题研究,2011（10）：39-46.

[18] 顾洪梅,汪蓉. 我国金融压力与工业增长关系的实证研究 [J]. 吉林大学社会科学学报,2016（3）：58-67.

[19] 刘胜会. 美国储贷协会危机对我国利率市场化的政策启示 [J]. 国际金融研究,2013（4）：13-21.

[20] 朴基石. 金融压力对中国宏观经济的影响 [J]. 商贸与经济管理研究,2016（49）：100-105.

[21] 孙立新. 构建中国金融压力指数 [N]. 中国社会科学报,2014-07-23（A06）.

[22] 王研,陈守东. 中国金融压力与经济增长的动态关联研究 [J]. 金融论坛,2012（2）：16-23.

[23] 萧松华. 当代货币理论与政策 [M]. 成都：西南财经大学出版社,2001.

[24] 李崇谁,黄宪,江春. 西方货币银行学 [M]. 北京：中国金融出版社,1998.

[25] 曾康霖,谢太峰,王敬. 银行论 [M]. 成都：西南财经大学出版社,1997.

[26] 胡海鸥,祝小兵,周延军. 当代货币金融理论 [M]. 上海：复旦大学出版社,2000.

[27] 戴国强. 货币银行学 [M]. 北京：高等教育出版社,2000.

[28] 龙玮娟,郑道平. 货币银行学原理 [M]. 北京：中国金融出版社,1997.

[29] 李扬,王松奇. 中国金融理论前沿 [M]. 北京：社会科学文献出版社,2000.

[30] 刁仁德. 现代金融辞典 [M]. 上海：上海财经大学出版社,1997.

[31] 周战地,许树信. 金融学教程 [M]. 北京：中国金融出版社,1998.

[32] 潘石. 西方通货紧缩理论评析 [J]. 当代经济研究,2000（2）.

[33] 盛松成,施兵超,陈建安. 现代货币经济学 [M]. 北京：中国金融出版社,1992.

[34] 赵昌文. 金融科学 [M]. 北京：经济科学出版社,1999.

[35] 秦艳梅. 货币银行学 [M]. 北京：中国商业出版社,1999.

[36] 唐旭. 金融理论前沿课题 [M]. 北京：中国金融出版社,1999.

[37] 盛慕杰. 中央银行学 [M]. 北京：中国金融出版社,1990.

[38] 魏杰,张宏,杜朝辉,等. 现代金融制度通论 [M]. 北京：高等教育出版社,1996.

[39] 曼昆. 经济学原理 [M]. 梁小民,译. 北京：北京大学出版社,1999.

[40] 王松奇. 金融学 [M]. 北京：中国金融出版社,2000.

[41] 李扬,王国刚. 资本市场导论 [M]. 北京：经济管理出版社,1998.

[42] 周立. 金融衍生工具发展与监管 [M]. 北京：中国发展出版社,1997.

［43］周正庆. 证券知识读本［M］. 北京：中国金融出版社，1998.

［44］陈共，周升业，吴晓求. 证券市场基础知识［M］. 北京：中国人民大学出版社，1998.

［46］张后奇，刘云. 欧洲中央银行与美联储运作模式的比较研究［J］. 金融研究，2000（10）：55-62.

［47］谢杭生，孙青. 战后西方国家货币政策目标比较［J］. 金融研究，1997（7）：65-69.

［48］钟伟，李心丹. 现代西方金融体系内在风险性及其防范理论［J］. 金融研究，1998（8）：64-80.

［49］唐双宁. 21世纪国际银行监管新趋势及其对我国的启示［J］. 金融研究，2001（1）：57-61.

［50］沈沛龙，任若恩. 新的资本充足率框架与我国商业银行风险管理［J］. 金融研究，2001（2）：80-87.

［51］弗兰克·J.法伯兹，弗朗哥·莫迪里阿尼，迈克尔·G.费里. 金融市场与机构通论［M］. 康卫华，译. 大连：东北财经大学出版社，2000.

［52］弗兰克·J.法博齐，弗朗哥·莫迪利亚尼. 资本市场：机构与工具［M］. 唐旭，等，译. 北京：经济科学出版社，1998.

［53］凯文·多德，默文·K.刘易斯. 金融与货币经济学前沿问题［M］. 陈雨露，王芳，译. 北京：中国税务出版社，2000.

［54］托马斯·梅耶，詹姆斯·S.杜森贝里，罗伯特·Z.阿利伯. 货币、银行与经济［M］. 6版. 林宝清，洪锡熙，等，译. 上海：上海三联书店，上海人民出版社，2007.

［55］易纲，吴有昌. 货币银行学［M］. 上海：上海人民出版社，1999.

［56］A.加利·西林. 通货紧缩［M］. 李扬，等，译. 北京：经济管理出版社，1999.

［57］曹协和，刘春梅，范静. 我国电子货币发展的风险与对策［J］. 南方金融，2009（1）：61-63.

［58］杨杨，代增丽. 商业银行管理理论发展脉络的梳理与思考［J］. 海南金融，2006（9）：14-16.

［59］李志雄. 金融监管的成本与收益研究［J］. 北方经贸，2006（1）：82-84.